LE NAZISME DANS LA CIVILISATION

MIROIR DE L'OCCIDENT

JEAN-LOUIS VULLIERME

LE NAZISME DANS LA CIVILISATION

MIROIR DE L'OCCIDENT

L'ARTILLEUR

ISBN 978-2-8100-0845-2
(ISBN 978-2-8100-0598-7, 1re publication)

16, rue Vézelay – 75008 Paris

www.lartilleur.fr

Sommaire

SECONDE PARTIE

Sortir de l'idéologie de l'extermination

Préface à la deuxième édition

La première édition de ce livre a rencontré peu d'objections factuelles. Il est même permis d'affirmer que les faits mis en avant, parfois peu connus du grand public, ont fait l'objet d'une meilleure diffusion, sous son propre effet comme celui de travaux allant dans le même sens. Il est davantage admis que le nazisme ne s'explique pas par le seul *Sonderweg*, le « chemin particulier » pris par l'Allemagne sur le plan culturel et politique depuis le XIXe siècle, mais par la cristallisation en Allemagne d'une idéologie dont les racines ne sont pas uniquement ni même principalement allemandes. S'y trouvait incontestablement un terreau très favorable à son développement, le pays traversant des circonstances uniques par lesquelles se sont mis en place les facteurs déclenchants. L'apparition de Hitler, un homme qui n'était socialement rien et devenu tout en dix ans était inconcevable en Grande Bretagne. La formation d'un parti unique omnipotent était empêchée aux États-Unis par une

Constitution extrêmement robuste. La France, épuisée autant que l'Allemagne par la Grande Guerre, ne rêvait d'aucune revanche. Nul autre pays ne disposait du tissu économique permettant de constituer en quelques années la première armée du monde. Mais tous, sur les deux continents, avaient nourri depuis longtemps les composantes idéologiques de ce qui est devenu le nazisme. C'était l'objet de ce travail que de les mettre à jour, puis de les traiter comme les éléments d'un génome, celui d'un organisme politique qui se formait par mutation des représentations, à partir de souches préexistantes.

L'approche était nouvelle, et bien que la méthode adoptée ne soit pas de polémiquer avec les auteurs, quelquefois majeurs, ayant traité du nazisme, mais plutôt de reprendre l'analyse à nouveaux frais, elle se heurtait aux thèses dominantes. Une majorité d'historiens en était venue à reléguer Hitler au sous-produit, personnellement dérisoire, d'évolutions structurelles. Cette position est souvent appelée « fonctionnaliste ». D'inspiration économiste et sociologiste, elle se refuse par principe à accorder aux « grands hommes » ou à leurs idées un rôle direct, au profit de forces qui les dépassent, mais que les théoriciens parviennent rarement à reconstituer de manière convaincante. Une minorité de chercheurs persistait à l'inverse à faire fond sur la personne de Hitler, mais, se trouvant démunie d'outils conceptuels au-delà d'une psychologie rudimentaire, elle ne pouvait justifier du succès stupéfiant rencontré par le personnage. L'angle nouveau proposé permet de se soustraire radicalement à cette querelle. Le rôle primordial de Hitler, qui est hors de doute, consiste à avoir effectué la fusion cohérente d'idées dont il n'était pas l'auteur et qui croissaient jusque-là séparément, franchissant d'un coup les frontières partisanes antérieures de l'histoire des idées. La synthèse foudroyante et synergique qui en résulte *est* le nazisme en tant qu'idéologie. Sans elle, le nazisme en tant que mouvement politique n'aurait pas prospéré. La doctrine s'est déclinée en une multitude d'interprétations ne correspondant pas toujours au pur canon hitlérien. Ses partisans s'y sont néanmoins assez bien reconnus pour se mobiliser avec détermination en sa faveur, chacun trouvant dans cet ensemble, plus complexe et englobant qu'on ne le croit souvent, un nombre suffisant de thèmes séduisants pour eux, l'antisémitisme parmi d'autres, mais pas nécessairement au premier plan pour tous. Hitler fut par ailleurs, sans que ces deux rôles se confondent, le dirigeant remarquablement habile, d'abord en politique intérieure, puis sur le plan diplomatique, du mouvement auquel l'idéologie synthétisée par lui avait donné naissance et auquel elle imprimait ses principales directions. Il est vraisemblable que la même idéologie, en des mains moins adroites, aurait engendré des conséquences moins dévastatrices. Mais Hitler n'aurait rien dirigé du tout si ce qu'il professait n'avait été si attractif pour des publics hétérogènes, comprenant des masses ignorantes mais aussi une part prépondérante des élites intellectuelles du pays, à l'exception des cibles désignées. Dans ces conditions, la véritable « structure » générative dont il faut considérer la nature, l'origine et l'évolution est l'idéologie, puisque les hommes agissent conformément à leurs représentations. Les circonstances déterminantes, la personnalité des acteurs ou le contexte économique et social, se sont trouvées être particulièrement propices à sa mise en œuvre, créant un « orage parfait » et, avec lui, le plus grave désastre de l'histoire européenne.

Le livre se heurtait de front à la notion de « totalitarisme », forgée pour réunir les régimes de parti unique sous un même concept, au prix d'une surestimation de leurs points communs, et d'une sous-estimation, voire d'une occultation complète, de sources du nazisme en provenance des pays libéraux. Or le nazisme ne se borne pas du tout à l'adoption du parti unique, emprunté à travers le fascisme italien au rival bolchévique, et qui est un instrument au service de ses visées, davantage que sa visée même. À l'heure où tous les États du monde, depuis la Grande guerre, avaient élevé la propagande au rang de méthode normale de gouvernement, le nazisme n'a pas fait non plus du langage un usage identique au communisme, si bien qu'il est impossible, malgré d'illustres tentatives, de détecter un « langage totalitaire » qui lui serait commun avec l'Union soviétique, chacun des deux ayant inventé le sien. Tandis que Staline se consacre à décrire un monde inversé, exactement contraire à ses actions, Hitler aime à se dire ouvertement antidémocrate, antisémite, raciste, impérialiste et brutal. Ce qu'il cache est destiné à épargner la sensibilité des bourreaux et d'un peuple allemand qu'il juge pusillanime en matière d'anéantissement des menaces. Les tenants de la notion de « totalitarisme » minimisent en outre l'ampleur du contrôle social qui s'était développé sous tous les régimes depuis le XIXe siècle, par la croissance explosive de l'administration dans tous les secteurs, la scolarité obligatoire, l'organisation hiérarchique de l'entreprise, l'uniformisation publicitaire de la presse et le droit de la famille. On ne voyait pas que la « totalité » de la société était régie partout, bien que de manière bien plus subtile que par les tyrannies de parti unique qui s'y employaient avec leur violence policière. À l'opposé du spectre politique, la notion de totalitarisme est écartée au profit de celle, non moins, défectueuse, de « crise du capitalisme », comme si le nazisme était tout bonnement la modalité paroxystique d'une « exploitation de l'homme par l'homme » dont les pays socialistes auraient été ou auraient pu être indemnes. La ligne de partage séparant le nazisme des pays libéraux se situait ailleurs, mais demeurait inaperçue des partisans des deux thèses rivales. L'habitude avait été prise de parler de « droit nazi » ou de « droit soviétique », alors que le droit, en tant qu'il offre par principe des recours efficaces contre les dirigeants, avait disparu du Troisième Reich et de l'URSS qui le jugeaient l'un « judaïque » et l'autre « bourgeois ». Il se sauvegardait en Grande-Bretagne, aux États-Unis, en France jusqu'à l'Occupation, comme en Europe septentrionale. Pour autant, cette frontière juridique, dont on ne peut effacer l'importance, ne supprime pas l'existence d'une communauté de vues entre les adversaires, sur plus d'un point. C'est sur cette question que sont venues les critiques les plus véhémentes.

J'avais parlé de l'Occident. On m'opposait que l'Occident n'existait pas. Il est assurément plus aisé de répliquer à un ouvrage sur son titre plutôt que son contenu, même s'il se trouve que le titre est argumenté avec soin. Pour éviter cette difficulté purement apparente, et me faire mieux comprendre, j'ai choisi de modifier le titre de l'ouvrage pour l'intituler désormais « Le Nazisme dans la Civilisation », en conservant son ancien nom en sous-titre, afin de préserver le référencement bibliographique.

L'Occident n'est pas une aire géographique, mais une aire culturelle qui, au début du XXe siècle, avait diffusé ses idéologies de droite et de gauche dans le monde par divers canaux, dont ceux de la colonisation. Lorsque l'on analyse les racines et le rayonnement du nazisme, il serait donc erroné d'avoir la seule géographie à l'esprit, ou d'opposer trop simplement l'Occident au reste du monde. Nul ne doute cependant que l'Australie et les Amériques sont issues d'une même souche culturelle. Elles y ont toutefois contribué en retour, au point qu'il serait inadmissible de n'utiliser que le mot d'Europe pour la désigner. Il existe bien une culture occidentale, distincte de la culture chinoise, arabo-musulmane ou inuit, parmi tant d'autres. La Russie lui est rattachée, tant par sa littérature que ses références politiques. Depuis l'ère Meiji, le Japon même en fait politiquement partie, même s'il parvient avec succès à conserver par ailleurs une grande part de ses singularités ethniques*.

* La jonction idéologique du Japon avec la culture européenne s'est effectuée par une voie qui lui est propre. L'acivilisme (voir ch. 4.2) et l'anempathie (voir ch. 4.1), le racisme, l'esclavagisme, le bellicisme et le colonialisme s'y sont développés de manière indépendante. D'autres éléments sont postérieurs à l'adoption d'institutions inspirées du modèle européen (parlement, bureaucratie, armée de conscription). Le « Führerprinzip » s'introduit, quant à lui, par l'intensification tardive

Quand même le monde serait intégralement occidentalisé, ce qui n'est pas le cas, il conviendrait encore de rechercher dans les traditions occidentales les racines de ce que, pour le meilleur ou, en l'occurrence, pour le pire, elles ont fait émerger. Ceci n'implique pas que l'Occident constituerait un bloc homogène face au reste du monde, puisque nous le voyons bien capable d'extrêmes dissensions, mais seulement qu'il véhicule une identité reconnaissable présentant des aspects communs essentiels. Ceci n'entraîne pas davantage qu'il ne soit composé que d'un seul groupe de traditions. Quelques-unes sont, en principe, incompatibles avec le nazisme, comme le christianisme dans la plupart de ses obédiences, le kantisme ou le socialisme libertaire. Certaines sont portées au respect de la personne humaine et à la critique de soi, contrairement au nazisme. C'est de cette aspiration que ce livre se réclame. Encore faut-il admettre qu'elle n'était pas en position maitresse quand le national-socialisme s'est manifesté, et qu'elle peine toujours à convaincre malgré la leçon reçue. L'ampleur de la catastrophe enjoint de ne pas renoncer.

Les traditions les plus opposées au nazisme ne sont pas toujours ce que l'on imagine. La division habituelle entre un Occident « barbare » représenté par le nazisme, et un Occident « civilisé » représenté par les Lumières, est largement illusoire. Hitler se réclamait des Lumières, de l'irréligion, du positivisme, du socialisme, du sens providentiel

---

du culte de la volonté impériale exprimée par la hiérarchie militaire. Voir (Margolin).

de l'histoire et du progrès, de la révolution, davantage que des anti-lumières et de la réaction (auxquels ses disciples étaient toutefois souvent plus sensibles), mêlant avec succès des thèmes que l'on estime en général impossibles à accorder. Celles de ses idées que nous jugeons les plus obscurantistes comme le racialisme et l'eugénisme, étaient conformes au dernier état des sciences. Il reconnaissait sa dette aux écologistes ; au Congrès des États-Unis qui avait introduit les quotas raciaux, après avoir autorisé la décimation des Indiens ; à Henry Ford qui avait imputé la responsabilité de la Première Guerre mondiale aux Juifs plusieurs années avant lui ; et à la colonisation britannique. Il était bien sûr conscient de n'avoir pas inventé le nationalisme. Quant à l'antisémitisme, il l'extrayait de ses anciennes justifications religieuses, combinant pour la première fois ses trois modalités modernes : culturelle, biologique, puis économiste et complotiste.

Certains ont considéré que « l'idéologie » est par nature une notion floue. Elle est ici définie comme un système des représentations permettant aux hommes de s'orienter dans la société, par sa division en groupes, la valorisation des buts à y poursuivre, les modèles possibles de son organisation, sa conception du temps, et les limites imposées à l'action politique. De ce point de vue, le nazisme est une idéologie cohérente, à large spectre, et descriptible de manière discriminante*. D'autres encore ont cru qu'il

* Le livre de Johann Chapoutot, *La Loi du sang. Penser et agir en nazi* (Chapoutot) est paru au même moment que le *Miroir de*

s'agissait d'écrire une sorte d'histoire de l'infamie occidentale, oublieuse des violences ayant universellement traversé l'histoire, et aboutissant à une condamnation globale de la culture politique européenne. Ce n'est nullement le cas. Il s'agissait d'expliquer comment le nazisme est précisément apparu dans une culture préoccupée de justice, de raison et de droit ; et dont l'ensemble des doctrines dominantes y considéraient en principe les horreurs dont il s'est rendu coupable comme leur étant étrangères, à la différence du reste du monde. Il fallait donc rechercher les raisons de l'absence d'impossibilité, et les facteurs ayant potentialisé à une échelle sans précédent les exactions commises. Le but poursuivi n'est ni la condamnation ni l'autoflagellation, mais une possible guérison. C'est l'objet la seconde partie du livre.

Peu de valeurs ont autant contribué à la culture occidentale que le statut du doute et de la critique de soi. Nous lui devons la philosophie classique autant que la science moderne : Platon et Aristote, Occam et Thomas d'Aquin, Bacon, Hume et Descartes, et tant d'autres. Nous savons que sans le doute érigé en méthode, les techniques ne se seraient pas développées, conférant au monde européen un

---

l'Occident. Il confirme l'existence d'une idéologie nazie cohérente et à large spectre, alors répandue dans l'ensemble des institutions allemandes. Bien que l'ouvrage soit lui-même concentré sur le seul territoire allemand, son auteur a ultérieurement reconnu la présence d'influences intellectuelles étrangères. Il n'a toutefois identifié que les sources libérales, à l'exclusion des sources socialistes et des thèmes alors communs aux droites et gauches européennes.

avantage longtemps inégalé. Nous admettons que le doute peut s'étendre aux opinions religieuses et même politiques. Pourtant nous ne lui accordons pas la même valeur dans tous les domaines. Il en est au moins un où le doute de soi n'est pas toléré : étrangement, il s'agit des relations avec l'ennemi. Réanalyser l'ennemi, réévaluer nos éventuelles erreurs à son égard, est fréquemment considéré comme une trahison, un défaitisme, une repentance de mauvais aloi. On arrive à croire que de comprendre un danger signifierait l'approuver, Pasteur se rendant alors coupable d'avoir justifié la rage. Or, n'est-il pas préoccupant que là où l'intérêt d'être lucide est le plus haut, nous préférions une simple unité de vues, au risque de nous tromper sur la nature de l'adversaire, ses intentions et ses attentes ? Peut-être faut-il, à cette occasion, rappeler la devise de l'École spéciale militaire de Saint-Cyr : « Ils s'instruisent pour vaincre », ce qui devrait inclure la connaissance de l'adversaire. Nous nous sommes mépris sur le nazisme, en le réduisant à une exception allemande, non reproductible ou relevant de la psychiatrie. Nous nous méprenons de la même façon sur de nouveaux adversaires. Dans les deux cas, nous nous aveuglons sur nous-mêmes et nos responsabilités. Il convient de nous examiner pour être plus forts et plus décents. Nous habitons le monde que nous construisons au moyen des idéologies que nous produisons, et nous sommes responsables de nos propres idées en tant qu'elles ont des conséquences.

Le but de la philosophie cognitive de l'histoire, telle qu'elle est esquissée ici, n'est pas de se borner à débattre avec les philosophes de l'histoire, qui n'y interviennent qu'indirectement, mais de montrer comment émergent les notions et se forgent les concepts qui guident l'action et, avec elle, l'histoire ; afin de guérir un tant soit peu, par ce moyen, l'histoire des malheurs de la cognition.

Prologue

Interpréter le nazisme est une tâche qui, près d'un siècle après sa première manifestation, engage profondément notre appréhension politique du monde. Il incombe donc à qui prétend s'y atteler publiquement de clarifier ses intentions pour commencer, surtout s'il n'entend pas s'en tenir aux idées dominantes.

Il m'a toujours semblé décisif de rendre compte de l'événement le plus destructeur de l'histoire moderne, d'en appréhender le sens et d'en identifier les racines, afin de s'assurer qu'il ne soit pas reproductible. Je jugeais également que la mémoire des morts exigeait que l'on sût pourquoi ils avaient tant souffert. Or, la compréhension ne m'était pas accessible.

L'opinion ne s'était pas forgé une vision satisfaisante. L'idée qu'il s'agissait d'un avènement des assassins était attirante. Les nazis à bien des égards ressemblaient à la pègre dont ils partageaient la brutalité et l'absence de scrupules.

Plus d'un était impliqué dans des activités criminelles ordinaires. Mais l'hypothèse d'une délinquance de proportion géante semblait extraordinairement fragile[1*]. De même, celle d'une folie collective, sanguinaire et soudaine, qui se serait emparée d'un pays entier à la façon d'un amok, et qui avait donné lieu à tant d'analyses psychanalytiques, avait le défaut d'expliquer l'obscur par le plus obscur encore. Quels étaient donc les ressorts anthropologiques d'une bizarrerie si atroce et par quel phénomène inconnu s'était-elle imposée ?

Quant aux principales théories proposées par les historiens, les politologues et les philosophes, je ne parvenais pas à me départir du sentiment qu'elles laissaient aussi échapper l'essentiel. Les interprétations étaient devenues trop nombreuses pour qu'il soit matériellement possible de les intégrer toutes ; et elles se plaçaient généralement dans le cadre étroit d'enjeux dualistes empruntés au débat politique ultérieur. Certains tenaient le nazisme pour un « fascisme » à l'italienne, défini parfois comme une forme violente de capitalisme, d'autres pour un « totalitarisme » à la soviétique. Certains y percevaient un phénomène national avec des racines locales profondes, d'autres l'expression d'une pathologie mondiale de l'État bureaucratique industriel. Certains le réduisaient au produit de la volonté politique de quelques individus, d'autres le décrivaient sous la forme anonyme d'un ensemble social complexe. Les uns le

* Les notes sont regroupées en fin d'ouvrage, p 405. Elles ne se bornent pas à des références et peuvent, pour la plupart, être lues cursivement. Elles sont indispensables au renfort des thèses exposées dans le texte principal.

présentaient comme la réalisation d'un programme strictement prédéfini, d'autres comme le résultat imprévu d'une multitude de détails occasionnels principalement corrélés à la guerre. Certains cherchaient à isoler l'événement, en le liant exclusivement à ses circonstances particulières, au motif de ne pas le « banaliser », sans voir combien sa singularisation le rend moins signifiant[2].

La liste des causes évoquées était de longueur variable selon les auteurs, et dépendante de perspectives chronologiques ou géographiques diverses, mais se ramenait généralement à deux : l'antisémitisme et le traité de Versailles. Leur combinaison correspondait à une réalité, mais s'arrêtait pourtant au seuil d'une explication convaincante. L'antisémitisme, aussi surprenant que cela puisse paraître, n'avait pas du tout fait l'objet d'une analyse claire, sa nature étant protéiforme et ses frontières dépassant largement celles de l'Allemagne. Il était en outre patent que l'imposition de conditions humiliantes par un traité de paix est un phénomène relativement fréquent qui ne déclenche normalement pas une fureur analogue à celle du Troisième Reich. Je ne voyais pas comment l'équation « nazisme = antisémitisme + traité de Versailles » pouvait être autre chose qu'une formulation trop légère, même si ces deux facteurs avaient incontestablement joué un rôle décisif.

Hannah Arendt avait décrit le « crime de bureau » et certains de ses mécanismes. Il s'agit d'une contribution intéressante, puisqu'elle montre l'existence d'un levier par lequel une idéologie en vient à s'exercer sans qu'il soit besoin d'une adhésion complète et active du plus grand nombre de ses soutiens ou exécutants. Ceci permet à un régime tyrannique de s'installer sans disposer d'une population entière de militants fanatisés, voire de s'imposer initialement par une voie parlementaire régulière. Mais elle laisse la cause première entièrement inexplorée, dans la mesure où un levier n'est efficace que s'il s'applique à une force déjà disponible indépendamment de lui. Quelle était donc cette force, et comment la trouver ? Heidegger, son maître, avait aussi suggéré un angle d'approche. Le fait qu'il ait été lui-même nazi, tant dans sa vie personnelle que dans sa pensée, ne le discréditait pas *a priori* pour en parler. Il avait fini par décrire le nazisme comme l'expression de la raison moderne, arrogante, industrielle et abstraite, « calculatoire », instrumentalisant les hommes comme s'ils étaient une matière première transformable ou des consommations intermédiaires en vue de la création d'un produit social planifié. Il captait ainsi l'un des aspects du nazisme, qui est son implacable froideur, son absence d'empathie envers la douleur d'autrui, remplacée par une organisation efficace en vue d'un objectif futur. Mais l'intention était d'accuser à cette occasion les Juifs de s'être auto-détruits à travers le nazisme, réservant au « destin » d'une certaine Allemagne, en lutte pour « son essence la plus propre », la garde de « l'authenticité de l'être ». Cette fois, la théorie n'était pas seulement incomplète, mais indécente et absurde[3]. Le but demeurait donc inintelligible.

De nombreux historiens avaient souligné le rôle de l'antibolchevisme dans la formation, les modes opératoires et le succès du nazisme. On ne peut assurément qu'être frappé par le mimétisme de ce dernier envers son terrible adversaire. Comme l'avait noté Stefan Zweig, témoin des événements, les uniformes chamarrés et les bottes des chemises brunes, leurs véhicules rutilants, leur nombre considérable, étaient bien la preuve que des puissances d'argent de premier plan avaient trouvé un intérêt à financer le mouvement dès l'origine. Or on voit mal de quel autre intérêt il aurait pu s'agir, sinon celui de combattre un risque social et révolutionnaire, en effet majeur à l'époque. Mais ramener le phénomène entier à une réaction antibolchévique semblait tout à fait réducteur, puisque les actes d'anéantissement les plus propres au nazisme ne présentaient aucune utilité manifeste dans une telle lutte.

Toute tentative d'interprétation au-delà de ces limites était malaisée. Il fallait se borner au rassemblement d'informations factuelles ou à l'étude d'aspects étroitement circonscrits. J'éprouvais une sympathie pour ceux des défenseurs de la mémoire de la Shoah qui préconisaient le silence devant une catastrophe qu'ils jugeaient sans commune mesure avec aucune autre ignominie. Mais ce sentiment n'est pas entièrement raisonnable s'il laisse penser qu'une analyse définitive est disponible, dont il suffirait de prendre connaissance respectueusement et sans bruit. Par surcroît, en écartant la généralisation qui est un strict réquisit de la science, il fait courir le risque extrêmement grave d'une répétition du mal par défaut d'éradication de causes correctement identifiées.

N'ayant pas appris l'allemand durant l'enfance, l'image que je m'étais forgée de Hitler et de ses sbires était celles de déments s'exprimant par borborygmes et hurlements. Il ne m'était pas venu à l'esprit qu'ils puissent tenir des propos pourvus d'un sens quelconque ou posséder une intelligence digne de ce nom. Une rumeur insistante, mais infondée, ne faisait-elle pas de Hitler un peintre en bâtiment, et de Himmler un simple éleveur de poulets ?

J'aurais pu ainsi me détourner tout bonnement de la question, si elle ne m'avait semblé si actuelle, et si lourde d'implications sur ce que nous sommes. Surtout, j'aurais pu négliger le sens des phrases prononcées par Hitler qui sont à l'origine de l'essai que je publie aujourd'hui et qui y sont analysées.

Il m'est apparu, en effet, qu'il est vain d'enquêter sur le sens d'un processus historique sans s'interroger en premier lieu sur l'intention de ses acteurs les plus centraux. L'exploration des causes ne saurait évidemment s'y arrêter, puisque les intentions ont plusieurs sources, et puisqu'elles ne sauraient être mises en œuvre hors d'un contexte matériel qui leur soit favorable. Pourtant, c'est bel et bien l'intentionnalité qui donne son sens humain aux choses et il n'est nullement permis de l'écarter si l'on tient à comprendre. Les intentions peuvent assurément reposer sur des fondements erronés, s'enchaîner de manière délirante, avoir pour moteur des sentiments dont les acteurs qui les éprouvent perçoivent incorrectement l'origine. Mais, une fois installées, elles motivent leurs actions, et nous pouvons à ce titre les comprendre.

Il ne fait pas de doute que la plupart de ceux qui sont morts dans les charniers ou les camps n'ont jamais su pourquoi on leur infligeait ce supplice. Si leurs derniers instants étaient occupés par l'angoisse et la terreur, on peut imaginer que l'incompréhension était une composante de leur malheur. Le racisme des bourreaux était évident, mais le degré et les modalités implacables de son expression n'étaient pas intelligibles. Les victimes subissaient un coup supplémentaire et, d'une certaine façon, le plus terrible. Le condamné à mort sait pourquoi il trépasse, fût-ce sous l'effet d'une trahison ou d'une erreur judiciaire. Le résistant que l'on torture comprend les intentions des policiers, de même le soldat qui agonise sur le champ de bataille n'a nul besoin de s'interroger sur les motifs de l'ennemi. Ce n'était pas le cas de ceux qui étaient emportés dans ces massacres. Tous, même les esprits éclairés, se voyaient acculés à mourir et à perdre devant eux les leurs, sans raison apparente, sous l'effet d'une impénétrable folie. Certains se croyaient sujets d'une vindicte divine, et étaient soumis au supplice de l'absurdité.

Or, le recul du temps et la documentation désormais disponible permettent de lever complètement le voile des intentions. Nous possédons une masse très étendue de sources et, pour ce qui concerne les dirigeants, parmi bien d'autres exemples, des écrits comme le *Journal* de Goebbels[4], acteur central qui, s'estimant écrivain, consacra plusieurs heures chaque soir de son existence de dirigeant national-socialiste, de ministre, d'intellectuel et de premier propagandiste du régime, à relater avec soin les événements du jour et à les interpréter. Il s'agit d'un texte empreint des marques de l'authenticité et de la sincérité, qui n'était pas destiné à une publication en l'état, et en tout cas pas avant la victoire finale. Bien que son auteur s'emploie à ne rien écrire qui soit de nature à contrarier le seul maître qu'il se reconnaisse et admire sans arrière-pensée, ce document nous replace, en temps réel, aussi proche qu'il soit possible du cerveau d'un personnage-clé. Il nous livre des informations auxquelles les hauts dignitaires du régime avaient accès, leur vocabulaire, leur façon de raisonner.

Nous possédons bien d'autres textes publics ou privés directement exploitables[5]. C'est ainsi que Hitler qui pratiquait dans les négociations l'art du stratagème, s'alliant tour à tour avec chacun pour éliminer les autres et trahissant sans retard l'allié de la veille en vue de nouvelles tromperies, se faisait un devoir et s'enorgueillissait de donner un contenu prophétique à ses déclarations solennelles. Auteur de centaines de discours au contenu explicite et généralement clair, il était assez rusé pour faire en sorte que certaines affirmations incantatoires ne soient pas toujours crues de ses adversaires qui les attribuaient à la propagande, tandis que ses proches en percevaient d'autant mieux la vérité qu'ils étaient placés en compétition pour celui qui irait le plus loin « dans le sens de la pensée du Führer », selon l'expression consacrée. Il se montrait en outre parfaitement apte à des raisonnements structurés, rencontrant l'approbation d'interlocuteurs très divers.

La lecture des nazis oblige à l'effort particulièrement désagréable de prendre au sérieux leurs propos, de leur prêter intelligence, aptitude au raisonnement articulé, et d'admettre que leur mode d'expression n'était pas uniquement le mensonge. Il y a là une démarche contre nature, car nous aimerions avoir aussi peu que possible en commun avec eux. Mais, sans cet effort, nous risquerions d'agir précisément comme eux, qui s'efforçaient de se convaincre que leurs victimes étaient pareilles aux rats, aux bactéries, aux nuisibles, et voulaient persuader les exécutants que, sous les dehors de femmes et d'enfants qui ressemblaient tant aux leurs, se cachait une peste qu'un devoir suprême exigeait de combattre à tout prix.

J'ai choisi de consentir assez de crédit intellectuel aux nazis pour les prendre au mot. Il fallait se mettre à leur écoute sans naïveté, en faisant la part de la propagande (leurs affirmations qu'ils savaient fausses), telle qu'ils l'avaient portée à un niveau sans précédent ailleurs qu'en Union Soviétique, et de leur vraie pensée (leurs affirmations qu'ils croyaient vraies), qui seule peut nous indiquer leurs intentions. Il fallait aussi veiller à ne pas adopter sans analyse, comme concepts opératoires, les notions qui façonnaient leur prisme idéologique, y compris celle de « peuple ». Convenablement conduite, étendue au contexte culturel dans lequel ces intentions s'étaient constituées, l'investigation nous donnerait le sens.

Certains pourraient objecter que les nazis ignoraient ce qu'ils faisaient, qu'ils étaient les instruments d'un mouvement historique ou de dynamiques les dépassant complètement, et que donc toute étude des intentions resterait superficielle. C'est toutefois se tromper sur la nature des processus sociaux que de leur ôter leur part cognitive. Les hommes n'agissent jamais qu'en vertu de leurs représentations, et c'est le modèle qu'ils ont du monde qui les instruit de ce qu'ils peuvent ou doivent faire. Ils se représentent les forces en jeu autour d'eux qui sont principalement formées des intentions des autres acteurs. Lorsque leur modèle est inadapté à ces forces, ils ne parviennent guère à agir. C'est ainsi qu'un voleur aurait tort de se croire séparé de la fortune par des coffres, des murs et des serrures, alors qu'il n'en est tenu à distance que par des hommes. Les réalités matérielles transitent entièrement par les réalités sociales qui sont formées d'intentionnalités. Les nazis n'échappent pas à cette règle générale, et leur stupéfiant succès, interrompu par les seuls événements militaires, indique que leur vision des choses était hautement compatible avec leur époque et qu'ils ne s'étaient pas mépris à son sujet.

Les prenant donc au sérieux, à la recherche de ce qu'ils croyaient vrai et de leurs projets tels qu'ils se les exprimaient à eux-mêmes, j'aurais pu découvrir la confirmation de nos propres théories dominantes, c'est-à-dire une focalisation obsédante sur l'élimination des conséquences du traité de Versailles et sur un antisémitisme principalement fondé sur une théorie des races. À certains égards, tel est bien le cas, et il suffit de parcourir *Mein Kampf* pour s'en convaincre. Mais c'est loin d'être tout.

Le projet nazi n'est ni parti de rien ni parvenu à terme, et il a évolué, en s'amplifiant à la mesure de ses succès[6]. Il est né en rassemblant une série d'éléments qui étaient tous présents avant lui, et auxquels il a pour l'essentiel donné une vigueur d'exécution implacable, en comparaison de laquelle ses prédécesseurs les plus cruels auraient passé pour pusillanimes. En outre, il ne s'est pas révélé dans son entièreté, ayant été matériellement stoppé au cours d'une phase intermédiaire, celle de l'invasion de l'empire soviétique.

Il serait fautif de le circonscrire aux seules phases réalisées, bien que nous entrions alors dans une difficulté particulière. Les destructions opérées jusqu'à la chute de Berlin sont d'une telle envergure, leur nature est si monstrueuse, que la tentation est grande de les considérer comme formant déjà l'essentiel. Ce n'est pas sans scrupule que l'on peut affirmer devant autant de morts que les fosses qu'on les obligeait à creuser pour s'y étendre tête-bêche, et d'où sortaient parfois des geysers de sang une fois « refermées », selon l'aveu d'Eichmann, ou que les masses de personnes dont les insecticides abrasaient les poumons lors d'une agonie de plusieurs minutes, n'étaient que les moments d'un processus d'anéantissement encore plus vaste. Et pourtant, l'extermination des juifs[7], l'assassinat des soldats russes délibérément exposés sans nourriture et sans soins à la faim et au froid, la tuerie des tziganes, l'exécution des communistes, des handicapés et des homosexuels[8], n'étaient pas encore, mis ensemble, le tout d'une boucherie générale programmée jusqu'aux frontières extrêmes de l'Orient. Autrement dit, l'extermination nazie ne se serait pas interrompue à la mort du dernier juif en Europe.

Il y a pire encore. Cette immense intention exterminatrice, qui ne se réduit ni à retrouver l'orgueil après l'humiliation de Versailles, ni à extirper les populations juives de la surface de la terre, n'est pas un hapax, une réalité isolée, produit d'une génération spontanée, et dont il suffirait, pour l'empêcher de se reproduire, d'écarter les deux racines admises, celle de l'idéologie antisémite et raciale, et des traités revanchards. Car les nazis n'ont rien inventé, hormis un *modus operandi* industriel. Les sources sont vastes et profondes. Se mettre à l'écoute des nazis permet de les identifier. Elles sont présentes au cœur de la civilisation dite « occidentale », mais nous verrons plus loin ce qu'il convient d'entendre sous ce nom.

Le but de ce livre est de comprendre les intentions du nazisme, de décrire les racines culturelles qui l'ont rendu possible et si malaisé à combattre, en mesurant la part – réduite comme on va voir – de ses inventions. Il ne s'agit pas de nier que sa synthèse des sources qui le précèdent soit unique, ou que le type de mise en œuvre qu'il effectue soit original, mais de constater que les éléments essentiels qui le constituent sont présents avant sa naissance et que la plupart sont toujours vivaces.

Ce n'est pas un traité d'histoire, mais un essai de philosophie cognitive de l'histoire. Aucun fait rapporté n'est ignoré des spécialistes respectifs. Les récits y sont proportionnés à leur seul rôle dans la formation idéologique du nazisme ou à leur valeur exemplaire, et les aspects factuels n'y sont pas dissociés de l'analyse des concepts politiques. La première partie expose l'idéologie de l'extermination et ses sources. La seconde partie, plus brève, s'efforce de présenter une méthodologie cognitive visant à contribuer, fût-ce de façon limitée, à restreindre le renouvellement de phénomènes analogues.

INTRODUCTION

Nuremberg, ville d'Occident

« Il n'a jamais autorisé ses hommes à faire ce que faisaient d'autres unités. Il a dit à ses hommes de ne jamais utiliser de bébés comme cibles d'entraînement ou d'écraser leur tête contre un arbre. Il a ordonné à ses hommes d'autoriser la mère à tenir son bébé contre sa poitrine et de viser au cœur. Cela éviterait les cris et permettrait au tireur de tuer à la fois la mère et l'enfant d'une seule balle. Cela épargnait les munitions. Ohlendorf dit qu'il a refusé d'utiliser les camions à gaz quand ils furent assignés à ses compagnies. Il avait découvert que quand les véhicules mobiles à tuer arrivaient à destination, où l'on était censé jeter leur cargaison humaine asphyxiée dans une fosse préparée, certains des captifs étaient toujours en vie et devaient être déchargés à la main. Ses troupes devaient tirer les corps pour les sortir au milieu du vomi et des excréments et c'était très pénible pour ses hommes »

SS-Gruppenführer Otto Ohlendorf,
cité par le procureur Ferencz

Il semble légitime de ne pas diluer exagérément la responsabilité d'un crime. C'est dans cet esprit que s'est tenu le tribunal de Nuremberg, en présence de seulement 23 accusés[1], auxquels s'ajoutaient les suicidés qu'il eût condamnés sans le moindre doute, Hitler, Himmler, Goebbels ; et de Bormann, jugé par contumace. Comme il était néanmoins évident que la justice ne saurait être rendue d'une manière si limitée, on multiplia les procès dans les zones d'occupation. On créa des juridictions d'épuration en Autriche et en France, les cours continuant d'agir, de manière plus ou moins durable ou ponctuelle, sur l'ensemble des territoires concernés, à commencer par l'Allemagne de l'Ouest, mais aussi les pays de l'Est et les pays scandinaves, la Grèce, l'Italie, Israël, et de nouveau en France.

Même en tenant compte des fugitifs échappant à tout effort de capture, des suspects morts ou disparus, et de ceux contre lesquels les preuves étaient impossibles à réunir, il demeure pourtant difficile de s'en tenir à ces jugements[2]. Des criminels avérés ont continué de jouer un rôle, parfois de premier plan, après la guerre, des considérations d'opportunité politique – comme la sauvegarde du tissu industriel ouest-allemand face à la rivalité soviétique – ou des relations personnelles ayant fait interférence. Pour n'en donner que trois illustrations, Günther Quandt[3], bénéficiaire de camps de concentration et d'esclaves affectés à ses usines, devint le principal industriel automobile d'Allemagne, les autorités britanniques ayant manqué de transmettre son lourd dossier aux procureurs. Erich von Manstein[4], dont les armées – comme toutes celles du front est – avaient fourni aux *Einsatzgruppen*[5] les moyens logistiques de leurs assassinats, devint l'un des fondateurs de la Bundeswehr[6], après avoir reçu le soutien de Churchill et Montgomery[7]. René Bousquet, organisateur de la rafle du Vel'd'Hiv, dont furent victimes tant d'enfants, siégea longtemps au conseil d'administration d'un journal, d'une banque et d'autres entreprises françaises de premier rang, jouissant de l'amicale protection de François Mitterrand[8].

En tout état de cause, à supposer que les responsabilités judiciaires aient été convenablement étendues, elles seraient restées circonscrites à des individus, conformément à la nature du droit classique. Le tribunal de Nuremberg s'était refusé, pour cette raison, à juger comme telles les organisations criminelles citées devant lui : le gouvernement du Reich; les organes de direction du Parti, la SS et la SA, la Gestapo, l'État-major général et le Haut Commandement des armées. De fait, la responsabilité collective, fût-elle extrajudiciaire, est une notion dangereuse. Condamner le « peuple allemand » dans son ensemble eut été une injustice, non seulement parce qu'il comportait de vastes groupes radicalement opposés au nazisme, souvent de façon ouverte jusqu'en 1933, qui furent les premières victimes des camps[9], mais encore parce que la notion même de « peuple », aussi neutre qu'elle paraisse, est idéologique et fautive, et qu'il eût fallu à ce compte accuser au surplus d'autres « peuples » que les Allemands.

Se mettre à l'écoute des nazis n'implique pas de s'exprimer comme eux ou d'utiliser leurs concepts. Il y avait, d'après eux, une réalité substantielle identifiable au cours de l'histoire, le « peuple allemand », part dominante de la « race aryenne », dont le combat avec les autres « races » et les autres « peuples » était supposé former l'enjeu primordial des temps qu'ils vivaient. Or il ne saurait être question de tenir pour responsables d'un crime quelconque un « peuple » ou une « race » n'ayant d'existence qu'imaginaire. Il est, en revanche, parfaitement raisonnable d'accuser l'idéologie qui a forgé cette croyance, et de la rendre responsable au premier chef, plus encore que les coupables judiciaires, motivés par elle, de l'ensemble des crimes qui ont été alors commis, comme d'autres qui le furent ensuite.

Cette idéologie qui n'est pas née en Allemagne, mais qui s'y est appliquée avec rage, est aussi réelle que sont fantasmatiques ses justifications et son objet. Elle n'est pas isolée, mais s'inscrit dans une thématique qui a trouvé dans le nazisme son interprétation la plus ample à ce jour. Les composantes du système cohérent auquel elle appartient, qui sont chacune périlleuses, s'étaient déjà combinées avant lui de manière partielle, mais jamais avec innocuité. Elles sont, à tout moment, susceptibles de se recombiner encore. Leur liste, telle que je me propose de la décrire ici, pourrait être initialement formulée comme suit, sans ordre particulier : *suprémacisme racial, eugénisme, nationalisme, antisémitisme, propagandisme, militarisme, bureaucratisme, autoritarisme, antiparlementarisme, positivisme juridique, messianisme politique, colonialisme, terrorisme d'État, populisme, jeunisme, historicisme, esclavagisme*[10]. Il faut y ajouter deux éléments essentiels, qui ne disposent pas de nom. Les néologismes que je suggère pour eux sont « *anempathisme* » et « *acivilisme* », désignant respectivement l'éducation à n'accorder aucun sentiment à la souffrance d'autrui, et l'absence de toute protection spéciale accordée aux populations civiles dans les opérations militaires[11].

Aucune des composantes mentionnées dans la liste n'aurait pu faire défaut au nazisme sans en altérer la nature ou le cours. Leur présence simultanée dans un contexte différent, y compris celui d'une science-fiction, aurait donné un résultat assez comparable. Une combinaison différente aurait donné lieu à des figures politiques qui, sans être nécessairement moins criminelles, auraient été visiblement distinctes, comme le stalinisme, dans lequel les quatre premiers facteurs sont atténués.

La plupart des dirigeants nazis, y compris Hitler, se seraient à peu près reconnus dans la liste proposée, en réclamant simplement l'emploi d'un vocabulaire moins péjoratif. Ils auraient souligné que ces thèmes n'avaient pas joué un rôle identique dans leur histoire personnelle, les uns ayant été conduits au nazisme par la question nationale, les autres par la question sociale, ainsi que le confirment nettement leurs témoignages[12].

Les atomes idéologiques étaient disponibles lors de l'émergence de la molécule toxique. Et si quelques-uns avaient de toute évidence acquis, depuis fort longtemps, une existence indépendante loin du monde occidental, tels le militarisme, le colonialisme, l'esclavagisme ou le messianisme politique, ils ont atteint chez lui un potentiel maximal, et c'est en lui qu'ils ont réalisé leur synergie la plus puissante.

Si l'on admet cette interprétation, Nuremberg n'est pas uniquement la ville où le nazisme a reçu l'opprobre après y avoir reçu la sanctification ; ni la cité où la civilisation commune à l'Europe et aux États-Unis a mis officiellement un terme à la barbarie allemande. Elle est la ville d'Occident où celui-ci jugeait, sans le savoir ou sans l'admettre, des monstres qu'il avait engendrés, à l'interieur de frontières culturellement poreuses.

On se demande fréquemment comment il est possible que l'une des cultures les plus raffinées d'Europe ait pu tolérer une bestialité si extrême, et, plus spécialement, que Vienne, où le XXe siècle était né sous ses aspects les plus modernes et les plus sophistiqués, ait pu éduquer l'inspirateur d'une telle meute, qui par surcroît était un artiste. L'effrayante réponse paraît que le nazisme est conforme à de nombreux égards à ce qu'il prétendait être, c'est-à-dire une pointe avancée de la civilisation à laquelle il appartenait, une forme particulièrement anempathique (ses partisans auraient dit « virile »), dépourvue de faiblesse et de sentimentalité, accomplissant ce que beaucoup d'autres souhaitaient sans en avoir, eux, la force ou le courage.

Une telle idée nous répugne et je n'ignore pas quel combat le lecteur souhaitera mener avant de l'admettre. La « civilisation », du reste, n'est pas une notion univoque. Son identification est un enjeu idéologique autant que scientifique. Aussi prendrai-je l'expression en son sens le plus neutre, pour désigner par « civilisation occidentale », non une entité géographique, mais la culture présente en Europe et dans celles de ses anciennes colonies où des Européens et leurs descendants sont devenus majoritaires ou culturellement dominants, en y incluant les Amériques, la Russie et l'Australie. Même ramenée à cette acception rudimentaire, il ne s'agit pas d'une unité simple, puisqu'elle est formée de tendances opposées dont les principales ne parviennent à être dominantes que tour à tour, et dont d'autres demeurent longtemps souterraines. Les visions du monde s'y modifient profondément aux différentes époques et reçoivent des interprétations locales. Leur imbrication seule, avec ses tensions et ses déclinaisons, constitue la culture qui est donc sujette à des renversements. L'acception retenue ne permet en aucun cas de conclure que la « civilisation occidentale » serait une unité close et homogène en relation simplement antagoniste avec le reste du monde. Elle a largement diffusé sur la planète, et embrasse des groupes et des idéologies qui, comme on sait, s'opposent entre eux avec une extrême violence.

En d'autres termes, non seulement la « culture occidentale » ne se réduit pas à avoir fourni au nazisme ses conditions de possibilité, mais il est tout à fait possible qu'elle contienne aussi, peut-être plus qu'une autre, les éléments susceptibles de lui porter remède, et dont l'humanisme reste la meilleure dénomination générale. Encore faut-il bien voir, avec lucidité, que ce ne sont pas eux qui ont au premier chef contribué à arrêter Hitler. Ce ne sont sont pas les considérations humanitaires qui ont déclenché l'attaque de l'Allemagne, ni celles qui ont présidé aux choix stratégiques des Alliés. On peut même aller jusqu'à dire que leur adversaire ne fut pas le nazisme, mais l'Allemagne, une Allemagne que l'on eût laissée, bon gré mal gré, à son nazisme si elle n'avait été si conquérante.

Bien qu'il y eût évidemment des humanistes parmi les combattants, l'heure n'était pas à leurs idéaux, alors tenus pour irréalistes voire empreints de sensiblerie. L'humanisme fut presque entièrement absent des motivations et des opérations ayant conduit à la victoire. L'adversaire le plus acharné et le plus rude fut l'Union soviétique, que l'on a appelée, non sans quelque justesse, le « jumeau hétérozygote » du nazisme, qui avait été son premier allié, conquérant avec lui la Pologne et y laissant à Katyn un charnier digne de son émule[13]. La Russie aurait elle-même été vaincue sans les États-Unis[14], une puissance entrée en guerre sans enthousiasme, le plus tard possible, parce qu'elle avait subi à Pearl Harbor un désastre humiliant infligé par un pays de l'Axe, et seulement après que l'Allemagne lui avait officiellement déclaré la guerre. Le premier engagement américain, contre cette dernière, remonte à novembre 1942 (l'opération Torch en Afrique du Nord), date à laquelle une part très significative des victimes européennes avait déjà été exterminée[15], sans oublier les victimes chinoises d'une guerre commencée par le Japon depuis 1937.

La Grande-Bretagne joua un rôle décisif, mais parce qu'elle n'avait à peu près aucun choix : elle était, elle aussi, entrée en guerre en traînant les pieds, prête à autant de concessions que la France, et parce que sa stratégie constante d'équilibre continental, celle-là même qu'elle avait jadis opposée aux armées révolutionnaires puis à Napoléon, lui interdisait absolument d'accepter la conquête de l'Europe centrale par l'Allemagne. Si, par la suite, elle se conduisit avec un héroïsme admirable, la raison en était que son infanterie avait été brisée par le « coup de faucille » conçu par Erich von Manstein, que son territoire était directement menacé, qu'elle risquait à tout moment de perdre l'empire auquel elle s'identifiait alors ; et que Hitler, commettant sa première erreur décisive, avait involontairement offert à Churchill, encore politiquement fragile, l'opportunité de convaincre ses ministres de résister : Hitler s'était abstenu d'accompagner l'ordre d'arrêt des panzers à Dunkerque de l'offre de négociations tant espérée par Westminster[16].

Ce sont ces forces, ainsi réunies et motivées, qui prirent le dessus sur les forces allemandes, et sur le nazisme incidemment. Elles s'engagèrent corps et âme dans la lutte territoriale, demeurant, au mieux, indifférentes au combat ethnique engagé par les nazis. Elles subordonnèrent toujours les objectifs humanitaires aux objectifs militaires classiques. Elles se battirent en respectant du bout des lèvres le droit de la guerre, les troupes soviétiques se livrant chaque fois qu'elles le pouvaient aux viols, aux exécutions sommaires et aux rapines, l'aviation britannique déversant sur les populations civiles des tapis de bombes[17], tandis que les Américains choisissaient les cibles de leurs bombardements du Japon parmi les villes susceptibles de mieux brûler du fait du bois de leurs maisons et y lâchaient deux armes de destruction massive, commettant des actes qui, aux dires de leurs propres auteurs, eussent été qualifiés de crimes de guerre si les Alliés n'avaient pas été vainqueurs[18]. Ce sont les mêmes qui, une fois l'ampleur des atrocités devenue notoire, exigèrent la reddition sans condition, pour s'interdire mutuellement une paix séparée défavorable aux autres, en prenant le risque évident de radicaliser les exactions. Ce sont les mêmes encore qui s'accordèrent pour se partager l'empire nazi, en soumettant sa partie orientale à la tyrannie et à l'esclavage, et se distribuèrent systématiquement policiers ou savants criminels, les faisant échapper à la justice, pour abonder leurs laboratoires[19] et leurs services de renseignements[20].

En sorte que la civilisation qui accusait le nazisme à Nuremberg, après l'avoir écrasé à l'issue d'une lutte à mort, n'était pas encore celle qui pourrait en extirper les racines en les extirpant d'abord d'elle-même. Tout au contraire, elle s'employa aussitôt à le définir de la manière la plus restrictive possible, afin de ne pouvoir être accusée de lui ressembler[21].

La Convention de 1948 sur le Génocide fut l'occasion d'un improbable consensus entre acteurs venant des horizons les plus opposés, mais s'accordant pour élaborer un concept étroit qui ferait du nazisme un phénomène incomparable et surtout serait inapplicable par ricochet aux vainqueurs de 1945. Soviétiques et communistes avaient exigé et obtenu que le massacre de catégories sociales, par opposition à des groupes « ethniques, raciaux ou religieux », soit écarté. Les États-Unis, préoccupés d'une relation possible avec l'hécatombe des Indiens, conditionnèrent leur accord, dont la ratification ne leur demanda pas moins de quarante ans, à la notion d'intention « systématique et délibérée » de la part d'une autorité gouvernementale, pour exclure les actes des foules et des particuliers, ainsi que l'élimination de groupes ethniques par défaut de secours médicaux ou privation de ressources économiques. Plus généralement, l'ensemble des puissances coloniales approuvait une conception qui les mettait à l'abri d'un recours contre leurs propres pratiques. Une grande majorité de ceux que l'on appellera plus tard les défenseurs de la mémoire de la Shoah souscrivit volontiers à une formulation qui confirmait indirectement le caractère absolument unique de la Solution Finale.

Dans ces conditions, le risque de voir surgir une mutation idéologique des éléments constituants, générant une abomination se présentant sous de nouvelles formes, mais avec des effets semblables, n'est ni nul ni même mineur. Sans l'effort d'un retour critique sur notre propre histoire et nos formes de pensée, mettant à jour l'envergure surprenante de ce qui se perpétue dans notre culture politique la plus courante et qu'il faudrait en arracher, nous ne saurions le réduire. Cet ouvrage ne prétend évidemment pas y parvenir. Il vise à pointer vers un mal dont nous sommes, au mieux, les « porteurs sains ». Il milite, non pour l'élimination du nazisme qui est bien mort en 1945[22], mais pour l'identification présente et l'éradication future de ce qui l'a causé.

PREMIÈRE PARTIE

L'idéologie de l'extermination

CHAPITRE 1

Judéophobies

Plutôt que les expressions « Holocauste »[1] et « Shoah »[2], j'utiliserai ici un terme qui rend bien compte des choses et était employé par les rescapés comme par les bourreaux, celui « d'extermination »[3] Ce mot générique me paraît plus fort, dans sa terrible simplicité, que celui de « génocide » malheureusement contaminé par les considérations diplomatiques et tactiques dont il est l'enjeu[4].

Pour être clair, ma position est que les nazis ont procédé délibérément à la plus vaste extermination et la plus radicale de toute l'histoire moderne (ne pouvant nous assurer qu'elle n'a pas eu d'équivalent en proportion dans l'histoire ancienne). Les populations juives, qui étaient l'objet d'une hostilité très spécifique et prioritaire, en ont été les victimes centrales. Elles ne pouvaient y échapper par aucune révolte, soumission ou conversion à la différence de nombreux massacres. Mais l'extermination, y compris dans ses pires modalités, ne leur était pas exclusivement réservée. Les tziganes (roms) l'ont subie avec elles pour d'autres motifs, les populations slaves aussi et de manière très massive[5]. Russes et turco-mongols auraient suivi[6]. Elle s'est avérée pour tous systématique[7], mobilisant les ressources d'un gouvernement au service d'un anéantissement qui ne connaîtrait d'exception que par l'esclavage.

Je partage avec Yehuda Bauer[8], qui a consacré à cette question l'une des meilleures réflexions, le sentiment qu'une approche comparative est indispensable, qu'une hiérarchisation des souffrances éprouvées[9] serait ignoble, et qu'une interprétation mystique est respectable mais contre-productive. Je souscris avec lui à l'affirmation d'une cause et d'une responsabilité principalement idéologiques. Je diverge cependant de lui sur trois points fondamentaux. Le premier est que l'antisémitisme n'est pas l'unique déterminant de cette idéologie ou celui qui engendrerait tous les autres en tant que conséquences logiques ou comme de simples habillages ; bien qu'il soit la cause de la priorité donnée à l'extermination des juifs sur les autres exterminations et asservissements conduits simultanément. Le second est qu'il n'est ni plus ni moins idéologique ou fantasmatique que les autres déterminants. Le troisième point est qu'établir, non une différence tout à fait réelle, mais une césure radicale entre l'extermination des populations juives et d'autres exterminations visant aussi à être illimitées, au motif que l'une serait « irrationnelle » alors que les autres (comme ceux des tziganes, des arméniens auparavant[10], mais aussi plus tard des tutsis[11] et des autres populations soumises en d'autres circonstances, comme par exemple les kurdes, à une visée exterminatrice) seraient « pragmatiques », est une faute[12].

Hitler estimait avoir des raisons « pragmatiques » de se débarrasser des juifs. Ces raisons avaient fait, comme on verra, l'objet de constructions intellectuelles détaillées par des auteurs ressortissant pour ainsi dire de tous les territoires d'Occident. Y. Bauer en vient du reste à se contredire quand il cherche à prouver l'irrationalité particulière d'une persécution qui s'étendrait à la planète entière, par opposition à des persécutions localisées mais tout aussi extrêmes qu'il juge plus « rationnelles ». Il oublie alors qu'il est l'auteur d'un excellent ouvrage démontrant qu'Hitler et Göring avaient activement visé à repousser les juifs hors d'Allemagne, notamment en cherchant vainement à les vendre aux puissances étrangères à l'époque de la conférence d'Évian (1938) et dans les mois qui suivirent, et en acceptant cette conséquence immédiate que ces populations se seraient simplement déplacées[13]. Mais le refus fut à peu près total et répété (en 1943 encore, un responsable du Foreign Office déclarait *craindre* que « les Allemands et leurs satellites ne changent leur politique d'extermination en politique d'expulsion, et ne visent, comme ils l'avaient fait avant la guerre à embarrasser d'autres pays en les noyant par des immigrants étrangers »)[14]. Est monstrueux le raisonnement suivant (exprimé comme une menace destinée à accélérer les négociations de vente) : « la question juive doit être récapitulée et coordonnée une fois pour toutes et résolue d'une façon ou d'une autre (*so oder so*)»[15], autrement dit, puisque les pays étrangers ne veulent pas plus des Juifs que nous n'en voulons nous-mêmes, alors nous mettrons en œuvre une solution bien plus radicale. Mais monstrueux ne veut pas dire « irrationnel ». Un esprit normalement constitué, qui ne s'abandonne pas entièrement à l'idéologie, jugera que l'on n'a jamais un intérêt bien compris à l'anéantissement total d'une population, fût-elle honnie. Des cyniques comme Göring et Speer auraient cent fois préféré une réduction en esclavage qui aurait renforcé l'effort de guerre et n'aurait pas privé l'Allemagne de certains de ses meilleurs savants. Elle aurait, en effet, été plus « pragmatique », encore que tout à fait atroce. Mais Hitler, Himmler, Goebbels, Rosenberg ne souscrivaient pas à cette idée. Ils avaient consacré leurs réflexions à se convaincre que les Juifs représentaient un danger réel et immédiat, en particulier eu égard au but stratégique qu'était la conquête de l'Union soviétique, un pays que leur prisme idéologique réduisait à une masse d'esclaves (les anciens serfs des tsars d'origine allemande) aux mains de commissaires politiques et autres dirigeants bolcheviques, majoritairement juifs[16]. Aussi étranges que nous paraissent ces prémisses, au vu des développements désormais connus (l'extraordinaire résilience militaire des Russes et les purges antisémites de Staline), elles s'articulent en un raisonnement qui formellement se tient. Construire une dichotomie entre l'extermination des juifs et celle de ceux qui, étant nés roms, arméniens ou tutsis, ne pouvaient non plus cesser de l'être ou s'échapper, est une contamination idéologique à laquelle il importe de résister avec soin[17].

La question de l'irrationalité est importante, car elle nous conduit souvent à nous référer à l'extermination comme à quelque chose d'irrémédiablement incompréhensible. Je crois que nous la croyons telle parce que nous ne voulons pas vraiment la comprendre, craignant sourdement que la comprendre ne signifie en quelque sorte l'approuver ou manquer de révérence envers la souffrance des victimes. Or, il est parfaitement possible de désapprouver des phénomènes que nous comprenons, et les combattre d'autant mieux que nous les comprenons davantage.

Par surcroît, nous devons éviter de rapporter le crime aux victimes au lieu de le rapporter, comme il conviendrait, aux bourreaux. La proie d'un fauve ou d'un assassin en série n'entre pour ainsi dire pour rien dans ce qu'elle subit. C'est la nature du fauve ou celle de l'assassin qu'il faut interroger plutôt que la sienne. Il n'y a pas eu d'extermination juive, mais une extermination nazie dont les juifs ont été les objets et non les sujets. N'eût-il pas été préférable que Sartre, pareillement à tant d'autres avant ou après lui, et bien qu'il eût lui-même saisi le rôle structurant de l'antisémitisme, intitulât *Réflexions sur la question antisémite*, ses *Réflexions sur la question juive* ? On peut évidemment comprendre la tentation pour qui est, avec tous les siens, la victime d'un meurtrier si frénétique, qui a réussi son entreprise dans de telles proportions et sous des modalités aussi diverses qu'inhumaines, de se considérer la cible presque unique d'un événement isolé échappant à toute description. Mais c'est en quelque sorte minimiser l'horreur que de la réduire à soi-même. Les victimes juives, visées en priorité, mais pas exclusivement, apercevaient parfois autour d'elles d'autres populations souffrant aussi jusqu'à la mort, quelques fois dans les mêmes conditions d'extermination ou d'esclavage, et dans le cadre d'un projet qui assignait sa place à chacune de ses groupes de cibles. Le décompte des proportions avait un sens pour le commanditaire, qui n'est pas le même pour celui qui s'attache au moindre des siens. Par-dessus tout, la position d'une unicité absolue, si elle a, en effet, pour résultat d'interdire la banalisation, qui doit être écartée de toute manière en considération de l'immensité du crime, a eu aussi pour conséquence de consolider le statut particulier de la victime. Au lieu de tenir les membres des populations juives comme des personnes parfaitement normales, avec leurs spécificités, au même titre que les basques ou les gallois, des personnes ayant une histoire extraordinaire et ayant subi des atrocités qui, elles seules, sont anormales, on fait droit à un changement d'ordre métaphysique. Mais au lieu d'une métamorphose imaginaire, en réalité exclusivement produite par la haine, ne conviendrait-il pas de « dénazifier » plus complètement l'interprétation, lui retirer toute séquelle de la doctrine criminelle pour se placer au-dessus d'elle et achever sa décomposition ? Alors le monstre seul aura acquis un statut particulier et unique, plutôt que l'innocent.

C'est pour cela aussi que nous devons chercher à comprendre. Or, il est envisageable aujourd'hui de comprendre les nazis mieux qu'ils se comprenaient eux-mêmes. Certes, ils connaissaient leurs propres intentions et s'en étaient donné des justifications dont nous avons aujourd'hui pleinement connaissance. Mais nous pouvons mieux voir qu'eux comment ces intentions s'inscrivaient dans un complexe idéologique dont les sources et les interactions parviennent à être retracées.

Avec le recul, nous pouvons ainsi analyser les causes du formidable renouveau judéophobe qui s'est emparé de l'Occident depuis le XIXe siècle ; des causes que les antisémites ne parvenaient pas à apercevoir, mais qui provoquaient chez eux un sentiment qu'ils se débattaient pour justifier rationnellement. L'*antisémitisme* que je propose d'appeler *industriel* véhiculé par les nazis n'entretient qu'un rapport lointain avec l'*antijudaïsme* des phases précédentes. Il est également distinct de l'*antisionisme* contemporain. Il va sans dire qu'ils peuvent cohabiter, s'appuyer l'un sur l'autre, ou se cacher l'un derrière l'autre. Il est aussi certain qu'ils entretiennent un lien historique. C'est bien l'antijudaïsme qui a placé les juifs dans une situation économique et sociale particulière, qui change complètement de sens et d'importance à partir du XIXe siècle, pour des raisons indépendantes d'eux, et qui fait émerger l'antisémitisme que je vais décrire. C'est à son tour l'antisémitisme qui conduit aux événements qui ont ultérieurement cristallisé l'antisionisme. Pourtant, ils n'ont guère en commun que d'être, encore que pas totalement, dirigés contre les mêmes groupes.

Naturellement des esprits prévenus ne peuvent s'empêcher de soupçonner un lien substantiel, et des esprits traumatisés ne peuvent s'empêcher de s'en inquiéter. Les uns, répétant qu'il ne saurait y avoir de fumée sans feu, se disent qu'il faut sûrement être coupable de quelque chose pour susciter ainsi trois haines successives, même s'ils sont incapables d'étayer leur soupçon sur des arguments non fantasmatiques. Les autres se demandent l'origine véritable, si incompréhensible qu'elle doit être mystique, d'un semblable destin. La réalité est à la fois plus simple, moins grandiose et en même temps assez fascinante.

La judéophobie ne forme pas une unité. L'antijudaïsme est un phénomène socioreligieux[18] ; l'antisémitisme proprement dit, qui apparaît à l'âge industriel, est triplement culturaliste, socioéconomique et racialiste ; l'antisionisme est d'abord géopolitique[19].

L'antijudaïsme avait séparé les juifs de la société chrétienne bien avant la ghettoïsation[20], et cette ségrégation avait induit une division du travail. À partir de Charlemagne, en effet, un groupe social et religieux, que rien ne prédisposait plus que d'autres au commerce, se vit confier, par un accord exprès entre l'empereur d'Occident et le calife, plus ou moins tacitement reconduit par leurs successeurs, la restauration du lien commercial rompu entre deux empires adverses mais économiquement indispensables l'un à l'autre[21]. Parce que la Méditerranée était devenue « un lac musulman sur lequel aucune planche chrétienne ne pouvait plus flotter », selon la formule de Pirenne, et que les marchands traditionnels étaient désormais *personae non gratae* sur l'un ou l'autre des territoires, il avait fallu recourir à des neutres. Les juifs, qui avaient soutenu l'islam contre la Perse, puis en Espagne, avaient été sans doute majoritaires parmi les tribus yéménites puis chez les monarques berbères, et s'étaient installés sur toutes les terres de l'ancien Empire romain d'Occident, se trouvaient idéalement placés pour remplir un tel rôle. Le réseau existant de correspondances talmudiques, uniquement théologique et juridique jusqu'alors, servit de point d'appui aux échanges entre l'Est et l'Ouest. Le succès de cette opération fut tel qu'une monarchie turque importante, celle des khazars de Crimée, se convertit au judaïsme[22] pour bénéficier à son tour du statut de neutralité. Plusieurs cités italiennes, comme Gênes et Amalfi, cherchèrent plus tard à acquérir un rôle analogue sans se convertir. Une seule y parvint en partie. Ce fut l'origine de la prospérité vénitienne[23].

Une spécialisation était née, de manière consensuelle en Europe, et sous des formes à peine différentes dans le monde musulman, entre des parties qui y trouvaient chacune un avantage durable. Ses effets furent spectaculaires. Si, par exemple, le dimanche remplaça légalement et pratiquement en Europe le samedi comme jour de marché, c'est à elle qu'on le doit. Les élites juives se confinèrent ainsi dans les professions que nous appellerions aujourd'hui tertiaires, à commencer par le commerce international, la banque, la médecine et plus généralement les professions intellectuelles, y compris la prêtrise (dans ce dernier cas bien entendu à leur usage exclusif). Il faut en effet préciser qu'il s'agit des élites, car rien ne permet de supposer que la spécialisation économique, qui est à distinguer de la ségrégation, ait concerné de la même façon les pauvres[24].

Les élites chrétiennes, elles, consolidaient leur domination militaire et judiciaire sur l'économie, agraire jusqu'à la première révolution industrielle. Monarques et nobles tiraient un bénéfice sans danger des activités limitativement attribuées aux juifs et placées sous la surveillance vigilante de l'Église au plan politique, social et idéologique. Les élites juives pouvaient pour leur part prospérer, sous l'effet de leur oligopole relatif, en préservant discrètement, mais efficacement leur identité culturelle et en développant leur éducation personnelle[25]. L'antijudaïsme ne perdait pas ses effets, qui prenaient des tournures tragiques chaque fois que les gouvernements souhaitaient renforcer leurs dimensions religieuses[26]. Mais l'équilibre se maintint longtemps, du moins aussi longtemps que la montée des bourgeoisies et l'embourgeoisement de la noblesse ne provoquèrent pas une concurrence matérielle croissante entre les élites chrétiennes et les élites des minorités juives.

Au contraire, les puissances chrétiennes et musulmanes étaient en général si satisfaites d'un semblable arrangement que, lorsque les Rois catholiques chassèrent les juifs d'Espagne, à la fois du fait de la nature théologique de leur propre légitimité et de l'association historique judéo-musulmane dans les territoires reconquis, on se disputa pour accueillir les expulsés. Le Grand-duc de Toscane fut le premier à les solliciter, bientôt suivi du sultan de la Sublime Porte. C'est ainsi que les juifs se répandirent une seconde fois en Italie. Seules Rome et Venise manifestèrent de sérieuses réserves, pour des motifs théologiques dans le cas de la papauté et commerciaux dans le cas de Venise, finissant par imposer la ghettoïsation[27]. Globalement, les juifs s'incorporèrent mieux qu'ailleurs dans la société italienne, une situation qui laissa encore quelques séquelles protectrices jusqu'à l'époque mussolinienne, bien que Mussolini ait fini par céder au Führer. Salonique devint une métropole judéo-turque. Atatürk[28] y est né et l'aima toujours.

Lorsque la seconde révolution industrielle arriva, l'équilibre n'était plus tenable. L'économie avait cessé d'être agraire. Le secteur tertiaire commençait à surplomber tous les autres. De manière assez rapide, involontaire et imprévisible, les élites de communautés très minoritaires passèrent de la périphérie au centre du système. Des professions tertiaires, jadis auxiliaires, acquéraient un poids nouveau. Alors que la première révolution industrielle s'était seulement accompagnée d'une libéralisation générale, entraînant incidemment l'émancipation juridique des juifs, sans bouleverser la répartition des rôles, la seconde révolution industrielle ouvrait à un monde neuf. On vit l'émergence de la presse de masse, des grands magasins, la multiplication des universités. Le développement économique rendait nécessaire celui des professions juridiques. Les banques, qui orientaient les flux financiers vers les infrastructures ferroviaires et navales et vers les grandes entreprises qui se créaient désormais, devenaient le cœur de l'économie. Les juifs n'eurent en aucune façon le monopole de ses activités, mais les siècles de spécialisation antérieure les prédisposaient sans conteste à y prendre une place de premier plan[29] ou à étendre celle qu'ils y avaient déjà prise, tandis que l'émancipation leur permettait aussi de se répartir dans les autres professions qui leur étaient autrefois interdites.

On commença à remarquer leur présence relativement élevée dans la banque, la presse, l'édition, l'enseignement, la médecine, le nouveau commerce de masse, ou les conseils d'administration des entreprises internationales qui se créaient sur la base des techniques nouvelles et qu'il fallait financer désormais d'une manière autre qu'artisanale[30]. Plus le pays était économiquement avancé, plus le déplacement était sensible. Une évolution mécanique commença de passer pour un complot[31]. Comme nul n'était alors capable d'analyser ces développements, certains se mirent à exhumer les thèmes à demi oubliés de l'antijudaïsme ; et ce, paradoxalement, quand l'affaiblissement général du sentiment religieux et le centrage inopiné des activités habituelles des juifs dans l'économie, auraient paru devoir entraîner une lente mais inexorable assimilation. Le nationalisme, qui prenait partout un tour virulent, observait avec défiance le financement neutre par les banques, et donc aussi par des juifs, de la guerre moderne.

Malgré la prépondérance tertiaire de leurs élites, ceux-ci n'avaient pas la moindre unité idéologique. Si beaucoup tenaient à préserver, avec fierté, leurs traditions religieuses, la plupart le faisaient à la manière des chrétiens, c'est-à-dire sans incidence plus que symbolique sur la vie pratique. Pareillement, leur conviction légitime de représenter l'une des sources fondamentales de la culture européenne et l'accent porté sur les thèmes moraux dans leur théologie n'entraînaient pas de conséquence visible. Leurs intellectuels prenaient part, en bonne place, à tous les développements idéologiques, scientifiques et artistiques du siècle. On les voyait de tous les bords, et l'on se mit à leur en faire grief.

Les personnes les plus désireuses de se substituer aux juifs dans les emplois très récemment devenus les plus intéressants ou les plus lucratifs, de concert avec les nationalistes brûlants, les accusèrent peu à peu de maux souvent inusités et profondément contradictoires. En l'espace de quelques décennies, une boule-de-neige d'insultes, peut-etre sans précédent dans l'histoire, s'amplifia jusqu'à l'avalanche.

On les disait ploutocrates sans cœur s'ils étaient riches ; vagabonds puants s'ils étaient pauvres (c'est-à-dire la majorité d'entre eux); corrupteurs de la langue et de la jeunesse s'ils étaient journalistes, écrivains ou professeurs ; pervers irrévérents s'ils étaient artistes ; diviseurs de la Nation s'ils étaient libéraux ; ennemis de l'État s'ils étaient socialistes ; adversaires du genre humain s'ils étaient communistes ; hypocrites et traîtres s'ils étaient patriotes ou dans l'armée ; sangsues s'ils étaient avocats ou banquiers ; affameurs ou agioteurs s'ils étaient commerçants ; meurtriers du Christ s'ils pratiquaient leurs cérémonies ; espions s'ils traitaient leurs affaires avec l'étranger. Tandis qu'on les disait aussi d'une puissance inouïe, membres de sociétés secrètes, capables de manipuler les parlements et de corrompre tous les ministres, de déterminer la politique étrangère des gouvernements rivaux ; et, en même temps, paresseux, lâches, obséquieux, serviles, dépourvus de parole, avares, voleurs, meurtriers d'enfants, empoisonneurs, violeurs et maquereaux, sanguinaires, claniques, occultistes, menteurs invétérés, expansifs jusqu'à la vulgarité, secrets, dépravés, mesquins, petits, envieux, laids et maladifs. Un épuisement purement technique du vocabulaire de l'injure rendit de plus en plus substituables les libelles, les discours et les propos de table à leur encontre. Ils fournirent son contenu populaire à l'antisémitisme de l'âge industriel qui était issu, comme on vient de le voir, d'une cause bien différente.

La police secrète tsariste, qui se spécialisa dès sa création en 1881 en manipulation planifiée d'agents provocateurs, fut la première à se saisir délibérément du phénomène pour détourner l'attention des paysans et des ouvriers lors des récessions, et pour contrôler les mouvements révolutionnaires nés du retard d'adaptation politique de la Russie. Des documents furent forgés pour soutenir les accusations (dont les *Protocoles des Sages de Sion*[32]), des assassinats furent dirigés contre un grand-duc et des ministres par des agents appointés. Ils étaient destinés à scandaliser l'opinion et justifier la répression. Des pogroms furent organisés dans les cas où une agitation populaire menaçait, surtout si elle était liée à la famine. Des agitateurs rémunérés soulevaient la foule, entraînant bastonnades et pillages. L'Église orthodoxe prêchait contre le Mal. Les cosaques démontraient leur fidélité au tsar en sabrant. Il s'ensuivit naturellement des vagues d'émigration des populations visées, en particulier vers l'Empire des Habsbourg et le Reich allemand[33]. Ce fut aussi le commencement du sionisme[34].

L'afflux de ces immigrants, le plus souvent démunis, stimulait la xénophobie là où ils arrivaient avec leurs vêtements pouilleux et leur allure étrange. Un cycle avait été enclenché. Quand de nombreux bourgeois juifs avaient commencé de se fondre subjectivement dans les pays où ils étaient respectivement établis pour la plupart depuis longtemps, conservant un lien parfois ténu avec les traditions, ils découvraient qu'ils étaient identifiés par leurs adversaires à des personnes avec lesquelles ils n'éprouvaient que peu ou aucun lien, parlant souvent des langues différentes, de statut social éloigné, réparties sur à peu près toutes les positions politiques possibles, et possédant un niveau culturel et des coutumes hétérogènes[35]. La tendance à l'assimilation en reçut un coup d'arrêt[36]. Les juifs finirent par penser eux-mêmes qu'ils formaient une Nation, contrairement aux considérations assimilationnistes de Disraeli en 1833 dans son *Genius of Judaism*, au même titre que les Français et les Allemands qui s'en étaient chacun fabriqué une, depuis peu de temps comme nous verrons plus loin, mais auxquelles tous croyaient dur comme fer[37]. Des associations internationales de défense se créèrent, sans pouvoir échapper aux divisions.

Telle est, dans ses traits les plus généraux, la nature de l'antisémitisme de l'âge industriel, quand le jeune Adolf Hitler effectue son premier séjour viennois, en étudiant recalé, petit-bourgeois ayant mangé son pécule, artiste humilié, et – dit-il – manœuvre occasionnel racketté par les syndicats, menant une existence misérable que seuls des opéras wagnériens parviennent occasionnellement à égayer. Il n'a pas acquis alors d'identité intellectuelle hormis un pangermanisme antihabsbourgeois, teinté de socialisme. Et s'il lit une presse pénétrée des thèmes folkloriques du « völkisme »[38], réclamant quelquefois l'extermination pure et simple de la race brune qui convoite lubriquement la femme nordique, il n'est pas lui-même encore antisémite. Car, à cette époque, l'antisémitisme est pour lui l'antijudaïsme, une idéologie qui n'exerce pas d'attraction spéciale sur lui qui est irréligieux.

Hitler, en effet, est un moderne. Il voudrait devenir architecte pour bâtir des immeubles inédits, bien que l'École des Beaux-Arts ne veuille pas de lui, sa formation étant insuffisante. Alors, il vit d'expédients et peint des cartes postales vendues à des associés ou, de préférence, à des marchands juifs. Il cherche aussi des théories nouvelles à asséner autour de lui, s'étant découvert un certain talent d'orateur qu'il exerce dans les asiles de nuit où l'on l'héberge et où il parle avec véhémence d'art et de politique, ses sujets préférés. Il lit pour ce faire, avec l'avidité et le désordre d'un autodidacte. Ce jeune homme déclassé et nerveux, paresseux mais intelligent, dont l'orgueil est blessé, se verrait bien révolutionnaire. Il faudrait pour cela glaner des idées moins éculées que celles que la presse droitière peut offrir, puis les synthétiser. Il va s'y employer et il va y réussir.

Le monde regorge d'idées et, à Vienne, carrefour de la pensée plus encore que Paris, elles sont offertes à qui veut les découvrir. Des principes qu'il va embrasser, les plus anciens sont le *colonialisme*, la grande affaire européenne depuis la découverte de l'Amérique ; l'*esclavagisme* son compagnon de toujours ; le *nationalisme* qui remonte à la Révolution française, mais s'est amplifié par une réaction en chaîne partout en Europe ; et le *militarisme*, héritage commun à la France et à la Prusse. Plus récemment, le *messianisme* de Bonaparte a trouvé sa figure « völkisch » dans le nouveau mythe du « Kaiser caché ». L'*autoritarisme* s'est élevé sous Bismarck en alternative crédible à la démocratie parlementaire à l'anglaise. Le *bureaucratisme* développé par les monarchies russe, autrichienne et prussienne, s'il a fait sourire Gogol, passe pour efficace et rationnel. Le *populisme* est universellement porté par toutes les formes de socialisme et même les droites s'efforcent de trouver un moyen de l'intégrer comme Napoléon III l'a tenté en France. L'*historicisme*, commun au positivisme et au marxisme, est peut-être l'essence de l'esprit moderne : un mouvement prédéterminé vers un avenir meilleur qui peut être seulement accéléré par la volonté. La forme juridique du *positivisme* autorise la promulgation de n'importe quelle loi, fût-elle la plus folle, pourvu seulement qu'elle soit entérinée par un parlement. Le *jeunisme* romantique fait rêver d'un monde débarrassé de ses lourdeurs de classe, dans lequel le moindre enthousiasme emporte vers l'héroïsme et des possibilités sans nombre. Le *terrorisme d'État*, lui-même une ancienne invention française, mais perfectionnée depuis peu par la Russie tsariste, commence à ne plus choquer personne. L'*acivilisme*, qu'Espagnols et Portugais avaient initialement pratiqué dans leurs conquêtes, se répand pareillement dans les frontières européennes, y compris en Grande-Bretagne depuis un siècle, quand il s'agit de briser de simples grèves, et, bien entendu, toute rébellion. L'*anempathisme*, une vertu cultivée dans la plupart des armées européennes, est devenu extrême sous Guillaume II à qui l'on doit en Namibie une répétition générale de la Grande Extermination. L'*antisémitisme* est maintenant cristallisé en France, Autriche-Hongrie, Europe centrale, Angleterre, Russie occidentale et aux États-Unis, tout autant qu'en Allemagne, sous les modalités séparées du rejet culturaliste, du racisme, et du complotisme économique, au milieu des vestiges d'un antijudaïsme ancestral. Il manque encore à la nébuleuse idéologique dans laquelle Hitler se plonge par degrés et dont il deviendra plus tard le prophète en Allemagne, la version scientifique, qui est américaine, d'un *suprémacisme racial* d'abord né en France et en Grande-Bretagne. De même, viendront d'Amérique l'*eugénisme* et le perfectionnement du *propagandisme.* Il faudra attendre la république de Weimar, et la crise économique mondiale, pour que l'*antiparlementarisme* triomphe. Alors seulement tous les éléments pourront être rassemblés. L'agitateur de brasserie de l'après-guerre, qui va précisément les réunir, constate que les idées qu'il s'approprie par étapes « prennent ». Comment s'en étonner, avec un tel pedigree ?

Nous ignorerons probablement toujours quand exactement, et dans quel ordre, le jeune Hitler s'est imprégné de cette matrice dont il n'était responsable d'aucun élément. Le récit détaillé qu'il en fait dans *Mein Kampf*, destiné à souligner son génie fulgurant, est reconstruit. Les témoignages que nous possédons, recueillis après sa prise de pouvoir, sont sujets à d'évidentes interférences. Tout ce que nous savons est qu'un processus l'y conduit de Vienne à Munich puis aux tranchées, se parachevant brutalement lors de la révolution allemande, pendant les mois qui suivent la Grande Guerre. Sur les influences directes ayant exercé sur lui un rôle pédagogique, notamment celles de Karl Mayr et Dietrich Eckart, nous ne possédons pas le détail des théories et indications bibliographiques qui lui ont été transmises. Nous pouvons admettre, comme il l'affirme, que c'est la découverte du suprémacisme racial, sous sa version scientifique, qui aura catalysé la réaction hitlérienne, permettant la jonction de toutes les formes de l'antisémitisme moderne ; et que la fusion du nationalisme et du socialisme, introduite comme méthode d'éradication du marxisme comme de redressement de l'Allemagne, aura suscité l'enthousiasme principal chez ses auditeurs.

La guerre a joué un rôle multiple et essentiel. Les horreurs d'un conflit dans lequel, pour la première fois, les armes défensives, également réparties entre les belligérants, l'emportaient considérablement sur les moyens offensifs et provoquaient lors des attaques des dégâts humains inimaginables jusqu'alors[39], firent perdre au caporal Hitler, comme à de nombreux soldats des deux côtés, sa dernière capacité à l'empathie, un sentiment auquel son caractère ne le prédisposait pas de toute manière. Elle fut l'occasion de convertir son patriotisme pangermaniste en engagement personnel concret, lui valant (d'un officier juif) la Croix de fer de première classe, premier baume sur son orgueil. La défaite militaire fut à l'origine d'une crise d'identité nationale et d'une révolution communiste qui porta un juif à la présidence de la Bavière. Hitler, pareil à bien des nationalistes, ne pouvant croire à la débâcle, bien réelle, des troupes germaniques sur les théâtres d'opérations, en inversa les termes et participa au mythe du « coup de poignard dans le dos » qui aurait volé la victoire[40]. La guerre et l'anarchie qui suivit lui permirent enfin de trouver une voie professionnelle, lui qui n'en avait pas, celle de militant et d'agitateur.

À la fin du compte tout lui devint limpide. La poussière pouvait retomber sur les combats d'idées rétrogrades, avant que ne s'en soulève une autre, celle du mouvement terrible qu'il allait promouvoir, faite de détermination éclairée par une vision du monde cohérente et de colère. L'histoire avait un sens. Celui d'une lutte ancestrale entre les races. La race nordique avait conquis l'Europe et lui avait donné toutes ses monarchies. Venue des glaces scandinaves, elle avait dominé l'Inde, fait la Grèce même, et donc Rome, en chassant les populations autochtones. Par vagues renouvelées, elle avait créé la Russie, et l'avait arrachée aux envahisseurs asiates. Partout, en Angleterre, en France, en Amérique, elle avait fourni ses élites aux peuples esclaves, ceux qu'elle n'avait pas exterminés comme les Indiens. Elle avait assujetti le monde, les Nègres, les Chinois opiomanes. Son Saint-Empire avait résisté aux ennemis sémitiques sous leurs figures turques et arabes. Mais cette race magnifique était menacée de se corrompre. Elle était affaiblie depuis longtemps par le christianisme, un produit sémite imposé aux guerriers germaniques par les derniers Romains[41]. Ne pouvant par les armes franchir les formidables frontières aryennes, la race adverse s'y était insidieusement glissée, sous la figure commerçante d'un peuple nomade. Il n'avait qu'un seul but : miner par tous les moyens envisageables la puissance supérieure. La science la plus avancée avait prouvé la différence physique, biologique et mesurable des races. L'histoire permettait de suivre sur des cartes le parcours des ennemis souterrains. La raison imposait une solution radicale. Lui, Hitler, un homme simple, venu du peuple, à l'esprit clair, au caractère déterminé, un soldat aux mœurs irréprochables, ayant prouvé son courage sous le feu, entièrement dévoué à la cause de son peuple et de sa race, en avait eu la révélation lors de ce qu'il jugeait être ou voulait être une illumination.

On venait, pensait-il, d'assister en France à un malheur sans précédent. Des peuples tous germaniques s'étaient entre-tués dans un combat à mort, l'Allemagne, l'Autriche, l'Angleterre avec sa monarchie allemande, la Russie avec son tsar allemand, mais aussi les États-Unis, puissance germanique qui ne dut qu'à un tour de l'histoire de n'être pas de langue allemande[42], et la France (*Frank Reich*) qui malheureusement avait commencé d'oublier ses dynasties germaniques pour se corrompre plus que les autres. La France n'avait-elle pas combattu avec des Nègres dont elle imposait maintenant la présence à la terre sacrée, comme troupes d'occupation, humiliation suprême ? Sur près de neuf millions de tués et autant d'invalides, une immense majorité étaient des Germains. Comment de telles monstruosités, aussi contre nature, seraient-elles survenues, si un peuple ennemi, se croyant élu, ne les avait cyniquement organisées ? N'étaient-ce pas ses banquiers qui avaient tiré les bénéfices de la guerre en finançant les canons ? Ou ses représentants dans la presse américaine qui avaient entraîné les États-Unis dans le conflit fratricide ? Il avait encouragé les vainqueurs à imposer des conditions inhumaines à la paix, saisissant même les vaches, et affamant ainsi les enfants allemands qui mouraient par milliers. Il avait depuis longtemps perdu l'Autriche, devenue multinationale et donc indigne de représenter la Nation allemande. Surtout il avait créé de toutes pièces la social-démocratie, mandatant ses intellectuels à la tête du mouvement bolchevique, cette hydre sanguinaire désormais attachée à détruire le Reich, qu'elle commençait à gouverner en personne, après s'être emparée de la Russie. Il avait enfin gardé le grand secret de la race, qu'il fut le premier à posséder, préservant jalousement la sienne par des mariages endogames, et conservant l'identité de ses mœurs xénophobes, tandis qu'il instillait aux autres peuples des idées propres à les détruire et à favoriser ses intérêts.

L'objectif s'en déduisait, même si les moyens pour l'atteindre étaient encore obscurs. Si l'extermination n'est pas encore au programme, sans doute parce que seule une nouvelle guerre la rendrait possible, l'élimination systématique est adoptée dès la Lettre à Gemlich de 1919. On se vengerait, de manière organisée, de ce peuple haineux et raciste, responsable des millions de morts. On en purifierait l'Allemagne et on lui reprendrait la Russie. Faute de pouvoir rendre aux soldats morts au champ d'honneur la vie qu'il leur avait ôtée si froidement, depuis des bureaux, à travers des propagandes, on lui confisquerait au moins les richesses qu'il avait tirées de son crime, pour les restituer aux travailleurs qui les avaient produites. On le priverait de son pouvoir, après avoir enfin unifié toutes les Allemagnes. Et l'on offrirait ainsi à la race supérieure, enfin expurgée d'éléments exogènes, un espace vital à l'Est formant une nouvelle Amérique.

À ce stade, seule une ligne idéologique est à peu près en place. La longue suite des déterminants historiques ne s'est pas déroulée. La guerre civile n'a pas pris toute son ampleur, le traité de Versailles n'a pas produit tous ses effets d'appauvrissement des vaincus, la crise de 1929 n'a pas encore plongé le monde dans une détresse inimaginable, l'hyperinflation n'est pas apparue. La République de Weimar, parlementariste, n'a pas démontré son incapacité à proposer une figure politique un tant soit peu consensuelle, ayant un effet quelconque sur le désordre public et sur la récession. La Grande Terreur russe, que Goebbels appellera la « judéotyrannie »[43], n'a pas encore tracé la voie de massacres d'une ampleur industrielle sur les populations civiles. Rien d'autre n'est présent qu'un système d'interprétation de l'histoire et de la défaite, pouvant se réclamer de traditions puissantes et convergentes, dans un contexte où des nations militaristes à la démographie très vigoureuse sont à genoux et effectivement menacées de manière concrète, par une révolution communiste[44].

Hitler et ses amis n'ont alors aucune preuve que leurs idées vont se gonfler comme une énorme vague et convaincre tout à la fois les conservateurs craignant de perdre leurs biens, les nationalistes désireux de relever l'Allemagne et de l'unir, les vétérans confrontés à l'anarchie et aux soviets et esperant que leur sacrifice retrouverait enfin son sens, un état-major cherchant tout moyen de reconstituer par des milices l'armée dont l'ennemi limite sévèrement les effectifs, les populistes attachés à restituer leurs revenus aux paysans et aux ouvriers, une jeunesse désespérée de se trouver un avenir, et plus généralement une masse prédisposée aux thèmes antisémites et autoritaires, assoiffée de la venue d'un sauveur.

Ils ne savent pas non plus à quel point il est matériellement possible de mobiliser les moyens les plus modernes de la propagande pour marteler les idées que l'on a rassemblées, que l'on peut à la radio inventer une nouvelle langue faite d'euphémismes et d'amplifications ; que les artistes sont disponibles pour organiser de grands et fascinants spectacles où l'on offre au peuple une vision orgueilleuse de lui-même à la manière d'un gigantesque opéra.

Ils n'ont pas l'expérience de la facilité avec laquelle on peut éliminer toute opposition, quand celle-ci est réduite aux seuls ennemis que l'on a nommément désignés et auxquels on impute des crimes affreux, sans commettre l'erreur des anciens révolutionnaires d'inquiéter la majorité de la population, et ce en l'absence d'un nombre suffisant de personnes qui seraient tout bonnement humanistes et uniformément réparties dans la société.

Ils ignorent aussi, bien entendu, que la remilitarisation et les grands travaux seront plus efficaces que le New Deal pour remettre l'économie sur ses pieds. Ils ne peuvent davantage s'imaginer que la nouvelle armée sera capable, en quelques jours, d'anéantir, par l'emploi des dernières techniques militaires et une stratégie novatrice, le terrifiant ennemi de la Grande Guerre, que l'on a affronté à titre préventif, en vue d'avoir les mains libres pour un objectif oriental bien plus aisé à atteindre, en apparence.

Inversement, ils n'ont pas davantage la prescience de ce dont la Russie soviétique est capable, surtout quand elle finit par bénéficier de l'aide des États-Unis, pays modèle censé devenir à la fin le principal allié. Cette Russie, emplie de Juifs et de neige, qui est près de tout faire s'effondrer, contre laquelle on engagera une guerre totale dont ne doivent ressortir vivants que les travailleurs soumis que l'on voudra bien garder.

Aucun des facteurs fournissant le contexte matériel propice à l'expansion du nazisme ne s'est réalisé quand l'idéologie se cristallise. Certes, nous savons maintenant que presque tout est faux dans cette idéologie[45], mais il est de la nature des idéologies de tendre à être fausses, ce qui ne les rend pas moins prégnantes.

Nous voulons croire qu'il s'agit d'une barbarie avec laquelle nous n'entretenons pas le moindre rapport. Qui cependant peut être rigoureusement certain d'en avoir expurgé de lui-même, avec la lucidité qui convient, tous les fragments ? Quand cette idéologie persuade, même en partie, comment s'étonner de l'extermination ? Au moment d'une crise majeure, où la société entière est désemparée, logiquement, naturellement, elle trouve une voie d'approbation. Et si nous ne l'approuvons pas, nous pouvons pourtant la tolérer, contribuant à la rendre massive et rapide. D'ailleurs, si nous sommes trop sensibles, si la vue d'un charnier nous répugne, d'autres plus aguerris que nous, et partageant la même idéologie que la nôtre, se disposent à nous faire la grâce de ne pas nous en parler pour l'accomplir à notre place, au loin et dans les brumes d'un contexte militaire.

Dans le cas où nous sommes nés après coup, où l'on nous a enseigné que ces choses sont mal, et où nous ne pouvons adhérer à toutes les composantes de l'idéologie nazie, il nous reste encore matière à ne pas nous en éloigner davantage. À supposer que nous ne portions pas en nous la moindre parcelle de suprémacisme racial, d'eugénisme, d'antisémitisme ou d'esclavagisme, ce qui n'est pas si fréquent, nous pouvons toujours sans honte, et même avec fierté, espérer qu'apparaisse un leader exceptionnel qui permette à notre peuple de reprendre le cours de ce que nous estimons être son grand destin ; souhaiter que notre Nation acquière le contrôle d'autres pays que nous jugeons incapables de se contrôler eux-mêmes ; approuver que notre gouvernement pratique arrestations arbitraires et tortures pour répliquer à une agression ; souscrire au positivisme juridique qui permet à un tyran de se perpétuer ou d'envoyer quelques groupes en prison, s'il y met les formes légales ; demander que l'on renvoie chez eux ceux qui y ont trouvé refuge contre l'oppression ; nous livrer à l'anempathie à l'heure du repas quand la télévision nous informe qu'un allié a commis un terrible massacre ; comprendre que notre armée ou notre police ne soient pas limitées par des règles trop contraignantes, pour se soustraire en cas de besoin aux principes fondamentaux du droit de la personne, résultat de siècles de jurisprudence, ou encore se comporter de la manière la plus acivile au titre des victimes collatérales ; souhaiter que l'on remette un ordre autoritaire dans les institutions ; tolérer que des moyens de communication de masse filtrent l'information, pour servir les intérêts du gouvernement ou de ceux qui le soutiennent ; laisser notre bureaucratie commettre d'un coup de tampon une série de patentes injustices ; et naturellement offrir à notre jeunesse ou rendre à nos ouvriers la place des étrangers ou les actifs que des puissances obscures continuent d'usurper.

Or, si nous pouvons tranquillement accepter ou véhiculer toutes ces idées, qui sont aptes à entraîner des malheurs effrayants, à supposer qu'elles ne poussent pas à l'emploi, un matin de panique très aiguë, d'armes de destruction massive, ne nous étonnons pas qu'un jour, dans une Europe déchirée par les crises, alors que suprémacisme racial, eugénisme, antisémitisme et esclavagisme passaient pour reposer sur des fondements absolument scientifiques et donc indépendants des opinions, il se soit trouvé des hommes, partageant par ailleurs nos autres convictions, pour en exterminer d'autres avec la plus totale détermination.

CHAPITRE 2

Un modèle américain

Nous sommes si accoutumés à voir, à juste titre, les États-Unis en libérateurs de l'Europe, face aux deux tyrannies qui s'y abattirent ensemble et séparément, que la suggestion même qu'Hitler se soit conformé à un « modèle américain » forgé très tôt et jamais abandonné, paraît une incongruité évidente. C'est pourtant des États-Unis que vint expressément la formulation « scientifique » du suprémacisme racial destiné à remplir un rôle central dans sa pensée et son action. Il en reçut, de même, la justification et la démonstration de l'eugénisme qui constitua son premier crime de masse. Il en tira directement la confirmation que l'antisémitisme était un phénomène mondial appelant une « solution » à la plus vaste échelle. Il s'y forgea des amitiés éminentes, et obtint le soutien actif d'entreprises déterminantes, dont Ford, General Motors, IBM, Standard Oil, Chase, Kodak et même Coca-Cola[1]. Il bénéficia du soutien à tout le moins passif de l'un des plus vastes et puissants groupes de pression de l'histoire américaine, America First, qui lui permit d'espérer longtemps une neutralité de nature à se convertir ultérieurement en alliance. Surtout, il aima d'emblée les États-Unis comme formant l'autre moitié de la grande Nation nordique, lui ayant montré le chemin de la domination : il établirait à l'Est une autre Amérique allemande ; il y exterminerait les slaves et les asiatiques qu'il ne réduirait pas en esclavage, comme la première Amérique avait massacré les indiens, et il la guiderait à son tour sur la voie de la purification radicale[2].

2.1 Un modèle d'antisémitisme industriel

> *« Le mur à côté de la table de travail dans le bureau privé de Hitler est décoré d'un grand portrait d'Henry Ford. Dans l'antichambre, il y a une grande table couverte de livres, presque tous étant des traductions d'un livre écrit par Henry Ford »*
>
> *New York Times*
>
> *[Article du 20.12.1922 cité en bibliographie.]*

L'auteur de *Le juif International – Le Problème Prédominant du Monde* (1920)[3], *Activités Juives aux États-Unis* (1921), *Influence Juive dans la Vie Américaine* (1922) et d'*Aspects du Pouvoir juif aux États-Unis* (1922) contribua directement à faire comprendre à l'auteur du *Mein Kampf* (1925-1926), qui lui rendit hommage, pourquoi les Juifs étaient doublement ses ennemis : ils contrôlaient, du côté capitaliste une large part de la presse, des banques et professions tertiaires, et, du côté anticapitaliste, dirigeaient la social-démocratie et la révolution bolchevique. Henry Ford, car il s'agit de lui, ne fut pas seulement le plus célèbre des constructeurs automobiles, mais aussi un propagandiste dont l'audience rivalise avec celle de Goebbels. Son antisémitisme industriel aura de vastes conséquences.

Ayant inventé l'antisémitisme scientifique, économiste, pondéré dans son ton, réprimant l'expression d'une haine réservée au contenu, il prétendrait pour un peu obtenir l'assentiment des juifs eux-mêmes, dont il admire « l'intelligence supérieure », si du moins il avait pris soin de parler d'eux au pluriel, plutôt que de désigner « le Juif » comme étant personnellement responsable de tous les maux. Il décrit les Juifs comme ayant établi la plus ancienne et la plus vaste multinationale du monde, une entreprise monopolistique qui lui fait obstacle et qu'il entend s'approprier par une sorte d'OPA hostile, après avoir convaincu une masse des petits porteurs. Ford analyse sa cible avec la froideur attendue d'un grand industriel qui prépare un « proxy fight »[4], mettant en lumière ses forces et ses faiblesses, ses actifs cachés, et le bénéfice qu'il y aurait à s'en rendre maîtres en en chassant les fondateurs. Il lui donne le nom de « All-Judaan », tiré des *Protocoles des Sages de Sion*[5]. Son siège est, dit-il, à Londres, après avoir été à Paris, et se prépare à se transporter à New York.

Ford commence par retracer le développement de « cette race dont la période d'histoire nationale tout entière les vit en paysans terriens, dont le génie ancien était spirituel plutôt que matériel, bucolique plutôt que commercial, et qui cependant aujourd'hui, alors qu'ils n'ont aucun pays, aucun gouvernement, et sont persécutés d'une manière ou d'une autre partout où ils vont, sont déclarés les dirigeants principaux, bien que non officiels, de la terre »[6]. Il explique que les Juifs, qui n'avaient aucun droit de se prêter mutuellement à usure, mais le pouvaient avec les Gentils, n'eurent pas d'autre occupation depuis qu'ils furent dispersés. Il affirme qu'il suffit de les suivre pour suivre aussi les marchés de l'or, leur attribuant la capacité extraordinaire d'avoir tari l'approvisionnement de l'Espagne en métaux précieux (un approvisionnement qui, rappelons-le, est de source militaire) pour l'orienter, par vengeance de l'expulsion, vers les cités du nord de l'Europe.

De même qu'il ignore complètement toute activité bancaire à l'usage des États quand elle est demeurée étrangère aux juifs, depuis celle des publicains romains jusqu'aux fermiers généraux de la monarchie française, il concède à la multinationale qu'il convoite toutes les inventions financières, sans se préoccuper de froisser les lombards, inventeurs de la banque d'affaires, ni Thomas Cook, pasteur baptiste concepteur du traveller cheque. Il annonce, que sous couvert de prête-noms et de holdings, All-Judaan a depuis lors détenu l'essentiel des richesses du monde. Le principe est constant : rapporter l'histoire universelle de l'économie et de la haute finance en la peignant aux seules couleurs hébraïques ; l'analyser comme si le pouvoir politique avait toujours reposé sur des fondements capitalistes dissimulant les Juifs ; transformer ghettos et persécutions en avantages compétitifs.

Henry Ford précise qu'il ne saurait être suspecté de préjugé racial, et que les nombreuses populations qui critiquent les Juifs ne le sauraient être davantage : « Des milliers de petits commerçants juifs sont hautement respectés dans leur branche, exactement comme des dizaines de milliers de familles juives sont respectées en tant que nos voisins. La critique, pour autant qu'elle concerne les plus importants financiers, n'est pas raciale du tout. Malheureusement, l'élément de race, qui se laisse si aisément mal interpréter comme un préjugé racial, est introduit dans la question par le simple fait que la chaîne de la finance internationale telle qu'on la retrace autour du monde révèle à chacun de ses anneaux un capitaliste juif, une famille financière ou un système bancaire sous contrôle juif ». Andrew Carnegie et Andrew Mellon, qui étaient presbytériens, et John P. Morgan, épiscopalien, alors les hommes les plus riches des États-Unis avec John D. Rockefeller, baptiste, et Henry Ford en personne, auraient pu témoigner, en effet, de l'absence de préjugé reflétée par une telle assertion. Il faut assurément prendre soin de ne pas confondre naïvement les hommes « simplement riches parmi lesquels il y a plus de Gentils que de Juifs [et...] qui ont, pour beaucoup d'entre eux acquis leurs richesses en servant un Système [économique]», avec ceux qui « ont le Contrôle », alors qu'il est « parfaitement apparent qu'être uniquement riche ne signifie pas contrôler ». « Le Juif qui contrôle le monde et a des richesses », par contre, est affecté d'un tel préjugé, puisqu'il se considère membre d'une race supérieure qui n'a pas besoin de « cultiver l'amitié des masses de Gentils », auprès desquelles, pour ce motif, il est « impopulaire », préférant pour sa part « cultiver l'amitié des rois et des nobles ».

Ayant ainsi identifié la stratégie de la cible qui consiste à dominer indirectement les masses, quitte à en être haïe, en contrôlant les « quartiers généraux » par le moyen des cordons de la bourse, il observe que le banquier (juif) des gouvernements, en vue de leur permettre d'effectuer les règlements internationaux, possédait « la capacité de produire ce que les gouvernements voulaient », chose véritablement stupéfiante envers un client. Une autre caractéristique de l'entreprise juive est de s'adapter aux conditions changeantes et d'établir des filiales à l'étranger, sans allégeance nationale particulière. On comprend que découvrant une méthode de gestion si peu commune, et prenant simplement modèle sur elle, Henry Ford ait jugé convenable à son tour de se partager avec General Motors une majorité de l'industrie automobile de l'Allemagne nazie à la veille de la guerre, et d'en conserver le contrôle officieux au travers de holdings pendant toute la période où ces automobiles firent l'objet de l'usage pacifique que l'on connaît.

Les Juifs formant, grâce à leurs inventions et leur système, un « super capitalisme » et un « super gouvernement », ils sont logiquement responsables (des maux) de l'économie, qu'il serait donc erroné d'attribuer à de prétendues lois économiques, celles-ci ne pouvant agir librement. C'est une leçon qu'Hitler retient à la lettre dans *Mein Kampf (I.10).* Ne jamais voir une crise économique comme telle, mais comme étant une crise « politique, raciale et morale ». Toujours attribuer une crise économique aux maîtres politiques, qui agissent par la voie économique dans un dessein racial concerté, les Juifs. De manière strictement symétrique, attribuer les causes de toute prospérité aux forces morales de la race nordique.

Une erreur plus grave serait d'imputer aux patrons un conflit d'intrêts avec leurs ouvriers : « Ce que nous appelons capital ici en Amérique est généralement l'argent utilisé dans la production, et nous nous référons par erreur au fabricant, le gestionnaire du travail, le fournisseur des outils et des emplois – nous nous référons à lui comme le "capitaliste", Oh non ! il n'est pas le capitaliste au véritable sens. Car il doit chercher lui-même des capitalistes pour l'argent qui finance ses plans. Il y a un pouvoir au-dessus de lui – un pouvoir qui le traite bien plus rudement et le tient par une main plus brutale qu'il n'oserait jamais en faire montre à l'égard du travail ». En vérité, il n'y aurait pas de lutte des classes du tout si l'on comprenait que le capital et le travail sont pareils à deux gladiateurs qui se battent l'un contre l'autre au profit d'un seul et même Néron. Le national-socialisme en tant que programme pour les travailleurs allemands, se noue précisément dans cette idée : mettre fin à la lutte des classes par extraction de ce qui seul l'a causée, le capitalisme racial de la multinationale juive.

Henry Ford porte un intérêt particulier à l'Allemagne qu'il tient pour plus « éveillée » que l'Amérique à la question juive. Il rend donc à ce pays ami un service insigne, en lui désignant nommément, par listes, les Juifs qui exercent un rôle au gouvernement, dans les journaux, l'administration, l'armée et la police. Il complète ces renseignements de l'identification personnelle des membres juifs de la délégation allemande à la conférence de la Paix. Ces informations sont publiées pourvues d'un argumentaire en vue d'une action à leur encontre. Ce sont tous des agents de l'entreprise hébraïque, qui « n'auraient pas obtenu les positions dans lesquelles on les a découverts sinon par la Révolution, une Révolution qui n'aurait pas eu lieu s'ils ne l'avaient apportée ». Pour faire bonne mesure, et parce qu'il aime dresser des listes, Ford établit également, en l'assortissant de pourcentages et autres éléments statistiques, celle des nouveaux dirigeants d'origine juive de la Russie, commissariat par commissariat. Tous sont repérés alors que leur mandat est clair : s'emparer, par le bolchevisme ou les organes de la république socialiste, de la dernière part de capital qui ne soit déjà en mains juives.

Le système est si parfait que lorsque le peuple, ne pouvant manquer d'apercevoir la destination des bénéfices de guerre ou l'origine de la spéculation qui l'affame, démarre de bien naturelles persécutions, il en est scandaleusement empêché par des juges et des procureurs juifs à leur tour.

Dès lors, All-Judaan n'a plus qu'à entretenir tranquillement les divisions nationalistes par sa presse qu'il ne faudrait pas croire limitée à la presse de gauche. Car ne sont-ce pas ces divisions qui permettent à All-Judaan d'utiliser « sa flotte, qui est la flotte anglaise », pour mettre une main définitive sur la Palestine, tandis que le juif Trotski prépare l'Armée rouge qu'il commande à une conquête du monde ? J'ignore si Hitler ne s'est pas un instant inquiété, à une telle lecture, de n'être pas à son tour manipulé par les juifs, qui auraient peut-être, en effet, manqué de conséquence en n'ajoutant pas le NSDAP à leur escarcelle.

On aimerait pouvoir abandonner ici notre auteur à sa vision scientifique, en estimant qu'elle atteint d'ores et déjà le paroxysme de l'antisémitisme. Mais ce n'est pas le cas. Le judaïsme a, d'après lui, dépêché Colomb aux Amériques en vue d'étendre ses marchés, finançant ses voyages avec les bijoux que des marranes avaient volés à la Reine Isabelle, tout en obtenant de celle-ci un prêt excédant en montant le coût de l'expédition, un bénéfice latéral, fût-il modeste, étant ici une affaire d'orgueil racial. Sa première découverte et première activité locale furent, bien entendu, le tabac.

Les Juifs eurent tôt fait de se débarrasser de leur agent Christophe Colomb, à peine eut-il rempli sa mission. Par un saut cinématographique, Ford les transporte aussitôt à New York pour les confronter à Peter Stuyvesant, un personnage qui leur est hostile et auquel ils donnent une leçon d'adaptation. Une interdiction de participer au commerce de vêtements neufs en fait les rois du vêtement d'occasion, leur ouvrant directement la maîtrise des ordures et déchets, une industrie avec laquelle ils possèdent des affinités évidentes. Ils reconnaissent en New York une nouvelle Sion, pour ce motif qu'y sont taxées les marchandises entrantes et sortantes d'Amérique. On suppose qu'All-judaan a trouvé le moyen de s'approprier le produit de cette taxation, mais Henry Ford omet de nous en communiquer la méthode.

L'un des résultats obtenus est que l'antisémitisme anglais, qui était sur le point de se déclarer, se trouve retardé par l'émigration des Juifs, qui savent si bien anticiper ces choses, de Londres à New York.

Ford est particulièrement frappé par le fait que le nombre des Juifs dans le monde est équivalent à celui des Coréens, un peuple notoire pour son inaptitude foncière à l'industrie et au commerce. Une Nation si petite, de 14 millions de membres, avant la réduction à laquelle son admirateur Hitler va procéder, se montre capable de réalisations extraordinaires. C'est ainsi que faisant exception à sa concentration sur la finance, elle en vient à s'occuper aussi d'activités manufacturières, pour démontrer sa capacité additionnelle à provoquer des hausses de prix.

Il ne faudrait pas en tirer la conclusion hâtive que les Juifs sont mauvais, car il faut rester objectif et juste : « Si vous êtes dans la détresse et la souffrance, le cœur juif aura de la sympathie pour vous ; mais, si votre maison est impliquée dans cette affaire, vous et votre maison serez deux entités séparées ». Ils sont, en d'autres termes, une anticipation de la mafia italienne décrite par un cinéma futur. Ils vous tueront, non pour des raisons personnelles, mais uniquement « business ». Du reste, le Juif est charitable. Il tient à rectifier les répercussions trop dures sur son propre peuple de son âpreté, mais en s'opposant naturellement aux réformes du capitalisme qui sont l'apanage reconnu des anglo-saxons.

De même « le Juif n'est pas critiquable dans sa personne, ou sa croyance. Ses idéaux spirituels sont partagés par le monde ». Seulement, il est au fond le premier à souhaiter et produire les « préjugés » à son encontre. Le ghetto lui est si avantageux qu'il l'importe en Amérique, en s'installant dans des communautés séparées. On peut présumer que c'est par fascination mimétique pour le judaïsme que les Chinois s'enfermeront dans des Chinatowns et les Siciliens dans des Petites Italies.

Fort du privilège d'être universellement détesté, renforçant en tant que de besoin ce précieux sentiment d'hostilité envers lui grâce à la propagande qu'il invente et dirige de Hollywood, le Juif peut se rendre maître de toutes les industries stratégiques américaines. Fidèle à son protocole, Henry Ford en donne une liste détaillée.

Les Juifs n'échouent que sur un point, l'activité fermière. Après avoir évoqué diverses hypothèses pour expliquer cette exception, Ford retient une préférence nationale pour les « professions improductives ». Il en administre la preuve en montrant qu'ils ont choisi pour foyer national la Palestine, une terre incultivable, propre à être une plateforme commerciale entre l'Est et l'Ouest. À sa décharge, il ignorait que le premier kibboutz datait de 1909 et que depuis 1881, la très grande majorité des arrivants étaient devenus agriculteurs.

Notre auteur s'efforce de surmonter sa modestie personnelle, en soulignant le courage qui lui est nécessaire pour enquêter sur ces choses. Les Juifs, en effet, sont étrangement « hypersensibles » à la seule évocation de la question juive, même quand elle est conduite avec le respect profond qu'il manifeste, et, eût-il pu ajouter avec logique, dans l'intérêt même d'un peuple qui sait utiliser la persécution, mais n'en perçoit pas toujours les tenants et aboutissants. De fait, la lecture de l'œuvre savante d'Henry Ford aurait pu constituer un utile avertissement si elle n'avait amené plus d'un lecteur à la conclusion qu'il faut exterminer purement et simplement ceux qui en sont les objets.

Il affirme prendre la parole, non seulement pour mettre en valeur les mérites d'un peuple qui s'élève toujours au plus grand pouvoir en dépit de son faible potentiel démographique et des empêchements légaux qu'on lui oppose, mais aussi pour faire acte « humanitaire ». Sa visée est primordialement pédagogique et vise à faire entendre aux Juifs le sens du mot « humanité » qu'ils ont tendance à prendre de manière inversée. C'est une erreur de leur part de « continuer de remplir éternellement le rôle de suppliant pour l'humanitarisme du monde », au lieu de satisfaire à la « grande obligation » de se montrer humains tant vis-à-vis des autres hommes qu'envers leur race tout entière. Comment leur faire comprendre que leur « rapacité » est la source des malheurs de la majorité des Juifs qui sont pauvres ? Ce serait assez que les plus riches d'entre eux déposent leur puissance comme leur fortune excessive pour que leurs coreligionnaires défavorisés cessent aussitôt d'être inquiétés.

Il faudrait, autrement dit, que les Juifs pauvres se dissocient des Juifs qui sont riches, et s'associent au contraire à ceux qui se consacrent, avec la générosité intellectuelle d'un Henry Ford, à les sortir de leurs difficultés. Il conviendrait qu'ils fassent pression en ce sens sur leurs élites pour qu'elles perdent l'habitude de qualifier « d'antisémites » les études qui posent avec rigueur la « question juive ». Il serait sain qu'ils les poussent à renoncer à « la menace du boycott, une menace qui a pratiquement scellé les colonnes de toute publication en Amérique contre la discussion même la plus modérée de la question Juive ». Il faut dire que l'industriel Ford n'est pas insensible à cette intimidation qui finira par le forcer à ne plus signer ses libelles[7]. L'injustice est grande, car on imagine avec quelle mansuétude il aurait lui-même conservé un fournisseur qui se serait donné comme mission dans l'existence d'incriminer publiquement et avec une pareille circonspection Henry Ford et sa famille. Un semblable chantage et sa mise en œuvre représentent en outre la preuve irréfragable de la présence d'All-judaan aux manettes du monde.

Parmi les bévues auxquelles les Juifs s'abandonnent, il y a en effet celle de résister de manière véhémente à leur propre dénonciation. Leur argument, selon lequel il serait contraire à l'esprit de tolérance de publier par exemple l'appartenance juive des personnes impliquées dans des crimes, quand on ne le fait pas pour les autres confessions, est mal venu. Si les journaux s'en abstenaient, cela voudrait dire que les Juifs sont soumis à des critiques d'ordre religieux, expression d'une « bigoterie » que Ford souhaiterait combattre. L'antijudaïsme est à ses yeux un archaïsme choquant dont il faut prémunir les Juifs. Le contenu théologique et moral de leur religion, qui est de haute tenue, n'est aucunement en cause dans la question juive, du moins quand elle est scientifiquement posée. Par surcroît, ils ne sont ni plus ni moins religieux que les autres, les Juifs riches et puissants l'étant d'ailleurs bien moins que les malheureux et honnêtes boutiquiers « sacrifiant leurs affaires du samedi à leur Sabbat ». Il faut plutôt se soumettre à la raison, qui écarte ces fadaises, pour s'en tenir à l'aspect racial qui est le cœur de l'affaire. C'est parce que le Juif forme une race, indépendamment de ses croyances, et parce que celle-ci est le constituant de son identité, qu'il est légitime et convenable de la relever publiquement chaque fois qu'il est possible.

Suit une longue description du passéisme des chrétiens, longtemps enfermés dans des inerties, des guildes, des interdits sacrés, de vieilles habitudes, face à l'habileté des Juifs qui, n'étant retenus par rien de tel et animés par l'esprit commerçant de la race, ont peu à peu révolutionné tous les secteurs de l'économie. Le succès qui en dérive, et qu'il convient d'admirer et d'imiter sans arrière-pensée, est ce qui a engendré les préjugés qu'il faut combattre, comme la domination à laquelle il faut désormais s'opposer.

Une fois, placée sur la base théorique correcte, qui est la science des races, l'analyse des conséquences se divise en deux branches, une, économique, qui intéresse plus particulièrement les États-Unis, l'autre, politique, qui est l'urgence du jour pour l'Allemagne. Mais il est temps d'interrompre notre lecture qui pourrait se poursuivre fort longtemps, Ford précisant à l'infini, et sur plusieurs années, les détails de son argumentaire.

Aux États-Unis, une lutte d'un genre nouveau a commencé d'apparaître. L'Industrie (antijuive) s'est dressée contre la Finance (juive). En Allemagne, l'offensive sauvage du marxisme se heurte à la Nation allemande. Ford s'offre à diriger le premier combat[8], comme Hitler à prendre la tête du second. Ils le feront en s'épaulant l'un l'autre. Il n'y a pas dans *Mein Kampf*, qui en fait une référence, une seule ligne pour contredire Henry Ford ni le moindre argument antisémite qui n'ait été préalablement formulé par celui-ci, si l'on exclut ceux des sciences raciales dont nous verrons plus précisément le détail ci-après. Ford, depuis 1915, tient les Juifs pour responsables de la Première Guerre mondiale, une idée qui n'a pas traversé l'esprit de Hitler avant 1918.

Les historiens, jusqu'ici, ne sont pas parvenus à retracer de vraisemblables gratifications versées par Ford au Parti nazi, sauf pour un « cadeau d'anniversaire » au Führer d'un montant de 35 000 reichsmarks attribué par sa filiale allemande en avril 1939[9]. Mais ils savent que l'industriel reçut la plus haute décoration que l'Allemagne nazie pût décerner à un étranger, la Grand-croix de l'Aigle allemand[10], et qu'il était depuis le début considéré en Allemagne comme une idole du fascisme[11]. Ils savent aussi qu'Hitler, peu enclin à la sentimentalité, n'avait eu provisoirement dans son bureau qu'un seul portrait, et que c'était celui d'Henry Ford, comme le rappelle l'article du New York Times placé en exergue de ce chapitre. Ils observent que le fordisme fut une des sources d'inspiration de la réorganisation industrielle nazie, et que le rôle joué par les entreprises Ford, aux côtés de General Motors, dans le développement de l'industrie automobile allemande, tant militaire que civile, non seulement fut décisif, mais encore se prolongea sous des formes indirectes après qu'il était devenu illégal. IG Farben, la première source de financement privé du Parti nazi et futur exploitant[12] du camp de travail d'Auschwitz-Monowitz, avait pour administrateur de sa filiale américaine Edsel Ford (fils unique d'Henry) et était le second actionnaire de Ford-Werke. Celle-ci livra des véhicules de transport de troupes à la Luftwaffe à partir de 1939, la maison mère ayant commencé à expédier dès 1938, pour assemblage à Cologne, un millier de poids-lourds destinés à l'invasion de la Tchécoslovaquie (mars 1939). En septembre 1939, date de l'entrée en guerre de la Grande-Bretagne et de la France, un montage de précaution fut opéré pour faire transiter les livraisons militaires de Ford-Werke, qui comprenaient désormais munitions et pièces détachées d'avions, par une société-écran contrôlée par son propre directeur général. En juin 1940, Ford US (Dearborn) renonçait à un contrat de sous-traitance des moteurs Rolls-Royce pour la Royal Air Force, à la demande du haut commandement allemand. En août 1940, Maurice Dollfuss, directeur général de Ford France, adressait au siège américain un rapport de satisfaction relatif aux livraisons à la Wehrmacht par les usines de Poissy, Asnières, Bordeaux et Bourges. Le 1er janvier 1941, le *Frankfurter Zeitung* publiait une publicité vantant la présence « des véhicules de Ford Allemagne durant les campagnes militaires de Pologne, Norvège, Hollande, Belgique et de France » et soulignait que « les véhicules de Ford Allemagne étaient les serviteurs fiables du courageux soldat »[13]. En décembre 1941, six mois après le déclenchement de Barbarossa et à la veille de Pearl Harbor, le directeur général de Ford-Werke déclarait dans la *Ford Werkzeitung*, revue interne de l'entreprise : « Au début de cette année, nous avions promis de faire de notre mieux et notre maximum pour la victoire finale, avec une confiance inébranlable en notre Führer. Aujourd'hui, nous pouvons dire avec fierté que nous avons réussi »[14].

Nous avons vu, quant à nous, combien l'antisémitisme de Ford et celui de Hitler étaient en étroite harmonie. Ce n'est pourtant pas la seule source directe d'inspiration américaine du nazisme.

2.2 Un modèle de suprémacisme racial et d'eugénisme

> *« En 1934, l'un des collaborateurs de Hitler écrivit à Leon Whitney de l'American Eugenics Society pour lui demander au nom du Führer, une copie du livre que Whitney venait de publier,* The Case for Sterilization. *Whitney s'exécuta aussitôt, et reçut peu de temps après une lettre personnelle de remerciements de Hitler. Dans sa biographie inédite, Whitney rapporte une conversation qu'il eut avec Madison Grant au sujet de la lettre du Führer. Comme il pensait que Grant pourrait être intéressé par la lettre de Hitler, il la lui montra lors de leur prochaine rencontre. Grant se borna à sourire, ouvrit un dossier sur son bureau, et donna à Whitney une lettre de Hitler à lire. Dans celle-ci, Hitler remerciait Grant d'avoir écrit* The Passing of the Great Race *et disait que 'le livre était sa Bible'»*[15].

La Disparition de la Grande Race ou Les Bases Raciales de l'Histoire Européenne (1916)[16] a pour auteur Madison Grant, l'un des fondateurs de l'eugénisme et du suprémacisme racial scientifique[17]. Aucune des idées reçues par le nazisme n'était neuve. Elles n'étaient pas non plus nouvelles quand elles ont été exprimées par ceux qui les lui ont transmises. Une longue tradition de suprémacisme racial s'était développée depuis au moins Joseph Arthur de Gobineau[18], rectifiée et popularisée par Houston Stewart Chamberlain[19], un auteur introduit par son disciple Guillaume II dans les manuels scolaires. De même, l'eugénisme moderne remontait au britannique Francis Galton[20], le cousin de Charles Darwin qui ne s'y était pas opposé[21].

Nous n'avons pas, cependant, affaire à un bloc uniforme Le nazisme n'existe pas sous sa forme définitive, si tant est qu'il en ait revêtu une, avant le nazisme lui-même et les événements qui le réalisent. On peut seulement le considérer formé d'éléments disponibles qu'il recombine à sa façon, du reste variable selon les acteurs, Rosenberg, par exemple, ne pensant pas exactement comme Hitler. De façon identique, les promoteurs de l'eugénisme et du suprémacisme racial, composants de l'idéologie qui conduit puissamment à la Grande Extermination, s'étaient chacun forgé une combinaison qui lui était personnelle. Ainsi, Gobineau n'était pas antisémite (ce fut le sens de l'œuvre de Chamberlain que de corriger ce manque). Grant fut un des créateurs de l'écologie politique et était antiesclavagiste.

Les éléments idéologiques ne sont pas pour autant indépendants, car ils entrent dans des cohérences. Il est, certes, envisageable d'être suprémaciste racial sans être antisémite (il suffit pour cela de ne pas compter la « race juive » parmi les inférieures), mais il serait impossible de dissocier l'eugénisme politique de l'anempathisme qu'il implique logiquement. Et si l'on peut concevoir un suprémacisme racial qui ne soit pas eugéniste, ou l'inverse, ce genre de configuration est moins fréquent, car il interagit avec les autres facteurs.

2.2.1 La science des races

L'idée-force de Madison Grant est de réduire les phénomènes historiques à un sous-jacent strictement racial, les aspects anthropologiques et culturels étant secondaires ou dérivés. Remarquons qu'elle est compatible avec le nationalisme à condition seulement de confondre la Nation et la race, ce qui constitue précisément une des ambitions d'un nazisme désireux d'étendre la « Nation allemande » à la « race nordique » tout entière. Elle va normalement de pair avec l'eugénisme, puisque l'élimination des hérédités déficientes (races inférieures ou infirmités) concourt à consolider la race sélectionnée. Dans le cas particulier de Grant, elle s'accompagne de l'écologie, en tant que politique de préservation de l'environnement naturel et des espèces contre les pollutions ; et s'oppose à l'esclavagisme au motif qu'il tend à l'importation « dysgénique » de races étrangères dans l'habitat de la race supérieure. Hitler aima l'écologie ; mais, à la différence de Grant, voulut une Allemagne où retour à la nature, nudisme, sport, hygiène et culte de la santé[22], n'écartent pas la soumission esclavagiste d'autres races, telles que les Ukrainiens[23].

Alors que ses prédécesseurs accordaient encore un rôle fondamental à la nationalité et à la langue, au lieu de la seule race, Grant observe que les trois sont rarement congruents. La race ne peut être ni définie ni repérée sur des critères linguistiques, comme l'avaient cru ceux qui s'étaient fondés sur la protolangue indo-européenne[24] pour découper une race « aryenne ». Elle doit l'être sur la base d'invariants anatomiques, qui sont censés signaler aussi des invariants au plan mental. D'où l'importance accordée à l'anthropométrie, la crâniologie et toute technique de mesure des variétés physiques humaines. On y ajoutera le « quotient intellectuel » comme moyen d'établir une corrélation avec l'intelligence[25].

Pour simplifier cette théorie et la comprendre d'un mot, on peut dire – même si elle ne s'exprime pas elle-même toujours aussi clairement – que les races sont pour elle des espèces. Il n'y a pas à proprement parler d'espèce humaine, mais un genre humain subdivisé en races[26]. Une fois ce principe posé, il faut et il suffit d'appliquer aux races les règles et conclusions de la théorie des espèces, avec ses repères anatomiques, pour obtenir la théorie scientifique des races. Les facteurs éducatifs et culturels sont transitoires et secondaires parce que non héréditaires ; les races disposant néanmoins, comme les espèces, de capacités mentales très différentes qui les prédisposent plus ou moins bien à l'apprentissage comme à la production culturelle.

Il n'est pas utile de détailler ici les illustrations fournies par Grant qui place la « race nordique » en haut d'une échelle de races en compétition l'une avec l'autre pour les ressources et pour l'espace « vital ». Il est, en revanche, décisif d'en apprécier les conséquences. L'opération théorique à laquelle il procède transforme les hommes en prédateurs les uns des autres. Ils ne sont pas seulement en compétition, mais la barrière interne à l'espèce étant levée, ils peuvent parfaitement s'entre-dévorer ou s'anéantir mutuellement, comme participant à une même chaîne alimentaire à des hauteurs différentes. Alors que les espèces n'ont normalement aucun intérêt adaptatif à l'entre destruction de leurs propres membres, il leur est avantageux d'éliminer ou de se nourrir des autres espèces avec lesquelles elles ne sont pas en symbiose. Jamais fondement plus solide n'aura été donné à la possibilité d'une extermination. Celle-ci se justifie désormais du principe constitutif de la nature, voire d'un principe divin pour ceux qui tiennent la nature en produit d'un créateur.

J'aimerais pouvoir écarter de telles idées d'une phrase, en les assimilant aux élucubrations d'un Henry Ford. Malheureusement, la racine que nous tirons ici est extraordinairement profonde. La biologie avait été en grande partie constituée jusqu'alors par la taxinomie, la science de la classification des êtres vivants, datant de Linné et Buffon ; et en est toujours dépendante. Or, aussi inquiétant que cela puisse paraître à ceux qui cherchent dans la science le contraire d'une idéologie et une certitude absolue, la taxinomie est seulement une technique obéissant à des considérations pratiques. Elle n'est nullement inébranlable et se prête à de fortes interférences idéologiques. Ne sommes-nous pas nous-mêmes habitués à parler, par exemple, des « hommes et des animaux », au lieu de parler des « hommes et des autres animaux », comme il conviendrait dans le cadre de la nomenclature acceptée depuis Linné ? Ne résistons-nous pas à nous considérer comme une espèce parmi les autres primates, comme le font pourtant les spécialistes ?

Au surplus, ce n'est pas uniquement la notion de « race » qui fait difficulté. Celle « d'espèce », initialement définie par Linné sur la base de la « différence spécifique » réputée immédiatement visible, mérite aussi d'être interrogée. Elle a évolué au cours du temps, et continue d'évoluer encore. Il n'existe pas actuellement de consensus complet de la communauté scientifique à son sujet et ses contradictions n'ont pas toutes été résolues. Il est évident qu'il y a dans la nature des parentés et des différences relativement stables. Cependant, nous ne savons pas établir une classification parfaite des similitudes et des disparités dans les morphologies. Même les concepts « d'interfécondité » et « d'isolement dans des niches », introduits tardivement pour surmonter le problème, sont susceptibles d'appréciations subjectives Un exposé des enjeux de la question requerrait tout un livre.

2.2.2 Vérité, réalité et science raciale

Mais le problème est encore plus profond. Durant presque toute son histoire, la civilisation européenne a interprété la science comme fournissant une description « réelle » du monde. Le « réalisme » fut et reste la principale justification de l'existence de la science dans la société, et la motivation prépondérante de la majorité de ceux qui s'y consacrent. Or cette idée même n'est pas scientifique. Elle est philosophique. Et des raisons très sérieuses de la nuancer, voire de l'abandonner, sont apparues dans l'histoire des sciences. Nous constatons que la science expérimentale est formée de théories qui se succèdent, avec pour seules propriétés communes de rendre compte de phénomènes toujours plus nombreux de manière en principe plus économique et plus simple ; en restant susceptibles d'être contrôlées par des expériences reproductibles aussi précises que possible. Cela implique que toute théorie a vocation à être remplacée par une théorie plus précise, plus englobante ou plus simple qu'elle. Cela entraîne également un autre rapport à la « réalité ». Il n'y a pas, d'une part, des théories fausses qui ne rendent compte de rien[27], et, d'autre part, des sciences qui rendent compte de la « réalité » ; mais des théories qui se remplacent pour rendre de mieux en mieux compte des observations, sans jamais être définitives. La science est donc construite et elle construit notre réalité. Les modèles qu'elle fabrique au moyen d'abstractions sont des produits humains, susceptibles d'être entachés de biais idéologiques. L'héliocentrisme et la théorie de l'évolution possédaient des enjeux théologiques aussi bien qu'expérimentaux. Il en va ainsi, et de plus en plus à mesure que l'on se rapproche des observations portant sur l'homme.

La science écarte à présent la notion de race, parce que nous nous sommes rendu compte qu'elle était bien davantage motivée par des spéculations idéologiques que par des observations, et qu'elle ne présente guère d'intérêt pour la classification, les êtres humains partageant une très forte majorité de traits physiologiques, et les repères habituels des « races » étant trompeurs. Nous avons même ajusté notre définition des espèces d'une manière qui rend presque impossible l'emploi du concept de race. Mais, si nous sommes lucides, nous constatons y avoir été amenés aussi pour des raisons doctrinales inverses, conscients désormais de ce à quoi il peut conduire. Si nous y regardons de plus près encore, nous apercevons que la race s'est réintroduite, certes, sous des modalités affaiblies, en génétique des populations. Cette dernière utilise la notion « d'haplogroupe » qui est un ensemble de types de gènes (ou plus précisément d'allèles) couramment placés en correspondance avec les groupes ethniques chez lesquels ils possèdent une prévalence. Bien que ce ne soit pas le vœu de la plupart des chercheurs, pourrait aisément en émerger un nouveau suprémacisme, cette fois ethnogénétique plutôt que grossièrement « racial », fondé sur l'existence d'une ethnie restée assez cohérente au plan génétique durant des millénaires et que l'on voudrait ou bien dominante ou bien nuisible[28].

L'idée de « race » est si prégnante qu'il nous arrive de continuer de la véhiculer quand nous croyons la combattre Ainsi, parlons-nous, souvent de manière laudative, de « métissage », sans nous rendre compte que nous utilisons une notion qui n'aurait aucun sens si elle n'était raciale. Le mot paraîtrait absurde s'il portait sur l'hybridation d'un géniteur au nombril étroit avec une génitrice aux grandes oreilles. Mais nous persistons à le juger pertinent s'agissant de géniteurs ayant des couleurs de peau différentes, avec le sentiment que cette différence désigne quelque chose de substantiel, ou est un marqueur fort de différences substantielles.

On saisit dans ce contexte la puissance de la théorie de Grant. À la différence de la pseudoscience d'Henry Ford, au premier regard irrespectueuse de la logique autant que des faits, elle peut se réclamer, à l'époque où elle se manifeste, d'une pleine légitimité scientifique. Elle est un modèle formellement bien construit, qui s'appuie sur des observations favorables, recueillies par des savants eux-mêmes enclins au suprémacisme civilisationnel ou racial. Elle n'a pas alors été démentie par des observations contraires systématiquement rassemblées. Elle s'étaye sur un découpage taxinomique qui, s'il sera écarté plus tard, n'est pas, *a priori,* incohérent, et correspond à des schèmes idéologiques présents même chez les adversaires du suprémacisme. Elle incorpore le dernier état de la théorie de l'évolution dont elle utilise les résultats sans les contester. En vertu de l'épistémologie alors dominante, le réalisme scientifique, elle peut donc prétendre décrire la « réalité ». Elle conserve ce statut jusqu'à la fin des années 30, époque à laquelle l'anthropologie sociale de Franz Boas s'y substitue peu à peu dans les universités[29]. Mais c'est l'entrée en guerre des États-Unis contre l'Allemagne, non la critique savante, qui en sonne le glas.

L'acquisition de la dignité scientifique par le suprémacisme racial, l'eugénisme et l'esclavagisme, n'est pas annulée par l'avènement ultérieur de théories qui les rendent caduques. Bien que leur remplacement ait fini par être « presque » total, à la différence de la théorie newtonienne qui n'a été que limitée, il serait illégitime et dangereux de les réduire à une simple imposture, comme beaucoup de commentateurs le font aujourd'hui. Cette facilité ne nous est pas permise. À ce compte, ni la théorie astronomique ptoléméenne avec ses épicycles, ni la théorie phlogistique de la chaleur n'appartiendraient à l'histoire des sciences ; et la science tout entière serait à chaque moment menacée de devenir non science, parce qu'un progrès nouveau nous aura conduits à écarter ses conclusions précédentes. Nous ne pouvons considérer comme seule science celle qui est conservée au moment où l'on s'exprime. Car existent des révolutions scientifiques dont il est rationnellement impossible de prédire le contenu avant qu'elles n'adviennent. La prescience de la science future n'est jamais donnée, quelle que soit l'envergure du changement à venir. Dès lors, le fait que nous ayons toutes les raisons de nous réjouir de l'élimination des théories de Grant ou de celles qui lui sont associées, et que nous puissions en repérer à présent les faiblesses si nombreuses qu'il n'en reste à peu près rien, ne nous autorise pas à les ramener rétroactivement à de simples vaticinations de fanatiques ou au délire de déments. Ces théories nous mettent en demeure de manifester la plus grande circonspection en matière de « vérité » scientifique, et de renoncer sans doute à l'interprétation « réaliste » des sciences pour une approche constructiviste. Elles sont néanmoins entourées alors de toutes les marques institutionnelles de la reconnaissance scientifique, et peuvent passer à l'époque pour obéir aux règles protocolaires exigées.

Ceux qui adoptent leurs conclusions n'ont donc plus aucun motif de se sentir enfermés dans des préjugés xénophobes ou un chauvinisme primitif, comme on aurait pu les en accuser auparavant. Hitler, qui est un positiviste au sens d'Auguste Comte[30], et reproche hautainement à son entourage (notamment à Rosenberg, Himmler et Streicher) une certaine régression[31] vers des thèmes mystiques, ascientifiques et confus, entend s'appuyer entièrement sur cette réalité et sur cette science[32]. *Mein Kampf* décrit une démarche de savant qui aperçoit sous les phénomènes historiques, culturels, anthropologiques, une réalité plus profonde, expliquant de manière économique, cohérente et globale, des faits que des esprits moins éclairés abordent d'une manière dispersée et sans intelligence. C'est cette compréhension qu'il a acquise qui lui fournira le statut charismatique de Guide. Parmi les maîtres de vérité politique (tels Lénine, Mao ou Khomeiny), Hitler est le seul à s'inscrire délibérément dans la grande tradition positiviste et scientifique occidentale dont la pointe est alors en train de se déplacer aux États-Unis.

Or, la « réalité » élaborée par Grant justifie, de façon logique, un anéantissement autophage du genre humain appréhendé comme ensemble d'espèces (les races). L'espèce dominante a le choix entre une symbiose avec les autres, sous la forme principale de l'esclavage, récusé par Grant pour des raisons anti humanitaires, ou la compétition, sous la forme d'une substitution dans « l'espace vital »[33], qui signifie leur destruction. Hitler, à la différence de Grant, se satisfit des deux. Il ne visa pas exclusivement à l'extermination. On a souvent sous-estimé la part de l'esclavage[34] dans ses réalisations et ses projets, et pas seulement l'esclavage auxiliaire des bordels militaires[35], du service de travail obligatoire pour les Européens de l'Ouest, ni même celui des camps de travail subordonnés aux camps d'extermination, ou des camps de travail dédiés (celui de Dora-Mittlebau l'étant à la technique et à la science), mais aussi l'esclavage destiné aux populations slaves et asiatiques après la victoire finale, dont l'ampleur démographique est la plus grande et de loin. L'esclavage, qui est techniquement une « symbiose », est à ses yeux un concurrent sérieux de l'extermination[36], surtout si ses inconvénients biologiques, tels qu'ils ont été soulignés par les suprémacistes, sont atténués ou supprimés par la stérilisation et d'autres pratiques eugénistes.

2.2.3 La combinaison raciste, eugéniste et écologiste

Grant, pour ce qui le concerne, adopte une posture d'allure plus défensive qu'agressive. De la même façon qu'il contribue à créer les parcs nationaux pour protéger l'environnement, c'est pour protéger la Grande Race menacée qu'il préconise eugénisme et contrôle de l'immigration. Mais pareillement à son environnementalisme qui est d'abord, comme chez le Maître des Chasses du Reich Göring, celui du chasseur[37], son eugénisme est autoritaire et ses modalités principalement violentes[38].

Les suites institutionnelles de son œuvre ont été considérables aux États-Unis, dans tous les domaines auxquels il s'est intéressé, qu'il s'agisse de la préservation des bisons, des baleines, de l'aigle chauve, et autres essences végétales ou espèces animales menacées, de la fondation du zoo du Bronx, du contrôle des armes personnelles, de la stérilisation de masse, du renforcement des quotas d'immigration ou de la justification des thèses du Ku Klux Klan légitimant le lynchage[39]. Ses travaux étaient célébrés dans les universités, lus au Congrès, repris dans la presse, mentionnés dans les romans à la mode, comme le *Great Gatsby*. Cette personnalité profondément anempathique s'attirait la sympathie des plus grands hommes politiques, savants ou philanthropes du pays. Il n'était, évidemment, si hautement fréquentable que parce qu'il représentait les idées d'une certaine Amérique, qui fut l'Amérique dominante au moins jusqu'à Pearl Harbor.

Comme le fait judicieusement observer J. P. Spiro, son biographe, si nous sommes aujourd'hui choqués par son eugénisme et agréablement surpris par son écologisme, la situation était exactement inverse au siècle dans lequel il vivait. Cette remarque invite à méditer sur la notion de « mal absolu » par laquelle tant d'entre nous croient avoir réglé la question nazie. Plus un mal est grand, comme un virus qui franchit les barrières immunitaires, plus il possède normalement d'affinités avec l'état de l'organisme qu'il envahit. Et il ne s'agit pas seulement de dissimulation d'un vrai mal derrière des apparences bonnes. Si le nazisme ou si Grant, qui le préfigure à bien des égards, avaient été, à proprement parler, perceptibles comme des « maux absolus », ils auraient été rejetés à un moment ou un autre avant que les opérations militaires ne s'en chargent. Étonnamment, la société allemande n'était pas mûre pour l'eugénisme de masse et parvint, dans ce domaine, à arrêter Hitler.

L'euthanasie était un projet qui lui tenait à cœur et en vue duquel il donna un de ses rares ordres écrits, en l'espèce via son médecin particulier qui, plus tard à Nuremberg, excipa du livre de Grant pour se justifier[40]. Elle se heurta à une répulsion qui dépassa les cercles chrétiens. On la conduisit donc à plus petite échelle[41] et en catimini[42], expérimentant tout de même au passage l'emploi des gaz que Hitler considérait dès *Mein Kampf* comme approprié à la vengeance de la Grande Guerre contre les « canailles juives » censées l'avoir provoquée. À compter de cette date, il n'y eut plus – hormis sur le front russe – d'ordre exterminateur écrit qui ne soit interne à la SS, et plus aucun qui fut signé de la main de Hitler. L'extermination, quelle que soit sa forme concrète selon les moments et les cibles, resterait un agissement aussi secret que possible, d'abord exécuté par des miliciens étrangers seulement encadrés par les SS, les *Einsatzgruppen* et les unités spéciales de la police, caché derrière les opérations militaires, les déportations coloniales ou l'emprisonnement dans des camps de travail[43]. On imputa à l'indignation et à la colère naturelles des soldats devant les mutilations et les carnages infligés par l'Armée rouge, ce que l'on ne pouvait empêcher de transparaître dans les courriers aux familles ou pendant les permissions ou encore au travers des radios étrangères. Himmler employa dès lors un vocabulaire codé, même auprès de ses collaborateurs directs[44] et consacra une énergie considérable à effacer les traces, rouvrant les charniers pour brûler les cadavres ou démantelant les infrastructures d'abattage[45]. C'est de l'échec politique de l'eugénisme en Allemagne qu'était née cette réticence extrême à reconnaître des pratiques cependant pleinement conformes à l'idéologie affichée par un régime qui se plaisait à affirmer ses intentions, et qui n'y manquait que pour de motifs pragmatiques.

Mais la même société allemande qui s'était émue de l'euthanasie des infirmes, accepta tout de même le principe d'une persécution pouvant conduire à l'extermination, et pas uniquement parce qu'on lui épargnait avec soin la vision de ses aspects les plus épouvantables. Elle y était préparée, et son acceptation ne fut pas minoritaire, car elle la pensait utile au plus grand bien de la Nation allemande, un bien auquel même les préceptes moraux ou religieux, lui répétait Rosenberg, devaient se subordonner. Cela ne signifie pas qu'elle ait approuvé la Solution finale, puisque les dirigeants nazis jugèrent au contraire préférable de ne pas solliciter son approbation, eux qui disposaient de rapports de police détaillés sur l'état de l'opinion. Il y a même lieu de penser qu'à mesure que la guerre s'embourbait et que les bombardements touchaient leurs propres villes, la crainte d'un châtiment a commencé de se répandre auprès de nombreux Allemands, leur faisant redouter la vérité des rumeurs de mise en œuvre effective des menaces répétées et officielles d'extermination des juifs. Il n'en reste pas moins que ségrégation, avilissement, déportation et menaces formelles d'extermination, ont été reçues positivement ou, à tout le moins, sans grandes difficultés[46] Le mal qui en a résulté n'aurait pas accompli son œuvre s'il ne s'était associé à la perception de quelques bonnes choses. Le mal fut extrême en intensité et d'extrême envergure. Son exercice était pourtant conditionné par une large compatibilité avec ce que beaucoup de membres de la civilisation occidentale en général et de la population allemande en particulier, à ce moment de l'Histoire, jugeaient être le bien[47], alors que l'anempathisme triomphait partout dès qu'étaient franchies les barrières nationales ou raciales. Le fait que les Alliés aient été en guerre contre lui n'implique pas que leur propre population ait possédé sur tous les points des valeurs opposées[48].

Ce que l'Allemagne rejeta, l'Amérique y était disposée[49]. Quelque 60 000 Américains au moins, et vraisemblablement bien davantage, furent victimes d'une stérilisation contrainte, parce que tenus pour inadaptés à un titre ou un autre, en vertu d'une législation introduite dans 27 États à partir de 1907, sanctionnée par la Cour Suprême, visant à terme 14 millions de personnes aux États-Unis[50] et qui ne prit fin qu'en 1956.

Les élites économiques l'avaient voulu, les Harriman, les Carnegie, les Rockefeller. Ils l'avaient soutenu par le canal de leurs fondations philanthropiques. Le seul des leurs à s'y opposer fut William Randolph Hearst (« Citizen Kane »), une attitude que ses pairs attribuèrent à la démagogie de sa presse à sensation. Partout on visait les « classes délinquantes » : l'idée de causes sociales de la pauvreté et du crime ayant été catégoriquement rejetée, dans un contexte où la fortune était réputée strictement corrélée au mérite (sauf dans le cas des juifs), on s'attaquait aux racines génétiques de la misère. La stérilisation obligatoire, censée concerner les « faibles d'esprit », définis comme « fous, idiots, imbéciles ou épileptiques », permettait en pratique aux autorités d'inclure à peu près n'importe quel type d'handicapés ou d'inadaptés sociaux, les marginaux, les analphabètes, les sans-abri, les criminels. Il arrivait que des jeunes gens simples ou des originaux en soient l'objet. La loi ne prévoyait pas de recours ni l'information des victimes sur la nature de la chirurgie qui leur était infligée. Celle-ci, dans certains États, comprenait l'émasculation. L'Indiana avait adopté son texte en premier, mais la Californie appliqua le sien avec encore plus de ferveur.

Seule l'euthanasie ne put entrer dans la législation, en dépit des efforts répétés des militants eugénistes[51]. La *Disparition de la Grande Race* avait déploré qu'un « égard déplacé pour ce qui passe pour des lois divines et une croyance sentimentale au caractère sacré de la vie humaine tende à prévenir à la fois l'élimination des nourrissons défectueux et la stérilisation des adultes qui ne sont eux-mêmes d'aucune utilité à la collectivité. Les lois de la nature requièrent l'oblitération des inadaptés et la vie humaine n'a de valeur que lorsqu'elle est utile à la collectivité ou à la race ». On n'aurait pas su être plus clair. Des médecins publièrent des ouvrages en vue du gazage des nouveau-nés issus de parents inadaptés. Il fallut toutefois se contenter d'effectuer ces opérations hors du cadre légal[52], et avec la discrétion convenable, le législateur préférant pour sa part réserver le gaz aux exécutions capitales[53].

L'eugénisme était un mouvement ancien et puissant auquel Madison Grant donna sa caution scientifique et son appui militant. Il ne suffisait pas, néanmoins, à satisfaire son but essentiel. En partie à son instigation, des dispositions raciales furent parallèlement adoptées ou renforcées, qui restèrent en vigueur jusqu'en 1967. Elles obligeaient, sous peine de prison, à déclarer sa race à l'État-Civil. Le mariage interracial devenait un crime. La Virginie lui appliquait la règle dite « une seule goutte » qui assignait la « couleur » à toute personne ayant eu un quelconque ancêtre de race non blanche, c'est-à-dire d'une manière bien plus rigoureuse que les lois de Nuremberg définissant la judéité : « Le croisement d'un blanc et d'un nègre, avait écrit Grant, est un nègre ».

Ce dernier n'introduisait pas des idées inouïes. Il répondait à une demande sociale qui lui était très antérieure et dépassait de loin sa propre influence. Le ségrégationnisme s'était insinué dans la vie politique américaine dès la période de « Reconstruction » qui avait suivi la Guerre de Sécession. Nombreux étaient ceux qui, dans le Sud longtemps occupé par les troupes fédérales, éprouvaient un ressentiment envers les Quatorzième (1868) et Quinzième (1870) Amendements apportant une garantie constitutionnelle à l'égalité juridique, et prohibant les restrictions au droit de vote. Le Parti démocrate, largement resté fidèle à sa tradition esclavagiste, reprenait peu à peu ses bastions. Son aile parlementaire extrémiste, les « Rédempteurs », en alliance avec des organisations paramilitaires (White League, Red Shirts, etc.) et des sociétés secrètes sur le modèle du KKK, entreprit une lutte séculaire pour empêcher les anciens esclaves ou leurs descendants d'accéder aux fonctions électives ou à quelque responsabilité sociale que ce soit. Une combinaison de mesures administratives, d'intimidations concrétisées par des assassinats et des massacres périodiques, visait à purger les listes électorales et les urnes. Des lois, auxquelles on donna le nom de « Jim

Crow », l'un des termes les plus péjoratifs pour désigner les afro-américains, instituèrent la ségrégation sous toutes ses formes possibles.

Au début du xxe siècle, ces idées s'étendirent à la question de l'immigration. On avait observé que le réservoir d'européens du Nord et de l'Ouest ayant formé la vaste majorité des nouveaux venus jusqu'à la fin du siècle, commençait lentement à se tarir. S'y substituaient les européens du Sud et de l'Est, ou des peuples encore davantage méprisés. C'est alors que des hommes politiques « progressistes » firent appel aux spécialistes de l'ingénierie sociale naissante pour réformer cet état de choses. La Commission « Dillingham », une commission mixte du Congrès, siégea dans cet esprit de 1907 à 1911, avec l'appui du président Theodore Roosevelt. Des sommes sans précédent furent dépensées pour produire une littérature d'ingénierie raciale. Celle-ci fut rassemblée dans 42 volumes, formant la plus vaste compilation de pensée suprémaciste à ce jour.

C'est dans ce contexte que Grant développa sa science et acheva de convaincre le Congrès de restreindre durablement des neuf dixièmes le flux migratoire aux États-Unis, par le Quota Act de 1921 puis l'Immigration Act de 1924, et de réserver les quotas aux candidats de race nordique[54] dotés d'une santé irréprochable. Cette politique suscita chez Hitler une admiration fortement exprimée dans son *Second Livre* (1928), mêlée d'une profonde inquiétude : l'Amérique serait constamment renforcée ainsi par l'immigration sélective des meilleurs éléments de la race germanique quittant une Allemagne souffrant alors de retard économique[55].

Le résultat réel fut plutôt un afflux imprévu des afro-américains du Sud vers les États du Nord où ils venaient remplir le type d'emplois que les nouveaux immigrants occupaient autrefois. Le déplacement provoqua une vague de racisme dans les régions qui l'avaient naguère combattu. Ces événements finirent de convaincre Grant que son œuvre resterait inachevée tant que des africains seraient en Amérique. Il ne doutait ni du formidable appétit des hommes noirs pour les femmes blondes, ni de la frénésie sexuelle déclenchée chez celles-ci par la présence d'un homme noir[56] ; et ne voulait à aucun prix que la destruction de la civilisation blanche, commencée en France par une promiscuité affichée entre les deux races, ne s'étendît aux États-Unis en dépit de la sévérité des lois ségrégationnistes auxquelles il avait tant contribué. Malheureusement pour ses rêves, son alliance avec Marcus Garvey, apôtre de la négritude et du retour en Afrique, qui lui avait permis d'espérer l'exode volontaire de la population noire, tourna court[57]. Il était possible après tout que les Juifs, qui combattaient évidemment tout projet d'expulsion, et qu'il n'était guère envisageable de « brûler comme des sorcières » comme le lui avait suggéré un disciple, ne soient destinés à rester en Amérique en y maintenant les Noirs avec eux. Vieillissant, il retourna à ses activités écologistes, en regardant avec raison vers l'Allemagne : « Ce sera la tâche du mouvement National Socialiste de traduire les conclusions déjà existantes ou encore à découvrir et les points de vue de la théorie raciale – aussi bien que l'histoire du monde qu'elle élucide – en une politique pratique et appliquée » (Adolf Hitler)[58].

2.3 La conquête de l'Ouest modèle de la conquête de l'Est

« Dans le futur, le seul État qui sera capable de rivaliser avec l'Amérique du Nord sera l'État qui aura compris comment – à travers le caractère de sa vie interne aussi bien que par la substance de sa politique étrangère – élever la valeur raciale de son peuple et la conduire à la forme nationale la plus pratique dans ce but. »

Adolf Hitler[59]

Madison Grant n'avait pas surgi comme une comète dans le ciel américain. Le pays s'était développé à l'Ouest dans le cadre d'un projet de conquête qui supposait la « disparition » des amérindiens, une disparition qui devint au cours du temps d'autant plus indispensable que la guerre de Sécession ne rendait plus la réduction en esclavage envisageable. Hitler lui-même était convaincu que « l'Amérique ne se serait pas faite sans le massacre des Peaux-Rouges ». C'est ce qu'il expliqua notamment à Erich von Manstein, son grand stratège, qui n'avait pas bien compris d'abord ce qu'il entendait par « guerre totale » à l'Est[60].

La conquête de l'Est est un domaine où apparaissent le sens et les conséquences du modèle américain de Hitler, tant au point de vue idéologique que pratique. Il va sans dire que conquête allemande de l'Est et conquête américaine de l'Ouest sont très différentes, ne serait-ce que du fait de leur date, de leur durée, des densités démographiques, de la nature des belligérants, de leur mode de planification et de leur résultat ; au point que le rapprochement n'a pas toujours été effectué et que, lorsqu'il l'a été, il s'est heurté à une argumentation puissante de la part de ceux qui avaient tous les motifs de rejeter le moindre point commun avec un adversaire honni. Ce n'est pas du tout mon but d'assimiler les deux conquêtes, et moins encore de justifier les exactions par leur dilution dans un phénomène présenté comme universel. Il reste que Hitler avait expressément l'Amérique à l'esprit en construisant ses ambitions, que les fondements idéologiques étaient analogues, que certaines pratiques d'extermination étaient du même type, et que la psychologie collective des populations impliquées n'était pas sans rapport.

2.3.1 La nature de la conquête de l'Est

> *« La lutte pour l'hégémonie dans le monde se décidera en faveur de l'Europe par la possession de l'espace russe. Alors l'Europe sera une forteresse imprenable, à l'abri de toute menace de blocus. Tout ceci ouvre des perspectives économiques qui, on peut le penser, inclineront les plus libéraux des démocrates Occidentaux en faveur de l'Ordre Nouveau. La chose importante, pour le moment, est de conquérir. Après cela, tout ne sera plus qu'une question d'organisation. Quand on considère le monde primitif, on est convaincu que rien ne le sortira de son indolence sinon en obligeant les gens à travailler. Les Slaves sont une masse d'esclaves-nés, qui ressent le besoin d'un maître. […] L'espace russe est notre Inde à nous. Comme les Anglais, nous gouvernerons cet empire avec une*

poignée d'hommes. Ce serait une erreur de prétendre éduquer les indigènes. [...] Nous devons de la même façon les empêcher de revenir au Christianisme. Ce serait une grave erreur, car ce serait leur donner une forme d'organisation. »

Adolf Hitler[61]

Pour comprendre la spécificité du modèle américain dans l'esprit de Hitler et son rêve de tailler pour l'Allemagne une nouvelle Amérique, il faut commencer par lever l'apparence selon laquelle la guerre à l'Est et la guerre en Europe de l'Ouest auraient été équivalentes à ses yeux ou auraient revêtu le même sens. Il n'avait provoqué puis envahi la France que dans l'intention de se libérer d'un adversaire redouté qui avait agi envers l'Allemagne en colonisateur, lui avait imposé après Versailles des troupes d'occupation et une taxation exorbitante, avait supprimé ses défenses militaires, et surtout restait susceptible de l'attaquer à tout moment pour contrecarrer ses projets, disposant pour ce faire de la première armée d'Europe. Il y conduisit intentionnellement une guerre sans commune mesure avec celle qu'il mena à l'Est[62] ; lui abandonnant après la victoire un vaste territoire doté de l'autonomie interne[63] ; consentant aux officiers en poste d'y mener une vie de plaisirs, en la compagnie de jolies femmes et d'intellectuels qui collaborent[64]. Les frictions avec le gouvernement pétainiste, bien qu'il fût resté en général nationaliste français, parvinrent d'ailleurs toujours à être surmontées, vu l'attitude pour le moins conciliante des nouveaux dirigeants[65].

Sa politique fut analogue vis-à-vis de la Grande-Bretagne. Après la bataille de France, un accord lui paraissait possible, aux termes duquel la Grande-Bretagne aurait conservé les mers, contre les mains libres à l'Est pour y conduire la destruction du bolchevisme qui était la hantise commune des dirigeants occidentaux. Au lieu d'achever jusqu'au dernier homme les troupes britanniques repliées dans la poche de Dunkerque, provoquant dans ce cas une rupture irréparable, il donna l'ordre d'arrêter brutalement les panzers, au scandale de ses généraux. Il se borna à des opérations aériennes ayant surtout pour but de créer une panique et si possible d'endommager la Flotte et la Royal Air Force, dans l'espoir d'une paix séparée avantageuse et durable[66].

On a beaucoup spéculé sur l'envol de Rudolf Hess en Écosse. À s'en tenir aux faits, Hess n'était pas un collaborateur secondaire mais le numéro deux d'un régime qui venait d'emporter une victoire historique. Il avait participé à l'armistice de Rethondes. La mission qu'il se donnait était de rencontrer Lord Halifax, Ministre des Affaires étrangères, candidat très sérieux à Downing Street, qui connaissait personnellement Hitler, et était un partisan déclaré de l'apaisement avec l'Allemagne, pour lui proposer une paix rétrospectivement pourvue de sens, en remplaçant pour ce faire Churchill. Celui-ci était, en effet, isolé, America First étant encore à cette date (novembre 1941) en situation d'empêcher Roosevelt de lui prêter secours, et le Parti conservateur n'étant pas entre ses mains. D'après Otto Skorzeny, spécialiste des opérations secrètes, l'agrément de Hitler ne faisait aucun doute. L'échec de la tentative, simplement causée par l'arrestation immédiate de Hess, dès l'atterrissage, et sa mise au secret complet sur ordre de Churchill, explique à lui seul que Hitler s'en soit dissocié, l'accusant d'être devenu fou. Mais celui-ci se montra suffisamment en possession de ses esprits lors du procès de Nuremberg, malgré quelques postures dépressives. Il avait joué sa tête sur une initiative qui, en cas de succès, aurait radicalement altéré le cours de la Seconde Guerre mondiale et qui s'inscrivait pleinement dans les perspectives stragiques du Führer[67]. Plus significatif encore, les services de renseignements français disposaient de la plus productive source d'information de la période, en la personne de Hans-Thilo Schmidt (nom de code « H.E.»), qui leur avait entre autres communiqué les plans d'Enigma et le compte rendu de la réunion secrète du 5 novembre 1937 au cours de laquelle Hitler avait exposé pour la toute première fois ses plans de guerre. Parmi les documents transmis, se trouvait une carte remarquable indiquant, en deux saisons annuelles de 1938 à 1941, les cibles et leur date d'invasion[68]. Or cette carte de 1937 est simplement blanche relativement à l'Angleterre et la zone sud de la France. Les acquisitions territoriales indiquées partent de Tchécoslovaquie et Pologne, se poursuivent en Europe du Nord et se terminent en Russie, durant le semestre qui suit l'invasion du Nord de la France. Tout concourt ainsi à montrer que Hitler tablait sur une demande d'armistice par la Grande-Bretagne, craignant seulement de perdre l'avantage diplomatique en la proposant lui-même. La présence imprévue d'un Premier Ministre intransigeant, ayant assez de caractère pour prendre le risque de perdre même les îles Britanniques pour sauver l'Empire et la Flotte, et possédant au surplus un talent shakespearien pour en convaincre le Parlement, entraina une onde de choc qui finit par ruiner définitivement les plans allemands.

Tout cela est cohérent avec l'objectif principal. Si la conquête de l'Ouest européen était instrumentale, la conquête de l'Est était, à l'inverse, essentielle. Le but affiché était l'ouverture d'un espace jugé nécessaire à un pays prétendument surpeuplé, son accès aux matières premières, l'écrasement d'une puissance soviétique perçue comme exterminatrice[69], l'élimination – par la déportation ou d'autres manières (« so oder so ») – des races inférieures présentes, et l'obtention en tant que de besoin d'une main-d'œuvre servile. L'intention profonde était d'offrir une Amérique de l'Est à la Nation allemande[70] qui serait alors mise en situation de rivaliser favorablement avec les États-Unis[71].

Bien que chacun de ces buts concourût à la même visée, ils ne s'achèveraient pas au même instant, la germanisation complète de l'Empire russe étant susceptible pour sa part de demander plus d'un siècle. Aussi ce vaste programme ne put-il être phasé en détail, mais seulement dessiné dans ses grandes lignes. Nous possédons sur lui trois types d'informations : la formule effectivement mise en place en Tchécoslovaquie et en Pologne, premiers pays slaves intégrés à l'empire, puis dans les Pays Baltes et en Ukraine ; le plan Barbarossa ; le *Generalplan Ost ;* les conversations, discours et ordres de Hitler ou de ses subordonnés, ayant l'Est pour objet.

La conquête de l'Est se distingue d'abord par la « guerre totale », une guerre sans les « gants blancs » (Goebbels disait

« gants de soie »[72]) employés en France, intégralement libérée du droit de la guerre que les nazis restreignaient aux Nations civilisées, sans considération pour les traités[73], sans réserve envers les populations civiles. Hitler confirma le 17 mars 1941 au chef d'État-major Franz Halder : « Dans la Grande Russie, il faut employer la force sous sa forme la plus brutale ».

Certains pourraient estimer que les dévastations infligées à la Hollande en étaient une préfiguration, et assurément des crimes de guerre y furent fréquemment commis ainsi qu'en Belgique, en France, en Norvège et plus tard en Italie. Mais ils n'obéissaient pas aux mêmes intentions. L'objectif de l'effroyable bombardement des Pays-Bas était de confirmer l'ennemi dans sa croyance que le Nord constituerait le front principal de la bataille de France, tandis que les panzers se préparaient secrètement à percer par l'Est. Les exécutions de civils étaient conçues comme des représailles ponctuelles faisant suite à des actes de résistance. De même, les arrestations, déportations et détentions concentrationnaires, toutes arbitraires et illégales, couvertes par le décret « Nuit et Brouillard » de décembre 1941, étaient des opérations de terrorisme d'État visant la résistance[74], analogues dans leur brutalité comme dans leur visée aux agissements du régime contre ses opposants en Allemagne même depuis 1933. Elles concernèrent environ 7 000 personnes en Europe occidentale jusqu'à la Libération. Seule la déportation des juifs, qui fut au contraire massive, posséda un rapport idéologique et logistique direct avec l'action orientale.

La « guerre totale » sur le front Est présente un tout autre visage, et pas seulement du fait de l'ampleur exceptionnelle ou de l'acharnement des engagements. Sa caractéristique fondamentale était l'emploi systématique des *Einsatzgruppe*n et autres commandos derrière les lignes, chargés de pourchasser et d'exterminer, par centaines de milliers, tout individu ou tout groupe susceptible d'appuyer les partisans, prioritairement les juifs et les responsables communistes, pour l'essentiel identifiés les uns aux autres ; sans accorder un soin particulier à l'interrogatoire de suspects, comme on l'aurait fait s'il s'était vraiment agi de recueillir des informations militaires ou de lutter contre un mouvement de résistance. Femmes et enfants furent rapidement inclus dans ces massacres en chaîne, au motif de ne pas nourrir les futurs adversaires de la Nation allemande. Les Juifs étaient alors perçus comme la tribu dirigeante des sauvages soviétiques, l'articulation, si profondément nazie, entre antisémitisme et slavophobie s'effectuant sur ce point[75]. Leur extermination était donc censée revêtir pour cette seule raison un intérêt stratégique. Mais, Hitler en discernait aussi un autre.

Il savait que l'unique possibilité pour lui de perdre la guerre serait la permanence d'un double front. Il fallait que la victoire soit immédiate sur l'Union soviétique, ou que la Grande-Bretagne se retire du conflit, ou que les deux se produisent[76]. Le moyen d'y parvenir était, d'après lui, le même dans tous les cas. S'étant persuadé que les juifs gouvernaient à la fois la politique anglaise et la Russie[77], conformément à l'idée complotiste à laquelle souscrivaient nombre de membres des élites occidentales (à l'exception, et pour cause, de celles de Grande-Bretagne et de Russie[78]), il en déduisait qu'une radicalisation de la persécution contraindrait les Juifs à faire pression vers

Londres pour obtenir un accord de paix sans lequel ils n'échapperaient pas à l'extermination[79]. Car si les détails atroces de l'exécution étaient dissimulés, la promesse d'une extermination était cristalline. Le 30 janvier 1941, il répéta sa déclaration solennelle au Reichstag de l'année précédente[80] : « Si le judaïsme financier international, à l'intérieur et à l'extérieur de l'Europe, devait réussir à plonger une fois de plus les peuples du monde dans une guerre mondiale, le résultat n'en serait pas la bolchevisation de la planète et avec elle la victoire du judaïsme, mais l'anéantissement de la race juive en Europe ». Faisant d'une pierre deux coups, il estimait que l'extermination ébranlerait aussi la hiérarchie soviétique. C'est ainsi que le sort des juifs de l'arrière, qu'il avait jusque-là transformés en parias dans une société de castes, se modifia profondément en corrélation avec l'opération Barbarossa de juin 1941 : le port de l'étoile fut imposé en septembre 1941[81], et les premières déportations de juifs allemands vers Riga eurent lieu en novembre 1941. Il existait un troisième motif. La guerre fournissait l'occasion de mettre en marche, dans des conditions politiquement favorables, le projet ancien de « déjudaïsation », clef de voûte de son plan impérial structuré racialement : la population allemande était maintenant trop préoccupée par les conséquences sur elle-même de la guerre, pour s'attacher sérieusement au sort exact d'un peuple détesté, aussi pénible qu'il s'annonçât. Ces motivations cumulées auraient toutes été logiquement orientées vers l'objectif primaire d'une conquête de l'Est, n'était la contradiction fatale dans laquelle Hitler s'était placé : le secret même dont il entourait, pour des motifs déjà evoqués, la réalité de l'extermination empêchait de toute manière celle-ci d'avoir l'impact escompté sur les Alliés. Il se trouvait dans la situation d'un ravisseur qui, ayant tranché la main de sa victime pour exiger de sa famille une rançon, aurait soigneusement enterré la main à l'abri des regards au lieu de l'expédier, pour ne pas heurter les éventuels scrupules de ses complices. Si bien que l'anéantissement suivit son cours frénétique[82] pour des raisons idéologiques (conformes aux idées de Grant), sans servir aucunement les intérêts stratégiques de la guerre[83]. Il avait « brûlé ses vaisseaux » sur la question juive, selon l'expression de Goebbels, mais en vain. Le double front se maintint et finit par l'emporter[84].

La seconde caractéristique de la guerre totale était le traitement des prisonniers de guerre appartenant à l'Armée rouge[85]. Les chefs de corps de la Wehrmacht arguèrent des difficultés d'approvisionnement pour en laisser périr un nombre considérable par défaut de nourriture, soins médicaux ou abris contre les éléments naturels, en violation directe des conventions. Les prisonniers de guerre anglais, français ou américains, fussent-ils d'origine africaine et subissant à ce titre des traitements discriminatoires, ne furent pas condamnés au même sort, l'intention étant de réduire une population russe et asiatique si nombreuse qu'en restructurer la démographie exigerait des décennies. Le taux de mortalité des prisonniers soviétiques fut parfois supérieur à ce qu'était celui des camps de concentration (par opposition aux camps d'extermination) : 60 % périrent, soit plus de 2 millions dont environ 600 000 fusillés[86].

Le dernier trait de la guerre totale fut le pillage immédiat et illimité de régions dont les populations étaient destinées à l'esclavage. Le 17 novembre 1941, le Führer nommait le Gauleiter Erich Koch Reichskommissar pour l'Ukraine, un personnage suffisamment lucide pour se présenter lui-même en « chien brutal » ayant pour mission de « sucer tous les biens sur lesquels il serait possible de mettre la main en Ukraine » et qui, s'il rencontrait « un Ukrainien digne de s'asseoir à sa table, [devrait] le faire exécuter »[87]. Il commença son œuvre en fermant les écoles ukrainiennes et en réduisant la ration alimentaire des habitants de Kiev à 200 g de pain par semaine, les contraignant à s'alimenter de déchets ou à mourir. Il reproduisit délibérément l'*Holodomor* (extermination par la faim organisée par Staline) qui avait fait selon toute vraisemblance 4 millions de victimes en 1933 ; détournant toutes les ressources alimentaires, transférant en Allemagne près de 3 millions d'hommes comme main-d'œuvre servile[88]. Son zèle porta le total des morts ukrainiens durant la Seconde Guerre mondiale à plus de 5 millions, dont seulement 1,4 million à titre militaire. Sans considération pour l'antisoviétisme et l'antisémitisme virulent des nationalistes ukrainiens qui fournirent, avec les nationalistes baltes, les principaux auxiliaires aux exécutions de masse, et dont 26 000 formèrent, en 1943, la Division de grenadiers SS Galicie, l'Ukraine fut à tous égards réduite à un foyer d'esclaves. Des jeux du cirque furent organisés à Kiev, notamment le « Todesspiel », le match de football de la mort du 9 août 1942[89]. Koch, qui significativement appelait les Ukrainiens des « Nègres »[90], agissait contre les intentions répétées de son supérieur, Alfred Rosenberg, alors ministre du Reich aux Territoires occupés de l'Est.

Rosenberg et Goebbels étaient favorables à une intégration des Ukrainiens dans le Reich et à leur utilisation contre l'URSS. Göring (qui estimait entre 20 et 30 millions les civils soviétiques qui mourraient de famine dans les territoires qui seraient conquis par la Wehrmacht durant la première année de campagne) était intéressé au pillage, Bormann à la réduction en esclavage, Himmler à l'extermination raciale. Le point de vue de Hitler l'emporta. Il aboutissait à donner cumulativement quartier libre aux trois derniers[91].

Le schéma directeur pour l'Est (*Generalplan Ost*), élaboré secrètement à partir de 1939, achevé provisoirement en 1941, mais révisé l'année suivante, était significativement placé sous la direction du RSHA[92] de Heydrich, le même département qui contrôlait les *Einsatzgruppe*n. La gestion des affaires tchécoslovaques et polonaises en révèle les aspects initiaux, tandis que les deux autres parties portaient respectivement sur la réorganisation des régions de l'Est durant la période de guerre, puis sur la période de 30 ans devant suivre la victoire finale. Il prévoyait à terme le déplacement de 31 millions de slaves devant faire place à l'arrivée des colons allemands, assistés d'esclaves multinationaux déséduqués venant s'ajouter à ces chiffres, portant le total à plus de 50 millions. Le plan distinguait les traitements applicables à chaque nationalité, voire aux sous-groupes ethniques, les uns étant « germanisés » dans des proportions fixées par avance[93], les autres déportés à des distances plus ou moins grandes. La notion d'extermination n'y était pas explicitement introduite, mais remplaça en pratique ce qui était prévu comme déportation, celle-ci étant rendue impossible par la résistance militaire soviétique. Les proportions anticipées tendaient à être à peu près respectées avec le temps, bien que le statut racial de certaines populations ait quelquefois changé, en fonction de considérations d'opportunité[94]. Les Tchèques et les Polonais présentaient une difficulté spécifique liée à l'existence d'une intelligentsia redoutée des analystes nazis. La solution préconisée dans le plan, l'émigration forcée vers l'étranger, fut convertie en assassinat des élites quand les frontières de leurs deux pays furent enfoncées. L'antisémitisme que les nazis consideraient être répandu chez les Polonais ne compensait pas aux yeux des planificateurs la prévalence d'un patriotisme antiallemand plus puissant encore. Outre les Polonais juifs, on exécuta donc d'emblée plusieurs dizaines de milliers de civils polonais chrétiens[95], choisis de préférence parmi les élites sociales, intellectuelles, administratives et militaires, comme on avait assassiné dans la même intention des dizaines de milliers de Tchécoslovaques[96].

L'aspect peut-être le plus frappant du processus, hormis son caractère particulièrement sanglant et anempathique, est qu'il était contre-productif au regard des visées militaires et coloniales : une énergie énorme fut employée à s'aliéner ou exterminer des populations dont une fraction importante aurait pourtant volontiers participé au côté de l'Allemagne à un combat contre l'Union soviétique, un régime universellement détesté de ceux qui avaient subi sa violence[97]. L'entreprise exterminatrice non seulement priva les nazis de leur concours, mais encore suscita la multiplication de partisans qui, n'ayant d'autre perspective qu'une mort certaine, menèrent une guérilla intense dont les conséquences militaires furent tout à fait importantes[98]. Hitler, au lieu de les enrôler cyniquement à titre d'auxiliaires mobilisés par la propagande plus encore que par la force, comme le souhaitait Goebbels, quitte à se retourner ensuite contre eux une fois la victoire acquise, accorda la prérogative à la composante suprémaciste de l'idéologie et de ses plans. La précipitation à créer les conditions d'une colonie de peuplement, sans attendre la bataille essentielle contre la Russie, rendit la colonisation impraticable. Très peu d'implantations de colons furent réalisées : à peine 800 000 candidats purent être mobilisés sur les 4 millions prévus, dont seulement la moitié fut effectivement installée, non sans mal. Fin 1942, presque tous avaient été refoulés. La montagne accouchait d'une souris. Au-delà des conditions de la guerre, trop peu de paysans étaient disponibles pour une colonisation à si vaste échelle, l'Allemagne n'ayant plus une économie agraire. Bormann en vint à proposer de réviser à la hausse le statut racial des Ukrainiennes, pour les utiliser comme génitrices serviles dans les établissements les plus lointains. Des mesures furent prises à cet effet pour modifier la qualification légale des naissances hors mariage, alors même que les unions interraciales étaient prohibées partout dans le Reich.

Or, le refus de réviser pragmatiquement une politique consistant à exterminer des populations dont on aurait eu besoin pour la guerre, en vue de libérer un espace dont on n'avait pas besoin pour la colonisation, comme les dispositions contradictoires qu'elle engendrait, ne relevait pas d'une absurde « erreur » de jugement, encore que celle-ci soit patente. Il était le produit logique du Parti unique, invention du bolchevisme, adopté mimétiquement par Hitler comme étant l'arme adaptée à la lutte contre son adversaire primordial[99]. Il s'agissait dans les deux cas du procédé le plus abouti pour dominer l'État de type occidental, sa bureaucratie, sa police et son armée, et, à travers eux, l'ensemble des institutions, en évitant tout contrepoids. Or c'est un trait qui fixe la limite de toute comparaison possible avec les États-Unis.

2.3.1.1 Spécificité du Parti unique

> « *N'importe quel idiot [...pourrait] gouverner en dictateur. Cela durerait ce que cela durerait. Jamais longtemps. Vous exigez les pleins pouvoirs. Vous voulez éliminer le Parti. Et qui me garantit que c'est vous qui avez raison ? [...] Cette certitude, je ne l'acquiers qu'en me heurtant constamment à la volonté du Parti. [...] Le terme même de 'dictature' est un leurre. Il n'existe pas de dictature au sens courant du mot. L'autocrate le plus omnipotent doit adapter sa volonté arbitraire aux conditions réelles. En y regardant bien, il n'y a dans la politique que les données variables, et une volonté générale de leur imposer un ordre. Si vous étiez Premier ministre dans un État parlementaire, vous pourriez à certains moments gouverner avec plus d'absolutisme et d'indépendance que je ne peux le faire aujourd'hui et que je ne le ferai jamais dans l'avenir.* »

Adolf Hitler[100]

Le Parti nazi n'est pas exactement la réplique du Parti soviétique. Il n'accorde aucun soin à l'apparence d'une direction collective, est dépourvu d'un appareil administratif structuré, et n'exerce pas de contrôle fusionnel sur la bureaucratie[101]. Son usage de la propagande est opposé : la société que le nazisme construit est bien la société esclavagiste et raciale qu'il annonce ; tandis que le stalinisme annonce un communisme imaginaire et construit une réalité inversée. Hitler retient principalement du modèle soviétique l'unicité politique[102], le monopole idéologique du guide et les forces de sécurité terroristes. Dans ses deux versions, le Parti unique est cependant l'instrument qui permet à la dictature de s'imposer, non seulement à la bureaucratie et à l'armée, mais à la société entière, sans autre condition que l'adhésion massive des militants.

Sans le type exacerbé d'autoritarisme que permet le Parti unique, Hitler aurait dû composer avec ses généraux. Sauf quand ceux-ci étaient membres de la SS, ils poursuivaient, en effet, la plupart du temps des valeurs étroitement nationalistes et militaristes qu'ils détestaient subordonner à des objectifs raciaux, même quand ils les approuvaient. Il aurait bien fallu aussi prendre en compte, outre les avis de Rosenberg et Goebbels recommandant sans cesse de promettre aux slaves de les libérer s'ils prenaient les armes contre les Soviétiques, ceux de Darré, le ministre de l'Agriculture, qui préconisait des implantations coloniales plus modestes mais démographiquement adaptées, cantonnées à la zone baltique. Il aurait encore dû s'accorder plus étroitement avec une opinion publique qui, sans s'opposer à l'extermination, n'en faisait pas un but aussi essentiel que d'éviter en retour une conquête punitive par les Russes.

Mais l'idéologie hitlérienne était un précipité d'éléments qui s'étaient stabilisés en forme de Parti unique, un organisme ayant pour but premier de réduire toujours et partout les oppositions avant toute action sur le monde. Hitler ne pouvait donc écouter aucune voix qui ne soit un écho de la sienne. C'est en cela que le Parti unique est autophage. Il ne peut exercer son métabolisme prédateur à l'extérieur, sans d'abord épuiser ses ressources à éliminer les forces centrifuges dont tout système est inévitablement affecté.

Hitler était parvenu moins encore que Staline à instrumentaliser réellement le messianisme qui anime le Parti unique. Ils étaient l'un comme l'autre les premières victimes de ses illusions. L'obéissance totale à laquelle on soumettait les populations était fondée sur le sens de l'Histoire dont ils étaient chacun l'expression « extra-lucide »[103]. Or, la vérité anthropologique, sociologique et historique absolue qu'ils détenaient s'imposait aussi à eux-mêmes[104]. Hitler, dont le talent était plus étroitement lié à la propagande que celui de Staline, davantage orienté quant à lui vers l'organisation, disposait d'une plus faible marge de manœuvre que lui. Ses décisions devaient être immédiatement conformes à l'idéologie dont il était le porte-parole, tandis que Staline pouvait s'autoriser de la « dialectique » pour prendre quelques libertés.

Dans les deux cas, néanmoins, les erreurs du guide[105], si elles sont conformes à sa vision, telle qu'elle est vénérée par les militants, diffusée par la propagande, imposée par la police secrète, organisée par des dirigeants dont la carrière et la vie dépendent de lui, et exécutée par une bureaucratie pour laquelle l'obéissance empressée aux ordres est la vertu première, ne sont pas des erreurs, mais des décisions historiques qui doivent être prolongées, le monde devrait-il en périr. Le leader ne peut les constater, ni donc les rectifier, mais seulement amender légèrement et rarement la ligne, si tant est qu'elle reste conforme aux principes qu'il a exprimés depuis que la vérité est venue à lui. Le fait que la situation se détériore, que les prophéties soient démenties l'une après l'autre, que le peuple murmure, que les militants s'inquiètent, et que les cadres s'en tiennent à des intrigues ou se livrent à des obsessions qui les conduisent à saboter le programme de leur chef, ce fait n'existe pas et reste sans importance[106]. La simple suggestion, dans l'intérêt même du guide et de ses idéaux, qu'une difficulté objective sautant aux yeux pourrait être traitée comme un problème à résoudre rationnellement, est balayée comme une trahison justifiant la disgrâce et pouvant mériter la mort[107].

Ce système ne rend le chef omnipotent qu'en apparence. Il peut, certes, tuer à sa guise, conduire la diplomatie et la guerre, contrôler les décisions les plus infimes auxquelles il prêterait un intérêt, laisser la bride sur le cou de ses fanatiques ou éliminer quiconque émettrait une parole une fois apposé son paraphe. Mais il est tenu par sa propre vision et ne peut s'en écarter, comme un démiurge omniscient qui serait empêché d'intervenir sur le cours d'événements, tous nécessaires, dont il posséderait la connaissance *a priori.* La réalité qu'il croit façonner, parce qu'il la violente, se construit sans lui et parfois sans qu'il s'en aperçoive.

Lorsqu'il sent bien que sa population lui oppose une inertie, attribuée alors à une compréhension insuffisante, il ne change pas de politique, mais il la cache. Le secret est une formule de gouvernement inévitable dans un tel système. Comme il est par principe impossible que le chef, le Parti et le peuple soient en disharmonie, après avoir épuisé les méthodes ordinaires que sont la propagande et la purge[108], il lui reste à dissimuler soigneusement ce qui ne serait pas suivi d'enthousiasme, plutôt que de s'en abstenir. Car s'il s'en dispensait, préférant exercer une brutalité non couverte par l'idéologie, inévitablement la vision que les acteurs ont de lui se modifierait et engendrerait un tourbillon dévastateur pour lui. Dans le cas de Hitler, le secret entoure des actes tous conformes à l'idéologie, mais d'une violence si inouïe qu'il est préférable de ne pas en divulguer les images. Dans le cas de Staline, le secret dissimule les actes et les réalités qui lui sont les plus visiblement contraires.

L'idéologie est dans tous les cas la force décisive. C'est elle qui rassemble les membres qui constituent le Parti et constatent qui en sera le guide. C'est elle encore qui entraîne autour de lui suffisamment de personnes diverses, pour qu'il finisse par saisir le pouvoir qu'une occasion lui offre dans cette dynamique. C'est elle enfin qui referme la boucle, en appliquant sa main de fer sur ceux qui ont rendu le Parti possible, s'imposant alors à tous, des opposants jusqu'au chef. En général, le phénomène se dissout plus rapidement qu'il n'avait émergé. Il n'est pas même nécessaire de l'achever : tous ont simplement constaté que le Parti n'est plus rien, lui qui était tout la veille. Il suffit d'un désastre militaire, ou d'une révolte auparavant simple à écraser. Une seule composante de l'idéologie s'est déplacée, comme l'historicisme qui garantissait – donc exigeait – la victoire, et tout est emporté.

Le Parti existe par les anticipations de tous les agents et est le produit de leur action collective. Chacun le considère pourtant comme étant une institution qui lui est extérieure, et, qu'il soit membre ou non-membre, dirigeant ou dirigé, fidèle ou opposant, il s'attend à ce que le Parti soit obéi des autres sans nécessairement lui imposer à lui-même sa vérité. Cette obéissance des autres le contraint à obéir à son tour, quand bien même il souhaiterait sa disparition. Le comportement de chacun est ainsi déterminé par l'idée qu'il se forge du point de vue des autres, et non pas par son jugement personnel sur les mérites du Parti. Celui-ci ne dépend donc pas d'une addition de soutiens pouvant être consentis ou retirés, mais de la composition objective des adhésions et des craintes, dont personne n'a le contrôle. Nul, pas même le leader, ne peut donc manipuler librement ni l'idéologie ni le Parti qui lui demeurent extérieurs[109]. C'est ainsi qu'une institution autoritaire exerce son autorité sur ses propres dirigeants[110]. Le système s'interrompt quand un doute s'installe chez quelques-uns sur sa crédibilité auprès des autres, entraînant mécaniquement une contagion. De fait, le mode hitlérien de gouvernement n'est pas principalement l'oukase, mais, au contraire, la bride sur le cou laissée à des collaborateurs placés en compétition entre eux pour le partage de la vision du guide. Une semblable méthode d'émulation cesse de fonctionner quand l'unité des représentations se disloque.

Nous n'avons pas affaire à une irrationalité, mais à un processus cognitif. La raison n'est qu'une partie infime de la cognition, sauf dans des domaines spécifiques ou lorsqu'on la cultive. S'agissant du leader, nous ne sommes pas davantage dans l'irrationalité proprement dite (il convient d'écarter la notion trop légère de « folie meurtrière ») ou inarticulée (les « hurlements du barbare » qui sont aussi inexacts), mais dans une a-rationalité produite par la fermeture de tout dialogue. Une œuvre musicale n'est ni rationnelle ni irrationnelle, elle est a-rationnelle aussi[111]. Hitler était bien devenu l'artiste dont il rêvait et sa symphonie comportait son programme d'extermination. Il n'était tenu que par sa perception du public, et en était conscient[112]. Il n'y a donc pas d'erreur que le compositeur ait pu commettre qui n'ait relevé d'une autorité toujours plus grande à exercer sur les interprètes. Il s'était attribué le ministère de la guerre et le commandement en chef de l'armée. Bien qu'il disposât seulement de l'expérience au combat d'une estafette, augmentée d'une connaissance approfondie des matériels d'armement, aucun de ses maréchaux ne put déplacer un régiment sans son accord exprès, ni conduire la guerre de mouvement qui aurait, entre autres, sauvé l'armée de Paulus à Stalingrad, puisque sa partition exigeait une guerre de positions[113]. Le dialogue avait été scellé, tant par son génie déclaré que par la Gestapo, tout officier sachant parfaitement que ses propres correspondances étaient ouvertes et ses conversations intimes espionnées.

L'histoire fournit peu d'exemples d'un autoritarisme plus intense que celui qui s'exerce par le canal d'un Parti unique Il existe un très grand nombre de régimes autoritaires qui n'hésitaient ni à empaler ni à écorcher vifs leurs opposants directs ou ceux qui les trahissaient. Mais, autant qu'on le sache, il n'en existe aucun, hors des partis uniques, ayant banni tout embryon de discussion à peine suggérée, et qui se soit obstiné à détruire sans limites tout ce qui ne lui était pas homologue, au prix de ses intérêts les plus évidents[114]. Or la raison n'en est pas que le dirigeant du Parti unique aurait plus de pouvoir que n'importe quel tyran, mais au contraire qu'il en possède moins que lui. Lui seul ne peut pas changer d'avis, ni réformer le système sans l'anéantir[115].

La différence spécifique avec la conquête de l'Ouest se découpe sur ce point. Les États-Unis étaient alors traversés par la nébuleuse idéologique indiquée, sur presque toute son étendue. Il y manqua toutefois l'autoritarisme (non, certes, la tentation autoritaire qui y fut toujours récurrente) et la possibilité d'un Parti unique. C'est cette absence, et elle principalement, qui lui donna un visage si différent de l'Allemagne nazie, en dépit des ressemblances vers lesquelles il convient maintenant de se tourner[116].

2.3.2 La conquête suprémaciste de l'Ouest

> *« Immortelle question de savoir si la justice sera rendue par la race du civilisé à la race du sauvage, si tous les attributs de la raison, de la civilité, de la justice, et même de la pitié, seront déposés par le peuple Américain, et si un outrage si grand sur la Nation Cherokee et sur la nature humaine, sera consommé. […] Aussi faible que soit le souffrant et aussi grand que soit l'oppresseur, il est dans la nature des choses que le coup retombe sur l'agresseur. Car Dieu est de ce sentiment et rien ne peut s'y opposer. »*
>
> *Ralph Waldo Emerson,*
> *Supplique au Président Van Buren*[117]

La conquête de l'Ouest fut lente, et se solda par un succès complet, tandis que la conquête de l'Est échoua presque instantanément. Leur but était pourtant identique : établir une colonie de peuplement sur un vaste territoire duquel les populations indigènes seraient, en tant que de besoin, évacuées d'une manière ou d'une autre (*so oder so*). Le fondement idéologique des opérations était le suprémacisme racial qui, en Amérique, suivit son cheminement intellectuel complet à partir du XVIe siècle, et qui, en Allemagne, arriva dans son état ultime tel qu'il était formulé dans les années 1920, le colonialisme étant la raison d'être des deux processus, comme l'anempathie leur condition de possibilité.

Les colons européens ne s'estimaient pas des intrus[118]. Un enfant, croyaient-ils, aurait vu l'infériorité de ces sauvages emplumés[119]. Le premier regard sur eux, comme sur les africains, se heurtait aux critères immédiats du racisme. Il n'était pas besoin d'une science des races que l'on élabora plus tard à l'encontre des européens de l'Est, des habitants du Proche-Orient et de l'Asie, régions qui avaient développé des civilisations prestigieuses auprès des suprémacistes. Les nazis étaient, par contre, conscients de chasser des populations qui avaient été là chez elles. Ils avaient beau affirmer sans cesse qu'il s'agissait de races inférieures, ils devaient malgré tout faire un certain effort pour se le rappeler. Même Hitler n'avait rien remarqué de particulier relativement au médecin de sa mère[120]. Il fallait des savants à l'esprit aiguisé pour apercevoir la nature asiatique des yeux bleus ukrainiens, et saisir à quel point les faciès de Goebbels et d'Himmler correspondaient aux canons nordiques. De toutes les grandes puissances européennes, l'Allemagne était celle qui était parvenue en dernier à se forger un empire colonial, et dont le contact physique avec des peuples anthropologiquement éloignés fut donc le plus tardif. Si bien que son suprémacisme fut théorique avant d'être pratique.

Arrivés tard à la théorie raciale, les Américains éprouvèrent le racisme plus tôt. Tandis que les rois en Europe[121] s'émerveillaient encore des créatures exotiques qu'on leur exhibait, leur attribuant des mérites philosophiques qui justifiaient des livres sur la bonne nature de l'homme, les pionniers étaient directement exposés à des guerriers qui leur inspiraient la terreur. L'avantage du fusil sur la machette les détournait néanmoins d'en tirer un respect pour les indigènes. Leur effroi était celui de personnes civilisées devant le spectacle fascinant des dangers de la nature. Il s'était converti en anempathie, suivant un mécanisme que je décrirai plus loin. Les colons ne se sentaient pas plus chez ces sauvages qu'ils ne se seraient sentis chez des gorilles. Le pays était donc « vierge » bien qu'il soit très peuplé en proportion des premiers immigrants[122]. Les Indiens avaient un habitat, eux auraient un pays, une fois l'environnement hostile domestiqué par assez de travail et de précautions.

Au contraire des nazis d'emblée motivés par l'idéologie, quelques hommes d'État américains s'efforcèrent initialement de surmonter leur répulsion. La conférence d'Albany de 1754, antérieure de 37 ans à la Constitution, avait eu pour objet conjoint d'appeler à l'unification des provinces coloniales et d'élaborer un pacte entre l'entité nouvelle et la Confédération iroquoise, sous la forme d'une union. En mémoire de l'événement dont Benjamin Franklin avait été un acteur, le Congrès vota 234 ans plus tard, une résolution aux fins de « reconnaître la contribution de la Confédération des Nations iroquoises au développement de la Constitution des États-Unis et de réaffirmer la continuité de la relation de gouvernement à gouvernement entre les Tribus indiennes et les États-Unis établie dans la Constitution ». Il est évident que cette « continuité » est une reconstruction bien-pensante. Une fois les natifs définitivement neutralisés, on aurait bien voulu que les choses se soient passées de manière si édifiante.

Le texte de 1988 précise : « Le Congrès reconnaît et réaffirme spécifiquement la responsabilité fiduciaire[123] et l'obligation du Gouvernement des États-Unis envers les Tribus indiennes, y compris les Natifs de l'Alaska, pour leur préservation, protection et amélioration, y compris la prévoyance sanitaire, éducative, sociale, et les programmes d'assistance économique autant qu'ils sont nécessaires, et y compris le devoir d'assistance aux Tribus dans leur exercice de la responsabilité gouvernementale de fournir le bien-être social et économique de leurs membres et de préserver l'identité culturelle et l'héritage tribaux ; et le Congrès reconnaît aussi le besoin d'exercer la bonne foi la plus élevée dans le respect de ses traités avec les diverses Tribus [...et les obligations morales et légales pour qu'elles puissent] continuer de jouir des droits qui ont été sanctifiés dans la Constitution des États-Unis pour une durée immémoriale ». La liste était complète, détaillant ce que l'on aurait pu faire et que l'on n'avait pas fait. Les traités matérialisés par les 375 instruments juridiques aujourd'hui reconnus par le Département d'État, depuis 1722, furent violés les uns après les autres. À aucun moment la volonté de coexistence pacifique, manifestée par des humanistes minoritaires, n'offrit une résistance sérieuse à l'ambition coloniale.

La Déclaration d'Indépendance de 1776 proclamait, parmi ses griefs au roi George : « Il a excité parmi nous l'insurrection domestique, et il a cherché à attirer sur les habitants de nos frontières les Indiens, ces sauvages sans pitié, dont la manière bien connue de faire la guerre est de tout massacrer, sans distinction d'âge, de sexe ni de condition[124] ». Elle reprenait l'idée exprimée par Tom Paine, quelques mois plus tôt, d'après laquelle le souverain britannique avait « soulevé les Indiens et les Nègres contre nous », une autre façon de dire que ces deux groupes étaient formés de chiens de guerre plutôt que d'êtres humains. Ils furent toutefois traités distinctement, les africains étant assignés au rôle de bêtes de somme utiles à la colonisation, les amérindiens à celui de fauves constituant un obstacle aux implantations. On vaccina les premiers contre la variole[125], pour protéger le lourd investissement qu'ils représentaient. Plus d'un laissa volontiers périr les autres d'épidémies opportunes, attribuées à la volonté divine[126]. On rationna l'alcool chez les uns, conformément aux préceptes bibliques, certains stimulèrent sa consommation chez les autres, à la manière de l'opium en Chine.

L'idée historiciste que la « race rouge » était vouée à disparaître (« a vanishing race »[127]) se fit entendre, obscurément associée au sentiment qu'il ne serait peut-être pas plus mal, d'un point de vue philanthropique et pragmatique, d'abréger ses souffrances. Thomas Jefferson incarnait cette ambivalence. En tant qu'homme des Lumières, féru d'ethnographie indienne, il cherchait sincèrement, selon toute apparence, à combattre ses propres préjugés et s'interdire vis-à-vis des indigènes le suprémacisme simple qu'il éprouvait envers les esclaves noirs. Mais en tant qu'acteur majeur de l'Indépendance et troisième président, il n'était pas question pour lui que des considérations humanitaires relatives à des peuples condamnés par l'histoire vinssent entraver l'existence et le destin providentiel des États-Unis. Les mesures d'appropriation et de refoulement lui paraissaient suffisamment justifiées. Il passait d'un idéalisme candide à une volonté d'extermination (le mot est de sa plume), du songe éveillé décrivant des Indiens entièrement assimilés, partageant volontairement leurs terres dont ils n'avaient pas assez d'usage afin d'en tirer un profit, à la rage de « les tuer tous ».

Mais les amérindiens ne furent, d'une certaine façon, jamais le problème principal des affaires indiennes. Avant même l'Indépendance, ils avaient été des pions sur l'échiquier stratégique des puissances, un sort peu enviable qui souvent fut aussi celui des Polonais. La guerre de Sept ans, que Churchill compara avec la Première Guerre mondiale, et qui aurait pu revêtir ce nom puisqu'elle se joua sur trois continents et fit plus d'un million de morts, avait enrôlé les Iroquois du côté de la Grande-Bretagne, de la Prusse, du Portugal et de leurs autres alliés. Dix autres fédérations amérindiennes, dont les Algonquins et les Hurons, étaient alignées dans le camp de la France, de la Russie, de l'Autriche, de l'Espagne, de la Suède, et de leurs propres alliés, y inclus le nabab du Bengale. Le conflit intronisa l'acivilisme dans les guerres modernes et, par un signe de l'Histoire, de manière simultanée en Europe centrale, livrée au pillage, et en Amérique où des colons français, les acadiens, firent l'objet d'une déportation de masse portant sur 12 000 personnes, soit les trois quarts de la population concernée. Le « Grand Dérangement », comme le parler acadien désigne cette opération ethnique, avait été envisagé aux lendemains de la Paix d'Utrecht qui cédait, en 1720, l'Acadie à la Grande-Bretagne. Charles Lawrence, gouverneur de Nouvelle-Écosse, la réalisa en 1755, inaugurant un schéma promis à un grand avenir auprès des autorités allemandes. La troupe rassemblait les habitants dans les villages, sous prétexte de leur faire entendre les instructions royales. Après une arrestation collective, les fuyards étant exécutés ou pourchassés, on séquestrait les victimes dans des bateaux, pour triage et démembrement des familles. Leur déportation fut une série d'odyssées lamentables. Ceux qui ne mouraient pas de maladie, de faim ou dans des naufrages, errèrent dans diverses provinces, asservis ou placés sous haute surveillance, dépouillés de tous droits. Certains se retrouvèrent incarcérés en Angleterre. Plusieurs groupes retournèrent au Canada où leur scalp était mis à prix. Quelques-uns parvinrent à Saint-Domingue. D'autres en Louisiane, devenue terre espagnole. Au bout de vingt ou trente ans, quelques survivants s'établirent en France. Les tribus indiennes, quant à elles, qui s'étaient pour la plupart rangées aux côtés de la France, découvrirent qu'elles avaient été cédées, avec leurs territoires, à la Grande-Bretagne, parmi les conditions de paix.

La conquête se poursuivit longtemps en simple continuation des rivalités entre puissances européennes ou celles qui leur avaient succédé, comme le Mexique. Les amérindiens étaient les jouets de ces manœuvres qui placèrent la Floride et la Louisiane, arrachées à la France et à l'Espagne, l'Oregon, pris à la Grande-Bretagne, puis le Texas, gagné sur le Mexique, parmi les possessions des États-Unis. La guerre contre le Mexique de 1846, à elle seule, apporta l'Arizona, la Californie, le Colorado, le Nevada, le Nouveau-Mexique et l'Utah. À ce stade, il ne s'agissait plus que de débarrasser de leurs occupants primitifs des régions acquises d'autres États souverains.

L'Ordonnance du Nord-Ouest de 1787 avait organisé le mécanisme. La conquête de l'Ouest serait centralisée au niveau fédéral, les territoires nouveaux étant placés sous la juridiction du Congrès, avant leur conversion en États une fois atteint un certain seuil démographique. Le texte comportait des dispositions humanitaires assorties de deux menaces. L'esclavage était proscrit des Territoires (destinés à des fermiers indépendants assistés de leur famille). Les propriétés des amérindiens ne seraient pas saisies sans leur consentement « sauf dans le cas de guerres justes et légitimes autorisées par le Congrès » ; et leur tranquillité serait garantie par des lois de pacification édictées « de temps en temps pour prévenir que des torts ne leur soient faits, et pour préserver la paix et l'amitié avec eux ». La Confédération indienne du Nord-Ouest remercia le Congrès de sa sollicitude par des hostilités qui lui donnèrent d'abord la victoire. Washington retourna la faveur en s'appropriant l'Ohio et une partie de l'Indiana par une guerre « juste et légitime » de grande envergure.

Les combats comme les chantages et exactions perpétrées envers des européens n'avaient nul motif de s'interrompre une fois le terrain occupé seulement par des êtres réputés inférieurs et en voie de disparition. Les « guerres indiennes » étaient autant de campagnes légitimes sur le plan du droit de la guerre en vigueur entre Européens. Seul l'acivilisme à peu près systématique des engagements leur donnait une modalité particulière. Mais sa justification juridique fut rapidement trouvée. Selon une configuration inconnue en Europe, du moins jusqu'à la création des milices nazies, nombre d'opérations armées étaient engagées par des civils ou à leur instigation, l'armée étant censée intervenir au titre de la protection des colons ou de la pacification. Que des particuliers s'en prissent à des non-combattants ne relevait pas du droit de la guerre proprement dit. Du reste, ces agressions étaient qualifiées de légitime défense. La notion curieuse de « légitime défense préventive », que les nazis allaient également retenir, prit forme à cette occasion.

Il s'agissait bien dans tous les cas d'acquisition à tout prix d'un « espace vital », sans autre limite que le prochain océan, ayant fait l'objet d'une planification, sujette à de fréquentes révisions, mais constante dans sa visée. Hitler reprit la vision jeffersonienne d'un continent exploité par des fermiers indépendants de race blanche, dont les implantations s'étendraient à mesure que la densité démographique atteindrait un niveau suffisant pour l'élevage. Sa fascination américaine était telle qu'il ne voyait pas que les conditions économiques nouvelles en Europe avaient rendu son projet anachronique.

Plus légaliste que le gouvernement nazi, le gouvernement américain distinguait toujours l'acquisition de souveraineté par la guerre légitime et le transfert de propriété des terres qui relève normalement du droit contractuel ou exceptionnellement de l'expropriation d'intérêt public sous réserve de prestation compensatoire. L'attribution des territoires indigènes aux colons transitait donc par le domaine public qui s'en dotait par des rachats. Il va sans dire que les tribus n'auraient pu s'opposer physiquement à une extorsion à laquelle Napoléon en personne avait dû céder sans mot dire pour la Louisiane, bien que son territoire s'étendît alors à plus d'un cinquième de la superficie actuelle des États-Unis.

Certains trouvaient néanmoins le processus trop lent et fastidieux. Il incomba à Andrew Jackson, grand chasseur d'Indiens et seul chef d'État américain à avoir été blessé dans des combats sur la Frontière, de fixer un projet esquissé par les présidents Monroe et Adams : la déportation des tribus. L'Indian Removal Act[128] de 1830, dirigé contre 60 000 natifs, fut sa manière d'y pourvoir. En dépit de l'opposition de la Cour Suprême, des efforts d'accommodement d'une élite cherokee qui s'était pliée à la meilleure éducation occidentale[129], et de la supplique de Ralph Waldo Emerson au Président Van Buren, citée en exergue de ce chapitre, la loi aboutit à la « Piste des Larmes », l'exode d'un peuple décimé vers les réserves.

Au milieu du XIXe siècle la doctrine du « destin manifeste »[130], devenue dominante, exigeait de compresser toujours davantage les zones indigènes. Tous les projets de Territoire indien protégé par des frontières authentiques, voire d'État indien rattaché à la Fédération, furent abandonnés. Les réserves étaient la solution définitivement retenue. Elles seraient multiples, étroites, situées dans des régions ingrates. Elles contraignaient leurs habitants à abandonner leur mode de vie économique ancestral dans un environnement qui ne le rendait plus viable. On extermina délibérément les bisons, au point qu'il fallut attendre l'écologisme de Madison Grant pour mettre fin à la dévastation. Comme l'avaient prévu des agents aux affaires indiennes qui connaissaient bien leur affaire, les réserves devenaient des camps de confinement, instaurant le cadre du « meurtre légal d'une Nation entière » par un procédé « coûteux, vicieux et inhumain » qui créait des foyers d'épidémies[131]. Le coût était, en effet, élevé pour le gouvernement fédéral. Mais on avait calculé qu'il restait moindre que celui des opérations militaires. Les fournisseurs profitaient de l'aubaine pour livrer des marchandises avariées et rogner sur les quantités, si bien que la famine parachevait un processus d'attrition fondé sur la dépossession physique et culturelle.

Les autorités fédérales pouvaient maintenant se donner le beau rôle. Elles étaient celles qui résistaient à une demande expressément exterminatrice du public. Elles se faisaient les protectrices des amérindiens contre l'anéantissement définitif auquel on aurait, de fait, sans doute assisté si les mains libres avaient été laissées aux milices qui ne demandaient qu'à se former et que certains États auraient volontiers subventionnées dans ce but[132]. Elles les protégeaient aussi contre leur propre intempérance devant l'alcool bon marché que les marchands s'empressaient de leur fournir. Elles veillaient à leur déculturation par une scolarité dispensée dans des classes bondées. On avait aussi fini par les vacciner bon gré mal gré.

Que le crime fut idéologique, plutôt que le produit d'une concurrence vitale, est assez prouvé par la densité démographique des États-Unis qui contiennent toujours de vastes territoires sous-peuplés. Avec une intensité bien moindre, on constate que le paradigme a ceci de commun avec la colonisation nazie que sa brutalité radicale était inutile. Elle aurait pu être évitée, et pas uniquement pour des motifs humanitaires. Des solutions territoriales et semi assimilationnistes avaient été proposées. Elles étaient sinon vouées au succès, du moins dignes d'être essayées.

Il existe une gamme étendue de rapports possibles entre colonisateurs et colonisés, séparant la coexistence pacifique de l'extermination : le confinement, l'assimilation, la ségrégation, le refoulement, l'enclavement, la chasse ou l'asservissement. En Amérique, seuls l'assimilation, la ségrégation et l'asservissement furent écartés aussitôt évoqués, car ils impliquaient une forme minimale de vie commune, rendue impossible du fait de la réputation de violence foncière imputée aux Indiens[133]. Le suprémacisme américain n'était pas uniforme. Il connaissait au moins deux grandes modalités : celle du droit de domestiquer (les Noirs); celle du devoir d'abattre (les Indiens). La dualité du chien et du loup offrait son cadre imaginaire à la différenciation. Le roman puis le cinéma western, dont Hitler était grand amateur[134], présentait les Nègres comme « gentils » et dévoués, et les Indiens (surtout s'ils étaient jeunes et de lignée princière) comme « méchants », sauf quand il s'agissait de faibles recrutés comme éclaireurs dans la cavalerie des bons. Notons que les Mexicains eurent droit à un traitement particulier, étant assimilés aux blancs criminels, agissant en bandes organisées, caractérisés par la cruauté et la traîtrise, deux traits encore accentués s'ils s'avançaient en armée structurée devant le petit fort d'Alamo. Ce n'est qu'après le désastre, sous l'effet de la guerre au Vietnam, que Hollywood – et donc le monde occidental – consentit à équilibrer son regard sur les amérindiens[135].

2.3.3 Suprémacisme et démocratie en Amérique

Née dans la peur de l'autre, l'Amérique « blanche » ne surmonta jamais la question de la race. Sa première immigration de masse fut celle des esclaves africains. Celle-ci conduisit à la Guerre Civile qui demeure le plus violent traumatisme de ses quatre siècles d'existence. L'occupation complète du territoire se fit par l'élimination des amérindiens, les guerres contre le Mexique et la guerre Hispano-américaine. L'équipement des chemins de fer s'effectua par l'asservissement *de facto* d'ouvriers chinois. La guerre contre le Japon provoqua la création de camps de concentration ethniques. Le mouvement des droits civiques s'efforcait de répondre au ségrégationnisme. Chaque nouvelle vague d'immigrants était perçue en termes raciaux, les populations méditerranéennes ou de culture celtique passant longtemps pour former des races distinctes de la race nordique. L'implication des États-Unis au Proche-Orient fut ensuite comprise plus ou moins de la même manière.

Mais tandis qu'elle échoua immédiatement et durablement sur la race, l'Amérique réussit son organisation politique. La Déclaration d'Indépendance et la Constitution, destinées aux maîtres du Nouveau Monde, permirent ensemble la cohabitation des colonisateurs, malgré la diversité de leurs origines et de leurs valeurs. Entre des communautés religieuses venues d'Angleterre y rencontrer l'Éden, des marchands hollandais avides d'étendre leur réseau de commerce, des Irlandais et des Écossais souvent analphabètes, prêts à tout affronter pour fuir la misère, des Français et des Espagnols visant un regain de fortune, des patriciens britanniques qui avaient servi la couronne et possédaient de vastes propriétés, puis, l'une après l'autre, toutes les personnes du monde contraintes à l'aventure par les tribunaux ou désireuses de la trouver, il aurait pu n'y avoir qu'une Babel ingouvernable et une constante anarchie. Les équilibres travaillés des textes fondateurs y pourvurent autrement.

Ces migrants avaient peu en commun et ne formaient pas une communauté solide. À l'époque où tous les pays avancés se muaient en « Nations », ils se déchiraient encore sur la conception même de leur société. Il fallut des centaines de milliers de morts pour que l'Amérique naisse définitivement des décombres de la Sécession. Mais alors la démocratie se fusionna d'elle-même avec le racisme.

Le système fédéral était organisé pour permettre la représentation politique d'une société égalitaire divisée en États régionaux. Par « égalitaire », il faut entendre des individus distincts seulement par leur position sur une échelle économique unique, sans autres séparations statutaires. Autrement dit, la société américaine se voulait « stratifiée », mais pas « segmentée », répartie en couches horizontales superposées, selon que l'on y avait plus ou moins acquis de fortune, et non divisée verticalement selon des critères autres que géographiques. Son principe était que les origines étaient oubliées sur cette terre de jouvence, nul ne charriant avec lui son passé. Le reste, tel que la religion ou les opinions philosophiques et le choix d'un métier, relevait de la liberté personnelle, protégée par la constitution. L'élévation, toujours individuelle, d'une couche sociale à l'autre, était censée être pour chacun le produit exclusif de ses efforts et de son mérite. Les institutions n'avaient pas d'autre but que d'assurer la cohabitation de personnes aussi différentes qu'elles voudraient l'être, en combinant la défense de leurs droits et de leurs libertés avec un débat démocratique. La traversée des strates devait être exclusivement économique ; l'activité s'effectuant dans un cadre contractuel, sans qu'aucun plafond ne soit fixé à la richesse des gagnants, ni aucun plancher à la pauvreté dont le traitement relevait de la liberté caritative. L'impôt ne possédait encore aucune vocation redistributive.

Afin que le système mis en place par les lois fondamentales pût fonctionner, il restait au moins trois problèmes à résoudre : il fallait que la liberté du vote n'engendrât pas une tyrannie des majorités ou le despotisme ; que l'existence des États ne soustraie pas sa substance au gouvernement fédéral, celui-ci devant être en mesure de réellement conduire une politique étrangère et économique unifiée ; il fallait enfin que disparaisse la plus visible des différences segmentaires, l'esclavage. Le bipartisme apporta sa solution à la première menace. La Guerre Civile répondit aux deux dernières.

Que la question démocratique soit séparée de la question fédérale et de celle de la servitude, la personne d'Andrew Jackson en est l'illustration. Cet esclavagiste et tueur d'Indiens invétéré fut l'homme qui ancra le bipartisme dans la constitution américaine, un système qui empêcha toujours les États-Unis de sombrer dans l'autoritarisme du Parti unique ou du messianisme politique.

Jusqu'au premier tiers du XIXe siècle, la vie politique et sociale américaine avait conservé des traces profondes de l'Ancien Régime européen. Bien qu'ils fussent supposés avoir oublié les fantômes du « Moyen Âge », avec ses hiérarchies rigides, les colons restaient sous l'emprise de ces fantômes qui avaient ressurgi depuis la Renaissance pour régir les pays d'où ils venaient. L'aspiration égalitaire, authentique au plan des droits fondamentaux et des libertés publiques, n'avait pas éteint une attitude déférente envers les oligarchies. Celles-ci n'émanaient certes plus de la volonté discrétionnaire des rois, ni de l'héritage des titres ou des charges, mais demeuraient des réalités très puissantes. De même que le rêve égalitaire resta longtemps aveugle à sa contradiction avec l'esclavage et la prévalence masculine, on ne voyait pas clairement les effets systémiques de la culture familiale, des bonnes manières et l'éducation au commandement. On s'occultait le fait que, même s'ils s'étaient élevés par leurs seuls mérites au combat, dans le commerce, la scolarité, les tribunaux, les églises ou en politique, les nouveaux oligarques auraient de toute façon formé une caste en partie héréditaire ; qu'ils jouiraient d'un pouvoir très supérieur à celui du commun, surtout s'ils cumulaient, comme il arrivait souvent, des fonctions d'autorité dans plusieurs domaines à la fois.

Une tendance à la sévérité la plus extrême envers les criminels, qui avaient perdu toute excuse sur la « terre de toutes les possibilités », renforçait le phénomène : les classes moyennes se montraient d'autant plus déférentes envers les couches supérieures, qu'elles entendaient elles-mêmes être respectées par les plus basses, composées des « déchets » de la société, hommes et femmes incultes, « sans foi ni loi », n'ayant d'autre activité que le crime ou les tâches honteuses que l'on n'aurait pas confiées aux esclaves. Ces groupes dangereux et méprisés, formés d'abord de condamnés ou d'engagés serviles à durée déterminée, dans le cadre du statut d'*indenture*, finirent par former le *White Trash*, « l'Ordure blanche »[136].

L'absence initiale d'un gouvernement central puissant donna d'abord une grande latitude aux familles patriciennes. Leur fortune s'augmentait cependant des revenus des charges publiques (très importants dans le cas des gouverneurs), et des autres avantages qu'elles pouvaient retirer de leur influence, tant auprès des autorités chargées des marchés publics ou des licences, que des tribunaux et des forces de police. Leur accès au crédit demeurait sans rival. Il leur permettait de financer la presse et de créer des emplois. Il était simplement inévitable qu'elles devinssent le noyau de la politique en Amérique.

Or, les constituants n'avaient pas organisé l'existence de partis politiques. Ils pensaient à un système transparent dans lequel le peuple se gouvernerait lui-même au travers de l'élection libre de ses mandataires, tout système électif étant censé représenter naturellement ceux qui y participent. Les « Fédéralistes » (Hamilton, Madison et Jay) avaient pressenti que le suffrage favoriserait les élites éduquées, mais ils en n'avaient pas experimenté le mécanisme et en ignoraient les conséquences.

L'électeur vote rarement pour quelqu'un qui lui ressemble, mais plutôt pour quelqu'un qu'il juge mieux apte à le représenter qu'un autre qui lui ressemblerait vraiment[137]. Dans une société stratifiée, les moins fortunés, qui sont les plus nombreux mais disposent d'un poids social moindre, tendent à voter pour ceux qui ont un poids social supérieur, bien qu'ils soient minoritaires. Les élites n'ont donc pas lieu de redouter le suffrage populaire. Aussi finissent-elles toujours par renoncer au suffrage censitaire et par admettre le vote des femmes. L'intégration des dominés, qu'ils soient pauvres ou qu'ils soient femmes, produit souvent, lors de son introduction, des assemblées plus conservatrices que les précédentes. Quand certains groupes nombreux sentent que leur poids dans la société est extrêmement faible, ils abandonnent jusqu'à l'idée de voter, sachant bien que le système électoral aboutira, sans qu'il soit besoin de leur suffrage, à leur octroyer une représentation politique proportionnée à leur poids social, donc à peu près nulle[138].

La formation d'élites patriciennes prépondérantes dans le jeu politique avait des conséquences que nul n'avait préparées. Des coalitions d'intérêts s'étaient formées dans la capitale, aboutissant à des factions dépendantes de leurs leaders (Jefferson-Madison et Washington-Hamilton). L'élection présidentielle forçait un dualisme partisan (« Fédéralistes » contre « Républicains »), chacun cherchant à s'identifier plus ou moins artificiellement sur la politique étrangère ou sur le degré de centralisme. On en était aux rivalités clientélistes au sein de l'oligarchie, d'une manière qui rappelle les derniers temps de la République romaine.

La création du « ticket » de candidature président/vice-président, en 1804, fut un premier pas vers un système de partis structurés. Tandis que l'Europe cherchait encore une voie démocratique viable, les années 1820 et suivantes virent l'émergence aux États-Unis du système « semi-parlementaire »[139] qui finit par s'imposer dans le monde occidental, lentement et non sans crises extrêmes. On passait d'un gouvernement oligarchique (seuls les membres du Congrès étant élus au suffrage direct par un corps électoral que l'on avait restreint de toutes les manières possibles) à un système de partis nationaux désignant leurs candidats à l'ensemble des magistratures électives, sur la base de programmes contrastés, et mobilisant l'électorat populaire. Ces partis devaient être assez vigoureux pour gagner les élections ou négocier leur assentiment au vainqueur. Ils tendraient donc en pratique à n'être que deux et bien plus puissants que les candidats dont ils assuraient l'élection[140].

La clé du bipartisme était que, malgré les différences entre les deux entités rivales, leurs bases électorales distinctes et leurs programmes concurrents, ils demeuraient en accord sur certains points fondamentaux : la constitution et le cadre juridique de leurs affrontements, le rêve américain et son tabou absolu du socialisme. Ils pouvaient se succéder sans risque de coup d'État. Toute tentation autoritaire était aussitôt dénoncée, se retournant en argument électoral pour l'adversaire. Elle était de surcroît limitée par le nombre si grand de postes électifs qu'ils ne pouvaient être tous accaparés[141], et par la liberté de la presse.

Les oligarchies n'avaient pas disparu. Elles s'étaient transformées. L'importance croissante du gouvernement fédéral dans la vie économique favorisait peu à peu l'apparition de fortunes de plus en plus grandes par le jeu du dirigisme et des faveurs, autant que sous l'effet de l'innovation. La masse avait la consolation d'avoir choisi électoralement les hommes les plus puissants, et d'avoir fait les plus riches en achetant leurs produits. La consolation ne pouvait toutefois être entière, car sur la terre de toutes les possibilités, tout n'était pas possible. Le surgissement périodique de magnats venus de nulle part ne dissimulait pas le fait que la majorité des citoyens, quelle que soit leur ardeur au travail, resterait enfermée, faute des relations et de l'éducation nécessaires, dans les couches basses d'une société dans laquelle les couches hautes avaient pris leur essor. Ils ne pouvaient, à la différence des prolétariats d'Europe, nourrir le moindre espoir de révolution. Le rêve américain stipulant que la réussite est fonction du mérite, lui-même mesuré sur une échelle monétaire, ils ne pouvaient imputer leur infériorité à l'injustice, ni s'affranchir du besoin de reconnaissance matérielle. Les lois antitrust avaient pour seule vocation d'éliminer une distorsion des marchés. Pareillement, les syndicats n'avaient pas d'autre objet que de compenser le trop grand déséquilibre entre l'employé isolé et la grande entreprise. Leur force et leur dureté étaient admises comme un miroir de celles des employeurs. Ils résultaient d'une simple liberté contractuelle entre travailleurs. En aucun cas, le syndicalisme n'était censé viser le socialisme. Celui-ci contredisait frontalement le principe de la liberté d'entreprendre, et l'idée selon laquelle le revenu est toujours reflet du talent et de l'effort.

2.3.3.1 Suprémacisme, patriciat et rêve américain

C'est ainsi que le racisme vint soutenir le fonctionnement du régime. Car il existait en dessous du moindre citoyen des êtres plus bas que lui. La division en races devint le moyen pour un système politique conçu pour une société stratifiée de trouver sa régulation. Les segments étaient placés sous les couches. Tout individu déclassé ou incapable de s'élever à la hauteur de ses ambitions pouvait ainsi trouver une dignité subjective et une image positive de soi en rejoignant, sinon directement les organisations suprémacistes qui s'étaient créées, du moins leurs idées. Les partis politiques jouaient ouvertement de ces thèmes dans leurs programmes. Les Indiens et les Noirs étaient disponibles pour le rôle d'êtres méprisés et destinés à subir des avanies, mais aussi chaque génération successive d'immigrants à son tour. Les nouveaux venus étaient à la fois happés par le système qui trouvait en eux une main-d'œuvre bon marché comme un électorat manipulable, et étaient simultanément persécutés par lui sur le mode racial. Tous subirent le même sort, Irlandais, Italiens, juifs, Grecs, arméniens, Polonais, hispaniques, Chinois, Japonais et Philippins, la vague précédente commençant de s'intégrer mieux quand arrivait la suivante. Le processus se poursuit encore, l'Amérique exerçant sur chaque groupe son pouvoir attracteur le plus fort quand est la plus précaire la situation ayant justifié son immigration.

L'imaginaire collectif assignait le pouvoir, non à la citoyenneté, ni même à la fortune, mais à la « blancheur », appréciée selon de subtiles gradations. Il fallait d'abord pour l'acquérir, posséder une peau reconnue comme étant de couleur blanche, qualité en théorie inaccessible à jamais aux africains, aux amérindiens, aux asiatiques et difficilement aux hispaniques. Mais il fallait aussi vivre « comme un blanc », entendu d'après le modèle anthropologique « anglo-saxon », signalé par une façon spécifique de se vêtir, de s'alimenter et de s'exprimer verbalement. Ce second critère supposait pour les méditerranéens et les Irlandais une période probatoire d'une à deux générations, une ascension sociale constante et plus longue étant requise en cas de coloration dermique. Il fallait encore « penser comme un blanc », c'est-à-dire partager le culte des textes fondateurs et le credo du rêve américain, mais aussi adopter les confessions convenables. Ce troisième critère donna longtemps une place à part aux catholiques et aux juifs, dont le statut demeurait fragile au moins jusqu'à l'acquisition éventuelle d'une fortune importante. Il permettait en outre d'exclure indirectment les socialistes et les « amis des Nègres et des Indiens ». Enfin, même un scandinave de religion protestante pouvait n'être pas entièrement « blanc », s'il appartenait au *White Trash.*

Les groupes admis en probation, période durant laquelle ils étaient tenus à l'écart des conversations politiques dans les saloons, des syndicats, et des fonctions d'autorité, se voyaient ensuite invités rejoindre les pratiques suprémacistes attendues des « blancs ». Les artistes et les entrepreneurs de confession majoritairement juive qui créèrent et dirigèrent Hollywood, après avoir été persécutés en Europe, en donnèrent une illustration paradigmatique. La quasi-totalité de la production cinématographique américaine fut l'école du suprémacisme populaire occidental et de ses clichés ethniques[142]. Elle reflétait généralement la nébuleuse idéologique dominante, globalement conforme à celle du nazisme, au socialisme près, et à l'exception tout à fait décisive du légalisme démocratique[143].

Le racisme n'était pas un accident, un défaut provisoire que l'on pouvait surmonter par l'abolition de l'esclavage, mais une solution structurelle à un problème structurel. Il n'était certes pas l'apanage des États-Unis, et l'on vit souvent en Europe, avant et après le nazisme, le populisme, qu'il soit de gauche ou de droite, revêtir des atours raciaux. L'Amérique y avait toutefois une prédisposition particulière, étant de tous les pays développés, le plus segmentaire, alors même que son mythe politique national repose exclusivement sur l'idée de stratification. Le thème de la réussite au seul mérite imposé à ceux qui échouaient, sans considération ni pour les effets du simple hasard, ni pour l'existence d'un ordre patricien limitant l'égalité des chances, les acculait à retrouver de la considération pour eux-mêmes en méprisant plus méprisés qu'eux.

La philanthropie était un moyen nécessaire mais insuffisant pour légitimer l'existence d'un patriciat puissant. Celui-ci cherchait à restreindre les épisodes « progressistes », au cours desquels un Congrès favorablement disposé envers les intérêts oligarchiques était amené à distribuer aux pauvres sous l'effet des crises. Les élites accordaient donc un soin attentif à leurs activités caritatives, souvent exercées en déduction fiscale, dans un double dessein de cohésion sociale : sélection mondaine du groupe des philanthropes et participation aux corrections des injustices les plus criantes. On partait du principe que le succès va toujours à l'inventeur et que sa récompense est nécessairement juste, sans que l'on eût toujours saisi que, dans tous les domaines d'entreprise, « les pionniers se font tuer par les Indiens », la fortune venant fréquemment à celui qui a ramassé les dépouilles plutôt qu'au découvreur ; ou que la liberté économique n'est efficace que parce qu'elle ouvre un espace d'essais et d'erreurs, dont il est nécessaire que ne ressortent pas vainqueurs tous les méritants. Les personnes qui n'avaient statistiquement guère de chances de s'extraire d'une basse condition, pouvaient rêver de placer leurs descendants les plus doués en position de s'élever par la voie académique, ou recevoir par la croissance les retombées de la richesse d'autrui, tout en bénéficiant des garanties constitutionnelles dont tout autre régime les eut privées. Mais une détérioration durable de leur situation personnelle, liée ou non aux cycles économiques, les inclinait à recourir au suprémacisme.

Une majorité de la population se trouvait, dans ces conditions, poussée de diverses manières à perpétuer le suprémacisme racial. Les pauvres avaient le choix entre s'accuser eux-mêmes de leur inaptitude à gravir la hiérarchie sociale ou en imputer la faute à des communautés méprisées. Les communautés méprisées avaient le choix entre renoncer à s'intégrer au plus bas de l'échelle ou adopter la vision « blanche » d'un monde racialement segmenté. Ceux qui ne pouvaient s'intégrer parfaitement à la communauté blanche canonique avaient le choix entre accepter une image dégradée d'eux-mêmes ou assumer une identité communautaire susceptible de leur rendre une fierté d'appartenance, mais avec pour conséquence l'émission des signaux communautaristes par lesquels ils se désignaient eux-mêmes à la vindicte des autres communautés.

Se reproduisait de la sorte un système que personne n'avait décidé ou même voulu. Il assurait la stabilité d'une société vouée à générer des élites patriciennes, en l'absence d'espérances populistes radicales contrairement à l'Europe. Il offrait des garanties constitutionnelles aux communautés qui avaient commencé leur intégration à ce prix. L'idéologie dominante aux États-Unis comportait ainsi parmi ses composants, un mixte qui l'empêchait de donner lieu à une combinaison analogue au nazisme. L'autoritarisme du Parti unique, trait essentiel de ce dernier, y était impossible. Mais la démocratie à elle seule n'avait pas aboli toutes les parentés entre la conquête américaine de l'Ouest et la conquête germanique de l'Est. Le suprémacisme racial demeurait au centre dans les deux cas.

2.4 Un modèle de soutien passif

« Lindbergh prononce de nouveau un discours extrêmement courageux. C'est le meilleur cheval dans l'écurie de l'isolationnisme. Il donne beaucoup de fil à retordre à Roosevelt. On ne peut pas non plus vraiment s'en prendre à lui, parce que c'est une personnalité intègre et irréprochable. Mais nous nous sentons d'autant plus contraints de ne pas faire état de son action dans la presse et à la radio allemande ; plus on l'abandonne à lui-même, plus il remportera de succès. »

J. Goebbels, 31 août 1941[144]

On ne saurait refermer le chapitre américain des origines du nazisme sans mentionner le soutien dont il a bénéficié aux États-Unis, au-delà des idéologues mentionnés. S'il est vrai, comme Lénine l'affirmait, que les capitalistes vendraient même la corde pour les pendre, la corde achetée par les nazis n'était pas, à la différence de la soviétique, destinée aux Américains. Les circonstances de la Première Guerre mondiale avaient tourné l'Allemagne en un vaste marché, les sanctions que le traité de Versailles faisait peser sur les anciennes capacités de production se cumulant aux besoins de la reconstruction. Les États-Unis, grâce à leur marché intérieur, leurs ressources naturelles et leur puissance d'innovation, s'étaient dotés d'entreprises de dimension internationale (sauf les banques qui restèrent longtemps une spécialité européenne). L'intérêt pour elles d'être présentes en Allemagne était une évidence que la Dépression tourna en nécessité.

Il y avait quelque motif à regarder le nazisme avec un préjugé favorable. Il combattait le communisme, une idéologie contraire à tous les principes politiques, imaginaires et anthropologiques de l'esprit américain. Il obtenait à ce titre l'assentiment des patriciens des deux pays. Il avait découvert un moyen de financer la relance paraissant moins socialiste que le New Deal : un réarmement ne présentant aucune menace sérieuse pour la sécurité du sanctuaire américain, et une réindustrialisation promettant de rendre le pays solvable. Hjalmar Schacht, le gourou financier du Troisième Reich, était né d'un père devenu citoyen des États-Unis et avait reçu une éducation américaine. Il avait mobilisé les industriels en faveur d'un Parti qui préserverait leurs marges et éliminerait tout problème avec les syndicats. Il utilisait les dernières techniques financières pour payer les fournisseurs étrangers. Quel entrepreneur eut été assez pusillanime pour s'effaroucher de discriminations raciales appartenant à la meilleure tradition, ou de brutalités envers des bolcheviques ?

La doctrine Monroe qui interdisait aux Européens de s'impliquer dans les affaires américaines en échange de la neutralité des États-Unis, avait été confortée par les horreurs d'une Première Guerre qui n'avaient rien apporté de plus concret, hormis ses dévastations, que des rêves de paix perpétuelle à laquelle aucun esprit pragmatique ne croyait plus. On comprenait que la Grande-Bretagne et la France s'inquiétassent de la renaissance d'un vieil adversaire, mais c'était entièrement leur affaire. Ces puissances poursuivaient leurs intérêts et c'était bien leur droit. Mais on avait épongé toute dette politique à leur égard, si tant est que l'on en ait jamais eue. On pouvait, à la rigueur, admettre un système de crédit-bail offrant des débouchés aux entreprises américaines, mais à condition qu'il n'aboutisse ni à une hausse des impôts par la défaillance des emprunteurs, ni à un nouveau conflit auquel les armées américaines était impréparées et qui détournerait les jeunes gens des usines qui avaient besoin d'eux. D'ailleurs, à mesure que l'Allemagne se renforçait et que la question d'un engagement devenait plus pressante, une victoire devenait moins évidente. Les États-Unis disposaient d'une puissance aérienne dérisoire, dépourvue d'un rayon d'action intercontinental, tandis que leur flotte de commerce était vulnérable à l'action des sous-marins.

Sans qu'il faille être pronazi, il ne semblait pas qu'il y ait lieu d'être antiallemand. L'antisémitisme de Hitler était hypertrophié, puisqu'il appelait à l'expropriation et à l'extermination, mais on pouvait imputer ces excès aux propagandes. Le grand public, peu informé de la politique étrangère, et désireux moins que tout de renvoyer ses fils à une boucherie dans un pays lointain était, d'après les sondages de l'immédiate avant-guerre, opposé à 80 % à une aventure militaire.

Les libéraux, appelés « conservateurs » aux États-Unis, étaient davantage intéressés par le commerce avec l'Allemagne qu'avec une France et une Grande-Bretagne concurrentes de l'Amérique. Les amis de l'ordre préféraient un régime autoritaire déplaisant à Roosevelt. Ils étaient sensibles à la propagande très structurée de l'Allemagne auprès d'eux[145], particulièrement s'ils étaient eux-mêmes antisémites ou souhaitaient l'écrasement du bolchevisme avant toute chose.

L'intervention n'était donc envisagée que par les élites proches du New Deal. On les nommait « libéraux », aux États-Unis, du fait de leur attachement aux libertés publiques, ou « radicaux » s'ils étaient socialisants, antiségrégationnistes ou féministes. Bien qu'ils fussent loin d'être tous favorables à un engagement aux côtés des Alliés[146], ils n'y étaient pas opposés par principe, car une domination exclusive de l'Europe par une nouvelle superpuissance n'était objectivement pas dans l'intérêt stratégique des États-Unis, et car les méthodes nazies étaient contraires aux valeurs fondamentales de la constitution américaine. Or, les libéraux étant aux affaires depuis la Dépression[147], ils faisaient planer une possibilité d'intervention.

Ce fut la raison d'être d'America First, le plus puissant lobby jamais formé, fort de peut-être 800 000 membres et 25 000 donateurs, regroupant une partie du gotha des affaires et des futurs dirigeants[148], que de la rendre impossible. Né officiellement en 1940, son existence fut très brève, puisque Pearl Harbor lui retira son sens en décembre 1941, mais son action très importante. Sa doctrine était alignée sur celle de Charles Lindbergh, alors une des plus grandes stars américaines. Son objet était de consolider les Actes de Neutralité, votés de manière bipartisane par le Congrès en 1935, 1936, 1937 et 1939, pour lier les mains du Président par tous les moyens légaux[149], et l'empêcher, non seulement d'entrer en guerre, mais aussi d'apporter une aide militaire significative aux Alliés.

Le sentiment nationaliste, antisémite[150] et pro germanique était si bien entretenu que l'application des lois d'immigration fut resserrée pour empêcher un afflux, même modeste, de réfugiés juifs ou antinazis pendant toute la période où il aurait été aisé d'en accueillir, à savoir au moins jusqu'à l'extrême fin de l'année 1941[151], alors que l'extermination était déjà connue des autorités. Conformément aux règles introduites à l'instigation de Madison Grant, et dans le cadre des quotas limités accordés aux non aryens, les candidats devaient encore prouver qu'ils disposaient des moyens autonomes de vivre aux États-Unis, sans y prendre un emploi en concurrence avec un citoyen, et produire un certificat de bonne conduite établi par la police de leurs lieux de résidence durant les cinq dernières années, un document malaisé à obtenir de la Gestapo[152]. Afin de réduire la marge d'appréciation discrétionnaire des consulats, instruction fut donnée, en 1940, par le Département d'État d'écarter tout candidat dont il ne pourrait être établi qu'il ne puisse devenir, même par le jeu d'un chantage, un agent de l'étranger. Avec le soutien du comité de la Chambre des Représentants chargé des Activités Non-Américaines[153], l'assistant secrétaire d'État Breckinridge Long parvint à assécher l'octroi de visas depuis les pays sous contrôle nazi, au point de laisser vacants 190 000 droits d'entrée de la fin 1941 à 1945. Roosevelt, inquiet du risque d'une « Cinquième colonne » et tenu par le Congrès, donna son aval[154]. Charles Lindbergh et ses amis avaient en partie atteint leur but.

Extrait du *Rapport au secrétaire au Trésor relatif à l'Acquiescement du présent Gouvernement au Meurtre des Juifs* – 13 janvier 1944[155] : « Certains responsables du Département d'État sont responsables de ce qui suit : 1) Ils ont non seulement manqué d'utiliser l'appareil gouvernemental à leur disposition pour sauver les Juifs de Hitler, mais sont allés jusqu'à utiliser cet appareil gouvernemental pour empêcher le sauvetage de ces Juifs. 2) Ils ont non seulement manqué de coopérer avec les organisations privées dans leurs efforts pour mettre en œuvre leurs propres programmes, mais ils ont pris des mesures destinées à empêcher ces programmes de prendre effet. 3) Ils ont non seulement manqué de faciliter l'obtention d'informations concernant le projet de Hitler d'exterminer les Juifs d'Europe, mais dans le cadre de leur autorité officielle sont allés jusqu'à tenter subrepticement d'arrêter l'obtention des informations relatives au meurtre des populations juives d'Europe »[156].

CHAPITRE 3

La révolution nationaliste

La plupart des Français seraient heurtés d'apprendre qu'il existe une contribution venue de France, si fondamentale au nazisme qu'il n'aurait pu naître sans elle. L'amour de la Nation y est partagé à droite comme à gauche, et l'histoire millénaire de la Nation y est un élement central de l'Éducation Nationale. On y enseigne un lien essentiel entre la « Nation » et la « République » qui permettrait de prémunir sa « démocratie » contre les menaces « totalitaires », toutes notions qui se présentent comme étant si claires qu'il n'est guère besoin de les expliciter. La dénomination du *national-socialisme* ne parait pas porter à conséquence : le nationalisme de Hitler semble une évidente perversion de l'idée de Nation, de même que son socialisme serait de pure apparence. Il est, hélas, nécessaire de regarder les choses de bien plus près.

Pouvons-nous, en effet, nous empêcher de croire qu'il y aurait, depuis la « Gaule », un même organisme politique nommé la « France » ? Les accidents de cette substance au cours du temps formeraient son Histoire. Que la Savoie et Nice (1860) lui aient été rattachés après le Sénégal (1658-1848), et la Picardie[1] (1667) après les Antilles (1635), affecte peu notre croyance. Nous conservons vive la mémoire de la perte de l'Alsace et de la Lorraine, en 1871, nullement celle de leur intégration en 1648 et 1766, après le Canada (1534) ou Rio de Janeiro (1655). Nous ignorons généralement que Saint-Tropez et Ramatuelle (*Rahmat Ullah*, miséricorde divine) sont situés dans le massif des « Maures »[2], car la région de *Farakhshinit* (*Fraxinetum* latin, aujourd'hui La Garde-Freinet) formait le *Djabal al-Qilâl* de l'émirat d'Al-Andalus. Nos écoliers n'apprennent pas que ses émirs conservèrent ce territoire d'abord wisigothique (la Septimanie) bien après que Karl der Große (Charlemagne), dont la capitale était Aachen et qui parlait une langue rhénane, n'eût tenté de s'en emparer[3]. Notre vision des choses n'est pas altérée par les domaines du fils de Geoffroy d'Anjou, Henri II d'Angleterre, né au bord de la Loire, qui incluaient la Normandie (ancien duché viking), la Bretagne, le Poitou, la Saintonge, la Gascogne, l'Agenais, le Périgord, le Limousin, l'Auvergne, la Marche, la Touraine, l'Anjou et le Maine, face à Louis VII, roi des Francs, réduit à gouverner quelques provinces. Pas plus qu'elle ne l'est par les Burgondes dont le royaume, installé autour de Genève et Lausanne et dans la vallée du Rhône par les Romains jusqu'à Lyon et Valence, produisit la légende wagnérienne des Nibelungen. Leur domaine tomba un jour dans l'héritage d'un prince flamand, né de mère castillane, Charles Quint, archiduc d'Autriche, seigneur des

Espagnes et empereur du Saint Empire romain germanique. Nous nous bornons à estimer, qu'à ces époques lointaines, la « France » n'avait pas encore réalisé son éternelle essence qui était la promesse de la Gaule. Pour cela, il importe d'oublier que les Gaules (car elles étaient alors dites au pluriel) correspondaient à une division du monde celtique[4], imaginée par le proconsul César en conformité à ses intérêts, pour obtenir le mandat le plus large qui demeurât acceptable par le Sénat romain, l'autorisant à conquérir, comme si elles formaient une fédération royale cohérente, certaines des tribus indépendantes en réalité indistinctement réparties de la Bohême à l'Irlande.

Ce qui vaut pour la France peut être transposé partout. Ce n'est par aucun hasard que l'Europe peine à reconnaître ses frontières. Il lui semble pouvoir inclure les peuples slaves, mais à condition d'en écarter une Russie trop marquée par les steppes. La Turquie représente pour elle un dilemme, car la grande majorité de la population de ce pays devenu laïc, contenant une des capitales principales de l'Empire romain, de l'hellénité et de la chrétienté, est aujourd'hui musulmane. Comment, dans ces conditions, suivre le fil de l'histoire européenne ? Les puissances politiques sont seulement des champs d'influence qui s'exercent selon des cercles d'intensité variable et dont les frontières fluctuent.

Les États territoriaux[5], parvenus à maturité lors des traités de Westphalie (1648), et qui correspondent en bonne part à nos actuels pays, n'appartenaient pas aux modes habituels de gouvernement de l'humanité, bien qu'ils soient fréquemment présentés aujourd'hui comme leur modèle éternel. On avait le plus souvent connu le gouvernement indirect qui s'exerce par l'intermédiaire de communautés conservant une large autonomie et leurs institutions propres. L'autorité la plus élevée s'y abstient en principe d'interférer avec leurs transactions politiques internes[6] et n'entretient pas de lien immédiat avec les individus qui les composent. Les systèmes impériaux, coloniaux, féodaux, fédéraux, confédéraux, parmi bien d'autres, pratiquent normalement, au moins en partie, le gouvernement indirect. Les divisions frontalières ou ethniques y jouent un rôle de moindre importance, puisqu'une communauté peut se détacher d'un groupement pour se rattacher à un autre, parfois sans autre altération.

L'État, qui n'est pas l'ensemble des pouvoirs publics mais leur intégration à peu près complète en une arborescence, n'était pas non plus une structure politique universelle. Son extension verticale est incompatible avec le gouvernement indirect et son extension horizontale avec le gouvernement réparti qui confie la gestion des aspects distincts des affaires à des organes non intégrés entre eux. La cité athénienne classique avait ainsi pratiqué le gouvernement réparti, pour préserver la démocratie, les magistratures militaires et économiques n'y étant pas fusionnées en un « gouvernement » unique. Les monarques médiévaux ne se substituaient pas aux pouvoirs ecclésiastiques[7]

Or, le processus commencé à la fin du Moyen Âge, bientôt accéléré par les appétits d'empire rivaux, chacun illimité, que le Nouveau Monde avait aiguisés, et qui aboutit à l'état-nation, instaure progressivement un gouvernement sans partage, exercé directement par un État, à l'intérieur de frontières que l'on vise à stabiliser, sur l'ensemble des populations qui s'y trouvent. Désormais, l'hétérogénéité se présente en obstacle à l'action gouvernementale. Celle-ci exige à présent l'assujetissement des Églises et l'unification religieuse, d'où les guerres de religion ; le nivellement des régions et la subordination des élites, d'où la centralisation de la taxation, la soumission des féodalités, l'intégration administrative des provinces ; la répression de toute tradition opposée au monopole de la force publique ; l'unité linguistique ; l'introduction d'une législation uniforme ; et un effort de fermeture aux influences étrangères. Ce phénomène se parachève par l'introduction de la « Nation », une idéalité inconnue avant le XVIIIe siècle, que l'État vise à réaliser pour étendre sa légitimité et sa puissance militaire, mais dont il est alors tenu d'affirmer rétroactivement la préexistence. La « Nation » n'est pas formée d'une assemblée de citoyens, ni confondue avec l'ensemble des populations habitant son territoire. Elle n'implique pas un type particulier de régime, étant capable de s'accomoder de monarchies, de républiques, de dictatures ou de démocraties. Mais les formes nouvelles de la guerre que la Nation autorise pour la première fois entraînent la dislocation des anciens empires, et, parfois, la purification ethnique des groupes résistant à l'intégration.

Il est très remarquable que l'Allemagne, qui a poussé le nationalisme à l'extrême, soit le pays d'Europe qui avait pour ce faire le moins de justifications. Quelque 350 principautés ou communautés politiques de toutes sortes, divisées par la religion, souvent dirigées par des princes francophones, minoritairement unies dans un groupe linguistique à fortes déclinaisons dialectales parmi de multiples populations non germanophones[8], se sont cherché une généalogie commune chez un certain Arminius (renommé Hermann par Luther), exhumé de Tacite, et dont on n'a pas su grand chose, sinon qu'il avait détruit trois légions d'Auguste après avoir combattu au service de Rome. Parce que la Prusse, initialement un artefact des Croisades, devenue puissance militaire, voulait faire pièce à la France qui avait inventé la Nation un peu plus tôt, menaçant de dominer le continent par ce moyen nouveau, le mythe d'une Nation allemande existant de toute antiquité finit par s'imposer.

Les Italiens ont souvent à l'esprit que l'Italie est à bien des égards restée, sans jamais totalement s'unir, une idée de Mazzini, rendue possible par un empereur français pour faire pièce à un empereur autrichien. Les Britanniques savent, en général, que la Grande-Bretagne, est une création du début du XVIIIe siècle, destinée à élargir le socle fiscal et militaire d'une empire insulaire dominé par l'Angleterre, elle-même un inextricable mélange de celtes, vikings et germains, et d'autres encore, unis par leur déférence et leur résistance envers des rois qu'ils ont fréquemment reçus ou recherchés ailleurs depuis le XIe siècle.

Les empereurs n'auraient pas voulu d'une Nation qui les aurait limités à en choisir une, la distinguant des autres, plutôt que d'incorporer les plus diverses populations possibles aux institutions centrales ou au système périphérique qui en dépendait. Les rois n'avaient pas besoin de Nation, puisqu'ils pouvaient en principe étendre leur souveraineté sur n'importe quel territoire hérité, cité conquise, ou fief d'un rival défait. Les cités et les principautés, jalouses de leur indépendance, ne cherchaient pas non plus à se dissoudre dans un tel ensemble. Qui a voulu la Nation ou l'a inventée ? En Europe continentale[9], ce sont ceux qui s'étant emparés du pouvoir à Paris, en 1789, se trouvaient gouverner un État installé sur un territoire dont les habitants n'avaient en commun que d'avoir été les sujets du même roi, dont la plupart s'exprimaient en parler dialectal subordonné à deux langues gallo-romanes parmi d'autres encore, et dont tout le « pays » était alors un village. Les députés révolutionnaires, eux, parlaient le français, la langue royale de l'État. Ils étaient des notables des provinces que l'on avait convoqués pour traiter une question budgétaire et fiscale d'une extrême gravité, que le banquier genevois Necker, directeur des Finances, n'avait pas su résoudre. Les habitants du royaume, soumis depuis trop longtemps à la récession et la famine, n'avaient pas besoin de se comprendre linguistiquement pour partager une révulsion à l'annonce de nouveaux impôts, alors que la noblesse menait grand train, sous l'autorité morale d'un clergé qui avait commencé de ne plus croire en Dieu. Aux Invalides, les arsenaux mal gardés contenaient trente mille fusils, la foule s'en empara, et ce fut la Révolution.

Or, l'armée, outre ses régiments étrangers (irlandais, allemands, suisses), était encadrée, jusqu'au dernier officier subalterne, par des membres vérifiés de la noblesse, et ne se soumettrait pas. L'obstacle aurait pu se surmonter si l'Assemblée avait voulu substituer une dynastie à une autre ou bâillonner le roi par une charte, comme elle l'aurait fait si elle avait été anglaise. Mais il eut fallu conserver l'ancien droit, celui des vieux parlements[10] qui ne répondait pas aux vœux des représentants du Tiers État. Ils entendaient conduire une révolution plus philosophique, dotée d'un pouvoir supérieur à celui des monarques, et dessiner leurs institutions à partir de rien, comme les Américains venaient d'y parvenir. Seulement, ils ne bénéficiaient pas dans ce but de l'assistance décisive d'une puissance étrangère, en l'occurrence la France, qui s'était ruinée à cet effet[11]. S'étant purgés de la noblesse et du clergé, il leur fallait affronter sans aide une Europe coalisée à leur encontre. Pour mobiliser en masse en faveur de leur régime inusité, qui n'était pas même le fruit d'un parlement préalable, comme l'avait été la dictature de Cromwell, ils ne disposaient d'aucune légitimité qu'ils n'auraient inventée à la racine.

La « nation » était jusqu'alors un terme anodin « dont on fait usage, dit la Grande Encyclopédie, pour exprimer une quantité considérable de peuple, qui habite une certaine étendue de pays ; renfermée dans de certaines limites, et qui obéit au même gouvernement »[12]. Il désignait la société, le peuple, la population, l'ensemble des personnes en tant qu'elles sont enfermées dans des frontières et assujetties à un même pouvoir. On remarquait seulement qu'une longue cohabitation pouvait finir par leur donner des « caractères particuliers ». Ce n'était pas assez pour justifier un régime surgi de sa propre volonté. Il fallait inverser les sens des choses, et décrire la Nation[13] comme la source préexistante du pouvoir nouveau, une source qui ne pourrait générer ou accepter par nature que celui que les révolutionnaires préconisaient[14].

La philosophie moderne n'avait jusque-là raisonné qu'à partir du pouvoir. On avait peu à peu oublié la notion grecque de « communauté » (*koinonia*) et l'on utilisait la notion romaine d'*imperium*, le commandement militaire, étendu sous le nom de *souveraineté*[15] à l'ensemble de l'autorité publique. Les philosophes avaient en général conclu que la souveraineté était absolue et indivisible[16], et qu'elle s'exerçait par l'État, une entité censée désigner à la fois, comme s'il pouvait sans contradiction s'agir d'un même être, les pouvoirs publics intégrés entre eux et la société qui leur est soumise : l'État en France, c'est-à-dire l'État commandant aux Français, était pensé comme la France elle-même, l'État Français.

On attribuait cette fois la souveraineté à la société qui, donc, tirait toute son existence de la présence d'un État sur sa tête, pour en faire la source unique de l'État. Pour accomplir une telle opération, on eut recours à un « contrat social », union mystique de ladite société, réputée capable de s'exprimer en un État à travers des représentants, sans y perdre pour autant sa puissance, son intégrité et son indivision[17]. La société était apte à engendrer tout pouvoir et le transmettre à ceux qui la représentaient. Mais il fallait encore que cette société reçoive une âme, devienne un être vivant, volontaire, désireux de faire la guerre. Elle ne pouvait se réduire à un ensemble de cocontractants, engagés dans une entreprise dont ils seraient les actionnaires, ou à une simple pluralité de gens qui se seraient trouvés là ensemble, seulement parce que, naguère, des couronnes déchues leur avaient imposé une tyrannie commune. Il fallait quelque chose de plus profond pour les réunir.

Les groupements humains ne sont pas tous imaginaires[18] : les citoyens d'une cité ou d'un État, les sujets d'un roi, les membres d'une famille, d'un ordre de chevalerie, d'une caste, d'un clan, d'une tribu, d'un lignage, d'une horde, les habitants d'une région, d'un royaume, forment des ensembles réels, pouvant être comptés, quitte à user de règles d'inclusion pour les cas marginaux ou ambigus[19]. Tous ces groupements se représentent eux-mêmes en faisant intervenir des éléments imaginaires, comme des légendes ou des ancêtres totémiques. Mais si leurs représentations imaginaires contribuent intimement à leur fonctionnement, elles ne les constituent pas (nous sommes les ressortissants de tel ou tel pays, quelle qu'en soit notre représentation), alors qu'elles constituent les « Nations » et les « Peuples », groupements indéterminés, en quête permanente de critères d'appartenance[20].

L'invention de la Nation se fit en Europe selon deux voies. La première, qui avait la préférence à Paris, était celle de la volonté ; la seconde, qui avait la préférence des penseurs allemands, était la voie de l'origine. L'une était rationaliste et territoriale, l'autre romantique et héréditaire. Leur résultat fut analogue. Elle finirait par désigner dans les deux cas un peuple, formé autour d'une ethnie dominante ou d'une race[21], parlant une même langue, partageant les mêmes valeurs, unie par une communauté d'existence[22] ou de destin[23], plongeant ses racines dans une histoire millénaire, et ayant la volonté de se gouverner exclusivement elle-même, dans des frontières ancestrales assez larges pour contenir son expansion démographique. Autant dire un champ de mines, puisque aucun de ces éléments ne se résout sans conflit.

Les révolutionnaires auraient rêvé d'une Nation faite de personnes spontanément dressées, pour les élire, approuver leur constitution, combattre la réaction et répandre dans le monde les valeurs des droits de l'Homme. Force était néanmoins de se contenter de ceux qui n'avaient pas fui le territoire, à l'encontre des « Émigrés », en supposant tous les autres volontaires pour l'habiter dans ces conditions[24]. C'était encore trop. Tous les habitants de la France ne l'ayant pas quittée étant théoriquement membres de la Nation française, ceux qui lui résistaient farouchement posaient un problème logique. Que faire notamment des Chouans[25] ? N'appartenaient-ils pas à de vieilles régions du royaume, fédérées à la République (toutes les régions du royaume étant réputées s'être fédérées), et qu'ils n'avaient aucune intention d'abandonner ? Comment traiter ceux qui, dans les autres provinces, espéraient aussi le retour du roi ? La Nation exigeant que l'on voulût lui sacrifier sa vie, ils ne pouvaient y prendre part. Ils n'étaient donc plus totalement français et n'étaient pas totalement étrangers. Il ne restait qu'à les faire disparaître, d'une manière ou de l'autre. Les rebelles au régime, donc à la Nation, furent incriminés comme des agents de l'Étranger que l'on exécute pour trahison. Les régions dissidentes furent assimilées à la noblesse, cette classe « étrangère à la Nation par sa fainéantise »[26].

On aurait aimé produire soi-même le citoyen pour ensuite le servir. L'endoctrinement scolaire est une nécessité de la Nation. Elle doit aspirer les grands événements historiques et les légendes héroïques des contrées placées sous sa loi, pour se les assigner. Les députés ne disposaient pas du loisir d'y pourvoir. Vercingétorix, Sainte-Geneviève, l'Empereur à la barbe fleurie, le bon roi Louis et Jeanne d'Arc devraient attendre un peu. La Convention en était encore à débattre de ses projets d'éducation sous le feu ennemi[27]. Bien que ses membres sussent parfaitement quelle instruction nationale « uniforme et identique » donner aux enfants, leur inculquant le respect des accroissements territoriaux, le mépris des régimes précédents autres que ceux de Sparte et Rome, et une admiration pour les libérateurs qu'ils étaient, l'heure était alors aux frontières. Ils n'auraient pas encore tout à fait la Nation, ni ses Michelet, ses Barrès ou ses Lavisse pour l'accomplir. Ils auraient toutefois la « patrie », le nom dont il faut se contenter quand il s'agit de mourir pour elle sans savoir réciter encore son passé par cœur et sans avoir fait de celui-ci la cause de son sacrifice[28].

Le gouvernement de Louis XVI ayant rempli les arsenaux lors de la guerre d'Indépendance, il était possible d'équiper d'un fusil, sinon d'un uniforme, plus de volontaires que les autres armées européennes ne comptaient de soldats. Valmy (1792) fut un moment critique, Brunswick était alors capable d'attaquer à effectifs comparables et unités mieux entraînées. S'il s'y était décidé, la Révolution et peut-être l'idée de Nation étaient mortes. Les Prussiens n'avaient cependant pas encore perdu l'habitude des guerres aristocratiques et la destruction de l'adversaire n'était pas encore leur objectif de guerre. Ils étaient venus montrer leur force, sans intention de l'engager. Ils avaient ainsi manqué une fenêtre d'opportunité qui ne se rouvrit vraiment qu'à Waterloo.

Entre-temps, l'idée de légitimité nationale convainquit les nouveaux gouvernants français de remplacer par la force les pertes, les désertions, voire d'accroître les effectifs par la réquisition. Et comme la méthode était insuffisante, ils inventèrent, sous peine de mort, la levée en masse, chose jusque-là inouïe, pour entreprendre la guerre totale avec des armées immenses. L'armée des Émigrés comptait 140 000 hommes. Les armées de la révolution, en 1794, en comptèrent jusqu'à 1,5 million (dont la moitié au moins était opérationnelle sur le champ de bataille). La guerre nationale faisait entrer dans un nouveau monde qui ne laissait plus de choix aux autres belligérants. Ce fut la course universelle à la Nation. Elle se poursuit toujours.

La réaction en chaîne se manifesta d'abord par la nationalisation des armées étrangères. En 1798, l'armée prussienne, qui recensait une moitié d'étrangers, décida d'en diviser par deux le nombre[29]. Mais surtout la Prusse s'attelait à prospecter la Nation dans toute zone germanophone. La monarchie absolue en France avait unifié sous elle un territoire dont on pouvait prétendre qu'il était habité par un peuple identifié. Le sol morcelé du centre et de l'Est européen, ne se prêtait pas à une telle image. On ne disposait d'autre filon que la linguistique et l'ethnographie pour trouver la Nation allemande dont le caractère le plus visible, en deçà des frontières qui la fractionnaient, était la langue. Le processus d'invention parut, du coup, plus littéraire et folklorique aux observateurs français que celui, plus juridique et métaphysique, qui avait présidé à la naissance de leur Nation. Les théoriciens allemands l'avaient, en fait, voulu plus scientifique.

3.1 Identité nationale des théories nationalistes

Un lieu commun chez les historiens est d'opposer Renan (1882) à Herder (1791), en en exagérant les conséquences, sans bien discerner que le siècle écoulé entre les deux avait exacerbé le nationalisme, au point d'interdire à un patriote français de penser comme un Allemand, et réciproquement. Il fallait que tout les séparât, y compris leur forme de nationalisme. C'est ainsi que naquit le nationalisme au carré, dont Renan offre un bel exemple, déterminé comme il l'est à se montrer bien plus civilisé que les brutes nationalistes d'outre-Rhin[30].

Renan nous enseigne que « depuis la fin de l'Empire romain, ou, mieux, depuis la dislocation de l'Empire de Charlemagne, l'Europe occidentale nous apparaît divisée en Nations, dont quelques-unes, à certaines époques, ont cherché à exercer une hégémonie sur les autres, sans jamais y réussir de manière durable. Ce que n'ont pu Charles Quint, Louis XIV, Napoléon Ier, personne probablement ne le pourra dans l'avenir »[31]. Paraphrasons : un événement survenu au Ve ou au IXe siècle (quelle importance, puisque « l'oubli, et je dirai même l'erreur historique, sont un facteur essentiel de la création d'une Nation »[32]), qui est soit la chute de l'Empire romain soit celle de l'empire de Charlemagne, a empêché la reconstitution de l'Empire romain et de l'empire de Charlemagne, tous les empires ultérieurs étant de transitoires apparences. Cet événement est « l'invasion germanique qui introduisit dans le monde le principe qui, plus tard, a servi de base à l'existence des nationalités »[33]. Donc, l'invasion germanique a entraîné la chute de l'empire de Charlemagne qui était lui-même le produit des invasions germaniques. Il semblerait que le nationalisme parvienne à rendre fous les meilleurs esprits. Par un texte dont il dit qu'il en a « pesé chaque mot avec le plus grand soin » et qui est sa « profession de foi en ce qui concerne les choses humaines »[34], il repousse d'abord l'attribution de la Nation aux dynasties germaniques, dont il venait d'indiquer qu'elles étaient à son principe, en décrivant une singulière chirurgie : « Ainsi pu s'accomplir l'opération la plus hardie qui ait été pratiquée dans l'Histoire, opération que l'on peut comparer à ce que serait, en physiologie, la tentative de faire vivre en son identité première un corps à qui l'on aurait enlevé le cerveau et le cœur »[35]. Les rois ont en quelque sorte permis à la Nation de se développer, sans qu'elle dépendît jamais d'eux. Parvenu à ce stade, écarter aussi « la race, la langue, les intérêts, l'affinité religieuse, la géographie, les nécessités militaires »[36] n'est plus qu'un jeu d'enfant.

Renan est respecté aujourd'hui parce que son nationalisme n'est pas racial. Il convient d'observer que celui de Herder ne l'était pas non plus[37], et au surplus n'était pas ethnocentrique. Le nationalisme de Renan est métaphysique, mystique, atavique, en un mot tout ce qu'il croit combattre chez les Allemands : « Une Nation est une âme, un principe spirituel. Deux choses qui, à vrai dire, n'en font qu'une

[...] Dans le passé un héritage de gloire et de regrets à partager, dans l'avenir un même programme à réaliser ; avoir souffert[38], joui, espéré ensemble, voilà ce qui vaut mieux que des douanes communes et des frontières conformes aux idées stratégiques ; voilà ce qu'on comprend malgré les diversités de race et de langue »[39]. Mais s'élevant ainsi dans les nuées de l'enthousiasme communautaire, il croit avoir pensé le contraire de ce qu'il a écrit : « Oh ! Je le sais, cela est moins métaphysique que le droit divin, moins brutal que le droit prétendu historique ». La Nation de Renan agit à sa guise, ne s'embarrasse d'aucune contrainte, peut ou plutôt doit effacer les mauvais souvenirs qui pourraient la diviser. Elle se borne à exprimer une volonté pure, garantissant sa mission civilisatrice par le principe d'autodétermination. La principale différence avec les théoriciens allemands est que ceux-ci cherchent à justifier par l'histoire, l'anthropologie, l'ethnologie, la linguistique, la philologie, toutes les sciences qui leur sont accessibles, un volontarisme qui, chez Renan, ne rend de compte qu'à lui-même et s'en estime plus humain : « Une grande agrégation d'hommes, saine d'esprit et chaude de cœur, crée une conscience morale qui s'appelle une Nation. Tant que cette conscience morale prouve sa force par les sacrifices qu'exige l'abdication de l'individu au profit d'une communauté, elle est légitime, elle a le droit d'exister »[40].

Herder peut être considéré comme l'initiateur du relativisme culturel. Il est le premier à affirmer que la pensée est conditionnée par le langage, sans renvoyer à des hypostases, et n'acquiert de sens que dans l'usage des mots[41]. Il rejette l'idée classique d'un sens commun universel, au profit d'une pluralité de façons de voir et vivre le monde irréductibles l'une à l'autre, et séparées dans l'espace ou se succédant dans le temps[42]. On conçoit, dans ces conditions, combien subtil est son « nationalisme » embryonnaire qui se présente comme un cosmopolitisme, délivrant toute Nation de l'obligation de justifier son existence, ses particularismes ou sa forme de vie. Ce spécialiste de poésie hébraïque, résolument antiraciste, anticolonialiste, attribuant toutes les différences entre les hommes aux spécifications communautaires de leur langue et de leur culture, contribua grandement à influencer par ses travaux les penseurs désireux de définir l'identité germanique. Mais si le communautarisme devait un jour se chercher un théoricien, Herder serait le meilleur candidat possible[43].

La spécificité du nationalisme allemand est d'être un pangermanisme. Ses théoriciens se sont efforcés de créer la Nation allemande en cherchant une substance ethnique sous les divisions frontalières de populations majoritairement, mais non exclusivement germanophones. Les idéologues français se croyaient à l'abri de la difficulté, le peuple français leur semblant de simple vue : les rois capétiens avaient légué un territoire dont la population d'aspect majoritairement francophone lui était à peu près congruente. Les parlers dialectaux omniprésents[44] pouvaient être traités à la manière d'un analphabétisme temporaire. Un anaphabétisme, en réalité bien étrange, qui pouvait par exemple inclure la maîtrise de l'Occitan, une des langues littéraires majeures de la chrétienté.

Ces présupposés occultaient l'existence d'une situation analogue à celle de l'Allemagne : la Nation française n'était ni plus ni moins une idéalité ethnolinguistique que la Nation allemande. Elle en possédait moins l'apparence. Le « citoyen français » reçut un visage plus universel, plus conceptuel que « l'homme allemand » qu'il fallait charger d'histoire avant de l'identifier. La thèse encore dominante chez les historiens stipule que la conception nationale française serait une « communauté de citoyens » détachée de racines ethniques, et entièrement fondée sur un contractualisme républicain. Cette théorie, qui n'est pas dépourvue d'une dose élevée de nationalisme, reflète davantage ce que les historiens qui la soutiennent auraient voulu que le nationalisme français fût, que ce qu'il fut en réalité. La Nation française y est présentée comme cosmopolite, universaliste, offrant à tous les hommes de partager son projet républicain[45]. Une semblable affirmation appartenait effectivement au langage des révolutionnaires comme à celui de Napoléon. Elle ne trompa pas longtemps les européens constatant que la France ne se bornait pas à renverser les anciens règnes, mais s'y substituait impérieusement. Non seulement elle ne créait pas des républiques autonomes lorsqu'elle était en position de le décider[46], mais n'incorporait pas non plus les élites conquises au gouvernement de son empire, contrairement aux habitudes constantes de Rome et du Saint Empire. Une citoyenneté universaliste, conforme à la propagande, eut pourtant été concevable. Elle n'aurait pas formé une Nation, mais impliqué que la Révolution se déploie sous la forme d'un fédéralisme européen. En son sein, la France n'aurait pas joué un rôle supérieur à celui que lui conféraient néanmoins sa démographie, la première d'Europe, et sa culture alors encore dominante. Il lui aurait fallu partager effectivement le pouvoir, ce à quoi aucune Nation n'est préparée par nature. Ni Robespierre, ni le Directoire, ni moins encore Napoléon n'en démontrèrent l'intention.

La vraie question posée au nationalisme germanique était celle de son centre d'unification : l'empire des Habsbourg présentait l'inconvénient rédhibitoire d'inclure une mosaïque de peuples extra germaniques. La Prusse, un État politiquement, militairement et culturellement plus dynamique, souffrait d'un déficit d'enracinement historique. On espéra trancher le débat de manière scientifique. Mais comme la science, aussi idéologique qu'elle puisse devenir, reste contrainte par des réalités, l'entreprise rencontra rapidement des limites qu'il fallut surmonter par l'imagination romantique.

Un court rappel historique est ici nécessaire. Un ordre germanophone de chevalerie hospitalière, dont la première trace remonte au XIIe siècle à Jérusalem, avait été appelé un siècle plus tard à conquérir, en tant que propriété pontificale, un territoire situé entre la Pologne et la Baltique. Il était habité par des tribus païennes de langue balte, connues pour pratiquer polygamie et sacrifices humains, les « prussiens ». Les chevaliers, qui avaient adopté le nom de Teutoniques, réussirent, au prix d'une âpre lutte d'un demi-siècle, à s'y imposer grâce aux techniques de fortification qu'ils avaient rapportées des Croisades. En 1309, une principauté théocratique de 200 000 km^2 était née, avec pour capitale Marienburg. Elle était administrée par « une communauté religieuse, comptant tout au plus quelques centaines de moines-soldats ayant fait les vœux de chasteté, de pauvreté et d'obéissance »[47]. L'Ordre s'y était entièrement replié, après la perte définitive de la Terre Sainte. Comme la moitié de la population « prussienne » indigène avait été tuée, il entreprit une colonisation méthodique, noyant moins de 100 000 « prussiens » survivants, et 60 000 slavophones par 400 000 germanophones. Les moines, que leurs vœux de célibat prévenaient de fonder des dynasties ou des familles, affermaient de vastes domaines à des investisseurs ou à des colons individuels que l'on dotait d'un petit capital. Les fortifications encouragèrent la multiplication des villes, telles Danzig ou Königsberg. Une hiérarchie sociale de type économique, et de forme de plus en plus corporative, se constitua, sous l'autorité politique des moines-soldats. Ce pays désormais prospère devait néanmoins justifier sa forme de gouvernement théocratique par le maintien d'une activité d'évangélisation militaire. Il existait à l'Est une autre population de langue balte et païenne, mais autrement puissante, les « lituaniens ». Elle ne pouvait être vaincue, du fait de sa nombreuse cavalerie et de ses propres forteresses. Seuls se faisaient sur son territoire des raids dévastateurs, mais d'ampleur limitée. Rien ne convenait mieux aux féodaux européens pour y trouver la gloire, une fois la Palestine fermée. On y vit les rois de Bohême, de Hongrie, le futur Henri IV d'Angleterre, les ducs de Bourbon, de Bourgogne, d'Orléans et d'Autriche, les comtes de Hollande et de Warwick, venir « comme à la chasse, les plus jeunes pour gagner leurs éperons, les autres pour partager quelques émotions fortes. Le « très saint passage de Prusse » devint une véritable institution au XIVe siècle, sorte de vitrine brillante pour l'ordre qui organisait à grands frais les festivités »[48].

Dans ce monde où les Nations étaient inconnues, un ordre monastique, vassal du pape, exerçait sa seigneurie sur un spacieux pays, en alliance avec la Ligue hanséatique, une association de guildes marchandes, puis de villes contrôlées par ces guildes, tenant militairement le commerce maritime sur toute la zone séparant Novgorod et Bruges. La conversion du Prince des Lituaniens, devenu roi de Pologne, entraîna un conflit furieux qui sonna le glas de ce système. Le désastre de Tannenberg (1410) fut le début d'un long déclin de l'Ordre et d'une haine atavique[49] entre les habitants de la Prusse et ceux de la Pologne. Une série de hasards et d'héritages dynastiques finit par faire tomber le territoire de la Prusse, devenu laïc, dans l'escarcelle de l'Électeur de Brandebourg (1618) qui avait également reçu, dans des conditions analogues, les vastes possessions des Princes de Clèves.

C'est sur la base d'un lointain passé si peu favorable à l'invention d'une Nation allemande, que dans ce qui était devenu le Royaume de Prusse, occupé par les armées de Napoléon depuis 1807, les intellectuels se mirent au travail. Ils l'avaient fait sans les encouragements des princes souverains qui avaient tout à perdre d'une unification, et même sans ceux du roi Frédéric-Guillaume III qui préférait que la Prusse se dotât d'une Université moderne, insérant la formation classique dans l'enseignement pluridisciplinaire de sciences à vocation désintéressée. Ils s'y étaient engagés après avoir changé d'avis sur des intentions françaises qui s'étaient révélées moins philosophiques et plus humiliantes qu'annoncées.

On ne peut exposer ici les détours d'un processus intellectuel qui commence chronologiquement avec les conférences de Fichte[50] sur l'éducation future de la Nation et s'achève avec le nationalisme hitlérien. Nul n'est en mesure de faire la part des facteurs initiaux : la réaction à ce qui est perçu comme la trahison par la France bonapartiste des idéaux des Lumières ; la volonté politique personnelle exprimée par le Baron Karl vom und zum Stein, principal ministre du roi de Prusse, de résister par tous les moyens idéologiques et militaires à l'assujettissement ; le désir du gouvernement britannique de financer en Allemagne une nouvelle Vendée contre la France[51] ; la présence d'une culture classique conduisant à opposer des peuples germaniques à l'Empire romain qui les avait décrits et auquel on assimilait les Français ; et un terreau propice au romantisme, hanté par le thème de l'enracinement.

Fichte tira de Tacite[52] l'idée que les peuples germaniques se sont divisés en deux branches, l'une qui aurait conservé sa langue et sa terre d'origine, l'autre qui se serait romanisée. La première formait l'Allemagne et la seconde la France qui aurait repris contre la première la démarche conquérante des Romains. Je n'entrerai pas dans l'argumentation de Fichte, un auteur à l'ordinaire moins engoncé dans une conceptualisation en l'occurrence à peine intelligible, car seul importait l'appel lancé à l'unification de l'Allemagne par la voie scientifique et pédagogique, contre l'idéologie impérialiste des Français. Le propos portait en germe plusieurs thèmes réappropriés par le nationalisme hitlérien :

le peuple allemand comme « peuple souche », l'inclusion des scandinaves, l'exclusion des slaves incapables d'avoir constitué une unité « significative », l'apport « asiatique » (oriental) de la religion chrétienne, la possession de vertus héroïques comprenant la résistance et la supériorité militaire. Un autre thème, lui aussi laissé sans développement, autorisa ultérieurement la liaison cruciale avec le romantisme : la manière propre au peuple allemand d'habiter sa terre originaire.

La science allemande se mit en marche avec le sens de la méthode qui devait la caractériser. Elle eut pour effet, par action conjointe de la linguistique, de l'archéologie, de la philologie, d'assigner aux peuples germaniques un territoire immense, étendu à la totalité de l'Empire romain d'Occident sous sa plus large extension (y compris les possessions africaines des Vandales), majoré de toutes les conquêtes de Charlemagne, des royaumes vikings, et des zones « scythiques » jusqu'à la Caspienne. Cette annexion livresque, longtemps méprisée des Français, était si spectaculaire qu'elle amena ces derniers, après leur défaite à Sedan (1870), à mieux y réfléchir. Il était grand temps pour eux de se remémorer les causes de leur propre puissance : les encriers guident les canons qui ne se guident pas eux-mêmes. Un retard peut-être irréparable avait été pris. La Troisième République créa des centaines de chaires d'histoire et de philologie, sur le modèle allemand, enseignant les mêmes règles, mais énonçant des conclusions bien plus favorables à la Nation française.

La réclamation territoriale était, de toute manière, trop vaste. Elle le resta aussi pour Hitler qui se montra, chose remarquable, plus raisonnable sur ce point. Le romantisme et le « völkisme »[53], son dérivé, la tempérèrent dans l'espace, mais accrurent son intensité, d'une manière plus difficilement rattrapable par la France. Ce n'est pas tout, en effet, que de s'approprier un territoire. Encore faut-il qu'il soit le « sien », un lieu « originaire », qu'on n'ait jamais quitté, qui se transforme sans doute en centre d'un empire, mais auquel aucune zone périphérique ne saurait se substituer. La perte de Rome avait condamné Byzance. Il y avait par contre la terre allemande, ou plutôt le terroir allemand. La terre natale, ancestrale, était le lieu unique de « l'authenticité ». C'est là que, par une alchimie historique, s'étaient formés conjointement la langue allemande originaire et depuis fondamentalement inaltérée, et l'homme allemand, la façon allemande d'être dans le monde, de le faire sien, de tourner la nature en paysage, de le consacrer, d'y travailler debout et de s'y montrer discipliné pour toujours rester libre. Un homme sans cette racine, sans cette immédiateté, pouvait bien y venir. Mais qu'il se grime en boutiquier allemand, comme un Juif, ou qu'il arrive en conquérant comme un Français, il ne serait jamais qu'un visiteur. L'union de l'homme allemand, du pays allemand, de la langue allemande, est inaccessible à qui apprend l'allemand comme une seconde langue, quand même son apprentissage se serait répété pendant des générations, et reste hors de portée des Francs, des Wisigoths d'Espagne, et des Lombards qui ont perdu leur langue à jamais. L'Allemagne n'est pas pensée comme un territoire, pas même comme un peuple, mais comme l'esprit du peuple allemand, le *Volksgeist*, un être vivant apte à se dire en musique, en légendes, en enchantement des rivières, comme par ses héros, un être communautaire, qui assigne à chacun sa place naturelle d'autant plus élevée que son enracinement et sa vertu possèdent plus de titres, car le titre est la marque de ce qui est authentique. L'Allemagne pouvait dévorer ceux qui s'attaqueraient à elle, jusqu'à les conquérir à leur tour, mais son centre ne saurait se déplacer. C'est cet édifice philologico-poétique que la philosophie allemande couronnait de son inimitable chef-d'œuvre, la dialectique : les esprits enfermés dans leur singularité avaient cru que la division territoriale de l'Allemagne la limitait, eux qui possédaient des Nations déjà formées. Ils n'avaient pas prévu un retournement réduisant leurs Nations particulières à des naines enfermées dans des frontières étroites, face à la Nation allemande réunifiée et en voie de l'être davantage, animée de son *Volksgeist*, incarnation plus universelle de l'Esprit conscient de lui-même, enfin réalisé dans toute sa vérité étatique et militaire[54]. Ce travail, accompli sur un siècle, avait laissé sur sa route les nombreux cadavres des vérités négligées. Des langues furent inventées, d'autres furent oubliées, les gradations, les transitions, les recouvrements étant les premières victimes. On reconstituait des langues dont on n'avait pas directement conservé de vestiges, et on rectifiait celles qui en avaient laissés. Après avoir figé celles qui étaient reconnues canoniques, dont l'évolution était ramenée à un petit nombre d'étapes, on les associait à des peuples dont on ne disposait pas d'autres traces, mais dont on supputait l'existence, car il fallait bien quelqu'un pour les avoir parlées. Ces peuples hypothétiques étaient présumés homogènes et leurs membres descendre des mêmes ancêtres. On n'envisageait ni qu'un groupe fut polyglotte, ni qu'un groupe unilingue soit le fruit d'une affiliation récente. On les enfermait dans des frontières modifiées à des dates déterminées, selon des parcours fléchés. L'archéologie reconnaissant ici une tombe princière analogue à telle autre découverte là, imaginait la migration d'un peuple identifié, tant mieux s'il était sans écriture et d'autant plus ancien, l'assimilation devenant invérifiable. L'analogie entre deux trésors, le style d'une coupe, d'un peigne, autorisait le rattachement éventuel de ce peuple remontant aux origines des temps, à un groupement bien plus tardif, dont on supposait qu'il était le même ayant évolué. L'idée ne traversait pas l'esprit que partout des hordes s'étaient agrégées, incorporant leurs ennemis défaits, se fusionnant avec leurs alliés, ou se redivisant entre leurs chefs, s'appropriant des mœurs venues des populations soumises ou en oubliant d'autres qui venaient du vainqueur, engendrant des filiations intracables par des unions disparates, selon un processus sans fin mais fluide, au cours duquel plus la horde avait remporté de succès plus elle était mécaniquement composite, mais pouvait encore se dissoudre. Tout au contraire, quand on parvenait à placer ensemble une langue canonique, une culture matérielle brillante sur un territoire suffisamment vaste, on estimait qu'un peuple stable avait acquis sa terre pour toujours, même s'il en avait été ultérieurement chassé[55]. Je suppose qu'un savant du futur, formé à la même école, conclura que Coca-Cola était une Nation, et que ses descendants entretemps asservis ont désormais droit au retour[55].

3.2 Nationalisme et civilisation

La civilisation européenne n'exige ni ne rejette le nationalisme. L'essor de l'imprimerie, pas plus que le capitalisme[56], deux éléments structurants de la société moderne n'avaient enclenché un processus pré-nationaliste. Le nationalisme s'était lui-même accommodé de son appartenance partagée à une civilisation suprémaciste envers tous les autres continents. Les quelque deux cents millions de livres imprimés avant le XVIIe siècle avaient pour beaucoup contribué à la naissance d'une communauté européenne des lettrés. Depuis Luther s'étaient, certes, multipliées les publications en langue allemande, mais la pensée continuait de se communiquer avant tout en latin ou en français qui était la langue des cours[57], avant la montée lente de l'anglais[58]. Les esprits religieux, catholiques ou protestants, et le Pape moins que tout autre, ne percevaient pas la religion comme liée à un pays particulier. Les artistes rivalisaient stylistiquement par atelier, école, ou par région, mais traitaient les mêmes sujets, avec les mêmes techniques et pour les mêmes usages, en se référant tous à une Antiquité canonique et collective[59].

La nostalgie des « Humanistes » pour le monde gréco-romain et leur hostilité corrélative envers le Moyen Âge, présenté comme barbare, obscurantiste, donc contraire à la civilisation, ne les prédisposaient pas aux schémas nationalistes qui exigent une continuité de la mémoire nationale, au lieu d'une rupture. La Réforme avait spécifié l'œuvre de restauration antique, en la faisant porter sur la religion dont il s'agissait d'effacer la corruption médiévale. Aucune des Nations naissantes ne pouvait donc en principe s'approprier l'Antiquité qui était leur patrimoine indivis, chaque honnête homme, aussi chauvin qu'il fût, étant censé savoir le latin et le grec, comme se montrer capable de rapporter à l'histoire romaine tous les grands événements contemporains, et d'exprimer ses propres émotions au moyen de la mythologie commune.

Il fallut attendre la fin du XVIIIe siècle pour que les Nations s'arrachent le Moyen Âge, mutilant sa description, pour se le répartir. Les histoires nationales se bâtirent en défigurant le millénaire qui s'était écoulé avant la Renaissance, le déchirant pour en saisir chacune une part. On en vint à affirmer que les dynasties sans frontières de l'Europe, étaient les unes françaises, les autres allemandes, anglaises, espagnoles, etc. L'exercice étant, en toute rigueur, impossible, on attribuait au même roi des nationalités contraires, Charlemagne étant français pour les Français et allemand pour les Allemands. Deux mondes parallèles cohabitaient ainsi chez les personnes éduquées, celui de la civilisation européenne et celui de leur Nation. De même, cohabitèrent bientôt deux capitalismes, l'un protégé par les douanes et stimulé par la commande souveraine ; l'autre disposé à financer indistinctement le monde. Les luttes sociales que leur essor entraînait se dédoublèrent à leur tour, la plupart demeurant locales, mais s'inscrivant de plus en plus dans le cadre d'un internationalisme prolétarien. La science, qui ne pouvait fonctionner en fermant ses frontières, n'était pas à l'abri du chauvinisme dans certaines disciplines, du fait des enjeux militaires ou budgétaires de la technologie, et moins que tout dans les sciences sociales dont le nationalisme était le produit.

Le nationalisme s'était donc inséré dans la civilisation européenne, sans lui être consubstantiel, et il la transformait. Il avait été rendu d'abord possible par la fixation territoriale et l'émergence de l'État. Puis il était né de la Révolution française et de sa levée en masse, comme étant l'idéologie qui, seule, les justifiait l'une et l'autre[60]. Il eut pour conséquence notable d'aider les élites nouvelles à remplacer les précédentes ou à s'y mélanger sans concurrence. Les nouveaux venus provenaient moins du capital sans frontières que de l'État national, de sa bureaucratie et des professions juridiques qu'il stimulait[61]. Comme la fonction primaire du nationalisme restait de créer une substance intégratrice du bas en haut de l'échelle sociale, il introduisit des transformations auxquelles chacun trouvait un avantage. Il offrait aux bourgeois la promesse des garanties juridiques qui avaient manqué sur le continent avant la Révolution, aux paysans ou aux employés la perspective d'une éducation, et aux classes supérieures l'espoir d'un ordre social enfin stabilisé au sein duquel il leur serait possible de préserver une place dominante. Le prix à payer pour que ce système pût fonctionner, outre une distorsion systématique de l'histoire, était l'hostilité entretenue entre les États, la pratique de la guerre totale, puis une économie progressivement plus faible qu'en Amérique, parce que plus divisée.

Dès le premier jour, le nationalisme avait été une arme permettant de mobiliser massivement contre un ou plusieurs voisins. On découvrit qu'il pouvait par surcroît s'instiller comme une maladie à tout adversaire disposant de possessions impériales. Ce fut précisément la mission que

Bonaparte s'assigna, après avoir mitraillé les royalistes sur le parvis de Saint-Roch : « libérer les nationalités » méridionales de l'Autriche durant la campagne d'Italie, pour affaiblir le grand adversaire continental ; puis celles des provinces ottomanes durant la campagne d'Égypte, pour bloquer le passage de l'Angleterre vers les Indes. Son neveu formalisa le principe des nationalités, le « droit des Nations à disposer d'elles-mêmes ». Il l'exploita, dans sa politique antiautrichienne, fomentant le surgissement d'un Royaume d'Italie en échange de la Savoie et de Nice où était pourtant né Garibaldi.

Les effets en retour d'une guerre des nationalités sont toutefois aussi peu contrôlables que ceux d'une guerre bactériologique. Napoléon III faillit perdre le prix de l'unité italienne, par le principe des nationalités retourné contre lui par la Grande-Bretagne qui intriguait en faveur du rattachement de la Savoie à la Suisse. L'arme des nationalités détruisit en fait son trône : elle ne pouvait être employée contre la Prusse qui se constitua grâce à elle son empire national, après avoir simplement emporté une victoire décisive sur la France. La captation de l'Alsace-Lorraine ouvrit ainsi le droit de réclamation qui conduisit à la Grande Guerre. À son terme, toujours en vertu du principe d'autodétermination, les traités de Versailles et annexes démantelèrent l'Autriche-Hongrie (Yougoslavie, comprenant Serbie, Monténégro, Croatie et Slovénie, plus la Bosnie-Herzégovine ; Tchécoslovaquie y inclus les Sudètes), et l'Empire Ottoman (Syrie, Palestine, Liban, Irak, Arabie). Ainsi naquirent des situations inextricables qui servirent de prétextes à l'expansion nazie à l'Est, et demeurent parmi les foyers de conflits les plus aigus au

XXIe siècle. Pas plus Woodrow Wilson que quiconque n'avait discerné l'incompatibilité entre la paix perpétuelle, le règlement pacifique des conflits, la Société des Nations, le pacte Briand-Kellogg, d'un côté, et les nationalités de l'autre.

Le nationalisme ne s'était pas répandu uniformément. L'absence de menaces militaires locales et le flux de ses immigrants hétérogènes lui avaient assigné en Amérique la modalité atténuée d'un chauvinisme. Son tour le plus intense fut pris en Europe. Sans le nationalisme, le nazisme, qui a tenu pour de bonnes raisons à l'intégrer à son propre nom, n'aurait pas même été concevable.

CHAPITRE 4

Colonialisme et passage à l'acte

4.1 Anempathisme

« *Je veux aussi aborder devant vous une question capitale, en toute franchise. Elle doit être discutée entre nous, et pourtant nous n'en parlerons jamais en public. De même que nous n'avons pas hésité le 30 juin* [1934, date de la Nuit des Longs Couteaux] *à faire notre devoir, comme on nous l'avait ordonné, et à placer nos camarades défaillants contre un mur et à les exécuter. C'est ce dont nous n'avons jamais parlé et dont nous ne parlerons jamais. C'était, Dieu merci, une sorte de tact naturel entre nous, une expression de ce tact, de n'en avoir pas discuté entre nous, de ne l'avoir pas mentionné. Chacun a frémi, sachant clairement qu'il le referait à nouveau la prochaine fois, quand on le lui commanderait et quand ce serait nécessaire. Je veux parler de 'l'évacuation juive' : l'extermination* [Ausrottung] *du peuple juif. C'est une de ces choses qui sont faciles à dire : "Le peuple juif sera exterminé". Tout membre du*

Parti vous le dira : "clairement, l'élimination, l'extermination des Juifs, fait partie de notre programme", bah ! Peu de choses !' Et puis voilà qu'ils viennent tous, tous les 80 millions de braves Allemands, et chacun a son bon juif. Ils disent : tous les autres sont des porcs, mais voilà un Juif de première ! Et aucun n'a vu, aucun ne l'a vécu. La plupart d'entre vous savent ce que cela signifie quand 100 corps sont allongés ensemble, lorsque 500 se trouvent là ou quand 1 000 se trouvent là. D'avoir supporté ça, et – en dehors de quelques faiblesses humaines exceptionnelles – d'être restés décents, nous a endurcis et c'est une page de gloire qui ne porte pas de nom et ne sera finalement jamais nommée. Parce que nous savons combien les choses seraient difficiles pour nous, si aujourd'hui dans chaque ville, pendant les bombardements, les fardeaux de la guerre et les privations, nous avions toujours les Juifs comme saboteurs secrets, agitateurs et instigateurs ! Nous en serions probablement revenus au stade de 1916-1917 si les Juifs habitaient encore le corps du Peuple allemand. Leur richesse, nous la leur avons prise, et j'ai donné l'ordre formel, que l'Obergruppenführer Pohl a mis en œuvre, de transmettre intégralement cette richesse au Reich, à l'État. Nous n'avons rien pris pour nous de tout cela. Les individus qui y ont manqué seront traités conformément à une instruction que j'ai donnée au début : qui prend un seul mark est un homme mort. Un certain nombre de SS ont violé cet ordre. Ils ne sont pas nombreux, mais ils mourront – Impitoyablement[1] ! Nous avons le droit moral, nous avons le devoir envers notre peuple de le faire, de tuer ce peuple qui voulait nous tuer. Nous n'avons pas le droit de nous enrichir nous-mêmes, ne serait-ce que d'un manteau de fourrure, d'un seul mark, d'une seule cigarette, d'une seule montre, de rien. Nous n'avons pas ce droit. Parce que nous ne voulons pas qu'à la fin, parce que nous avons éradiqué le bacille, tomber malades et mourir du même bacille. Je ne laisserai jamais cela se produire, que même une parcelle de putréfaction entre en contact avec nous ou s'installe en nous. Mais là où elle se glissera, nous allons la brûler ensemble. Globalement, nous pouvons dire que nous avons accompli cette tâche si difficile par amour de notre peuple. Et nous n'avons pas entaché notre intériorité, notre âme, ou notre personne. »

Heinrich Himmler[2]

Un néologisme est étrangement indispensable pour désigner l'inculcation d'un sentiment de distance absolue envers l'Autre. « L'anempathisme » est une condition *sine qua non* de l'extermination. Bien qu'il s'agisse en partie d'un phénomène universel, il subit une intensification très puissante en Europe à compter de l'expérience coloniale qui répand une perception déshumanisée – et non plus seulement une étrangeté ou un mépris – des populations étrangères. Les guerres de religion l'étendent aux oppositions idéologiques. La Première Guerre mondiale le généralise à tous les combattants. Le bolchevisme lui donne une dimension massive. Désormais, l'extermination de groupes sociaux ou des peuples entiers est un lieu commun des conversations politiques. Le nazisme achève sa mise au point, par essais et erreurs, pour autoriser une extermination virtuellement sans limites, sous n'importe quelle forme, y compris à l'intérieur des frontières européennes.

L'anempathie est une réalité élaborée et construite. Il n'est pas permis de la réduire à une sauvagerie et une méchanceté qui seraient propres à l'espèce humaine, partout et toujours, auxquelles l'Occident n'aurait pas encore eu le temps d'échapper, et dont l'étendue serait chez lui simplement proportionnelle à sa puissance. Seules des souches idéologiques virulentes ont permis de surmonter à une telle échelle, et avec autant de méthode, une répugnance devant l'horreur qui est au moins aussi naturelle que la cruauté. Si le calcul des intérêts et la peur sont les motifs ordinaires des crimes, on sacrifia cette fois des intérêts majeurs pour perpétrer le crime, et l'on se mit à craindre les faibles davantage que les forts, consacrant plus de soins à détruire les premiers que les seconds. Un tel désordre de l'esprit n'est pas celui de brutes ordinaires. Sa présence met en cause l'identité et les valeurs cardinales de la culture qui l'a engendré. Car le cas extrême de la volonté nazie d'anéantissement n'a pas demandé moins d'élaboration intellectuelle pour exercer sa férocité que les massacres moindres qui l'avaient précédée, mais en a demandé davantage. Les principales institutions et toutes les ressources idéologiques ont été mobilisées.

La crainte de l'autre est, certes, un sentiment naturel qui se comprend aisément. Quand la fuite est impossible ou le meutre efficacement prohibé, un désir apparaît d'inverser la peur. Les cours de récréation enfantines et les établissements carcéraux sont des milieux raréfiés où ce phénomène se laisse observer à l'état presque pur. Les acteurs détectent les signes de l'altérité, souvent à partir de critères physiques rudimentaires, et infligent à l'autre des sévices choisis parmi ceux qu'ils redouteraient le plus de subir eux-mêmes. Le renversement de la peur de subir en volonté d'infliger la souffrance exige à la fois une *empathie*, faute de quoi l'autre ne serait pas un substitut valable, et une *antipathie*, sans laquelle l'action hostile ne s'exercerait pas. Mais la forme individuelle de ce processus, le sadisme, deviendrait contre-productive si elle s'étendait au plan politique. Les motivations personnelles provoqueraient des effets erratiques sur l'organisation et seraient nuisibles à la propagande. D'où la nécessité de transformer ce sentiment en *anempathie*, pour le rendre spécifiquement réactif aux ordres exterminateurs.

Himmler, chargé des pratiques du Troisième Reich à haute teneur anempathique, accorda un soin particulier à écarter des *Einsatzgruppe*n tout individu souffrant de déséquilibre psychique apparent, de sadisme ou d'alcoolisme. Il fixa le mode de recrutement des cadres de ses commandos de la mort, pour y affecter des candidats disposant d'une formation allant jusqu'au niveau doctoral. Ses commandants de groupe avaient ordinairement reçu une éducation universitaire ou avaient enseigné à l'Université, surtout[3] dans les disciplines pertinentes au point de vue idéologique : économie[4], droit[5], philosophie ou théologie[6].

S'il ne put étendre entièrement ce principe aux SS Tête-de-Mort en poste dans les camps, la raison matérielle en était le rang inévitablement subalterne des soldats ou policiers affectés aux établissements carcéraux destinés ou non à l'abattage[7]. De même, il n'était pas parvenu à s'en tenir aux seules forces encadrées par des intellectuels, pour exécuter le programme d'extermination par balles, vu l'ampleur des besoins. Il lui avait fallu transformer la simple police de maintien de l'ordre, *Ordnungspolizei*, en un auxiliaire puissant[8].

Elle était composée et commandée par des hommes que l'on décrit comme « ordinaires »[9], mais qu'il vaudrait mieux dire « presque ordinaires », puisqu'ils étaient fréquemment réservistes, enrôlés volontaires, souvent membres du Parti, parfois SS, et participaient à un bref stage « d'éducation idéologique intense » prolongé par des séminaires périodiques. À tous ces titres, ils étaient idéologiquement conditionnés. Les instructions précisaient : « Le commandant de bataillon et les chefs de compagnie sont requis tout particulièrement de pourvoir aux besoins spirituels des hommes qui prendront part à cette action. Les impressions de la journée seront effacées au moyen de réunions sociales le soir. En outre, les hommes seront continuellement entretenus de l'utilité politique de ces mesures »[10].

Le SS Gruppenführer Globocnick avait d'abord mobilisé ces unités de police pour des raisons pratiques, simplement parce qu'elles étaient disponibles et qu'il avait besoin de plus d'effectifs. Aussi impréparées qu'elles fussent par rapport aux premiers *Einsatzgruppen*, elles firent toutes ce qu'on leur demandait. Quand le choix fut accordé de se soustraire individuellement à l'exécution des atrocités, même ceux qui n'étaient pas des militants renoncèrent à cette facilité[11]. Les ordres, qui venaient des plus hautes autorités, leur paraissaient suffisamment motivés par la guerre et par les accusations imputées aux victimes. Pourtant, presque aucun de ces policiers n'aurait commis spontanément les crimes dont ils étaient alors chargés, et n'aurait même songé qu'ils étaient concevables. Ils voulaient en général éviter de se montrer lâches devant les tâches présentées comme guerrières qu'on leur confiait, aussi répugnantes qu'elles aient été pour eux (projections de tissus humains sur les uniformes, assassinats d'enfants...). Les sadiques ne semblent pas y avoir été plus nombreux que dans la population générale, encore qu'ivresse meurtrière et cruauté frénétique se soient indubitablement emparées d'une fraction d'entre eux avec le temps. Himmler, néanmoins, avait vu juste : les hommes presque ordinaires auxquels on avait recouru finissaient par être davantage perturbés que les SS par la boucherie à laquelle ils se livraient quotidiennement. Il fallut les décharger en partie sur des supplétifs étrangers, puis les confiner aux déportations vers des camps d'abattage conçus pour accélérer les exécutions et réduire leur impact psychologique.

Seuls en fin de compte les mercenaires supplétifs (baltes, hongrois, ukrainiens, prisonniers soviétiques volontaires), que l'on avait tout de même spécialement formés, notamment dans le camp d'entraînement à l'extermination de Trawniki, étaient des brutes alcoolisées ramenées à des motivations rudimentaires. Il s'agissait, comme les kapos, de personnes recrutées le plus souvent dans les milieux criminels, contraintes de lutter pour leur propre survie, et dont Himmler aurait préféré se dispenser, malgré l'avantage qu'elles présentaient de démontrer l'ignominie des « races inférieures » auxquelles elles appartenaient.

Himmler avait méthodiquement introduit partout des procédures de distanciation[12]. Il avait substitué les camps d'extermination aux commandos mobiles. La rencontre des SS avec les victimes, lors de l'abattage et jusqu'à l'incinération, y était réduite à un minimum, les tâches afférentes étant autant que possible imposées aux condamnés à mort eux-mêmes, constitués en *Sonderkommandos.* Le contact des personnels militaires avec eux était restreint, sauf pour les médecins et une minorité de gardes et d'officiers, les autres étant abrités de la conscience aiguë des meurtres par une obligation de réserve, des transmissions codées et un mode de vie aussi normal et agréable que possible, comprenant des loisirs collectifs organisés[13]. Pour rendre ce système efficace, les victimes étaient[14] leurrées sur leur sort, du départ des convois jusqu'au moment ultime. Les traitements dégradants qu'elles subissaient étaient officiellement attribués aux conditions matérielles d'une incarcération de haute sécurité en temps de guerre, assortie de travaux forcés[15]

Himmler considérait comme essentiel que l'extermination soit autant que possible conduite par des personnels agissant dans le cadre d'un sacrifice patriotique et surmontant, pour ce motif uniquement, la répulsion physiologique inspirée par l'accumulation de cadavres, en particulier de femmes et d'enfants, quand elle fait l'objet d'une vision directe. Il n'échappait pas lui-même à ce dégoût[16]. Son *discours secret* du 4 octobre 1943 de Posen aux dignitaires SS, reproduit en exergue de ce chapitre, est un document crucial.

Deux jours plus tard, dans le même lieu, devant cette fois non les dirigeants SS, chargés des actes, mais devant les dirigeants du Parti chargés de les préparer, Himmler répéta les mêmes propos. Le but, cette fois, était non de soutenir la conviction des exécutants, mais d'impliquer les responsables politiques dans une responsabilité commune. Il les plaçait dans le secret, leur montrait que les ponts avaient été coupés, pour les convaincre que leur sort était indéfectiblement lié à celui du régime. Tous purent mesurer en effet l'ampleur et la nature de ce qui avait été accompli au nom de l'Allemagne. L'auditoire comprenait les gouverneurs et hauts dirigeants, dont Goebbels, qui s'étaient jusque-là volontiers contentés d'euphémismes. Le voici *verbatim* :

« À ce sujet, et devant ce cercle extrêmement réduit, je me permettrai d'aborder une question qui vous semble aller de soi, Camarades, mais qui a été la question la plus difficile à résoudre de toute ma vie : la question juive. Qu'il n'y ait plus de Juifs dans votre province est pour vous une chose satisfaisante et évidente. Tous les Allemands – sauf quelques rares exceptions – ont bien compris que nous n'aurions pas supporté et que nous ne supporterions pas les bombardements ni les difficultés de quatre, peut-être cinq ou six années de guerre, si cette peste qui décompose tout se trouvait encore dans le corps de notre peuple. La phrase : 'Les Juifs doivent être exterminés' comporte peu de mots, elle est vite dite, Messieurs. Mais ce qu'elle nécessite de la part de celui qui la met en pratique, c'est ce qu'il y a de plus dur, de plus difficile au monde. Naturellement, ce sont des Juifs, ce ne sont que des Juifs, c'est évident ; mais pensez au nombre de gens – même des camarades du Parti – qui ont adressé à n'importe quel service ou à moi-même cette fameuse requête disant que bien sûr tous les Juifs sont des porcs, sauf Untel ou Untel qui sont des Juifs convenables auxquels on ne doit rien faire. J'ose affirmer qu'à en juger par le nombre de ces requêtes et le nombre de ces opinions en Allemagne, il y a eu plus de Juifs convenables qu'il n'en existait nominalement [*rires dans la salle*]. Nous avons en Allemagne tant de millions d'individus qui ont chacun leur fameux Juif convenable que ce nombre est plus important que le nombre des Juifs. Je mentionne cela simplement parce que vous avez pu remarquer dans vos provinces que des nationaux-socialistes respectables et convenables connaissent tous un Juif convenable lui aussi. Je vous demande avec insistance d'écouter simplement ce que je vous dis ici en petit comité et de ne jamais en parler. La question suivante nous a été posée : 'Que fait-on des femmes et des enfants ?' – Je me suis décidé et j'ai là aussi trouvé une solution évidente. Je ne me sentais pas le droit d'exterminer les hommes – dites, si vous voulez, de les tuer ou les faire tuer – et de laisser grandir les enfants qui se vengeraient sur nos enfants ou sur nos descendants. Il a fallu prendre la grave décision de faire disparaître ce peuple de la Terre. Ce fut pour l'organisation qui dut accomplir cette tâche la chose la plus dure qu'elle ait connue [...]. Je me suis senti tenu de vous parler très franchement de cette question et de vous dire ce qui s'est passé, à vous qui êtes les plus hauts dirigeants, qui prenez les décisions au plus haut niveau du Parti, de cet ordre politique, de cet instrument politique du Führer. La question des Juifs sera réglée d'ici la fin de l'année dans les pays occupés par nous. Il ne subsistera plus que des restes de population juive qui auront trouvé un abri quelque part. [...]. Les Juifs ne peuvent plus nous faire aucun mal. On a pourtant toujours et encore répété, avant qu'on ne s'attaque à la question juive, que la question juive était impossible à résoudre. On voit bien que c'est possible quand on veut. »[17]

Le premier discours de Posen aux exécutants, plus encore que le second aux dirigeants, est un cours *ex cathedra* d'anempathie. Le devoir peut conduire à sacrifier ses propres compagnons d'armes, quand ils ont failli. Il peut contraindre à accumuler des monceaux de cadavres pour éliminer un peuple qui cherche à vous tuer ; pour mettre fin à une épidémie morale. Mais ce devoir est répugnant. La plupart des gens ne le supporteraient pas. Ils entretiennent avec lui un rapport théorique, verbal. Leur approbation est extérieure. Elle ne résisterait pas au contact des réalités corporelles : il est facile de vouloir exterminer tous les Juifs, mais il est difficile de ne pas vouloir sauver celui que l'on connaît personnellement. Les Allemands antisémites n'ont pas la moindre idée de la réalité physique de l'extermination. Cela demande une catégorie particulière d'hommes, non pas des barbares, des pillards ou des assassins, mais, tout à l'inverse, des hommes qui placent si haut leur devoir moral, qui se rendent si purs à l'égard des tentations humaines, qu'ils agissent comme des médecins, des magistrats, entièrement désintéressés[18]. C'est cette force intérieure réglée par le devoir, qui rend possible de surmonter le dégoût physiologique, et permet de s'endurcir suffisamment. Alors que chez l'homme moyen, le corps est vaincu par la vision de l'horreur, chez le SS l'âme peut dominer le corps, et se montrer à la hauteur d'une anempathie dépassant les limites ordinaires. C'est pourquoi ce sacrifice accompli pour d'autres, dans le renoncement à son propre intérêt, et à ce titre le plus glorieux que l'on puisse concevoir, doit rester secret. Les Allemands ne pourraient pas l'accepter si l'on leur en parlait, pas plus qu'ils ne pourraient envisager de s'opérer eux-mêmes, à ventre ouvert, sans anesthésie, même pour sauver leur propre vie ou celles de leurs enfants. Ils défailliraient au premier moment. L'obligation de silence n'est donc pas due à une discordance quelconque entre l'extermination et l'idéologie nazie, comme l'ont supposé nombre de commentateurs, ni à une contradiction rationnelle qui contraindrait à retenir seulement des explications et des motivations psychanalytiques. Pour Himmler, l'extermination n'est nullement indicible, elle est secrète. Les bourreaux se comprennent parfaitement quand ils y font allusion. Ils partent des prémisses idéologiques, pour eux, indiscutables, qui justifient leurs ordres : les SA ont trahi et les Juifs sont les ennemis mortels du peuple allemand. Les SS en déduisent logiquement leur devoir. Mais les hommes ne disposent ni de la même endurance ni du même degré de résistance à l'horreur. Il faut cacher au public la réalité matérielle pour pouvoir accomplir le projet spirituel sans provoquer la répulsion spontanée qui reste invincible chez la plupart. Et comme même le SS le plus endurci reste un homme, ce serait manquer de tact que lui en parler souvent, au risque alors de faire remonter chez lui les aversions naturelles qu'il a eu tant de mal à dominer.

Eichmann, d'un caractère apparemment plus sensible que l'on aurait pu l'imaginer de la part d'un responsable logistique de la Solution finale, pressé par le procureur de répondre à la question de savoir ce qu'il aurait fait, s'il avait été personnellement assigné au commandement d'un camp d'extermination, répondit qu'il se serait vraisemblablement tiré une balle dans la tête. Il précisa, cependant, en s'adressant respectueusement à la cour, que la question ne lui semblait pas « pertinente ». Il ne voulait pas dire qu'elle n'aurait jamais eu lieu de se poser, mais qu'elle n'affectait pas sa responsabilité pénale ou morale. Il avait reçu des ordres dont une connaissance minimale des services de sécurité allemands montrait qu'ils n'étaient pas optionnels ni soumis à l'approbation consensuelle des exécutants. Répondant à une autre question, il affirma qu'il avait alors compris et approuvé les motifs de tels ordres, mais disposait à présent d'informations lui permettant, mais trop tard, de les considérer comme les plus criminels donnés depuis des milliers d'années[19]. Il indiqua, à nouveau respectueusement, que cette seconde question ne lui paraissait pas davantage pertinente que la précédente. Dans son esprit, sa responsabilité devait être envisagée dans le cadre exclusif des informations dont il disposait au moment des actes incriminés. Surtout, ses motivations personnelles ne pouvaient porter à conséquence, le devoir d'obéissance envers les lois et règlements ayant priorité[20]. Eichmann semble avoir été authentiquement persuadé de cette préséance, et affirme – ce qui est possible – n'avoir jamais alors rencontré qui que ce soit pour la rejeter ou pour lui faire des remontrances à cet égard. Il précise que les victimes dont il fréquentait les représentants, de même que les négociateurs neutres, lui ont tout au plus demandé des exceptions à une règle universellement admise. Il s'agissait seulement, pensait-il, d'utiliser la marge de manœuvre dont il disposait, mais qu'il estimait très faible, pour en atténuer les effets concrets. Beaucoup, à l'écoute du procès, se persuadaient que l'argument de l'obéissance aux ordres était nécessairement le fruit d'une hypocrisie éhontée, refusant de désespérer à ce point de la raison humaine. Mais la situation était beaucoup plus grave, car Eichmann était sans doute en partie sincère. Il y a même tout lieu d'accorder crédit à son affirmation qu'il aurait déporté son propre père si on le lui avait ordonné avec insistance. On ne pouvait exprimer de manière plus concrète ce qu'est l'anempathie. Sympathie et antipathie sont des affaires privées encadrées par une obligation juridique et morale supérieure d'anempathie envers tout adversaire désigné par une autorité légitime.

Un nombre extrêmement faible de bourreaux nazis (sans doute moins de 5 %) exprima des remords devant les tribunaux, quel que soit leur rang et à quelque époque que ce soit[21]. Non seulement ils n'éprouvaient pas d'empathie rétrospective particulière envers leurs victimes, mais n'estimaient pas même un remords feint comme pouvant être utile à leur défense. Ils jugeaient en général l'horreur éprouvée par celui qui l'inflige équivalente à l'horreur subie, et la question de leurs sentiments personnels déplacée s'agissant de la légitimité de leurs actes. Tous tenaient l'obéissance pour une vertu prônée dans toute armée occidentale, et considéraient que la tâche essentielle du soldat en temps de guerre est de tuer, l'autorité gouvernementale étant seule habilitée à en assigner les cibles comme à en fixer les modalités. Les plus éduqués n'établissaient aucune différence de nature entre les exécutions de masse infligées par les forces allemandes et les massacres aériens, même classiques, opérés par les Alliés contre des civils. Ils admettaient qu'il puisse être légitime de les traduire en justice, mais au motif qu'ils étaient vaincus et seulement pour vérifier s'ils avaient dérogé aux traités. Les procureurs, confondus par une semblable absence d'émotions, furent incapables de leur opposer un argumentaire systématique.

L'hypothèse d'après laquelle l'anempathie serait une réalité psychologique immédiate, plutôt qu'une résultante idéologique, et se ramènerait à une insensibilité ou hostilité naturelle envers ceux qui nous sont étrangers, ne résiste pas à l'analyse. Les conflits et l'hostilité émergent spontanément entre personnes qui se connaissent, non entre personnes sans interaction. L'affirmation d'une préférence ordonnée en proximité (« je préfère ma fille à ma nièce, ma nièce à ma cousine, ma cousine à ma voisine »), assignant à un chauvinisme universel le fondement naturel du nationalisme, du suprémacisme racial comme de toute anempathie, est contraire aux observations. Si quelqu'un doit être assassiné un jour, la probabilité qu'il le soit par son conjoint est statistiquement la plus élevée de toutes ; et la plupart des gens vivent leurs conflits les plus aigus au sein de leur propre famille ou de leur entreprise. Ils comptent plus de motifs à se réjouir des souffrances éprouvées par la « cousine » qui les a déférés au tribunal pour une sombre affaire d'héritage, qu'à se montrer insensibles à celles d'un bonze qui aurait préféré leur sourire plutôt que de se brûler vif devant leur écran de télévision. L'indifférence supposée envers ceux que nous ne connaissons pas est contrefactuelle. Nous devenons sensibles au sort terrible d'une personne dont nous ignorions l'existence, dès lors qu'elle est identifiée et nommée et n'est pas présentée comme cruelle. Au lieu de dériver immédiatement d'un ordre naturel, l'anempathie est bien catégoriquement construite.

Cette disposition acquise à n'éprouver aucune communauté de souffrance avec les cibles, malgré les réflexes contraires, est sujette à une gradation depuis le simple désir de ne pas savoir jusqu'à la capacité d'exécuter personnellement des actes répugnants. Elle est induite par une accoutumance et une éducation d'autant plus efficaces qu'elle sont collectives, comme dans le cas des médecins s'endurcissant à la dissection par des plaisanteries de carabin. Auprès de la population générale, la diabolisation ou la déshumanisation des groupes visés par la propagande reste, avec la dénégation, la méthode ordinaire.

Ainsi, en matière coloniale, les arguments employés par les gouvernements au sujet des atrocités étaient en général les suivants : 1) les imputations de crimes sont mensongères, étant le fait d'idéologues fanatiques, d'agents de l'étranger, de journalistes avides de sensationnel, voire de maîtres chanteurs, 2) le degré d'inhumanité décrit chez les colons est tel qu'il est visiblement excessif et doit entraîner l'incrédulité chez toute personne raisonnable, 3) les crimes sont le fait d'individus isolés vivant dans des conditions particulièrement difficiles à l'intérieur de zones reculées, 4) les victimes, qui ont un comportement animal, sont elles-mêmes coupables, et dans leur cas de manière systématique, d'actes de barbarie extrême (cannibalisme) et leur misère serait supérieure si elles étaient abandonnées à elles-mêmes, 5) le bilan est globalement positif (développement économique, christianisation, éducation, apprentissage de la démocratie), un regard équilibré devant faire la part de la majorité de bonnes choses s'accomplissant malgré d'inévitables débordements, 6) la situation sera bientôt normalisée grâce au processus de civilisation.

Les gouvernements ne devaient pas seulement convaincre leurs électeurs du caractère pragmatique des dommages (« on ne fait pas d'omelette sans casser des œufs »), et persuader aussi l'Indigène de sa propre infériorité native, mais en outre convaincre les agents coloniaux de la vilénie des créatures placées sur leur chemin. Sur le terrain, certains tiraient de ce que les victimes subissaient la preuve de leur bassesse : plus ils commettraient ouvertement d'horreurs, plus ils avaient ensuite de raisons d'en commettre.

L'anempathie civile avait naguère possédé un fondement religieux. Le sacrifice personnel exigible au nom de la plus haute valeur, et la relativité des souffrances d'ici-bas en regard des perspectives éternelles, rendaient concevable de prononcer : « Tuez-les tous, Dieu reconnaîtra les siens »[22]. L'anempathie est ici d'autant plus frappante qu'elle entre en opposition frontale avec la doctrine évangélique. Mais la théologie était alors animée par une conception absolue du savoir. On s'était persuadé d'être capable d'élever l'homme par la science, dont la théologie était alors la branche la plus digne, à une connaissance adéquate de la volonté divine. Or rien ni personne n'est en droit de s'opposer à une telle volonté. C'est à partir de ce principe que les massacres théologiques byzantins purent se produire. Le positivisme a seulement renforcé lors de la déchristianisation une vision classique installée depuis longtemps.

À l'âge moderne, l'anempathie avait fini par être plus spécialement traitée en condition centrale d'un bon fonctionnement militaire[23]. Ce n'était pas un trait universel. Certaines sociétés avaient imaginé des méthodes visant à minimiser pertes et souffrances. La plus célèbre est le combat singulier[24]. Il y eut aussi les combats rituels[25] : une bataille était mise en place à grande échelle, mais au premier engagement les hostilités cessaient, la victoire étant attribuée d'un commun accord ou par arbitrage. La monarchie zouloue vécut une transition entre ce système et la confrontation coloniale[26]. On aura l'occasion de revenir plus loin sur l'éthique de la guerre courtoise[27].

La discipline est un facteur puissant d'anempathie. Le soldat, fusionné dans le corps de la troupe, entraîné à exécuter sans discussion ou réflexion les ordres est déresponsabilisé. Ses actions sont celles de son général qui n'agit à son tour que par délégation de l'autorité souveraine. Les armées modernes y ajoutent l'emploi systématique des armes à feu. Le fusil, arme « démocratique » par excellence, puisqu'elle peut être déployée dans toutes les unités, sans un apprentissage technique de haut niveau, crée une distance physique qui se mue en distanciation psychologique avec les cibles. Plus les armements facilitent l'action à distance, moins ceux qui les emploient se sentent en communauté avec leurs ennemis. Une simple pression du doigt permet de provoquer des dégâts humains massifs sans retour visuel. Il est ainsi à craindre que le recrutement de soldats habitués aux jeux vidéo ne finisse par lever entièrement toute réserve psychologique envers des pratiques exterminatrices. Confondant le jeu dans lequel la vie perdue est récupérée automatiquement à la partie suivante, avec la vie dans laquelle la mort est irréversible, le militaire – placé lui-même à l'abri du danger par la distance physique – est installé dans une situation de pure anempathie capable d'abolir chez lui tout scrupule.

La culture de l'obéissance était devenu un trait commun aux institutions occidentales, et l'est restée au moins jusqu'aux années 1960, qu'il s'agisse de l'église, de l'école, de l'administration, de l'entreprise ou de l'armée. De même que la rigueur de la règle monastique était pensée comme libératrice, ou que la discipline, comme Max Weber l'avait noté, était devenue le point d'honneur de l'administration, l'héroïsme militaire s'est mué au XIXe en esprit romain de sacrifice sans limites pour le groupe et les ordres reçus[28] : le héros est désormais celui qui renonce à tout, sauf à obéir. Son approbation n'est plus requise. Il ne saurait être question, dans un semblable contexte, de laisser un sentiment personnel d'humanité l'emporter sur le devoir.

Si la culture allemande était particulièrement portée à l'obéissance dans tous les domaines de la vie sociale, la valorisation de l'obéissance militaire était alors partagée par toutes les armées. La révolution de 1918-1919 avait d'ailleurs montré que les soldats allemands étaient aussi capables de désobéir que n'importe quels autres. L'obéissance aux ordres exterminateurs n'est donc pas a priori une caractéristique purement allemande. Les aviations alliées exécutèrent sans la moindre difficulté les bombardements de cibles civiles, en dépit d'une culture où une plus large autonomie était admise.

Nous sommes si habitués à combattre des dictatures que nous jugeons cyniques, et dont nous nous indignons du manque de sensibilité, que nous nous laissons volontiers convaincre que la démocratie offrirait une garantie du contraire. Elle n'en offre aucune[29]. Toute l'empathie que nous accordons concerne uniquement les nôtres et ceux à qui nous avons choisi d'accorder notre protection. C'est ainsi que le cinéma étend ses mélodrames de sensibilisation aux seules minorités que nous avions naguère persécutées et que nous avons décidé, depuis qu'elles ne nous inspirent plus de craintes, d'intégrer à notre société, comme les amérindiens. Dans le même temps, nos télévisions et nos journaux qui s'emploient à individualiser chacune de nos victimes dans les conflits, à leur donner un nom, à leur vouer des cérémonies, persistent à traiter les victimes que nous laissons au loin comme des groupes anonymes et indistincts, même si leur nombre est d'un ordre de grandeur supérieur.

Les guerres coloniales conduites par des régimes démocratiques sont parmi les plus anempathiques. Un monarque absolu n'a pas de raison particulière de traiter très différemment les peuples nouveaux qu'il se soumet, des sujets sur lesquels il exerce initialement son pouvoir. Quand elles sont, par contre, le fait de régimes démocratiques, soldats et officiers se sentent investis de la mission d'assurer à tout prix, éventuellement par précaution, la sécurité des colons contre la menace des sauvages. Ils pourvoient à la défense de la veuve et de l'orphelin de leur propre Nation par les méthodes les plus radicales, l'extermination pure et simple étant incontestablement la plus sûre. Que lesdits « sauvages » possèdent quelque motif de résister à l'invasion leur est imputé à charge : ils ne comprennent pas le bénéfice qu'une civilisation supérieure est susceptible de leur apporter. Il faut donc en finir au plus tôt et de la manière la plus complète avec ces barbares inaptes à saisir le sens de l'égalité politique comme de l'amour du prochain[30].

L'anempathisme, qui était donc admis et entretenu dans toutes les sociétés modernes les plus éclairées, a été cependant élaboré et potentialisé par les nazis à un degré inouï. Un phénomène jusque-là constaté est devenu un objectif délibéré. Réflexion, analyse psychologique, planification, se sont substituées aux improvisations antérieures. Mais les origines et les fondements n'étaient pas nouveaux.

Hannah Arendt affirme, parlant d'Eichmann, que c'est « l'absence de pensée – ce qui n'est pas du tout la même chose que la stupidité – qui lui a permis de devenir un des grands criminels de son époque »[31]. Même en réservant le terme de « pensée » à son acception la plus haute, elle se méprend. Non seulement la pensée s'est montrée incapable de s'opposer à la survenance du crime, et l'a parfois accompagné, ce dont la lourde errance politique personnelle de Heidegger est une illustration ; mais elle fut la source de toutes les institutions et de toutes les justifications intellectuelles indispensables à son exécution. La conclusion qu'Eichmann, comme les autres rouages, « ignorait ce qu'il faisait », ne peut pas être tirée du fait qu'il se contentait d'agir comme toute la culture dont il était imprégné lui enjoignait de se comporter. Eut-il été un « penseur », il n'aurait pas découvert autour de lui une littérature philosophique dominante qui l'aurait décillé. Et s'il était une personne « banale »[32], ce n'est pas exactement au sens où l'esprit lui aurait manqué plus que l'intelligence, mais au sens où il était représentatif d'une certaine façon « d'être au monde » à laquelle de plus grands esprits avaient contribué. Il était certes incapable d'un raisonnement philosophique, et ne chercha pas plus que l'avocat qu'il s'était choisi à en invoquer pour sa défense[33]. Les philosophies génératrices de sa façon de penser avaient accompli leur œuvre. Son talent comme son rôle était administratif, et il ne se figurait pas prendre part à un combat d'idées, tant les ordres qu'il recevait, si l'on en excepte une violence qu'il disait juger personnellement outrancière, lui semblaient, comme à presque tous, s'inscrire dans le cadre normal de l'action publique.

4.2 Acivilisme

> *« Moi, le grand général des troupes allemandes, j'adresse cette lettre au peuple Herero. Les Hereros ne sont plus des sujets Germaniques. Ils ont tué, volé, coupé des nez, des oreilles, et d'autres parties du corps de soldats blessés et maintenant, du fait de leur lâcheté, ils ne veulent plus se battre. Je dis au peuple : qui livrera prisonnier un des capitaines Hereros à mon campement recevra 1 000 marks. Qui amènera Samuel Maherero recevra 5 000 marks. Tous les Hereros doivent quitter le territoire. Si le peuple ne le fait pas, alors je le forcerai à le faire avec mes grands fusils. Tout Herero trouvé à l'intérieur des frontières allemandes avec ou sans fusil, avec ou sans*

troupeaux, sera exécuté. Je n'accepterai plus aucune femme ou enfant. Je les ramènerai à leur peuple ou je leur tirerai dessus. Telle est ma décision pour le peuple Herero. »

Le Grand Général du Puissant Kaiser,
von Trotha, Osombo-Windimbe, 2 octobre 1904.

L'attitude occidentale envers la protection des populations civiles est équivoque. En principe opposée à l'acivilisme, elle l'admet en réponse aux actions elles-mêmes aciviles d'un ennemi. La sanctuarisation des civils dans les guerres est considérée plus importante que les règles de courtoisie entre les combattants, mais on n'y est pas tenu envers un ennemi qui s'en est affranchi lui-même.

Bien qu'il relève d'un droit coutumier parmi les plus universels, tant dans l'espace que dans le temps, le droit des opérations de guerre (*jus in bello*) a fait l'objet d'une élaboration très active en Europe depuis le XVIe siècle. Sa formulation doctrinale la plus synthétique est celle de Montesquieu qui stipule que les belligérants doivent « se faire le moins de mal possible, sans nuire à leurs intérêts ». Autrement dit, le mal gratuit est prohibé. La cruauté et le sadisme sont bannis du droit de la guerre. Cette conception est si peu protectrice qu'elle n'était pas rejetée par Himmler, lui qui avait mis en place le système de distanciation décrit au chapitre précédent[34].

Si l'acte gratuit est toujours interdit, *a contrario*, celui qui ne l'est pas, mais vise un but de guerre, ne peut l'être que de convention expresse entre les belligérants. Cela écarte d'emblée de la protection les adversaires non signataires des traités relatifs au droit de la guerre, donc tous les peuples colonisés avant leur indépendance[35].

Un but de guerre peut en outre être trouvé, de façon casuistique, à toutes les exactions, ne serait-ce qu'intimider ou briser le moral de l'adversaire. Ce fut la justification fournie par Churchill pour bombarder des objectifs civils, en violation de la 4e Convention de La Haye. Pareillement, la destruction ou l'empoisonnement des ressources naturelles, ou le massacre même des populations civiles, reste éventuellement imputable à la volonté d'obtenir une reddition rapide, voire à un calcul utilitariste du moindre mal. C'était l'un des divers arguments utilisés par Hitler pour légitimer ses exterminations, comme le fondement du bombardement atomique des villes japonaises.

Le fait de rehausser l'utilité en nécessité, autorise à s'affranchir plus complètement des obligations conventionnelles[36]. La torture – qui, il faut le souligner, ne fut proscrite par le droit international qu'après la Seconde Guerre mondiale (alors que la prohibition de la fausse monnaie l'était depuis longtemps) – est généralement présentée comme le produit de la nécessité d'extorquer de l'ennemi des informations vitales. Il est même fréquent de lui assigner une fonction humanitaire : l'information recueillie est censée permettre d'épargner un plus grand nombre de vies[37].

Ce type de raisonnement conduisit Richard Feynman, un physicien humaniste et pacifiste, à participer intensément au Projet Manhattan. Comme les nazis auraient disposé, pensait-on, de la bombe atomique, et que l'on pouvait conclure de leur comportement constant qu'ils en auraient tiré l'usage le plus destructeur, il relevait du devoir moral de s'en doter avant eux. Il est moins sûr que l'analyse soit immédiatement extensible à l'application effective de l'arme de destruction massive à des populations civiles. Il était théoriquement possible de mettre sur pied une démonstration sans cible humaine pour obtenir l'arrêt des hostilités. Mais une simple considération pragmatique fut retenue : les États-Unis disposaient d'un nombre réduit de bombes, et un échec aurait anéanti la raison d'être de l'opération.

L'importance fondamentale accordée au droit positif et à sa forme textuelle, par rapport aux principes généraux, a pour conséquence de neutraliser davantage le champ d'application pratique des règles relatives à l'acivilisme. L'existence du progrès technique et l'apparition corrélative de situations nouvelles entraînent une obsolescence structurelle des textes protecteurs. Des violations patentes du droit naturel tendent ainsi à échapper à une sanction rétroactive qui serait incorrecte au point de vue positif. La codification du droit international, après la Seconde Guerre mondiale, a ainsi conduit à des formulations compliquées, destinées à couvrir des situations futures non encore imaginables, qui les rendent souvent inapplicables, alors que les règles d'engagement devraient être suffisamment simples pour qu'un combattant ordinaire puisse les comprendre et y obéir. On cite souvent à cet égard le Protocole additionnel aux Conventions de Genève du 12 août 1949 relatif à la protection des victimes des conflits armés internationaux[38], illustrant la difficulté : « Pour que la protection de la population civile contre les effets des hostilités soit renforcée, les combattants sont tenus de se distinguer de la population civile lorsqu'ils prennent part à une attaque ou à une opération militaire préparatoire d'une attaque. Étant donné, toutefois, qu'il y a des situations dans les conflits armés où, en raison de la nature des hostilités, un combattant armé ne peut se distinguer de la population civile, il conserve son statut de combattant à condition que, dans de telles situations, il porte ses armes ouvertement : a) pendant chaque engagement militaire ; et b) pendant le temps où il est exposé à la vue de l'adversaire alors qu'il prend part à un déploiement militaire qui précède le lancement d'une attaque à laquelle il doit participer. Les actes qui répondent aux conditions prévues par le présent paragraphe ne sont pas considérés comme perfides au sens de l'article 37, paragraphe 1c ». Une telle instruction, qui ne peut être interprétée que par des juristes et des philosophes, est inopérante pendant un engagement.

Par ailleurs, un droit international des conflits, qu'il soit positif ou non, complexe ou non, n'a de réalité que si l'ensemble des décideurs est convaincu de ne pouvoir se soustraire au jugement et à la sanction, même en cas de victoire. Or, en dépit d'un effort collectif considérable, ce résultat est très loin d'être atteint au début du XXIe siècle. Ainsi, la Cour pénale internationale, qui a compétence pour juger « crimes de guerre, crimes contre l'humanité, crimes de génocide et crimes d'agression », ne peut toujours étendre sa main sur les principaux belligérants potentiels. Bien que la convention qui l'instaure ait été ratifiée par une majorité d'États, elle n'a pas été signée par la Chine, l'Inde, la Russie et la plupart des pays arabes, et n'a été ratifiée ni par les États-Unis ni par Israël. La Cour se réduit donc à exercer une police des Puissances sur les belligérants mineurs.

On n'en était de toute manière pas là lors du nazisme. Les antiques règles de courtoisie régissant les conflits entre armées aristocratiques avaient fait place à des conflagrations massives et à des guerres totales conduites par des régimes souvent démocratiques. Jaurès n'avait pas trouvé de meilleur substitut au pacifisme que de transformer les peuples en « Nations en armes », formées au combat dès l'enseignement scolaire[39]. Les Conventions de La Haye étaient récentes, limitées, réservées à leurs signataires. Les guerres coloniales avaient démontré l'envergure de l'acivilisme dans la pensée non juridique.

Les colonisateurs avaient non seulement l'intention de respecter les principes de la civilisation, mais aussi de les introduire. Ils étaient cependant confrontés à des autochtones désireux de les combattre par tous les moyens à leur disposition. Les Occidentaux possédaient des équipements militaires tellement supérieurs que la défaite des autochtones était inéluctable s'ils se bornaient aux affrontements classiques. L'attaque des campements et des populations civiles devenait l'unique méthode disponible pour épuiser ou dissuader les envahisseurs. Ce faisant, les résistants apparaissaient comme barbares, justifiant que l'on s'affranchît à leur endroit des règles de la civilité. La violation par l'ennemi des principes de la civilisation ouvrait alors le droit à la vengeance et à l'autodéfense. Des représailles militaires structurées et exterminatrices en étaient la conséquence. Comme au surplus, les colonisés disposaient rarement de troupes professionnelles, et n'étaient distinguables des civils que par leur sexe et encore pas toujours[40], on s'autorisait à appliquer les sanctions en retour à l'ensemble des populations, sans manquer à l'honneur.

La répétition générale de la Grande Extermination eut ainsi lieu en Afrique. Si elle fut le fait de l'armée allemande, celle-ci n'était pas nazie, mais était encore l'armée du Kaiser. Après l'extermination des hereros, en 1904, il ne restait plus qu'à reproduire l'anéantissement à plus grande échelle en Europe, pour que tout soit consommé[41].

Ce que Himmler a dû cacher, le lieutenant général Lothar von Trotha le proclama ouvertement, dans le document reproduit en exergue du présent chapitre[42]. Les 80 000 hereros que comptait la Namibie avant son arrivée, en octobre 1904, étaient un peu plus de 15 000 après son départ un an plus tard, en y incluant ceux qui avaient été regroupés comme travailleurs serviles dans les cinq camps de concentration que l'on avait formés à leur intention, sur le modèle britannique en Afrique du Sud[43], et que des colons allemands avaient pour vocation d'exploiter.

Il ne s'agissait pas d'une erreur ou d'un débordement. Le 22 avril 1905, von Trotha s'adressait au peuple nama, situé plus au Sud et ennemi traditionnel des hereros : « Le Nama qui choisit de ne pas se rendre et sera vu en territoire allemand sera abattu, jusqu'à ce que tous soient exterminés. Ceux qui, au commencement de la rébellion, ont commis des meurtres contre des blancs ou ont ordonné le meurtre des blancs ont, de par la loi, perdu la vie. Quant à ceux qui n'ont pas été vaincus, il en sera d'eux comme il en a été des Hereros, qui dans leur aveuglement ont cru aussi qu'ils pouvaient mener une guerre victorieuse contre le puissant Empereur Allemand et le grand Peuple Allemand. Je vous le demande, où sont les Hereros aujourd'hui ? »[44]

On observe que von Trotha soulignait que les hereros étaient ainsi traités pour avoir « tué, volé, coupé des nez, des oreilles, et d'autres parties du corps de soldats blessés », et les namas pour avoir « commis des meurtres contre des blancs », tous s'étant rebellés. Employer pour une autre raison une armée de dix mille hommes équipés d'artillerie lourde, contre une population entière, femmes, hommes et enfants confondus, en empoisonnant leurs points d'eau et en les confinant, par des tireurs postés, dans le désert du Kalahari, n'aurait pas autrement été conforme à la « dignité du soldat » allemand. Mais s'exprimant hors du cadre de la propagande, il écrivit : « Je connais assez les tribus en Afrique. Elles ont toutes la même manière de penser qui ne leur fait céder qu'à la violence. Exercer cette violence de manière ouvertement terroriste [*mit krassem Terrorismus*], était et reste ma politique. Je détruirai les tribus rebelles avec des rivières de sang et d'argent. C'est seulement d'une telle graine que peut germer quelque chose de nouveau et de durable »[45].

La revue de l'état-major impérial, *Der Kampf*, approuva : « Cette entreprise audacieuse fait apparaître sous la lumière la plus brillante l'énergie impitoyable du commandement allemand dans la poursuite de ses ennemis battus. Aucune souffrance, aucun sacrifice ne furent épargnés pour éliminer les restes de la résistance ennemie. Telle une bête blessée, l'ennemi était traqué d'un point d'eau à l'autre, jusqu'à ce qu'il tombe enfin victime de son propre environnement. L'Omaheke aride devait achever ce que l'armée allemande avait commencé : l'extermination de la Nation Herero »[46]. Le comte von Schlieffen, chef d'État-major général, avait donné son assentiment à ce « combat racial », et le Kaiser avait personnellement choisi von Trotha, qui s'était illustré dans la répression des Boxers en Chine, pour conduire les représailles à une rébellion qu'il jugeait insupportable, bien qu'elle ait été conduite avec un soin particulier de son leader Samuel Maherero pour épargner les civils et éviter les dommages collatéraux[47].

Le Chancelier von Bülow rapporte dans ses mémoires parus en 1931[48] que Guillaume II avait expressément écarté l'application des préceptes chrétiens aux païens et aux sauvages. Lorsque Matthias Erzberger, député centriste, soutint au Reichstag que les noirs disposaient d'une âme éternelle, au même titre que les Allemands, il fut hué copieusement depuis les bancs de droite. L'affaire était, en effet, remontée à Berlin, du fait que l'autoritarisme de von Trotha empiétait sur les prérogatives du gouverneur Leutwein[49] et que ses massacres raréfiaient la main-d'œuvre. Il fallut le relever de ses fonctions, mais délibérément trop tard, sans que le gouvernement ait exprimé d'autres réserves que d'opportunité. Un débat parlementaire eut lieu néanmoins qui offrit aux sociaux-démocrates une tribune pour contester les conditions de la colonisation.

Les puissances étrangères, dont certaines avaient un moment songé à utiliser ces brutalités à des fins de propagande antiallemande, se ravisèrent toutes, allant jusqu'à retirer les rapports et sanctionner ceux qui les avaient rédigés. Ni les Britanniques qui avaient succédé aux Allemands en Namibie après la Première Guerre mondiale et n'avaient pas amélioré le sort des survivants hereros, ni les Français qui avaient durement réprimé les révoltes à Madagascar, en 1896, y laissant 100 000 victimes, ni le Roi des Belges qui possédait le Congo et l'exploita au prix de sa dépopulation[50], ni les Américains qui exerçaient leur pouvoir aux Philippines[51], ni les Hollandais aux Indes Orientales, ni les Japonais qui les imiteraient en Corée, ne trouvaient à redire au caractère inévitablement acivil à leurs yeux du processus de civilisation[52].

Les méthodes aciviles et exterminatrices, courantes dans les colonies, furent importées en Europe par la guerre d'Espagne. Ces procédés, symbolisés par les exhibitions joyeuses de têtes tranchées et de membres mutilés, avaient inclus pendant la guerre du Rif l'emploi des gaz de combat contre des cibles civiles. Les troupes coloniales avaient été, avec la Garde civile, les principaux instruments de la rébellion espagnole contre la République. Leurs chefs, presque tous *africanistas*[53], visaient expressément l'extermination des membres de la gauche « judéo-communiste », au nom d'une idéologie proche du nazisme[54] mais mieux adaptée au catholicisme des élites espagnoles[55]. Les marxistes, réputés manipulés par les Juifs, étaient assimilés aux maghrébins musulmans, « sémites » censés menacer l'Espagne « aryenne » d'une « africanisation »[56]. Par transitivité, la classe ouvrière, sensible aux thèmes marxistes, était identifiée à la population coloniale, groupe auquel pouvait être appliqué un traitement répressif susceptible d'aller jusqu'à l'extermination. Le coup d'État se présentait ainsi en nouvelle *Reconquista*[57] justifiant des exécutions de masse qui préfigurèrent celles des *Einsatzgruppen.* On estime à 150 000 les victimes de la Junte, indépendantes des opérations strictement militaires. Cependant, à la différence de l'Afrique, les Républicains disposaient eux-mêmes d'une capacité de résistance qui provoqua une réverbération de la violence. On estime à 50 000 les victimes civiles exécutées par les corps loyalistes (les *checas*) ou par la foule. Les discours de haine qui s'étaient déchaînés de toutes parts, surtout depuis 1934, en Espagne, comme en Allemagne et en France[58], avaient préparé les esprits à la justification de massacres. Le tourbillon de violence qui allait balayer l'Europe était formé[59].

4.3 Colonialisme intra-européen

4.3.1 Racines coloniales de la théorie hitlérienne de la mondialisation

> *« Je sais […] que certains soutiennent l'idée que l'on peut aussi conquérir le monde économiquement. Mais c'est un des plus graves et terribles sophismes qui existent. Que les Anglais restreignent leur lutte pour l'Inde aux moyens économiques ; que l'Angleterre abandonne complètement l'attitude avec laquelle elle avait naguère acquis l'Inde, une attitude qui a permis de conserver l'Inde à l'Angleterre au travers des nombreuses rébellions et des longues et sanglantes batailles du milieu du siècle dernier, et vous verrez ce qui arrivera : les usines anglaises ne se maintiendront pas en Inde […]. Il faut le nécessaire mariage*

entre le concept de domination par la volonté politique et le concept de domination (Herrensinn) *par l'activité économique […]. Au lieu de se répandre en un sens territorial, au lieu d'exporter des êtres humains, [les peuples blancs] ont exporté des biens, ils ont construit un système économique mondial qui se manifeste de la façon la plus caractéristique dans le fait que, étant donné qu'il existe différents niveaux de vie sur terre, l'Europe, et plus récemment l'Amérique aussi, possèdent en Europe de gigantesques usines centrales, et le reste du monde de vastes marchés et sources de matières premières. La race blanche n'est, cependant, capable de maintenir sa position, en pratique, qu'aussi longtemps que les écarts de niveau de vie de par le monde demeurent. Si aujourd'hui vous donniez à ce que l'on appelle nos marchés d'exportation le même niveau de vie que celui que nous avons, vous seriez témoins que la position privilégiée de la race blanche, qui est manifeste non seulement dans la puissance politique de la Nation, mais aussi dans la situation économique de l'individu, ne peut pas se maintenir plus longtemps. »*

Adolf Hitler, 1932

Le nazisme n'estimait pas avoir besoin de justifications particulières pour son colonialisme, un principe universellement accepté en Occident. L'analyse de Hitler, telle qu'elle est exposée dans un discours très important aux dirigeants de l'industrie allemande, en 1932, mérite d'être citée ici extensivement : «[ce qui est appelé la race blanche] au cours d'un millier d'années depuis l'effondrement de l'ancienne civilisation, s'est dotée d'une position privilégiée dans le monde. Mais je suis incapable de comprendre la suprématie (*Herrenstellung*) économique privilégiée de la race blanche sur le reste du monde si je ne la considère pas dans ses relations très étroites avec le concept politique de suprématie qui a été particulier à la race blanche pendant des siècles, et qui a été soutenu comme tel face au monde extérieur. Vous pouvez choisir n'importe quelle région, prenez par exemple l'Inde : l'Angleterre n'a pas acquis l'Inde d'une manière légale ou légitime, mais plutôt sans considération pour les désirs ou opinions des indigènes ou pour les déclarations des droits ; et elle a maintenu cette domination, autant que nécessaire, avec la plus implacable brutalité. Exactement comme Cortés ou Pizarro avaient revendiqué pour eux-mêmes l'Amérique centrale et les États septentrionaux de l'Amérique du Sud, non sur la base de quelque revendication légale que ce soit, mais d'un sentiment absolu et inné de supériorité (*Herrengefühl*) de la race blanche. La colonisation du continent nord-américain fut pareillement une conséquence, non d'une réclamation supérieure en un sens démocratique ou international, mais plutôt d'une conscience de ce qui est juste, ayant ses seules racines dans la conviction de la supériorité et donc du droit de la race blanche. Si j'imagine les choses sans cet état d'esprit qui, au cours des trois ou quatre cents dernières années a permis à la race blanche de conquérir le monde, alors le destin de cette race ne serait en fait pas différent de celui, par exemple, des Chinois : une immense masse de peuple congestionnée sur un territoire extraordinairement restreint – une surpopulation avec ses inévitables conséquences. Si le destin a permis à la race blanche de prendre une autre voie, c'est parce que la race blanche avait la conviction d'avoir le droit d'organiser le reste du monde. Sans considération pour l'habillage donné à ce droit supposé dans chaque cas particulier, il s'agissait en réalité de l'exercice d'un droit extrêmement brutal de dominer (*Herrenrecht*). Sur la base de cette conception politique, s'est développé là le principe d'une conquête économique du monde. »[60]

La domination politique des pays occidentaux est donc privée de justification juridique. Elle est un acte de puissance, sans alternative si ces peuples veulent conserver leur avance économique. L'idée d'une domination purement économique, dépourvue de domination politique, aboutirait nécessairement à une égalisation mondiale des niveaux de vie et donc à un appauvrissement occidental : « Un Anglais célèbre a écrit un jour que le trait caractéristique de la politique anglaise était le mariage miraculeux des conquêtes économiques avec la consolidation de la puissance politique, et inversement l'expansion de la puissance politique avec une appropriation économique immédiate : une interaction qui devient inconcevable quand l'un des deux facteurs vient à manquer ». Suit alors le passage cité en exergue de ce chapitre. Le modèle de colonisation britannique est exemplaire dans la mesure où visée économique et domination politique y vont de pair. Ce n'est pas le cas des empires continentaux, comme la France et surtout l'Allemagne, qui ont épuisé leurs forces en des conflits idéologiques (*weltanschaulich*) d'abord religieux puis nationaux, au lieu de conquérir et assurer leurs marchés extérieurs. À la froide méthode anglaise, ils ont substitué une visée culturelle et civilisatrice « romantique » qui les a tenues éloignées du but économique. Le résultat en a été une croissance démographique en France et en Allemagne, sans débouchés proportionnés à leurs besoins. Ce problème est particulièrement aigu pour la République de Weimar qui, en tant que membre démocratique de la Société des Nations, a rejeté intellectuellement le principe de colonisation politique en faveur d'une attitude pacifiste : « Le résultat est évident : la concurrence a forcé les peuples européens à une amélioration toujours croissante de leur production [... qui] a conduit à économiser constamment la force de travail. Aussi longtemps que l'exploitation de nouveaux marchés internationaux a conservé son rythme, les hommes dont on pouvait se dispenser dans l'agriculture et plus tard dans le commerce purent être transférés vers de nouvelles lignes de production sans autre dommage, en sorte que nous apercevons maintenant que les traits caractéristiques du siècle dernier ont été l'élimination des hommes de l'agriculture en faveur du commerce ; ensuite, dans le commerce lui-même, de plus en plus de gens sont tombés victimes de la rationalisation des méthodes de production et alors ont trouvé à leur tour de nouvelles opportunités de gagner leur vie par une expansion des branches de la production. Mais ce processus n'était concevable qu'aussi longtemps qu'il y avait une croissance constante du potentiel de vente disponible, un potentiel qui devait être aussi grand que la croissance de la production ». Toutes les Nations industrielles sont ainsi devenues dépendantes de leurs marchés d'exportation. La Grande Guerre a aggravé le phénomène, puisque le manque de matières premières, pendant et après le conflit, a eu pour effet d'entraîner une restructuration industrielle, au prix d'investissements massifs, aboutissant à une élévation maximale des capacités de production. Ce système aurait pu fonctionner si les marchés extérieurs avaient continué de s'étendre, mais ce ne fut pas le cas :

« Au contraire, ils ont rétréci en nombre, car le nombre des Nations exportatrices s'est lentement accru. Nous voyons, en revanche, un nouvel exportateur majeur – l'Union Américaine, qui ne s'est pas encore à ce jour manifesté selon sa pleine puissance dans tous les secteurs, mais qui certainement dans des domaines particuliers peut compter sur des avantages productifs que l'Europe ne possède pas et ne peut pas posséder ». Telle est, pour Hitler, la cause de la crise de 1929.

Or, cette évolution ne peut, à ses yeux, être dissociée de la question bolchevique. Le communisme non seulement offre un modèle pour les chômeurs occidentaux, dont le nombre ne peut qu'aller croissant en l'absence de nouveaux marchés extérieurs, mais l'Union soviétique se prépare à devenir une puissance industrielle concurrente supplémentaire dont le succès est garanti par la présence de ressources naturelles importantes et l'exploitation d'une main-d'œuvre à très bon marché : « Nous assisterons, en tout état de cause, au développement suivant : le bolchevisme, si la façon de penser actuelle en Europe et en Amérique demeure ce qu'elle est, se répandra lentement à travers toute l'Asie [...] Alors, Messieurs, on ne sera plus en mesure de dire : qu'est-ce que cela a à voir avec notre économie ? [...] La crise est très sérieuse. Elle nous force à réaliser des économies dans chaque secteur. La réduction la plus naturelle est toujours faite sur le travail humain. Les industries devront par nécessité se rationaliser de plus en plus ; cela signifie un accroissement de leur productivité et une réduction de leur quantité de force de travail ». L'Allemagne rentrera dans un cycle pervers par lequel la concurrence et la rationalisation croissantes augmenteront le nombre des chômeurs, ce qui entraînera des impôts supplémentaires et, avec eux, un besoin additionnel de productivité, stimulant à son tour le chômage. La guerre des prix qui a déjà commencé aggravera encore la récession. Les pays disposant des marchés coloniaux les plus importants, comme la Grande-Bretagne, érigeront en conséquence des barrières douanières, laissant l'Allemagne dans une situation désespérée, qui fera le lit du bolchevisme : « Croyez-vous que, une fois que sept ou huit millions de personnes sont privées de prendre part au processus de production pendant dix à vingt ans, ces masses peuvent percevoir le bolchevisme comme autre chose que le complément idéologique (*weltanschaulish*) de leur situation réelle, pratique et économique ? Pensez-vous vraiment que l'on peut choisir de négliger l'aspect purement mental de cette catastrophe sans qu'elle devienne un jour réalité ? »

Ce mal n'a, selon Hitler, aucun remède purement économique, ni ne relève de mesures à court terme. Dans chacun des cycles de surproduction qu'a connus l'humanité, c'est à l'État qu'il a incombé d'ajuster l'offre et la demande, et de restaurer les conditions politiques de la prospérité : « Quand un politicien ou un économiste objecte et me dit : cela a pu être le cas jadis entre Rome et Carthage, ou entre l'Angleterre et la Hollande ou entre l'Angleterre et la France, mais aujourd'hui ce sont les affaires qui décident ; tout ce que je puis répondre est [...] que dans notre cas aussi, c'est le pouvoir d'État qui a créé les conditions de base pour assurer la prospérité dans l'économie. D'après moi, c'est mettre la charrue avant les bœufs que de croire aujourd'hui que la position de puissance de l'Allemagne peut être recouvrée en usant des méthodes des affaires, au lieu de réaliser que la position de puissance constitue la condition préalable de l'amélioration de la situation économique aussi. Cela ne signifie pas qu'aucune tentative ne doit être faite aujourd'hui ou demain pour combattre la maladie qui s'est emparée de notre économie, malgré le fait qu'il est impossible d'atteindre du premier coup le centre du mal. Mais cela signifie [...] qu'il n'y aurait pas eu d'économie carthaginoise sans une flotte carthaginoise et pas de commerce carthaginois sans une armée carthaginoise ; et que, dans notre monde moderne, où les choses deviennent rudes et où les intérêts des peuples s'affrontent, il est naturel que l'économie ne puisse exister à moins que la volonté politique, toute puissante et déterminée de la Nation ne se tienne derrière elle [...]. Non, le Traité de paix de Versailles [... n'est pas] la cause de notre infortune. [...Il] n'est que la conséquence logique de notre propre confusion mentale et de notre aberration ».

Une fois l'État restauré, le programme et la solution se déduisent. Éliminer d'abord l'État de Weimar qui admet dans son Parlement des partis qui ont fait allégeance à la puissance soviétique étrangère : « Et quand des gens nous reprochent notre intolérance, nous sommes fiers de leur dire : oui, nous avons pris la décision inexorable d'éradiquer le marxisme en Allemagne jusqu'à sa dernière racine ». Éliminer plus généralement le système parlementaire qui est fauteur de divisions : « Comment un peuple pourrait-il constituer un facteur significatif quelconque à l'étranger quand, en fin de compte, cinquante pour cent ont une orientation bolchevique et cinquante pour cent une orientation nationaliste ? » ; « Quel bien y a-t-il si un gouvernement promulgue un décret pour sauver l'économie quand la Nation, comme être vivant, a elle-même deux attitudes complètement différentes à l'égard de l'économie. Une partie dit : “la condition préalable de l'économie est la propriété privée”, quand l'autre clame : “la propriété privée c'est le vol”». Établir la Nation sur une base raciale : « Notre Peuple et notre État furent aussi construits seulement à travers l'exercice d'un droit et concept absolus de domination (*Herrenrecht und Herrensinn*) échu à ce que l'on appelle le peuple nordique, les éléments de la race aryenne que nous possédons encore dans notre Peuple aujourd'hui. En conséquence, que nous puissions retrouver ou non notre chemin vers une force politique nouvelle est seulement une question de régénération du corps politique allemand en accord avec les lois d'une logique de fer ». Faire basculer dans l'armée, les huit millions de réservistes pour recréer la première armée au monde : « Et quant aux moyens politiques – je ne peux plus aujourd'hui les considérer comme limités – ils peuvent seulement reposer sur la réorganisation de l'armée. Finalement, il est complètement sans importance que l'Allemagne ait une armée de 100 000 ou 200 000 ou 300 000 hommes ; la question principale est de savoir si l'Allemagne a huit millions de réservistes qu'elle peut transférer à l'armée sans se heurter à la même catastrophe idéologique (*weltanschaulich*) qu'en 1918 ». Alors : « ou bien un nouvel espace vital (*Lebensraum)* et l'expansion d'un vaste marché intérieur ou la protection de l'économie allemande contre l'extérieur en déployant la force allemande accumulée [...]. Intolérant envers quiconque pêche envers la Nation et ses intérêts ou s'oppose à eux [...] et autrement ouvert à l'amitié et la paix avec quiconque veut l'amitié et la paix ! ». Le fondement colonialiste de l'acquisition des « nouveaux marchés », sur le modèle anglais, suppose l'extermination ou la réduction en esclavage des populations placées sous la domination soviétique ou de ceux qui la dirigent, tant à l'intérieur de l'Allemagne que sur les territoires orientaux destinés à former le nouvel « espace vital ». Toute l'idéologie occidentale y conduit. Or, ce sont cette fois des populations « blanches » qu'il s'agit de soumettre ou d'anéantir. L'ovation des chefs d'entreprise à ce discours antérieur à la prise de pouvoir, se fit debout.

4.3.2 La Grande-Bretagne et la domination de l'Irlande

> *« Je dois faire observer à M. Roosevelt quelques autres notions historiques erronées. Par exemple, il mentionne l'Irlande et demande une déclaration affirmant que l'Allemagne n'attaquera pas l'Irlande. Or, je viens de lire un discours du Premier ministre irlandais De Valera, dans lequel, contrairement à l'opinion de M. Roosevelt, étrangement il n'accuse pas l'Allemagne d'oppresser l'Irlande et à la place reproche à l'Angleterre les agressions persistantes dont souffre son État. Et, en dépit de*

la grande compréhension par Roosevelt des besoins et préoccupations des autres États, on peut supposer sans risque que le Premier ministre irlandais sait mieux ce qui menace son pays que le Président des États-Unis ne le sait. »

Adolf Hitler, 1939

L'Angleterre fut confrontée avant l'Allemagne à la problématique d'une colonisation moderne de « populations blanches », malaisée à traiter par un suprémacisme « blanc ». Le mot de *colonisation* désigne ici simplement la domination autoritaire d'une communauté politique sur une autre, comprenant au moins des transferts d'éléments de la population métropolitaine sur le territoire colonisé, à des postes de commandements et d'autres rôles élitaires. Il n'implique pas l'esclavagisme, mais s'accompagne en général, d'anempathie, de suprémacisme, de positivisme juridique et, en réaction aux inévitables résistances, de pratiques aciviles, voire de terrorisme d'État.

Ainsi défini, sans amalgame *a priori* avec les formes esclavagistes de la colonisation, il y aurait mauvaise grâce à rejeter le concept en vue d'une évaluation des relations entre la Grande-Bretagne et l'Irlande. Il ne s'agit pas pour autant de les assimiler à celles que l'Allemagne nazie entretint avec ses propres conquêtes orientales, qui étaient systématiquement et délibérément esclavagistes et exterminatrices, tandis que l'attitude britannique – bien qu'elle ait été variable – consista le plus souvent à minimiser les exactions, pour autant que la domination économique et politique fût assurée. Cette différence qui interdit la confusion n'est néanmoins pas un obstacle à la comparaison des autres aspects. Les modalités peu sentimentales de la domination sur l'Irlande ont constitué un précédent, exploité par Hitler[61], pour justifier l'application à des européens, de méthodes dont l'idéologie prépondérante n'estimait pas alors qu'elles eussent besoin de justification quand elles concernaient des populations que l'on estimait appartenir de manière évidente à des « races inférieures ». Le nazisme dut souscrire à des efforts de propagande pour achever de convaincre les Allemands de l'infériorité raciale des Juifs et des Ukrainiens ; et cette tentation avait aussi existé pour certains milieux anglais s'agissant des Irlandais. Or les traditions chrétiennes qui autorisèrent longtemps les luttes religieuses armées, avaient banni depuis le Moyen Âge l'asservissement de chrétiens, et plus généralement celle des européens, ce qui rendait la situation idéologique très délicate[62].

La taille critique avait toujours manqué à l'Angleterre pour faire pièce, depuis son seul territoire, à ses rivaux aussi bien dans les Îles britanniques qu'outre-Manche. Depuis le retrait de Rome, ses rois ont éprouvé un besoin d'empire. Au sein de l'archipel, sa superficie de plus ou moins 130 000 km² est d'un ordre de grandeur comparable à celle de l'Écosse ou de l'Irlande, l'une et l'autre de plus ou moins 80 000 km². Région la mieux nantie, sa population plus dense n'est toutefois pas parvenue à s'y répandre assez pour noyer les autres, qui ont conservé leur identité jusqu'à nos jours. L'effort pour les dominer a longtemps rencontré plus d'obstacles que celui de se forger un empire mondial. Que l'annexion du pays de Galles (1536), de loin le plus petit, ait attendu la dynastie Tudor, considérée comme d'origine galloise, en est une illustration. De même, bien que la contiguïté territoriale ait rendu permanente la question des relations avec l'Écosse, et facilité à son endroit les opérations militaires, il fallut patienter jusqu'en 1707 pour obtenir une stabilisation durable. Celle des rapports avec l'Irlande, située à une distance géographique de la Grande-Bretagne analogue à celle qui sépare celle-ci de la France, n'eut jamais lieu, même après l'Indépendance (1937-1949), du fait du maintien d'une partie de l'Ulster dans le Royaume-Uni. Au cours du temps, à peu près toutes les relations concevables avaient été essayées avec l'Irlande, pourvu qu'elles garantissent une tutelle anglaise. Toutes ont échoué.

Après de longues péripéties, parfois très violentes, la Grande-Bretagne est née de l'intégration tardive, en 1707, de l'Écosse et du pays de Galles à l'armée, l'administration et au Parlement anglais. C'était une unification pacifique en vue de fournir de nouvelles ressources à une guerre chronique contre la France et l'Espagne, et à la gestion d'un empire extra-européen en expansion continue. L'opération n'était pas évidente. L'Écosse, en particulier, avait une longue histoire d'indépendance, sous des rois qui étaient parvenus à porter la couronne d'Angleterre, disposait d'une littérature originale et d'une élite intellectuelle très prestigieuse, possédait un folklore héroïque chérissant le thème de la liberté (notamment contre les légions d'Agricola, Édouard aux Longues Jambes et Édouard II), et était entrée dans l'âge industriel. Au tournant du siècle, les circonstances immédiates étaient néanmoins propices. L'aristocratie écossaise, jalouse de son autonomie politique, avait alors été ruinée par une série de mauvaises récoltes et surtout la déconfiture du projet Darién, une tentative coloniale en Amérique centrale, torpillée par le gouvernement anglais, qui avait tourné au désastre financier, emportant en numéraire un cinquième du PIB écossais. Seul le parlement de Westminster pouvait en pratique venir au secours financier de l'Écosse, ce qu'il accepta de faire, mais en menaçant à l'inverse de rompre les traités de commerce en cas de refus de l'Union. L'élimination de la dynastie Stuart et, avec elle, de l'emprise catholique, avait écarté un sujet d'intense antagonisme. Bien que le Kirk (Church of Scotland), restât inassimilable à l'Église anglicane, elles étaient l'une et l'autre des confessions réformées. Les aristocraties foncières écossaises et galloises étaient déjà associées depuis le Moyen Âge au patriciat anglais par des possessions entrecroisées. Mais l'empire principalement, par ses emplois commerciaux, administratifs et militaires, attirait toutes les classes sociales. L'union ouvrait aux élites, y compris bourgeoises, les nombreux emplois impériaux, et l'accès aux institutions politiques et administratives anglaises, dans une zone économique devenue homogène. Réciproquement, les régiments de Highlanders, les recettes fiscales additionnelles, la consolidation de la couronne, l'élargissement du commerce intérieur, et d'une manière générale l'expansion politique à la totalité du territoire de la Grande-Bretagne, compensaient largement, pour Londres, l'arrivée de nouveaux venus auxquels l'empire offrait suffisamment de débouchés pour ne pas créer de trop désagréables concurrences.

L'Angleterre, souvent considérée comme la partie la plus identitaire de l'Europe, et la moins désireuse de se fondre dans un ensemble, avait composé une forme originale d'union. Elle n'était à proprement parler ni confédérale ni même fédérale, puisque la primauté anglaise demeurait marquée. Elle était moins encore une union nationale. Aucune des entités ne formait une Nation au jour de son intégration, s'estimant toutes des communautés ayant vocation à être autonomes. Elles entrèrent ensemble dans l'ère des nationalismes, pour développer parallèlement leurs nationalismes régionaux (Angleterre, Écosse[63], Pays de Galles[64]) et y superposer, sans les confondre, un nationalisme impérial commun (Grande-Bretagne[65]). Les Français furent peu désireux de comprendre un système qui leur paraissait alambiqué et dissimuler une pure et simple domination anglaise. La plupart continuèrent de mentionner « l'Angleterre » pour désigner la « Grande-Bretagne », et la langue française, au lieu d'un substantif pour nommer les « Britons », utilisa, et uniquement dans la langue châtiée, l'adjectif substantivé de « Britanniques ». Les Allemands, qui pourtant étaient plus proches d'une expérience comparable, par la relation de la Prusse avec l'Allemagne, et qui avaient été influencés par ce modèle, en 1871, s'en tinrent fréquemment à une métonymie similaire, parce qu'ils ne ressentaient pas l'existence d'une unité ethnique entre les « celtes » et les « saxons ».

Réputés pour leur pragmatisme, les gouvernements anglais ne se sont pas arrêtés à un mode uniforme de domination. Ils ont admis les comptoirs, les sociétés coloniales, les provinces coloniales, les mandats, les bases militaires, les dominions, et un nombre considérable d'autres formes qu'ils n'ont pas jugées souhaitable de rationaliser exagérément. Mais l'Union avec l'Écosse était inusitée[66]. Il s'agissait d'une sorte d'OPA politique, payée en parts sociales de l'empire. L'Angleterre restait maîtresse du jeu, mais intégrait les nouveaux venus pour une part importante mais minoritaire, qui semblait plus ou moins convenir à l'ensemble des associés[67].

L'Angleterre possédait lors du traité d'Union de 1707 des traits communautaires plus marqués que ceux des pays continentaux à la même époque. Elle était une société de castes, présentant une assez forte homogénéité linguistique et religieuse ; liée par une idéologie commerçante, légaliste, militariste et colonialiste ; dotée d'un État monarchique parlementaire, disposant d'une administration développée. Cette société n'avait pas été formée sur des fondements ethniques, du fait d'invasions sucessives, et s'était le plus souvent dotée de dynasties exogènes. Elle se serait apparentée, de bien des manières, au système romain, si son suprémacisme racial ne lui avait interdit d'intégrer à son propre gouvernement les élites de son empire extra-européen. Mais elle était disposée à transposer ce système dans la limite de l'île de Grande-Bretagne, qui était pour elle l'équivalent de l'Italie pour les Romains. Le traité était pareil à la *lex Julia* qui avait accordé la citoyenneté à tous les habitants libres de l'Italie, mais n'était pas l'édit de Caracalla qui l'avait étendue à tout l'Empire.

Plutôt qu'une nouvelle Rome, métaphore favorite en Allemagne comme en Russie, l'artefact Grande-Bretagne fut souvent pensé comme la naissance d'un nouvel Israël dont Anglais, Écossais et Gallois formeraient les tribus. Les fidèles des Églises réformées, effectuant assidûment leurs lectures bibliques, ne pouvaient en effet comprendre que comme figurée l'affirmation d'une élection du peuple juif, alors que la Providence démontrait chaque jour que les tribus britanniques étaient appelées à pacifier le monde, y engendrer des peuples, y répandre l'abondance et la vraie foi[68]. Une traduction en 1719 des Psaumes par le célèbre hymnographe Isaac Watts, qui substituait tout bonnement le nom de Grande-Bretagne à celui d'Israël dans toutes ses occurrences, initia un mouvement dont l'une des manifestations fut le poème de William Blake, *Jerusalem the Golden* :

> *I will not cease from Mental Fight*
> *Nor shall my Sword sleep in my hand : Till*
> *we have built Jerusalem,*
> *In England's green and pleasant land*[69].

On se mit à retracer sur des cartes le parcours des dix tribus perdues d'Israël vers l'Angleterre[70] et à le prouver par la linguistique : *british* n'est-il pas la transposition de *b'rith*, le nom hébreu de l'Alliance ? Le thème permettait de filer la comparaison à l'envi, et d'accuser tout adversaire d'être assyrien, ammonite ou satanique. Le souverain était comparé à Salomon, et les événements du jour rapportés aux temps mosaïques[71], la Grande-Bretagne étant entourée uniquement de despotes dont il y avait lieu de se libérer, à commencer par l'Espagne et la France, puissances papistes, donc obscurantistes. Cette idéologie ne supposait pas que l'on fût particulièrement religieux pour la partager, et était indifférente à la déchristianisation à vive allure d'un Continent en réalité fort peu « papiste ». Elle permettait aussi aux membres des castes subalternes de s'éprouver comme étant « libres », par opposition à la tyrannie extérieure censée menacer constamment, bien que les patriciens britanniques aient continué d'exercer vigoureusement leur prépotence jusqu'à la Première Guerre mondiale, tant aux Communes et au gouvernement, que dans les emplois supérieurs de l'armée et de l'administration[72]. La vision mythique de la nouvelle Grande-Bretagne autorisait chacun à se sentir moralement, intellectuellement, économiquement supérieur à tous les peuples rencontrés, qu'ils soient sujets ou ennemis.

La question irlandaise était toutefois restée entière, et le passage de la Grande-Bretagne au Royaume-Uni (1801) ne se fit pas du tout dans des conditions similaires à la transition entre l'Angleterre et la Grande-Bretagne un siècle plus tôt. Au point de vue britannique, la tutelle sur l'Irlande était non négociable, ne fût-ce que pour des motifs géostratégiques[73]. La supériorité britannique n'avait pas même besoin d'être énoncée, puisqu'elle s'observait au moins dans une frappante disparité économique qui ne permettait pas d'imaginer que l'Irlande parvienne un jour à devenir une puissance digne de ce nom. Le débat portait uniquement sur les causes de cet écart et les conséquences politiques qu'il convenait d'en tirer. Les libéraux (Whigs) acceptaient le principe d'origines socio-économiques justifiant un traitement utilitariste modérément coercitif. Les conservateurs y voyaient au contraire des causes ethniques, qui devinrent progressivement raciales au cours du XIXe siècle, rendant approprié un autoritarisme plus intense.

Le point de vue irlandais manifestait un singulier ressentiment, bien que l'intégration à l'empire n'ait pas présenté que des inconvénients[74]. Les masses et l'Église catholique avaient subi de virulentes persécutions, des discriminations juridiques et économiques[75], et s'étaient jusque là constamment appauvries[76]. Les élites anglicanes ou presbytériennes qui, grâce aux expropriations imposées par Cromwell après celles des Tudors, s'étaient substituées à l'ancienne aristocratie ou l'avaient absorbée[77], étaient restées mal intégrées localement, sans pour autant jouir de tous les avantages de leurs homologues anglaises. Même les Écossais-Irlandais de l'Ulster, qui avaient colonisé la région au XVIIe siècle, s'étaient rebellés en 1798, comme les Américains. L'intégration forcée au Royaume-Uni signifiait cependant la disparition du parlement de Dublin, et avec lui, d'un semblant d'autonomie politique, l'ouverture de barrières douanières à l'avantage des manufactures anglaises, une spécialisation agricole à très faible valeur ajoutée, et le transfert mécanique des capitaux vers Londres. Elle créait les conditions d'une migration prolétarienne, non seulement en Amérique, mais aussi en métropole, y suscitant la xénophobie. S'appliquaient plus que jamais les principes d'un laisser-faire, corrigé en faveur des intérêts britanniques, dans un contexte de dépossession presque complète de la paysannerie et de la main-d'œuvre industrielle, mais aussi dans un cadre juridique et répressif autorisant les propriétaires terriens à fixer des loyers à peine soutenables, des rémunérations historiquement basses, et imposant des monopoles d'achat des graines.

La plupart des observateurs ayant visité le pays durant la première moitié du XIXe siècle avaient été saisis par la misère généralisée d'une population en état d'extrême précarité[78]. Dans cette île très faiblement industrialisée, tous avaient remarqué que la subsistance était obtenue par la consommation d'énormes quantités de pommes de terre (environ 4 tonnes par foyer par an[79]), à la quasi-exclusion d'autres aliments[80]. Nul ne sait, à ce jour, comment ce végétal, qui devait jouer un rôle si tragique dans l'histoire de l'Irlande, y fut introduit[81]. Il nous suffit d'admettre qu'il ne s'agissait pas d'un complot visant à dépeupler le pays de ses pauvres. Le tubercule était devenu un remède à la famine aux yeux de l'ensemble des savants européens à partir des années 1770. Frédéric II en avait ordonné la culture. Louis XVI l'avait encouragée sur les conseils de Parmentier. La Convention l'avait généralisée en 1794. Au début du XIXe siècle, la survie de la paysannerie irlandaise en était devenue entièrement dépendante, les autres ressources étant accaparées à des fins commerciales par les propriétaires. Pendant les récessions et les famines, aucune aide caritative d'ampleur n'était organisée. Au contraire, les réserves alimentaires demeuraient réservées à l'exportation sous la protection de l'armée, tandis que fermiers et locataires faisaient l'objet de mesures d'éviction. La loi sur les pauvres de 1838 avait organisé des maisons de travail sous régime pénitentiaire. Elles n'étaient pas équipées pour produire un surplus en cas de disette.

La population de l'Irlande est aujourd'hui inférieure à cinq millions d'habitants. Elle était supérieure à huit millions en 1845. On estime que dix millions d'Irlandais ont émigré depuis le XVIIe siècle. Son poids démographique relatif au sein des Îles britanniques, qui était d'environ un tiers, passa à moins d'un dixième au milieu du XIXe siècle. La catastrophe date plus particulièrement de 1845-1851, période où plus d'un million de personnes moururent de faim et près de deux millions durent partir. Une épidémie de mildiou dépourvue d'antidote, venue d'Amérique et qui frappa durement le continent, détruisit la première année près de la moitié d'une récolte dont le peuple irlandais ne pouvait désormais se passer. Cet avertissement initial déchaîna les idéologues. La suite des événements constitue l'occasion de mesurer en vraie grandeur l'anempathie qui s'était désormais déployée.

Mais l'anempathie n'est pas l'indifférence : il était impensable de négliger un désastre qui survenait à l'intérieur du Royaume-Uni, à l'heure où le progrès était le mot d'ordre. Les pouvoirs publics, même s'ils cherchèrent activement à en supporter le moins possible les conséquences financières, ne niaient pas que l'intégration politique qu'ils avaient voulue leur imposait des responsabilités éminentes. La calamité ne frappait pas une population détestée, mais seulement méprisée de façon subtile, et dont l'anéantissement n'était pas au programme. Elle n'intervenait pas dans un contexte de guerre, de crise idéologique ou financière. Les conditions étaient, en principe, réunies pour que le pays le plus prospère au monde, le plus puissant aussi depuis Waterloo, qui s'estimait de loin le plus évolué, fasse la démonstration de son humanité comme de la supériorité de ses méthodes. On vit à la place que les comportements attribués à d'autres âges avaient seulement été l'objet d'une mutation. Les populations subalternes n'étaient pas massacrées par les armes, mais traitées en réalités instrumentales, en variables d'ajustement, soumises à des expériences, subordonnées à une ingénierie sociale et des visées futures. Les théories étaient placées au-dessus des devoirs urgents. La tendance était de se montrer implacable, arc-bouté sur des principes, plutôt que dépensier. Cette attitude n'était pas intentionnellement exterminatrice, seulement compatible avec une extermination et, à ce titre, favorable à sa survenue.

Passons sur les providentialismes qui y devinèrent l'opportunité de se réveiller. Le bruit courut dans les campagnes qu'il s'agissait d'un acte des fées, à combattre par de l'eau bénite. Une bonne partie du clergé catholique, qui avait partie liée avec les pauvres dont il tirait ses recettes facultatives, milita pour une purification des mœurs et un engagement caritatif qu'il ne put guère obtenir en pratique de propriétaires anglo-irlandais souvent absentéistes. Ces derniers ne voulaient pas se ruiner au secours des désespérés, préférant saisir le bétail et les cultures destinées au paiement des fermages. Quelques nationalistes affirmèrent que le châtiment céleste s'adressait aux élites latifundiaires[82] qui n'étaient pas à la hauteur morale de leurs responsabilités. Des millénaristes protestants clamèrent que la tolérance résiduelle envers le catholicisme était la cause patente du courroux divin.

Les hautes autorités ecclésiastiques exprimèrent des points de vue d'une autre tenue. L'archevêque de New York, John Hughes, qui était d'origine irlandaise, rejeta catégoriquement l'idée d'une « Famine de Dieu », incriminant l'économie politique, « le système de [libre] concurrence [...] qui fait des besoins de l'humanité le régulateur de ses ressources ». Il appelait à la place, avec prémonition (on était en 1847), une « économie sociale », telle que l'effort « de la société, organisée en État souverain, [vise à] réaliser le bien-être [*welfare*] de l'humanité ». Son collègue, John Mac Hale, archevêque de Tuam, qui était indépendantiste, s'en prit à la « casuistique politique » des économistes libéraux soutenant « la doctrine non-chrétienne que les vies du peuple doivent être sacrifiées, plutôt que d'interférer avec les spéculations cruelles du lobby mercantile »[83]. Le quaker William Benett avait lui aussi suggéré que l'on vérifiât, avant d'accuser Dieu, que « l'action et la législation humaines, l'oppression individuelle, et les relations sociales, n'y ont pas mis la main »[84]. La presse, pour sa part, observait que l'erreur avait été de nourrir tous ces gens avec des aliments pour les bêtes.

Mais aucune de ces opinions n'était déterminante. Seul le gouvernement disposait de moyens à suffisamment vaste échelle[85]. Le Premier ministre conservateur Peel mit à profit les décrets de la providence pour prendre des mesures libérales au déplaisir de son parti, levant les barrières douanières qui bloquaient le maïs américain (alors un aliment réservé au bétail). Quand on le pria cependant de suspendre avant toute chose les exportations d'avoine de l'Irlande, il refusa, toujours en vertu du même principe libéral. Son interventionnisme se bornait à déverser du maïs sur le marché pour faire baisser les prix. Il espérait en vain que les comités de secours que son administration mettait en place trouveraient localement des âmes charitables pour financer les distributions. Afin que les pauvres ne fussent pas tentés d'abuser d'autant d'assistance, il entendait conditionner par ailleurs les subsides à un dur travail, rémunéré environ 2,5 de nos euros par jour[86], dans des ateliers publics et des programmes d'équipement auxquels la gentry était censée contribuer, mais dont elle chercha plutôt à tirer bénéfice. Le gouvernement Peel, qui n'avait satisfait personne, tomba. L'alerte semblait passée. Le petit peuple irlandais avait simplement épuisé ses derniers stocks, ses semences, ses derniers shillings thésaurisés[87], perdu souvent le bail informel de ses lopins de terre, et vendu ou mangé ses animaux domestiques représentant le prix du passage vers l'Amérique[88]. Il n'avait pas d'autre choix que d'essayer de replanter la pomme de terre.

La récolte de 1846 fut dévastatrice et le drame se renouvela jusqu'en 1850. Les quatre cinquièmes de la population étaient menacés de mort. La parole fut donnée aux économistes. Fallait-il altérer ou non les lois du libre-échange, réputées seules rationnelles, au risque de favoriser l'indolence de l'indigène irlandais ? C'était l'unique question qu'acceptait de se poser l'État, hormis celle des mesures policières. Au moment où les cousins américains envoyaient des navires de maïs, et où le sultan de Turquie expédiait un chargement de nourriture pour sauver dans l'urgence ceux qui pouvaient encore l'être, le gouvernement refusait de différer les dispositions d'ingénierie économique et sociale qui étaient, pour lui, seules dignes d'esprits éclairés. Les épidémies opportunistes associées à la malnutrition (choléra, typhus, etc.) amplifiaient les effets de la famine. Greniers et silos restaient gardés par des sentinelles. Comment éviter l'assistanat ? Les paysans agonisaient chez eux, en silence, à de rares rébellions près, localisées et réprimées aisément. Le but restait d'ajuster le niveau démographique par l'émigration, transformer l'économie agraire en agriculture salariale, spécialiser les productions de manière à fournir des ressources à la Grande-Bretagne sans générer de concurrences internes, agir sur la misère par les marchés, éduquer la population aux disciplines du travail rationalisé, lui inculquer une mentalité moderne et conforme aux idées impériales, ne dépenser que pour investir et non pour secourir, en un mot civiliser l'Irlande, l'élever à nouveau au rang de principale colonie devant l'Inde, et en faire le laboratoire démonstrateur du libéralisme.

Le point de vue gouvernemental et administratif, bien qu'il y eût évidemment des variantes, reflétait ainsi une combinaison – qui devait s'avérer durable – de libéralisme, de protectionnisme discret, de malthusianisme, de moralisme rigoriste, d'humanitarisme suprémaciste, de juridisme, d'autoritarisme et de volonté d'épargner. Un don était compris comme une distorsion des marchés et un gisement d'improductivité ; l'absence de barrières douanières comme nécessaire à la spécialisation optimale des productions ; une population pauvre comme une anomalie susceptible de se résorber naturellement par une élévation du taux de mortalité et l'émigration ; le primat donné à l'urgence comme un laxisme contre-productif ; la dissociation du revenu et du travail comme un encouragement à la paresse et au crime ; une économie non marchande et solidaire comme un archaïsme contraire au développement espéré d'une agriculture industrielle ; la considération de l'équité par les juridictions comme une destruction du droit[89] ; les vols et émeutes de la faim comme des actes politiques devant être réprimés selon toute l'étendue de la loi.

Les ateliers et les grands travaux qui avaient été mis en place dans le seul but d'obliger à un effort pénible les bénéficiaires des aides, s'étant montrés dispendieux, sans finalité économique, humiliants, difficiles à gérer, et incapables de traiter une part suffisante des affamés, les quakers[90] – agissant au nom de l'urgence contre les principes du libre marché – prirent sur eux de mettre en place des soupes populaires. Le gouvernement whig de Lord Russell en profita rapidement pour réduire les financements et introduire des mesures visant à en charger les propriétaires irlandais. Cette mesure eut pour effet de généraliser les évictions de paysans. Les quakers ayant fini par se retirer par impuissance, Londres répondit par des mesures de libéralisation accélérant les procédures judiciaires de faillite pour permettre à des entrepreneurs britanniques de s'implanter en Irlande.

Comme on ne ferait à peu près rien de plus, et pendant que la nature se chargeait de réduire le nombre des survivants, on organisa une visite de la reine en Irlande, pour prouver au monde qu'il avait tort de faire honte à une Angleterre animée d'excellents sentiments et aimée de ses sujets.

Se mettre à l'écoute des théoriciens et de leurs principes humanitaires permit au moins aux gouvernements qui se succédèrent de réaliser de solides économies : en dépit du coût des structures administratives et des grands programmes souvent inefficients, la Grande famine leur avait coûté seulement 0,5 % du PNB du Royaume-Uni pendant cinq ans, à comparer au montant trois fois supérieur de l'indemnisation des propriétaires d'esclaves antillais lors de l'abolition durant les années 1830, ou celui, dix fois supérieur, de la guerre de Crimée en 1854-1856[91].

Une nouvelle étape avait été franchie en Europe qui rapprochait un peu plus les gouvernements d'un passage à l'acte exterminateur contre leurs concitoyens. On en était encore à une phase passive, mais l'attitude était déjà implacable, fière et sûre de ses raisons.

4.4 Propagandisme et extermination

> *«[Mes adversaires] se sont demandés, pleins de jalousie : comment cet homme obtient-il ses succès auprès des foules ? Les socialistes, les communistes considéraient que la masse était leur monopole [...]. Le manque d'esprit critique de la masse est certainement une explication, mais non pas au sens où l'entendent nos marxistes et nos réactionnaires. La masse possède ses organes de critique. Pour elle, la logique et le raisonnement n'entrent pas en ligne de compte. Si j'ai réussi à déclencher le mouvement national le plus puissant de tous les temps, cela tient à ce que je n'ai jamais agi en contradiction avec la psychologie des foules ni heurté la sensibilité des masses. Cette sensibilité*

peut être primitive, mais elle a le caractère permanent et irrésistible d'une force de la nature. Lorsque la masse a fait une dure expérience, comme celle de l'époque des cartes de pain et de l'inflation, il lui est désormais impossible de l'oublier. La masse ne possède qu'un appareil intellectuel et sensoriel très simple. Tout ce qu'elle ne parvient pas à cataloguer la trouble. Ce n'est qu'en tenant compte des lois naturelles, que je suis capable de la dominer. On m'a reproché de fanatiser la masse, de l'amener à un état extatique. Le conseil des psychologues subtils est qu'il faut apaiser les masses, qu'il faut les mettre dans un état d'apathie léthargique. Non, messieurs, c'est exactement le contraire qu'il faut. Je ne puis diriger la masse que quand elle est fanatisée. »

Adolf Hitler

En opposant trop simplement l'idéologie aux réalités, comme on le fait d'habitude, nous risquons de nous égarer : l'idéologie porte sur des affaires humaines qui sont elles-mêmes largement produites par l'idéologie. Quand nous disons que le porteur d'une idéologie se « heurte aux réalités », cela signifie en général qu'il se heurte à d'autres hommes ne partageant pas son idéologie, ou qu'il se heurte à un phénomène, par exemple un processus économique, à l'existence duquel d'autres hommes, munis de leur propre idéologie, ont pris une part déterminante[92].

Il est de même illusoire de s'imaginer contrôler entièrement une idéologie d'une manière extérieure, d'un point de vue non idéologique et purement cynique. Cet effort, qui est précisément celui du « propagandisme », dépend à son tour d'une idéologie qui conçoit les hommes comme des êtres inégaux, certains se laissant manipuler par d'autres qui leur seraient intellectuellement supérieurs. Or, la différence entre le manipulateur et le manipulé n'est pas si grande en pratique. Le manipulateur est tenu par sa propre idéologie qui est sa propre représentation politique du monde et qu'il cherche à transmettre ou imposer. Il possède, comme tous les autres, des valeurs et des notions qui ne sont pas universelles mais dont dérivent ses propres jugements sur l'organisation de la société, ses divisions et les buts à y poursuivre. Il ne peut non plus s'affranchir des règles de formation d'une idéologie en se bornant à mentir à ses cibles : une idéologie ne se forge pas sur la seule base d'informations – vraies ou fausses – car elle est un système d'interprétation des informations qui ne peut lui-même être transmis par une information, qu'elle soit véridique ou fallacieuse.

Nous avons tendance à n'appeler « idéologie » que le contenu mensonger d'une propagande, en négligeant les représentations du manipulateur qu'il ne peut, elles, manipuler. Nous parlons ainsi de « l'idéologie bolchevique » et de « l'idéologie nazie » comme quelque chose à quoi les leaders bolcheviques ou nazis ne croyaient pas vraiment eux-mêmes et qu'ils se seraient employés à faire croire. Sans exclure qu'ils aient possédé une doctrine à laquelle ils croyaient, nous supposons qu'elle était moins simpliste. Nous les jugeons donc capables d'inculquer leurs mensonges d'une manière objective et contrôlée, indépendamment de leurs propres opinions. Or, ce sentiment n'était pas totalement partagé par un grand connaisseur.

Le fait que l'on puisse manipuler une foule est ce dont Hitler était parfaitement conscient, mais il en savait aussi les limites, exposées dans le texte reproduit en exergue de ce chapitre[93]. L'idée exprimée est que la propagande ne peut pas entièrement imposer une idéologie, mais seulement la potentialiser. Une foule n'est réceptive qu'à l'expression d'une idéologie à laquelle elle est déjà sensible, à l'exclusion d'une autre.

De fait, il en va de la presse comme des discours. La presse politique n'espère pas persuader un lectorat éloigné de ses idées d'en changer. Elle s'adresse à un public déjà convaincu, auquel elle offre uniquement les moyens de renforcer sa conviction, en faisant pour lui le travail d'interpréter les événements du jour dans le sens de cette conviction. Un journal politique est choisi par le lecteur pour consolider les représentations qui leur sont communes. La même chose vaut pour l'ensemble de la littérature engagée, qu'il s'agisse de pamphlets, de libelles ou même d'ouvrages philosophiques et savants s'ils paraissent politiques. Ils ne sont le plus souvent pas lus de ceux qui ne partagent pas leurs idées, mais opèrent en outils de renforcement de la conviction chez les partisans et les indécis qui ont déjà commencé de s'orienter dans le même sens. En toute rigueur, la propagande ne propage pas, elle intensifie ce que l'idéologie a propagé[94].

La propagande de guerre[95], qui est un effort majeur de manipulation, est par elle-même impuissante à se substituer, par exemple, au nationalisme, pour provoquer le bellicisme dans une population, et engager dans la guerre les gouvernements qui recourent à la propagande. Elle peut seulement entretenir le désir de guerre par des mensonges délibérés, et le porter à son paroxysme. Elle peut aussi enflammer par contagion émotive des personnes peu enclines au débat doctrinal. Mais un faux, une calomnie, une dénégation, une accusation sans fondement, qui demeurent ses instruments de base, ne sont jamais que des informations qui doivent être interprétées, et qui ne peuvent l'être que par la critique rationnelle ou par l'idéologie.

L'emploi intense de la propagande durant les deux guerres mondiales, sa généralisation par le nazisme et le stalinisme, puis sa réappropriation dans les sociétés libérales par les lobbies ou les organismes de relations publiques gouvernementaux ou privés, a donné naissance à des théories du complot dans la littérature politique ou au cinéma. Noam Chomsky a développé l'argument d'une fabrication du consentement par la propagande[96]. Les gouvernements, au moyen de déclarations mensongères et de pressions, et les élites économiques, au moyen du contrôle des médias par la publicité et de l'achat des intellectuels par des subventions, s'organiseraient avec succès pour manipuler ensemble l'opinion. Sans qu'il y ait lieu de contester l'étendue de ces pratiques, du reste dénoncées en partie par Dwight Eisenhower, toujours président des États-Unis, au travers de la notion de « complexe militaro-industriel », rien ne permet d'affirmer ni qu'elles soient systématiquement concertées, ni qu'elles soient assez puissantes pour déterminer l'opinion. Cette théorie surestime la propagande et sous-estime l'idéologie[97]. La vénalité supposée des journalistes et des intellectuels ne suffit pas à expliquer leur assentiment ; et s'il est vrai que les annonceurs sont réfractaires aux organes de presse qui véhiculent des idées opposées à leurs opinions, ils sont néanmoins tenus d'atteindre le public où il se trouve, c'est-à-dire dans l'audience de médias conformes à ses propres opinions. Si bien qu'au bout du compte, la propagande joue son rôle, mais dans le cadre et les limites de l'idéologie déjà dominante auprès du public, sans qu'elle puisse la créer ou s'y soustraire.

Le propagandisme légitime la diffusion d'idées non soumises à la discussion rationnelle par les moyens les plus larges disponibles. Il est en tant que tel enraciné depuis toujours en Occident qui n'en possède pas l'exclusivité. Ce droit, dans les régimes autoritaires, est réservé par la censure aux détenteurs du pouvoir. Mais le principe autorisant l'appareil politique ou les puissants à diffuser des opinions soustraites à l'examen critique, appartient lui-même aux idéologies dominantes. Contemporain de l'imprimerie, dès les incunables (XVe siècle), le premier objet du propagandisme moderne en Europe fut religieux. Ce fut le cas plus encore au XVIe siècle avec la Réforme. Les techniques sociopsychologiques de manipulation de l'opinion ne furent théorisées que très tard en France et aux États-Unis, et n'en sont pas la source[98]. Il était admis depuis longtemps que l'on pouvait légitimement et de manière illimitée soutenir des opinions, sans les soumettre à un protocole critique, y compris par la voie d'une simple imagerie, l'Europe n'étant pas iconoclaste. Cette idée constitue le propagandisme.

La propagande a pour effet d'exacerber l'idéologie à laquelle elle est conforme, de fanatiser les personnes qui la partagent, non de fournir ses termes, notions et concepts à l'affrontement idéologique. L'idéologie ne se forme pas sur la base des propagandes. Les propagandistes en dépendent au moins autant qu'ils y contribuent. Ils la reçoivent, comme le langage, de ressources acentriques et réparties, auxquelles participent au premier chef la littérature, les arts, la religion et les penseurs, et parfois même, comme on a vu, la science[99]. Parce que la formation de l'idéologie est souterraine et généralement lente, il n'est pas rare que les dirigeants d'une société l'abandonnent sans répugnance à des adversaires auxquels il estiment confier ainsi des tâches seulement ancillaires. C'est ainsi que dans les sociétés libérales, les fonctions éducatives, savantes ou artistiques, pourtant décisives dans la construction ou la consolidation des idéologies, sont confiées à des personnes qui sont souvent très loin de partager les idées politiques ou économiques des élites commanditaires, ou qui s'opposent directement à elles. Cette dualité, qui réserve néanmoins en contrepartie aux élites la manipulation des forces de l'idéologie publicitaire, est un trait du fonctionnement des sociétés libérales qui conditionne leurs possibilités d'évolution.

La propagande n'en remplit pas moins une fonction importante, et la présence du propagandisme parmi les composants de l'idéologie du nazisme est indubitablement une condition à la fois de sa diffusion rapide et de ses pratiques exterminatrices.

La relative complexité de la doctrine nazie, le rassemblement par elle de thématiques politiques empruntées à des sources hétérogènes et l'ampleur des changements préconisés exigeaient une pédagogie de masse, relayée de manière cohérente par des intermédiaires, simplifiée par l'imagerie et inculquée dans le cadre de manifestations collectives. Le spectacle nazi offert à la population a pour principal sujet la population elle-même, organisée comme une force en mouvement, structurée et invincible, dont les membres sont tous représentés comme des soldats triomphants, et non plus comme des quidam quelconques, des chômeurs ou des déclassés. Le pays entier devient un décor portant la marque omniprésente d'un pouvoir solide ne laissant aucun espace à l'opinion personnelle, à l'hésitation ou à la désobéissance.

L'ennemi juif est dans ce cadre désigné comme l'unique adversaire (alors que la doctrine est plus complexe), celui qui commande aux armées étrangères comme aux troubles économiques. La technique du bouc emissaire joue sur ce point un rôle décisif qu'il est tout à fait possible de comprendre de façon rationnelle, n'exigeant aucun recours à la psychanalyse. Elle est paradoxalement un instrument d'abord destiné à *rassurer*, dans un contexte où le pays est présenté comme victime et la situation comme si grave qu'elle exige des solutions drastiques. L'inquiétude des habitants n'est pas alors uniquement que les difficultés ne soient pas surmontées, mais surtout de ne pas faire eux-mêmes les frais du traitement proposé. Le bouc émissaire trace une frontière protectrice autour de tous ceux qui ne lui sont pas apparentés, ce qui par construction est le cas très majoritaire. Il faut et il suffit que le bouc émissaire soit ultra minoritaire, impuissant à se défendre par ses seules forces, et qu'il dispose par ailleurs d'un énorme pouvoir supposé qu'il ne peut toutefois exercer au lieu et à l'heure de sa désignation. Il occupe une place dont sont exclus tous les autres qui s'en trouvent aussitôt tranquillisés. Il autorise à mobiliser contre lui toutes les énergies en vue du petit nombre de combats investis d'une urgence, à commencer par la réforme des institutions, la remilitarisation, puis l'expansion territoriale. La propagande permet d'éviter la discussion des tenants et aboutissants de ces politiques, et de transformer l'action en cérémonie libérant une puissance sans limite. Or les traditions installées autorisent cette propagande qui n'apparaît ni comme anormale ni comme ridicule, et qui trouva même dans la philosophie, non une critique radicale, mais des relais nouveaux. Sans être le moins du monde religieuse, comme on l'a souvent affirmé, elle se réclame de formes et de précedents religieux, et magnifie les coutumes de la représentation du pouvoir suprême.

En outre, comme le rappelle Himmler dans le premier discours de Posen évoqué plus haut[100], l'extermination était un élément bien connu de l'idéologie du Parti, et, pourtant, comme il l'indique aussi, elle n'en est pas moins extrêmement difficile à mettre en œuvre. L'obstacle ne relève pas de la technique de meurtre, mais de la psychologie sociale. Même si le secret est le moyen trouvé pour contourner les résistances, il faut encore que les SS eux-mêmes se convainquent de l'absolue nécessité de réaliser en pratique ce que leur violent antisémitisme leur permet facilement d'envisager en théorie. C'est sur ce point que la propagande intervient. Elle se déploie par tous ses instruments de guerre (diabolisation, accusation de la responsabilité des hostilités, attribution de trahisons et d'atrocités, noblesse morale de la cause, conformité à la vérité et à l'Histoire, innocence et pureté du bourreau). Sa cible ici n'est pas la population générale, ni même le Parti, qui sont tenus à l'écart, mais la SS. La SS, par la voix de son chef, se persuade, comme celui-ci se persuade en véhiculant la propagande auprès d'elle, de l'obligation du passage à l'acte. Sans l'idéologie sous-jacente et déjà fortement constituée, la propagande eut été vaine. Sans le propagandisme, les autres éléments de l'idéologie, mis tous ensemble, y compris l'antisémitisme, le suprémacisme racial, le nationalisme, l'acivilisme et l'anempathisme, n'auraient pas reçu l'énergie d'opérer de manière si radicale. Or, sans passage à l'acte exterminateur, le nazisme serait demeuré une formation relativement banale au sein de la civilisation occidentale.

En opérant ce passage, le nazisme nous enseigne cette vérité – peut-être la plus effrayante de toutes – que la propagande est le plus sûr moyen que les hommes ont trouvé pour tenir leur parole. Et comme les hommes sont, pour l'essentiel, conduits par leur idéologie, ce que nous avons le plus à craindre d'eux est qu'ils tiennent parole. C'est bien l'idéologie dominante en Occident, telle qu'elle préexistait à l'extermination, qui en a mis en place les conditions de sa réalisation, y compris sa propre potentialisation par la propagande qui en est un élément constitutif.

CHAPITRE 5

L'action historique

5.1 Le sens de l'histoire et le triomphe de la volonté

> *« C'est notre grand but de bâtir la fondation qui garantisse la vie de notre Volk pour les nombreux siècles à venir. Un immense projet que nous devons accomplir par nous-mêmes, une tâche immense, car notre structure doit être la structure pour des siècles. Tout ce qui est grand exige la lutte, et le chemin de la liberté est le chemin de la lutte. La résistance est là pour être brisée. On ne peut affermir ses propres forces qu'en combattant la résistance de ce qui s'y oppose, et c'est seulement dans le fait de surmonter cette résistance que se trouve la justification de notre victoire finale. »*
>
> *Adolf Hitler*[1]

L'« historicisme », dans le sens où j'emploie ici ce mot hélas polysémique, pense l'Histoire selon un parcours orienté positivement, depuis une nature originelle réputée chaotique et violente, jusqu'à un ordre final, réputé rationnel et civilisé. Cette notion est ontologique, tenant doctrines, idéologies, opinions personnelles sous sa dépendance. Elle engage l'identité dans un rapport qui n'est pas universel au temps. La plupart des sociétés ont éprouvé le temps d'une manière toute différente : les unes comme un parcours orienté négativement (« l'archaïsme »), d'une émergence miraculeuse à la décadence ; d'autres comme un parcours cyclique, produisant l'éternel retour des mêmes états ; d'autres enfin comme un état dense attendant une sortie imminente hors du temps (le « millénarisme » ou le « messianisme »[2]).

Ces ontologies se distribuent entre les cultures et contribuent pour beaucoup à les caractériser. L'historicisme appelle à toujours évoluer, l'archaïsme à préserver au mieux l'acquis, le messianisme à se préparer sur l'heure à tout abandonner, l'éternel retour à accompagner le rythme du temps. L'attente millénariste de la fin du monde s'était profondément affaiblie avec la laïcisation, se convertissant partiellement en socialisme utopique ; sa version apocalyptique, quant à elle, se reconfigurant plus tard en catastrophisme écologique, à compter surtout de la menace nucléaire liée à la guerre froide. Le bouddhisme est une illustration de la pensée cyclique : le temps, destruction et régénération, produit en spirale des réincarnations toujours recommencées, jusqu'à une éventuelle sortie hors du temps. L'archaïsme, désir de ressourcement (*archè*, la source), relève d'abord de sociétés qu'une pudibonderie suprémaciste hésite aujourd'hui à appeler « primitives », faute d'en apercevoir la sagesse. Fixés sur le « progrès », les modernes interprètent péjorativement la reconnaissance d'une précarité des choses, la volonté de se tenir proche d'un état premier qui ne se laisserait pas reconstituer s'il venait à disparaître. Les « primitifs » refusent de réduire leur communauté à un objet profane que l'on fabriquerait ou réparerait à sa guise. Ils la traitent en réalité sacrée, vénérable et fragile, exigeant l'effort permanent de sauvegarde que symbolise le rite, cette répétition des gestes originaires qui l'ont extraite du néant.

Ces conceptions contraires, dont dépendent des manières distinctes d'habiter le monde, possèdent pourtant l'étrange vertu de s'entremêler partiellement. La modernité est née de la Renaissance, aspiration expressément archaïsante à retrouver la vérité des sources antiques. C'est seulement au terme de ce retour, qu'elle s'est lancée éperdument dans la direction inverse de la flèche. Malgré sa nostalgie du second Reich, le nazisme était historiciste, puisque le futur est pour lui supérieur au présent[3].

On remarque rarement à quel point la conception nazie du temps, parce qu'elle est fondamentalement moderne, est partagée. Avec ses principaux rivaux, le matérialisme-historique et le libéralisme, le nazisme considérait le présent strictement inférieur au futur, et le futur comme le produit d'un processus nécessaire : le nazisme apporterait un accomplissement national, le matérialisme historique la libération des travailleurs, et le libéralisme le progrès économique comme le respect du droit[4]. La dimension messianique, que les bolcheviques avaient possédée avant la révolution, s'atténuait rapidement chez eux, depuis que l'exercice du pouvoir les conduisait à différer toujours et encore l'avènement de l'homme nouveau.

Le nazisme est un alliage assez solide d'historicisme pour en conserver toutes les propriétés, et les porter à leur plus haute intensité, la première étant de ne s'embarrasser d'aucun obstacle. Son temps orienté vers le seul avenir désirable pour le peuple allemand justifie toutes les destructions allant dans le sens annoncé. Aucun être et aucun principe, sauf la puissance du *Volksgeist* qui lui a donné l'énergie du mouvement, ne possède l'autorité de le ralentir. La procédure juridique, le sentiment humanitaire, l'argumentation logique sont subalternes, comme l'indique le texte reproduit en exergue de ce chapitre. Rien ne permet de s'en affranchir, sinon une catastrophe, tel un désastre militaire, déclenchant un changement brutal de la conception du temps. Sans son historicisme extrême, le nazisme n'aurait pu se montrer si exterminateur. Il aurait été freiné, sinon par les lois qu'il avait lui-même édictées, du moins par la considération d'une utilité plus grande à exploiter les autres populations plutôt qu'à les anéantir, au lieu d'accomplir implacablement et en toute circonstance, comme il le faisait de façon visiblement contreproductive sur certains points importants, un projet dont le succès lui paraissait garanti par le sens de l'Histoire.

Comme tous les composants de son idéologie pris séparément, l'historicisme est nécessaire au nazisme, mais ne suffit pas à le définir. Les adversaires de l'historicisme avaient été, en fin de compte, peu nombreux à l'Âge moderne, et étaient devenus très minoritaires au début du XXe siècle. Les plus bruyants d'entre eux étaient les contre-révolutionnaires[5] et autres « réactionnaires » qui estimaient le temps décadent. Parmi eux, on comptait les écologistes de Madison Grant, désireux de protéger la nature contre les progrès de l'industrie, et attentifs à repousser l'égalisation sociale. Les anarchistes, héritiers de l'utopisme, vivaient, quant à eux, le temps comme messianique[6]. Mais l'heure était à l'historicisme conquérant, et le nazisme n'était pas plus une exception à ce sujet qu'à bien d'autres.

Hitler entendait rivaliser avec les deux grandes formes préexistantes d'historicisme en s'appropriant certaines de leurs meilleures armes. Il retenait du bolchevisme la volonté socialiste révolutionnaire, exprimée sous la forme autoritaire du Parti unique. Mais il empruntait au libéralisme ses structures économiques et le principe de hiérarchie dans l'entreprise[7]. Tout en leur opposant le primat de la lutte raciale, il adoptait leur vision du temps, sous les espèces d'un progrès nécessaire et accessible à une connaissance « scientifique ».

Les outils usuels pour regrouper ou distinguer entre eux ces trois historicismes, la notion de « religions séculières » ou celle de « totalitarisme », entraînent des difficultés. La première d'entre elles est justement que les religions proprement dites ne sont jamais historicistes. Une sorte d'illusion d'optique a conduit de nombreux auteurs à projeter l'historicisme moderne sur les religions judéo-chrétiennes qui sont pourtant toutes en attente d'un événement qui n'est produit ni par l'Histoire ni à l'intérieur d'elle, et qui admettent toutes des cycles de construction/décadence ou de faveur/retrait de Dieu[8]. Leur eschatologie n'est pas progressiste mais apocalyptique. Ni le nazisme, ni le bolchevisme, ni le libéralisme ne constituent, au moins sur ce point essentiel, des religions sans Dieu[9].

Le retrait du religieux se signale au contraire par l'entrée dans une conception linéaire du temps destinée à produire une amélioration inéluctable de la condition humaine. Lorsque les trois grandes idéologies contemporaines célèbrent le régime qu'elles préconisent respectivement, en le revêtant des atours du sacré, elles ne deviennent pas les héritières mais tout au plus les substituts du religieux. Alors que toute religion fixe, avant toute chose, une borne inébranlable aux décisions humaines, ces idéologies volontaristes n'en tolèrent aucune. Elles anéantissent ou écartent ce qui est de toute manière mécaniquement voué à l'échec parce que non-conforme au « sens de l'Histoire » tel qu'elles l'interprètent. Elles entendent poursuivre sans entrave, et littéralement sans tabou, des valeurs mondaines et matérielles dont le sacré réclamait l'abandon. Le point de vue messianique antérieur rendait à l'inverse transitoire le temps profane, faisant de lui une simple période de mise à l'épreuve des individus ou des communautés, devant des valeurs éternelles opposées terme à terme aux valeurs d'ici bas.

Ni la fanatisation ni l'exigence du sacrifice personnel ne sont par ailleurs des traits exclusivement religieux. On connaît des fanatismes sportifs, par lesquels l'individu accorde son adhésion inconditionnelle au camp auquel il s'identifie, comme des pratiques religieuses rigoureusement non fanatiques, accordant une place fondamentale au débat et au choix individuel. Pareillement, le sacrifice personnel peut être aussi bien motivé par un calcul utilitariste que par un désir de fusion collective.

Le principal point de rencontre avec les religions est cependant le culte de la Nation, alors paroxystique, qui met en scène une communauté des vivants avec les ancêtres face à la mort. En justifiant le sacrifice patriotique, le nationalisme se substitue aux obligations religieuses pour légitimer la guerre et l'organisation militariste de la société. Cette analyse ne s'applique d'ailleurs pas sans nuances à l'Union soviétique où, du moins en temps de paix, le culte du prolétariat et du chef, l'emportent sur celui de la Nation.

Ni la Nation, ni le Prolétariat ni le Guide ne sont à proprement parler des divinités, motivées par des desseins inaccessibles à l'homme, mais des principes supérieurs réputés pleinement intelligibles. En sorte que l'appellation de « religion séculière » se réduit essentiellement à désigner le fanatisme produit par la propagande, dans le cadre d'un remplacement complet des interdits sacrés par des valeurs profanes. Le sens de l'évolution historique est fixé et connu par avance, alors que les décisions de la Providence sont impénétrables et changeantes. L'injonction morale aux individus, qui reste un aspect essentiel de toute praxis religieuse, devient aussi superfétatoire. Le libéralisme admet que le progrès économique est si peu dépendant de la moralité individuelle, qu'il s'appuie entièrement sur les passions grâce à la main invisible qui les harmonise spontanément (et qui donc peut aussi bien s'accomoder, de manière indifférente, d'une pratique religieuse personnelle). Le matérialisme historique assure que la révolution est rendue matériellement inévitable par la dialectique de la nature, sans qu'une construction morale du prolétaire n'en soit le préalable. Le nazisme certifie que la lutte raciale charrie par elle-même des dispositions éthiques héréditaires que ni le libre-arbitre ni la culture ne modifient[10].

Le fondement théorique des trois historicismes n'est jamais révélé, mais toujours l'objet d'une découverte savante, qu'il s'agisse des lois de l'économie, de la matière ou de la vie. Il convient sur ce plan de distinguer le génie reconnu aux pères fondateurs d'une transcendance qui n'existe dans aucun des trois cas.

Des difficultés analogues atteignent la notion de « totalitarisme », censée permettre le regroupement des deux historicismes autoritaires par opposition à l'historicisme libéral, au lieu de s'en tenir à leur communauté la plus évidente qui est le rôle du Parti unique terroriste et la disparition d'un droit protecteur des libertés. Cette catégorisation, devenue classique, aboutit à sous-estimer l'étendue du contrôle social exercé par l'État-nation bureaucratique libéral, qui est pourtant loin de se restreindre à la seule sphère publique. Sa législation structure toutes les organisations privées, de la famille aux entreprises et aux associations. Elle s'étend à l'éducation qui est obligatoire et uniformisée, comme à la surveillance des mœurs[11]. La réglementation de l'entreprise impose par surcroît des formes de collaboration étroitement codifiées, et la soumission à des systèmes hiérarchiques[12]. La pratique libérale combine nationalisme économique et consumérisme, qui y font l'objet de propagandes particulièrement massives.

De sorte que ce n'est pas tant la dimension du champ de l'autorité qui est en cause, puisque dans tous les cas la « totalité » de la société est recouverte, que les modalités d'exercice de l'autorité, distinction qui paraît retirer sa pertinence au concept de « totalitarisme ». La différence majeure se place entre les systèmes autoritaires prohibant le débat public, et les systèmes libéraux garantissant l'expression des opinions et des initiatives ; comme elle se situe également entre le terrorisme d'État et le contrôle effectif des pouvoirs publics par le système judiciaire. Une société dans laquelle un recours judiciaire contre ses dirigeants est susceptible d'être efficace ne passe jamais pour « totalitaire ».

Les trois historicismes entretiennent enfin un rapport chronologique différent à la révolution, sans diverger sur sa nécessité. Tous considèrent qu'une révolution est indispensable à l'entrée dans l'Histoire, et tous admettent que cette révolution s'accompagne d'une phase violente. La Déclaration des Droits (*Bill of Rights*) en Angleterre fut obtenue par appel à une armée étrangère, celle de Guillaume d'Orange ; les rebelles américains firent la guerre à leur roi ; et les conventionnels français décapitèrent le leur. La doctrine libérale et parlementaire, à laquelle la social-démocratie réformiste s'est ralliée, estime néanmoins qu'une fois le système installé dans un nombre suffisant de pays, il peut ensuite se répandre pacifiquement. Les deux autres doctrines affirment être encore, au moment qui nous intéresse, en période révolutionnaire initiale justifiant leurs pratiques dictatoriales, sans contester pour autant l'objectif d'une stabilisation ultérieure.

Leur phase révolutionnaire suffit à expliquer, à elle seule, une attitude différente envers la jeunesse. Alors que la société libérale est d'ores et déjà passée à une phase de stabilisation, qui la rend gardienne des structures sociales acquises, les dirigeants soviétiques et nazis entendent conduire la destruction de l'ordre ancien par le remplacement des élites. La jeunesse est la ressource de la substitution. Elle peut être éduquée par l'État ou le Parti, sans être suspecte de charrier une idéologie préalable. Elle fournit la main-d'œuvre des forces armées, et ne demande qu'à s'enthousiasmer pour des perspectives sans commune mesure avec celles que peut offrir une phase normalisée, attentative à la préservation des rentes légitimement acquises dans le système considéré. Son engagement massif constitue l'incarnation historiciste par excellence, et la preuve vivante que le sens de l'Histoire a été trouvé.

Sur tous ces points, la Révolution française avait proposé un modèle. Sa lente stabilisation en république progressiste, au terme d'une évolution violente et d'un état de guerre prolongé, reste une référence tant pour l'Union soviétique que pour le Troisième Reich.

Leur rejet du projet bourgeois et parlementaire, en faveur d'un égalitarisme bureaucratique ou d'une hiérarchie raciale, n'altère pas les autres points communs. Ils estiment ensemble fonder leur idéologie sur une rationalité descriptible scientifiquement : économie de marché, matérialisme historique ou science des races. Ils aspirent ensemble à tirer le bénéfice social du progrès économique et technique, une fois la « victoire finale » acquise. Ils considèrent ensemble que la forme d'organisation politique, non la morale individuelle, est le garant du développement humain. Ils préconisent ensemble l'élimination des représentants des ténèbres passées, par l'emploi d'une force initiale aussi brutale que nécessaire pour accomplir le but assigné par l'Histoire.

L'incompréhension radicale de la doctrine nazie, qui va chez certains auteurs jusqu'à la dénégation de l'existence même d'une doctrine nazie, et son assimilation pure et simple à une irrationalité relevant de la simple pathologie mentale, a conduit fallacieusement à placer entièrement le nazisme du côté des anti-Lumières, alors que ce sont les Lumières, ou plutôt une partie des Lumières[13], dont il se réclamait avant tout[14], comme le faisait aussi le bolchevisme. Même dans le domaine où sa distance avec les Lumières paraît la plus grande, la distorsion du droit et la destruction de sa part universelle, il se réclamait encore de l'exception révolutionnaire.

La Révolution française avait ouvert la voie à un volontarisme destiné à accélérer l'évolution par la prise de contrôle politique des événements[15]. Il avait été permis à la France d'imposer unilatéralement ses « lumières » à l'Europe entière au nom d'une raison supérieure aux traditions et aux opinions. Dans ces conditions, le nazisme se considérait fondé à réclamer pour l'Allemagne la faculté de surmonter par elle-même, et à sa propre façon, la crise économique mondiale, sans se préoccuper d'autre chose que de conformer sa volonté à sa connaissance présupposée de son propre destin :

« C'est notre conviction que la misère n'est due ni seulement ni primordialement aux événements généraux du monde, car cela exclurait plus ou moins, dès le départ, la possibilité qu'un peuple particulier soit dans une situation meilleure. S'il était vrai que la misère allemande est nécessairement et uniquement due à une soi-disant crise mondiale – une crise mondiale sur le déroulement de laquelle nous, en tant que Peuple, ne pouvons exercer aucune influence ou seulement une influence minime – alors le futur de l'Allemagne ne pourrait être décrit que comme désespéré. [...] Je ne peux pas dire : “La vue d'ensemble est que le

Traité de paix de Versailles est la cause de notre infortune". Qu'est-ce que le Traité de Paix de Versailles sinon l'œuvre de l'homme ? Ce n'est pas quelque chose qui nous a été infligé ou imposé par la Providence. [...] C'est mon opinion qu'il n'y a rien qui ait été causé par la volonté de l'homme qui ne puisse être à son tour changé par la volonté d'un autre homme. »[16]

5.2 Le positivisme juridique et ses effets sur le terrorisme d'État

> *« Hommes de mon Mouvement National Socialiste ! Je ne vous demande pas de faire quoi que ce soit d'illégal, je n'exige rien qui placerait votre conscience en conflit avec la loi, mais je demande que vous me suiviez loyalement sur la voie que la loi permet et que ma conscience et ma vision exigent, et que vous joigniez votre destin à mon destin. »*
>
> *Adolf Hitler, Proclamation du Nouvel An au Parti du 1er janvier 1932*[17]

Le nazisme, qui s'appuyait initialement sur une entente objective avec les conservateurs et les libéraux, et espérait encore conclure une alliance avec les autres grandes puissances contre l'Union soviétique, était désireux de sauvegarder les apparences du droit. Hitler était parvenu à la chancellerie dans le cadre des procédures constitutionnelles de la République de Weimar, et c'est le Reichstag, dans lequel le NSDAP était devenu majoritaire par la voie électorale, qui lui avait confié ses pouvoirs dictatoriaux. Le but étant de construire un nouveau Reich durable, il était essentiel que l'Allemagne disposât d'un ordre juridique irréprochable, et que les exactions tyranniques soient couvertes par une législation formelle, fût-elle antiparlementaire, au lieu d'être ouvertement livrées au caprice d'un despote et de ses hommes de main. Une opération d'allure aussi irréalisable fut permise par la doctrine juridique allemande, inspirée par les constructions ayant transité par Hobbes et que la Révolution française avait mises en œuvre. Contrairement à un sentiment répandu, la théorie venait d'Angleterre et la pratique venait de France.

Deux conceptions du droit se confrontent depuis toujours. La première, dominante dans le droit romain[18], encore présente dans le *Common Law* anglais, est « juridictionnelle », plaçant le droit dans la décision de justice. La seconde, dominante à l'Âge moderne, est « législative », plaçant le droit dans la formule de loi. Elles engendrent deux systèmes très distincts, l'un centré autour du législateur, en général le parlement, l'autre autour des tribunaux. Leur divergence ne se réduit pas à une question technique réservée aux juristes, mais emporte des conséquences décisives sur le plan des libertés : le nazisme, parvenu au pouvoir en conformité avec la législation en vigueur, serait apparu aussitôt illégal et tyrannique dans un système juridictionnel proprement dit, puisqu'il aurait du respecter aussi bien les normes non législatives du droit, à commencer par les principes universels qui exigent, entre autres choses, l'indépendance du juge par rapport au gouvernement et le respect de l'équité.

La voie juridictionnelle dit le droit à l'issue de l'analyse de la cause dont un tribunal est saisi. Les juges se prononcent au vu d'une pluralité de sources. Elles comprennent la loi écrite, mais aussi la coutume, les analyses des experts (la doctrine), la cohérence avec les cas analogues (la jurisprudence), le raisonnement fondé sur les principes généraux, l'équité, et quelques autres sources encore. Le droit y est une réalité objective recherchée à l'occasion de chaque procès, et qui ne peut être déterminée d'aucune autre manière. Il est possible d'étudier le droit et de l'enseigner, non de connaître ses conclusions par avance. Il ressemble davantage à cet égard à la médecine qu'aux mathématiques.

Au contraire, la conception législative définit le droit comme l'expression d'une volonté souveraine dont la décision de justice n'est que l'application aux circonstances particulières. Elle déduit logiquement ses conclusions de règles formulées par la volonté légitime. Le débat judiciaire se limite à établir les faits, à les qualifier selon les critères de la loi, et à interpréter l'intention du législateur, en tenant compte tout au plus de la jurisprudence, afin de préserver la cohérence des décisions. Les juges s'interdisent de rechercher une justice qui serait objectivement formée par une variété incompressible de facteurs dont la législation ne serait qu'un élément parmi d'autres. Le droit étant ainsi posé, plutôt que constaté, on appelle cette conception « positiviste »[19].

Le positivisme juridique, qui s'est toujours présenté comme l'expression de la raison, adresse trois reproches principaux à la conception juridictionnelle : son caractère statique et conservateur, son imprévisibilité, et le risque d'un gouvernement des juges[20]. Or, indépendamment de la nature contradictoire des deux premiers griefs, un système statique ne pouvant par définition être imprévisible, un système juridictionnel se développe et se modifie inéluctablement avec l'évolution de la société et des idées, ce qui n'est pas nécessairement le cas d'un système législatif. La structure qui le rend dynamique est aussi celle qui interdit en pratique la possibilité d'un gouvernement des juges : étant acentrique, elle ne peut être contrôlée par quiconque en particulier. Chaque instance est tenue d'anticiper dans son propre fonctionnement les réactions de toutes les autres : le législateur anticipe l'interprétation donnée de sa volonté par les juridictions et par les justiciables qui pourraient la faire entrer en désuétude dès sa promulgation ; les juridictions inférieures anticipent la probabilité de révision de leurs décisions par les juridictions supérieures ; les juridictions supérieures anticipent l'appréciation de leurs décisions par la doctrine ; les auteurs de la doctrine anticipent l'impact de leurs travaux sur les juridictions ; et les justiciables anticipent dans leur comportement les décisions de justice auxquelles ils risquent de se heurter. Ainsi, le droit évolue constamment par la contribution continue de toutes ses parties, en échappant toujours au commandement exclusif de l'une d'entre elles, y compris le législateur[21]. Le seul moyen dont l'autorité dispose encore de s'emparer du système pour le conformer à sa volonté, est de violer ouvertement les procédures et de terroriser les juridictions afin qu'elles répondent à ses injonctions. Dans un tel cas, qui est celui du nazisme, même la simple apparence d'un ordre juridique cesse d'être préservée, en dépit de tous les efforts cosmétiques[22]. Aussi bien convient-il de cesser de parler de « droit nazi », pour parler de décisions que pourrait aussi bien prendre une autorité adminsitrative au seul vu des décrets du son gouvernement, sans même user des cérémonies et procédures judicaires. Le droit n'est pas une institution universelle et il peut disparaître, ce dont le IIIe Reich fournit l'illustration, puisqu'il prétend soumettre tout le droit à la loi positive, elle-même produite par une volonté politique hors d'atteinte juridictionnelle[23].

Hobbes, promoteur de la doctrine législativiste, croyait en une nature humaine uniforme, rapportée aux appétits et aux volontés. L'individu était invité à fonder l'organisme social en abdiquant son pouvoir à l'instant de son exercice, pour le confier au prince. C'est une pensée de la force contrainte, hiérarchiquement et unitairement structurée, destinée à mettre fin aux guerres civiles, une ambition qui est aussi celle du nazisme. Elle est également une pensée de la science, affranchie de la religion, et destinée à s'imposer au droit comme à la morale. Il s'agit d'un autre point commun, même si la science paradigmatique hitlérienne est la biologie, plutôt que la physique mathématique déductive de Hobbes. Nous avons observé antérieurement que Hitler est un positiviste au sens d'Auguste Comte, sûr des vérités absolues que la science, chez lui raciale, découvre derrière les phénomènes historiques[24]. Il est également un positiviste juridique au sens de Hobbes, estimant que la loi, identifiée au commandement de l'autorité souveraine, est l'unique source du droit. La doctrine autoritaire de Hobbes[25] n'avait pas rencontré le succès escompté dans une Angleterre désireuse de se soustraire à l'absolutisme. C'est sur le continent, en particulier en France et en Allemagne, que se forma son abondante postérité.

Les limitations imposées au souverain par un droit juridictionnel sont considérables. La législation est encadrée par un droit préalable qui conditionne toute transformation qu'elle souhaiterait introduire[26]. Il fallut près d'un demi-millénaire aux monarques européens pour s'en libérer, grâce à des clercs empressés de servir leurs intérêts[27]. La France était déjà devenue championne de la conception positiviste sous l'absolutisme. Louis XIV, qui avait déclaré être l'État, en concluait, non sans cohérence, qu'il était habilité à modifier librement l'ordre de succession au trône, en y incluant ses enfants illégitimes[28]. La force positiviste commençait de s'imposer au droit.

L'insurrection américaine créa une situation inattendue. L'Indépendance semblait balayer, avec la couronne britannique, toute loi fondamentale, alors que n'existait localement aucun ordre juridique commun aux populations. On inventa à cette occasion le « pouvoir constituant »[29]. Se fondant sur une conception *a priori* de la nature humaine, il prétendait engendrer à lui seul une « hiérarchie des normes », s'enchaînant l'une sur l'autre. On assistait à la création absolue du droit par la voie révolutionnaire ; un droit qui pouvait se ramener, en principe, à l'acte constituant dont tout dérivait. Mais tandis que les États-Unis réintroduisirent aussitôt les conceptions juridictionnelles du *Common Law*, la France révolutionnaire s'employa à les éliminer.

L'assemblée législative conférait au gouvernement tous pouvoirs utiles à la libre conduite des affaires dans le contexte d'une crise. Ce fut la Terreur. Prétendant réinstaurer la dictature romaine, qui était pour sa part étroitement encadrée, la Convention confia par la loi au Comité de Salut Public le pouvoir de décréter sans retenue toute disposition. On pouvait organiser une justice expéditive, procéder à des arrestations arbitraires, inculper des individus au motif de leur statut social, de leur nationalité ou de leurs opinions, confisquer les biens des condamnés, multiplier le spectacle public des supplices. Ces exactions étaient légitimées tant par leur caractère exceptionnel et provisoire, que par leur visée historiciste. Le terrorisme d'État avait ainsi acquis son fondement juridique moderne. À partir de cet instant, tout parlement ou gouvernement engagé dans une guerre devenue « totale », ou parvenu au pouvoir au moyen d'un coup d'État qui se puisse qualifier de révolution, ou au contraire menacé par un risque révolutionnaire, ou encore tout mouvement révolutionnaire, était en mesure de se prévaloir de la légitimité absolue de ses pratiques terroristes, au nom du peuple ou de la Nation érigés en instance constituante virtuelle.

Ces pratiques se manifestèrent dans toute leur extension sous les révolutions française et russe, mais pénétrèrent tous les États-nations, et pas uniquement pendant les guerres. Le FBI fut ainsi fondé par J. Edgar Hoover, un homme qui croyait qu'un risque révolutionnaire justifiait les atteintes illégales à la vie privée ou des expulsions fondées sur des soupçons. Les gouvernements se dotèrent de services spéciaux tacitement autorisés à pratiquer investigations, exécutions secrètes et tortures. Des doctrines aciviles de l'ordre public furent bâties. Elles visaient à restreindre manifestations et grèves, comme à censurer les opinions susceptibles d'aboutir, au seul jugement d'une administration, au renversement de la constitution. Les mouvements de libération nationale multiplièrent, sur la base de principes symétriques, attentats, enlèvements, extorsions, menaces de mort, et jugements expéditifs par des tribunaux révolutionnaires.

Hitler chercha paradoxalement à minimiser d'abord la nature révolutionnaire du droit applicable dans le Reich, usant du transfert des pouvoirs qu'il avait obtenus de l'ordre juridique préexistant, et d'une légitimité conférée par un plébiscite de trente-huit millions de voix. En pratique, les lois édictées par son gouvernement en 1933-1934 n'étant soumis à aucun contrôle de constitutionnalité par Hindenburg, Président du Reich et garant de la constitution, elles s'appuyaient sur une libre interprétation qui n'aurait pas résisté à un système juridictionnel. Hitler n'était pas même un citoyen allemand, sa renonciation à la nationalité autrichienne, en 1925, pour éviter l'expulsion, l'ayant rendu apatride, et il avait fallu un emploi fictif de Conseiller à la légation du Brunswick[30] pour faire de lui un fonctionnaire allemand avec droit de naturalisation. La Nuit des longs Couteaux avait simplement été l'objet d'une loi de régularisation *a posteriori.* Aucun de ces éléments n'aurait été validé par des juridictions dignes de ce nom.

Un tour de l'Histoire voulut que l'auteur de l'un des plus puissants instruments théoriques au service de l'asservissement politique du système juridique, soit un juriste viennois, de religion juive, qui dut s'exiler après l'Anschluss, une fois l'œuvre intellectuelle accomplie[31]. Hans Kelsen avait parachevé la transformation théorique du droit en une réalité positive autonome, à l'abri des interférences de la politique, de la sociologie et de la morale, construisant un ingénieux empilement de normes aptes à se déduire l'une de l'autre et à couvrir l'ensemble des besoins d'un système juridique. Mais l'autonomie n'est pas l'indépendance, et même si le droit était parvenu à se développer en pratique comme il l'avait imaginé, par sa logique interne, il aurait continué de dépendre d'axiomes initiaux qu'il ne pouvait pas fournir. Kelsen, un homme dépourvu de tout antagonisme, avait abouti à l'inverse de ce qu'il désirait, transformant le droit en entité instrumentale disponible pour qui voudrait la contrôler. Tel un savant pacifiste qui aurait développé une énergie d'usage militaire, il avait involontairement placé entre les mains des juristes pronazis, de Carl Schmitt et de tous les ennemis d'un emploi pacifique du droit, un levier pour leurs projets contraires à ses propres intentions. La hiérarchie positive des normes est impuissante à autoproduire la norme fondamentale dont dérive le système entier, ou à éviter son ancrage dans des valeurs tyranniques[32].

En s'appuyant tacitement sur cet outil qu'il condamnait en théorie, Carl Schmitt put incarner la désinvolture juridique, la négligence complète envers les exigences d'un droit digne de ce nom, et l'oubli complet de l'autonomie des juridictions. Il posait en artiste du droit public, en sculpteur capable de le conformer à son gré à ses propres opinions arrêtées, ou de donner une main utile aux autorités qui aimeraient se servir de son talent, pour peu qu'elles soient antiparlementaristes. Il se saisit de la constitution comme un soudard d'une fille. Partisan d'un État nationaliste, autoritaire, militaire, il avait décidé que la constitution de Weimar, qui avait justement été élaborée pour interdire de telles orientations, s'y adapterait de quelques traits de plume, pourvu que se trouvât un commanditaire. Il aurait préféré que ce fût la Reichswehr ou le Maréchal-Président Hindenburg. Car Schmitt n'était pas exactement nazi. Parti d'une posture catholique contre-révolutionnaire à la manière de Donoso Cortés, mais ultra-autoritaire, il était devenu fasciste. Il souhaitait soumettre les pleins pouvoirs au plébiscite pour qualifier de « démocratie » la dictature qu'il appelait de ses vœux. Celle-ci aurait pratiqué le dirigisme économique et dominé l'Europe centrale. Il aurait personnellement combattu la pensée libérale, incarnée par une bourgeoisie parlementariste, encline à préférer le compromis à la guerre. Ce programme n'impliquait pas pour lui une politique de purification raciale, puisque l'on pouvait se contenter d'écarter politiquement « l'esprit juif » confondu avec la pensée libérale. Ayant, par ambition, suggéré les moyens d'adapter à Hitler les formules de pleins pouvoirs préparées pour Hindenburg, puis salué les lois de Nuremberg comme la « constitution de la liberté »[33], il devint un bref moment le pape du droit dans le Reich, avec le soutien de Göring, Goebbels et surtout de Frank, le ministre de la Justice qui voulait en faire son secrétaire d'État. C'était compter sans Himmler qui, non seulement estimait toute cette cosmétique inutile puisque l'on pouvait à présent gouverner par décret[34] et démettre les juges récalcitrants, mais surtout avait détecté chez Carl Schmitt un nazisme de pur opportunisme, encore infecté de catholicisme, et dont le banal antisémitisme n'était pas exterminateur. Pour manifester son allégeance, Schmitt organisa un colloque sur la déjudaïsation du droit. On lui envoya des juristes SS pour l'interroger sur la déchristianisation du droit[35]. Himmler lui signifiait ainsi sa disgrâce[36]. À compter de cette date, on l'utilisa seulement en politique étrangère, domaine où il expliquait que le pacifisme et les traités internationaux conduiraient inévitablement à la guerre civile mondiale. Très vite, le nazisme n'eut plus besoin de lui, ni d'aucun juriste qui ne soit un pur exécutant, du moins jusqu'à Nuremberg. Son héritage fut recueilli après la guerre par des auteurs qui en faisaient un philosophe réaliste, au prétexte qu'il avait affirmé l'identité complète du politique et de l'antagonisme. Tout comme Heidegger, il reçut une double postérité. Il devint une référence pour la droite nationaliste et autoritaire en Allemagne, aux États-Unis et en France. Mais ce furent ensuite les partisans, généralement d'extrême-gauche et postmarxistes, de l'état d'exception permanent, donc de sa théorie destructrice du droit, qui achevèrent de l'introniser parmi les penseurs[37].

5.2.1 Weimar et le débat sur la démocratie

Carl Schmitt[38] avait par ailleurs mis le feu aux poudres du débat sur la démocratie, qui était la grande affaire constitutionnelle de la République de Weimar. À part une minorité légitimiste antirépublicaine, active dans l'armée et les milieux judiciaires, les acteurs politiques de l'Allemagne des années 1920 s'affirmaient expressément « démocrates ». Hugo Preuss, le rédacteur de la Constitution, conseillé par Max Weber, et agissant sous l'autorité du Président social-démocrate Ebert, avait élaboré un régime fédéraliste semi-parlementaire, désigné sous le nom de « démocratie parlementaire ». Il assurait à la fois le pluralisme parlementaire et un pouvoir présidentiel important, autorisé à s'exercer par la voie plébiscitaire. Il s'agissait de contenir à la fois la révolution spartakiste, dont le but était d'étendre à l'Allemagne le système soviétique, et les putschs militaires ou paramilitaires des groupes nationalistes antibolcheviques. La principale difficulté était que les adversaires de la démocratie parlementaire entendaient précisément renverser le régime au nom de son caractère « insuffisamment démocratique », les uns en faveur d'une dictature bolchevique appelée « démocratie socialiste », et les autres en faveur d'une dictature militaire ou paramilitaire appelée « démocratie plébiscitaire ».

Carl Schmitt fut prompt à se précipiter dans cette confusion pour soulever davantage la poussière. Il était clair que la démocratie, qui n'avait pour ainsi dire jamais été réalisée comme une forme de gouvernement mais avait longtemps été envisagée comme telle, n'était plus guère qu'un mode de légitimation. Si une « dictature démocratique » était possible (autre qu'une magistrature exceptionnelle de quelques mois à la manière des Romains), c'était bien la preuve que la notion était désormais privée d'un contenu institutionnel déterminé. Schmitt voulut en tirer la conclusion que la « démocratie » désignait tout régime qui ne s'appuyait plus sur un fondement théocratique, à l'image des anciennes monarchies ; et qu'il suffisait de se piquer de représenter le peuple de quelque façon pour se prétendre légitimement démocrate. Dès lors qu'il est permis de représenter le peuple par une oligarchie parlementaire, en acceptant la non-représentation des minorités électorales, rien ne paraît, en effet, s'opposer à ce qu'il soit représenté par un individu, surtout s'il a fait l'objet d'un assentiment plébiscitaire. Le « césarisme », équivalent allemand du bonapartisme, est alors présenté comme aussi démocratique que le régime parlementaire, tout en étant réputé plus efficace, puisqu'il n'est pas diminué par les compromis.

Schmitt oubliait qu'à ce compte même les monarchies de droit divin pouvaient se sentir libres d'affirmer qu'elles « représentaient » bien mieux le peuple que n'importe quel autre système, ce qu'elles firent du reste tour à tour[39]. Dès lors, la légitimité démocratique, indistincte de toute autre, ne signifierait plus rien.

Pour que la notion de démocratie conserve un contenu, force est qu'elle entretienne un rapport organique avec le *demos,* entendu comme l'ensemble des citoyens que rien ne distingue particulièrement, ni la puissance, ni la naissance, ni la fortune ni le mérite, des gens qui n'ont *a priori* aucune raison de s'accorder sur tout ou de former des majorités stables. Il faut que le processus politique, s'il veut être un tant soit peu démocratique, ne consiste pas à les priver ensemble de tout mot à dire relativement aux affaires publiques, contrairement aux vœux des bolcheviques et des fascistes qui s'estimaient mieux à même d'exprimer de manière unifiée, éduquée et volontaire, les intentions profondes des populations placées sous leur loi.

Tout ce que Schmitt était capable d'établir est qu'un régime parlementaire n'est pas absolument démocratique, puisqu'il prive les citoyens de se gouverner directement eux-mêmes. Mais il était spécieux d'en tirer l'idée qu'il est aussi peu démocratique qu'un système qui a pour but d'exercer son pouvoir sans limites sur des gens auxquels on demande une fois pour toutes d'approuver leur dépossession.

La légitimité démocratique peut être revendiquée par une variété de régimes, y compris ceux qui, comme les Républiques, organisent un duopole dans lequel le peuple confie *de facto* le pouvoir à des élites, mais se réserve le dernier mot de leur contrôle électoral. Il reste néanmoins illogique d'accorder cette revendication à des systèmes qui ne maintiennent pas le pluralisme ni n'accordent la moindre garantie de sécurité aux personnes en désaccord avec le gouvernement ; car ce qui caractérise le *demos* est avant tout d'être divers. La plupart des régimes modernes souhaitent réduire cette diversité, l'État parlementaire par l'enseignement public, les péréquations économiques et au moins un minimum d'homogénéité des mœurs ; l'État nationaliste en tentant d'agréger intimement la population en une Nation ; ou l'État communiste en éliminant entièrement certaines catégories sociales. On ne saurait pourtant abolir ou négliger la diversité des personnes et de leurs opinions sans heurter de front l'essence même du principe démocratique.

Le régime de Weimar[40] avait organisé de fréquentes consultations électorales, une très large liberté d'expression, et une organisation juridique qui n'était pas aux ordres d'une faction. Ce faisant, il prenait délibérément le risque de se montrer faible envers ceux qui avaient l'intention de le renverser. Il encourait celui de dépendre de coalitions précaires, inaptes à se montrer à la hauteur de la crise économique et d'une continuelle agitation de rue. Il payait volontairement ce prix pour sauvegarder ce qui lui paraissait l'essentiel du lien démocratique, à savoir la pluralité des citoyens, et les libertés publiques applicables au dernier d'entre eux.

Ce que Schmitt ne voulait pas admettre est que si la démocratie ne désigne plus désormais un mode déterminé de gouvernement, elle désigne à tout le moins un mode déterminé de protection des personnes contre les tyrannies.

Elle est héritière de la notion athénienne d'*isonomie*, impliquant l'intégration de tous les membres de la communauté politique dans un même système de droit, ayant pour but de réparer les dommages subis par celui qui a été lésé. Sans isonomie, même une démocratie directe serait tyrannique. À plus forte raison en va-t-il ainsi de tout régime non isonomique et autocratique.

La confusion, théorisée par Carl Schmitt, mais entretenue par bien des auteurs, finit par aboutir au suicide de la démocratie en 1933. Les électeurs en étaient venus à croire qu'ils seraient mieux et plus efficacement représentés si on les bâillonnait. Tout en profitant au premier chef de la confusion extrême qui entourait désormais la notion de démocratie, Hitler, quant à lui, préféra presque seul être honnête : il s'affirma antidémocrate.

5.3 Militarisme et autoritarisme

Le militarisme, qui vise à fusionner la société et l'armée[41], concerne principalement des sociétés « républicaines », qui ne font pas de l'armée un corps séparé, mais se prêtent à sa hiérarchie. La Rome classique en dessina le modèle : le citoyen s'y identifiait au légionnaire, volontairement soumis à une discipline de fer[42], mais traité par les officiers avec un respect soucieux de sa vie et de sa personne[43].

On a souvent affirmé que la société donnait sa forme à l'armée[44], mais leur correspondance est à double sens. Si une évolution sociale peut entraîner une nouvelle façon de se battre, les techniques militaires s'imposent en retour à la société. La question de savoir si les hoplites ont fait la cité grecque ou l'inverse est à peine pourvue de signification[45]. Une chose reste sûre, les armements emportent des conséquences déterminantes, selon que leur manipulation est spécialisée ou de masse, et selon la charge économique qu'ils représentent. Plus ils exigent une formation ou un talent, plus ils distinguent ceux qui les maîtrisent, jusqu'à créer une aristocratie militaire. La féodalité reposait sur l'équipement lourd d'un chevalier s'entraînant, sa vie durant, au maniement des armes. Ce système, qui engendre les différences sociales les plus contrastées, peut cependant limiter les engagements à leur plus bas étiage. Il autorise la guerre sportive, analogue à la chasse, composée d'une multitude de combats singuliers entrepris pour la gloire ou par esprit de lucre. Les frontières géographiques sont subalternes par rapport au rang sur une échelle de vassalité. Des fiefs sont échangés, et peuvent se répartir sur des territoires éloignés, un roi étant l'éventuel vassal d'un autre prince pour telle ou telle de ses possessions.

Plus les armements requièrent d'effectifs, qu'il s'agisse d'armes personnelles ou d'équipements qui nécessitent des servants (artillerie, forteresses ou navires), plus le peuple est appelé en nombre aux fonctions militaires. Celui-ci accroît son importance par rapport aux élites qui en deviennent dépendantes et contre lesquelles il peut donc se retourner. Les armées révolutionnaires françaises ont ainsi été les premières grandes armées de masse, le pays le plus peuplé d'Europe se rendant capable de faire pièce seul à l'Europe coalisée[46].

Plus les coûts de l'armement sont élevés, plus ils favorisent les élites ayant les moyens de les financer. Mais lorsque la dépense franchit un seuil, alors un État centralisé pourvu d'une bureaucratie est exigé. Les monarchies absolues ont établi leur puissance sur les canons de bronze qui leur ouvraient les citadelles des féodaux et les murailles des cités bourgeoises, comme sur les navires de haute mer qu'elles pouvaient seules équiper. À leur suite, les républiques constitutionnelles et bureaucratiques ont accru la centralisation tout en intégrant les masses à leurs armées. Aucune armée privée ou milice locale n'aurait pu encore jouer de rôle en 1914, car il fallait désormais des aciéries pour prendre part à la guerre ; aucun régiment mercenaire[47] n'aurait conservé un intérêt décisif, noyé qu'il eût été parmi des millions de combattants.

Le militarisme procède depuis l'un ou l'autre des deux angles, celui de la société ou celui de l'armée, pour obtenir leur concordance, mais il est dépourvu de raison d'être quand l'armée est professionnelle. Le peuple, dans ce cas, se borne à fournir les ressources arrière dont les troupes ont besoin.

La combinaison militariste parfaite est offerte par une société suffisamment homogène pour que tous participent à l'action militaire, et cependant assez hiérarchisée pour se prêter à une chaîne de commandement. La présence de castes et de divisions segmentaires est un obstacle au militarisme, mais l'égalitarisme l'est encore davantage. Il faut des armements compatibles avec l'emploi des masses, mais il faut en outre que ces dernières acceptent de se plier à la hiérarchie indispensable à l'efficacité des armées.

Or, c'est précisément le caractère le plus visible des sociétés modernes en Occident que d'être stratifiées plutôt que segmentées, et d'être inégalitaires. Elles ont abandonné les divisions en « ordres » pour se répartir en formations sur une échelle d'éducation et de fortune. Qu'ils travaillent dans une entreprise ou dans une administration, les individus y sont accoutumés à un encadrement hiérarchique. Ils s'y intègrent au terme d'un apprentissage au sein d'établissements d'enseignement qui les soumettent au même principe : le savoir est transmis par ceux qui en obtiennent l'autorité, et n'est validé que chez ceux qui en acceptent la discipline. L'individu s'élève dans le système éducatif selon une procédure analogue à celle de l'entreprise, la bureaucratie ou l'armée, par phases et en vertu d'un jugement de mérite porté par une hiérarchie. Un socle fondamental de connaissances est imposé comme le minimum exigible d'un citoyen, d'un employé, d'un fonctionnaire ou d'un soldat. Son absence est sanctionnée par le confinement aux tâches les plus humbles, l'accès aux autres fonctions dépendant de capacités évaluées par une autorité compétente.

L'égale distribution des magistratures et des commandements n'existe pas dans les sociétés modernes, et ne serait compatible ni avec la taille ni avec la forme de leurs armées.

La démocratie y est entendue comme une égalité statutaire protégeant le citoyen contre une tyrannie segmentaire, par exemple celle d'une noblesse ou d'une Église, et comprend la participation à un système représentatif géré par des élites[48]. Ces sociétés stratifiées sont adaptées à l'existence de grandes entreprises, administrations bureaucratiques et armées de masse hiérarchisées. Le citoyen participe à des degrés divers à la nomination des corps représentatifs dont émane l'autorité. Bien que l'exercice effectif du pouvoir lui soit inaccessible, il s'y soumet dans l'idée que ceux qui le commandent agissent, en dernier ressort, en vertu de sa propre volonté puisqu'ils le « représentent »[49].

L'idéologie représentative est compatible avec de très nombreux régimes, du parlementarisme pur au gouvernement d'un roi ou du leader d'un Parti. Pour que le sentiment de liberté l'emporte sur les réalités hiérarchiques, il faut néanmoins que la légitimité de ceux qui commandent repose sur l'existence d'une substance commune avec les commandés : la « souveraineté nationale » est apparue comme un véhicule très adapté : la « Nation » est la substance commune du citoyen, de ses chefs et de la bureaucratie qui leur sert d'intermédiaire[50]. Frédéric II, le « Roi philosophe », l'avait pressenti avant le déploiement du nationalisme républicain. Il ne se présentait pas sous les atours majestueux d'un monarque transcendant, mais sous les habits usés, sales, d'un vieux soldat, vivant parmi ses compagnons d'armes. Il laissait entendre que l'autorité absolue qu'il exerçait sur ses sujets, qui étaient aussi ses enfants, venait avant tout de ses capacités de stratège au service de la Prusse dont il se déclarait non le maître, mais « le premier serviteur ».

Les Prussiens estimaient partager avec lui le « prussisme » (*preußentum*), une identité existentielle qui leur donnait leur liberté sans qu'un parlement authentique soit encore nécessaire pour l'exprimer. Oswald Spengler en publia la théorie en 1919, dans une version antilibérale, antiparlementaire et anti-anglaise[51]. Adolf Hitler adopta cette interprétation six ans plus tard, mais en y intégrant l'antisémitisme, une caractéristique davantage prussienne à ses yeux, et commune d'après lui aux Nations-sœurs anglo-saxonnes.

Dans ces conditions, il paraît plus adéquat de parler d'armées idéologiquement « libres » plutôt qu'institutionnellement « démocratiques », s'agissant des sociétés modernes stratifiées. Le soldat n'y participe pas à un exercice démocratique du commandement, se battant sans réserve à la seule réception des ordres. Il accepte la délégation à ses supérieurs de la liberté qu'il récupère la paix venue, moment où il la délégue à nouveau aux cadres de son entreprise ou de son administration.

Cette formule d'origine antique avait été adaptée par étapes. Les démocrates suisses avaient obtenu, grâce à elle, des résultats impressionnants[52]. Des paysans indépendants formèrent une infanterie de masse organisée. Se dotant de hallebardes et d'arbalètes capables de traverser armures et chevaux, ils inaugurèrent la guerre moderne, impitoyable puisqu'on n'y fait plus de prisonniers, dépourvue de l'ancien code d'honneur nobiliaire de leurs adversaires, puisqu'il ne se justifiait plus dans le cadre d'une lutte à mort[53]. Un siècle plus tard, les cités protestantes des Provinces-Unies, pour se libérer des empires catholiques qui les dominaient, adoptèrent ce système redoutable qui fut fréquemment reproduit, sous une forme ou une autre, au long de l'histoire militaire européenne[54]. Son adaptation ultérieure aux armées républicaines révéla un potentiel encore supérieur[55]. L'impôt d'État et le monopole d'émission de la monnaie fiduciaire finançaient presque sans limites la production industrielle des armements ; l'expansion de la bureaucratie démultipliait le support logistique. Le développement de la liberté d'opinion ajoutait une initiative accrue des unités en cas de rupture des communications, sans affecter pour autant l'autorité de la chaîne de commandement.

Non seulement l'égale liberté statutaire des soldats modernes n'implique pas leur égalité sociale, mais le militarisme lui oppose le bon ordre du commandement. Les officiers ne sont pas recrutés dans les mêmes milieux ni formés dans les mêmes écoles que les sous-officiers, et une barrière malaisément franchissable est établie entre ce qu'il faut presque appeler les deux « ordres ». Un sous-officier de carrière peut finir par recevoir une solde supérieure à celle d'un officier subalterne, il peut avoir soumis un officier général, dans sa jeunesse, aux humiliations initiatiques d'un entraînement d'élite, rite fusionnel de l'armée au cours duquel il était son supérieur ; il peut ensuite entretenir avec lui une relation de respect mutuel, mais jamais n'est socialement son égal[56]. Cette ambivalence a joué un rôle essentiel dans l'histoire des sociétés considérées. L'armée prussienne n'aurait jamais toléré le moindre manquement à la déférence due aux supérieurs, une fois les grades attribués, quelle que soit l'origine des protagonistes. Mais il était parfaitement admis que la distribution des grades restât étroitement corrélée à la situation et aux traditions militaires respectives des familles, les Junkers étant notablement surreprésentés dans les fonctions d'état-major. Les caractères sociaux prononcés de la Reichswehr furent d'ailleurs l'un des motifs de la création des *Waffen SS*, dont les unités reflétaient la sociologie populaire du Parti nazi, plutôt que celle du *Kaiserreich*. Une situation plus ambiguë existait en France et en Grande-Bretagne. Dans les deux pays, l'émancipation des roturiers n'empêchait nullement les familles nobiliaires d'exercer un rôle prééminent dans les emplois supérieurs de l'armée, contribuant à donner à celle-ci une tonalité autoritariste et antirépublicaine. Ce fut un des aspects de l'Affaire Dreyfus que de mettre à jour cette prépondérance qui dut dès lors se masquer et s'atténua peu à peu. En Grande-Bretagne, dont les souverains se présentent toujours en uniforme, la présence d'ordres de chevalerie ouverts introduisirent un certain mélange, conforté surtout par une dégradation du statut d'officier dans la société.

L'exercice élitaire du commandement militaire et civil ne réduit pas pour autant le statut de liberté démocratique à une illusion. Une différence considérable sépare la liberté du citoyen et sa protection de leur absence. Cette différence est en pratique plus importante que la forme du régime. De nombreux pays européens ont ainsi préféré conserver des institutions monarchiques, plutôt qu'une constitution républicaine susceptible de concentrer des pouvoirs exécutifs présentant un risque sur le plan des garanties.

Une bifurcation apparut entre un modèle qui aboutit au parlementarisme, qui fut préféré en Angleterre puis en France et un modèle plus autoritaire qui s'implanta d'abord mieux en Allemagne. Une fois la levée en masse instituée chez l'une des puissances, les autres gouvernements, même les plus conservateurs, devaient périr ou s'adapter. C'est ce qu'ils firent, les uns par la voie anglaise, les autres par la voie prussienne ; les uns sans réduire aucunement les vastes droits du parlement, mais en augmentant par l'impôt les moyens militaires et les recrutements, et les autres en balançant entre un vrai parlement et des formules nationales plus autoritaires. Le résultat commun fut la « montée aux extrêmes » dont Clausewitz avait été le théoricien à l'École de Guerre prussienne. Elle exprimait les principes de la guerre moderne, et ne disposait pas d'application rétrospective. La figure du soldat « libre » ne serait pas moins exterminatrice que les autres, au contraire. Indistinct de la population civile, son combat tendait *ipso facto* à revêtir la modalité d'une « guerre totale ». Le conscrit de la Révolution française chantait sans frémir qu'il faisait couler « un sang impur »[57].

Les Nations devinrent des êtres militaires, aspirant à la guerre et lui consacrant le gros de leurs moyens. De même que le soldat-citoyen français s'était d'abord voué à être le champion d'une lutte mythologique qui ne s'interromprait qu'à la mort du dernier roi en Europe, le soldat prussien apprit peu à peu à être un membre d'un immense organisme solidaire, qui se sentait l'appétit d'un empire sans limite. Un désir de guerre se répandit dans la philosophie et la littérature. Il ne s'agissait plus d'un éloge de la prouesse, où la galanterie pouvait tenir encore sa place, mais d'une frénésie sans précédent dans l'histoire européenne. Elle alimentait la volonté de gagner son identité personnelle par une fusion mystique et passionnée dans une totalité humaine farouche et fraternelle. Hegel estimait que l'État devait opérer le sacrifice sanglant de la contingence individuelle pour l'élever à l'universalité rationnelle de la loi, à travers la contemplation de la mort. Mais il pensait encore, avec Clausewitz, qu'elle resterait instrumentale, une « continuation de la politique par l'immixtion d'autres moyens ». Ils ignoraient l'un comme l'autre qu'elle pourrait se choisir un autre maître, qui ne serait ni la loi ni l'État, mais l'idéologie nationaliste plaçant à son service toutes les institutions. Moins d'un siècle après que Fichte s'était donné la mission de créer *ex nihilo* la Nation allemande, Erich Ludendorff, l'homme fort de l'armée allemande durant la Grande Guerre, avait conclu que « toute activité humaine et sociale n'est justifiée que si elle prépare à la guerre ». Dans l'intervalle, le bellicisme avait troublé jusqu'aux humanistes[58].

C'est en prêtre du sacrifice que Dostoïevski écrivit sa louange de la guerre. Après Kipling, esthète de la guerre des Boers, D'Annunzio nourrit le fascisme du rejet des valeurs médiocres du commerce, de l'argent et de la paix civile, magnifiant la transcendance héroïque devant l'abaissement économique, et la communion des martyrs face à l'égoïsme. Le nazisme est né d'un monde dont les penseurs les plus profonds et les meilleurs artistes traitaient la donation collective de la mort en condition de la grandeur de l'humanité[59].

La guerre devenait une nécessité existentielle qui n'était pas réservée aux héros. Ne pas s'y engager était interprété comme une féminité, une lâcheté, une trahison, une faute inavouable. Plébéiens et bourgeois, catégories auxquelles il avait toujours été interdit de tuer, se trouvaient investis du pouvoir magique de donner légitimement la mort, un privilège réservé, il y a peu, aux magistrats, aux nobles et aux rois, de nature à potentialiser leur existence, mieux qu'un quotidien incertain, obscur, où il se trouvait toujours quelqu'un pour les remettre à leur place, par son allure, sa fortune ou sa culture supérieure. La guerre était maintenant un exercice de dignité. Elle possédait aussi, au moins au jour de sa déclaration, cette puissance mystérieuse d'envoûtement qui abolit soudain les distances entre les habitants d'un même pays, les saisit dans l'enthousiasme de la fête, une communion unique que plus d'un vétéran de 1914-1918 espéra revivre. Réciproquement, la défaite n'était plus celle des élites, mais une tragédie personnelle, la perte d'une énergie vitale. Quand on avait tant donné à l'être collectif que l'on admire d'un amour filial, il ne restait qu'un moyen d'honorer le sacrifice consenti par des millions de compagnons : expulser comme un corps étranger les traîtres soupçonnés de ne s'être pas intégrés dans le tissu vivant de la Nation, pour se relever au-dessus d'eux, jusqu'à la victoire finale.

L'Allemagne, principale société militariste n'ayant pas choisi la voie purement parlementaire, considérait en général cette dernière comme un frein. Bismarck s'était néanmoins tenu à une politique médiane, consolidant l'état de droit, acceptant la liberté de la presse, consentant au Reichstag élu au suffrage universel (masculin) un pouvoir d'empêchement qui contraignait le gouvernement à recourir à des scrutins plébiscitaires, développant la plus efficace des bureaucraties modernes, stimulant l'industrie, finançant la recherche scientifique et technique, conduisant une politique étrangère modérée, presque dépourvue d'impérialisme ; mais aussi préservant l'aristocratie militaire à la tête d'une armée renforcée constamment, imposant une culture luthérienne à un pays contenant un tiers de catholiques, multipliant les lois d'exception contre les socialistes et le mouvement ouvrier. Quand le vaniteux Guillaume II lui succède, le Reich est la première puissance économique du continent, l'une des plus riches en découvertes scientifiques, et possède la plus forte armée de terre du monde, rehaussée d'une flotte qui prétend rivaliser avec la marine britannique. L'hygiène et la croissance ont rendu sa démographie explosive. L'Allemagne veut à présent un rayonnement mondial, des colonies, un empire. Par des maladresses, elle s'aliène l'une après l'autre toutes les puissances avec lesquelles elle avait construit un équilibre, la Russie par son intrusion en Turquie, la Grande-Bretagne par sa flotte et son expansion en Afrique. La France veut déjà la guerre pour récupérer l'Alsace-Lorraine dont Bismarck n'avait pas pu empêcher l'annexion. La guerre, que tous les nationalistes n'ont cessé d'appeler de leurs vœux, croyant chacun qu'elle réaliserait leur rêve particulier, advint sans qu'on la décide, par de petits enchaînements diplomatiques sans grande importance[60].

Mais l'autoritarisme se heurte à l'enlisement, et les oppositions brimées réclament des libertés nouvelles aux premières défaites. L'unité nationaliste, solide au parlement en France et en Grande-Bretagne, s'effrite à Berlin. Une erreur tactique aux conséquences colossales conduit les autorités du Reich à escorter par malice l'exilé Lénine jusqu'en Russie pour qu'il y joue son rôle d'agitateur, tandis qu'un ministre des Finances juif, Walther Rathenau, réussit la prouesse de prolonger jusqu'au bout l'effort de guerre nationaliste prussien, en dépit du blocus. La révolution bolchevique ajoute à la dimension nationaliste de la guerre un conflit idéologique radical. Le socialisme allemand commence de demander la paix. Au lieu de faire face à la déconfiture de Ludendorff, Guillaume II s'enfuit en Hollande.

Le chaos va permettre à Hitler de se manifester peu à peu. Il se munit d'une idéologie qui commence par inverser l'analyse des événements et aboutit à l'abolition du parlement. Celui-ci est remplacé par un Parti unique entièrement consacré à la nouvelle guerre intérieure et extérieure qu'il prépare impatiemment en transformant l'Allemagne en une immense armée[61]. Loin de s'opposer à la représentation du citoyen « libre », le Parti affirme le représenter mieux que quiconque, par l'idéologie qu'il lui propose et qui se révèle lui convenir. Le prix à payer fut la perte intégrale des garanties statutaires.

En France, le jeune Charles de Gaulle proposa de sortir du militarisme républicain, pour mieux conduire une guerre technique, quitte à la rendre moins « démocratique ». Il préconisa, à l'envers de Jaurès, l'introduction d'une armée de métier, à même de manipuler les engins lourds au rôle devenu prépondérant, et réservant la conscription aux tâches défensives, auxiliaires ou à la garnison[62]. Cette évolution s'imposa partout en Occident après les guerres de décolonisation, une fois les technologies devenues plus indifférentes aux effectifs, et le nationalisme ayant acquis une forme davantage bureaucratique ne demandant pas la mobilisation pour s'exprimer[63]. La Seconde Guerre mondiale conserva, quant à elle, mais en l'étendant à présent aux cibles civiles, la modalité d'engagement massif et exterminateur qui avait été celle de la Première.

5.4 Socialisme charismatique et bureaucratie

> *« L'industrie, cette source de richesse, n'a aujourd'hui ni règle, ni organisation, ni but. C'est une machine qui fonctionne sans régulateur ; peu lui importe la force motrice qu'elle emploie. Broyant également dans ses rouages les hommes comme la matière, elle dépeuple les campagnes, agglomère la population dans les espaces sans air, affaiblit l'esprit comme le corps et jette ensuite sur le pavé quand elle n'en sait plus que faire, les hommes qui ont sacrifié pour l'enrichir leur force, leur jeunesse, leur existence. Véritable Saturne du travail l'industrie dévore ses enfants et ne vit que de leur mort.»*
>
> *Louis Napoléon Bonaparte*[64]

Pour achever de replacer le nazisme dans le contexte idéologique occidental, il reste à confirmer son absence d'isolement intellectuel sur la question sociale, le rôle de la bureaucratie et les modalités de son contrôle politique.

Le communisme était une idée très minoritaire avant le bolchevisme, mais le socialisme se répandait de fait, sous une forme ou une autre, chez la plupart des acteurs, y compris paradoxalement à droite, presque tous étant à la recherche d'une réponse urgente à la question sociale. L'idée d'un leader charismatique chargé de la traiter avait émergé. La bureaucratie se hissait au rang de candidate à la transformation des sociétés, son contrôle devenant l'enjeu essentiel d'une bataille politique dans laquelle le nationalisme achevait de s'imposer. Le nazisme, fusion explicite du nationalisme et du socialisme, préservant la propriété privée en réaction contre le bolchevisme, proposait une solution conforme à toutes les idéologies dominantes en Occident ; ses autres caractères suprémacistes, antisémites et esclavagistes, n'étant pas un obstacle dirimant, comme nous l'avons constaté par ailleurs.

Dès l'origine du monde moderne, une contradiction s'était manifestée entre la promotion de l'individu par rapport aux anciennes hiérarchies d'ordre divin et son assujettissement croissant à des hiérarchies économiques nouvelles mais tout aussi puissantes[65]. Naissait la lutte séculaire entre, d'un côté, la figure de l'individu libéral, affranchi de l'autorité politique ancestrale, mais dominant désormais l'économie, et, de l'autre, la figure collective socialiste s'efforçant d'échapper à l'asservissement libéral.

Le pouvoir étatique avait d'abord été un ennemi commun, les penseurs libéraux et socialistes ayant initialement affirmé la primauté de la société civile. L'État, pour les premiers, devait se réduire à fournir uniquement le droit, la force publique et les infrastructures collectives, en vue de pourvoir à la prospérité. Les seconds le voyaient seulement en défenseur des exploiteurs retirant au travailleur le produit de ses œuvres[66]. La prééminence de l'État comptait parmi ses partisans les contre-révolutionnaires et les nationalistes qui se rejoignaient peu à peu, les monarques négligeant leurs parentés dynastiques pour s'affronter en permanence par les moyens de la souveraineté nationale. Inversement, socialisme et libéralisme restaient alors plutôt internationalistes, puisque l'entreprise moderne, à la différence des antiques corporations protectionnistes, dépendait de l'ouverture des frontières et visait à se soustraire au contrôle public, tandis que le socialisme se pensait en partie en organisme paneuropéen.

Avec le temps, cependant, l'État était de moins en moins rejeté par des libéraux préoccupés par la défense de l'ordre, comme par des socialistes souhaitant prendre le contrôle de son appareil pour soustraire le travail à l'emprise du capital. Les premiers avaient prospecté de possibles alliances avec les élites traditionnelles auxquelles ils aspiraient à se mêler, mais aussi avec ceux des socialistes qui accepteraient un compromis bureaucratique. Les seconds s'étaient divisés en fonction des modalités d'action : partisans sociaux-démocrates du processus électoral, partisans anarchistes ou non du syndicalisme révolutionnaire, et promoteurs d'un Parti révolutionnaire.

L'incapacité collective à résoudre la question sociale, due à la première révolution industrielle puis à la prolétarisation généralisée par la seconde, avait fait surgir une menace endémique sur les hiérarchies et sur la propriété. Partout en Europe, les libéraux se trouvaient contraints d'amender leurs principes, pour former des alliances avec les étatistes, meilleurs défenseurs de l'ordre. Les conservateurs, pour leur part, acceptaient lentement la possibilité du gouvernement représentatif, en échange de dispositions policières. Tous consentaient au développement d'une bureaucratie, moyen sûr et organisé d'adapter la société là où elle ne pouvait éviter de l'être[67].

La venue d'un individu exceptionnel, capable de régler la question sociale par un dirigisme compatible tant avec la propriété privée qu'avec les intérêts fondamentaux des travailleurs, tout en installant le politique à l'abri des révolutions, devenait une option sérieuse. Le messie politique, dont l'image était construite à partir de celle de Bonaparte, serait séparé des élites et pourrait ainsi obtenir l'adhésion des dominés. Il cumulerait le pouvoir militaire, l'autorité gouvernementale, et le statut d'un législateur libre d'attachement partisan. On lui confierait le contrôle de la société par la bureaucratie. Le bonapartisme étant trop étroitement lié aux particularismes français, l'espoir se fixa en Allemagne sur le Kaiser, éclairé par Bismarck, avant de se reporter sur Adolf Hitler, le vrai « Kaiser caché ».

Tandis que les libéraux s'accommodaient d'une formule de cohabitation avec un État fort qui, sans être entièrement conforme à leurs idéaux, leur offrait paix sociale et marchés publics, certains socialistes, les saint-simoniens, avaient proposé la mise sur pied d'une technocratie sous l'égide des chefs d'entreprise, dépouillée de tout enjeu idéologique autre que la recherche de la prospérité et l'élimination de la misère. Cette proposition qui dépossédait les pauvres de toute contribution à leur propre salut, reçut un faible écho dans les milieux socialistes. Elle fut en revanche reçue avec enthousiasme par Louis-Napoléon Bonaparte, premier grand candidat au messianisme social. *De l'Extinction du Paupérisme*[68] préconisa une solution qui, sans abolir la propriété privée, but recherché par les seuls communistes, visait à résoudre entièrement la question sociale.

Le futur empereur des Français, ayant commencé par écarter l'idée, au contraire essentielle au libéralisme et au rêve américain, que la pauvreté est le résultat du vice ou de la paresse, observait qu'elle provenait du sous-emploi et des bas salaires.

Autrement dit, le marché n'avait pas pour effet d'épuiser « l'armée de réserve du capital », la masse des chômeurs prêts à s'offrir pour un prix dérisoire. Anticipant fordisme et keynésianisme, il considérait la hausse du revenu ouvrier comme la condition d'une demande intérieure, clé de la prospérité. Le marché étant incapable d'amorcer la pompe vertueuse, il proposait la création d'un secteur public réduisant la main-d'œuvre oisive et forçant la hausse des salaires. Pour éviter la concurrence avec l'industrie, il préférait que l'effort portât sur l'agriculture et les grands travaux publics.

Louis-Napoléon critiquait le marché comme étant dépourvu de sens et de régulation. Tel est le propos du texte reproduit en exergue de ce chapitre. Le motif ouvriériste de la planification socialiste, tant dans sa version fasciste et nazie que dans sa version bolchevique, y est lointainement préfiguré. Seul l'État peut, en l'organisant, donner sens à une activité économique qui, sans son intervention, produirait la misère et resterait inhumaine.

La différence considérable avec les futurs partisans du Parti unique est que Louis-Napoléon, candidat aux élections républicaines de 1848, croyait encore possible d'éviter la dictature : « Faut-il cependant, pour parer à ses défauts, la placer sous un joug de fer, lui ôter cette liberté qui seule fait sa vie, la tuer en un mot parce qu'elle tue, sans lui tenir compte de ses immenses bienfaits ? Nous croyons qu'il suffit de guérir ses blessés, de prévenir ses blessures. Mais il est urgent de le faire : car la société n'est pas un être fictif ; c'est un corps en chair et en os, qui ne saurait prospérer qu'autant que toutes les parties qui le composent sont dans un état de santé parfaite. Il faut un remède efficace aux maux de l'industrie : le bien général du pays, la voix de l'humanité, l'intérêt même des gouvernements, tout l'exige impérieusement ». La recherche malaisée du moyen pacifique d'y parvenir unit tous les socialismes démocratiques et tous les libéralismes sociaux jusqu'à nos jours, y compris la social-démocratie, le christianisme social, le radicalisme, ainsi que les messianismes politiques d'Europe et d'Amérique latine[69].

Le programme socialiste assez radical de Louis-Napoléon ne fut pas mis en œuvre par Napoléon III. Ni son ambitieuse réforme fiscale redistributive, ni la création d'un secteur public agricole recrutant un million d'employés, ni la participation des ouvriers au capital et aux revenus des entreprises ne virent le jour. La Seconde République, sur proposition de Louis Blanc, réduisit toute l'affaire à de catastrophiques Ateliers Nationaux. Badinguet, comme le nommaient ses adversaires, n'avait pas trahi ses idéaux de lui-même mais sous la pression de ses soutiens conservateurs acquis à l'indépendance croissante des grandes entreprises, lui qui continuait pourtant de s'entourer de saint-simoniens[70]. L'Assemblée républicaine ne l'avait pas suivi sur l'aspect collectiviste de l'appropriation des terres agricoles. L'Empire dut se contenter de favoriser le syndicalisme et d'humaniser le droit du travail. En dépit d'une hausse du revenu ouvrier, la question sociale resta donc intégralement posée, tandis que la voie messianique était désormais ouverte.

La tentative démontrait que le socialisme ne se trouvait plus entièrement à l'écart de la pensée dominante en Europe, même de droite. Il en était devenu part intégrante, à la différence des États-Unis, au moins jusqu'au New Deal. Hitler proposa, sur des bases analogues, sa voie de résolution originale. Il reprochait au libéralisme d'accepter une contradiction fondamentale entre la démocratie parlementaire qui, selon lui, nivelle les individus, et la propriété privée qui est inégalitaire, tant par le partage des bénéfices de la production que par la structure de commandement dans l'entreprise : « Vous, Messieurs, êtes de l'opinion que la construction de l'économie allemande doit être basée sur le concept de propriété privée. [... Mais vous] ne pouvez soutenir l'idée de propriété privée que si elle paraît en quelque façon fondée en logique [... Elle] n'est moralement et éthiquement justifiable que si l'on suppose que les réalisations des hommes sont différentes. Alors seulement je peux dire que, parce que les réalisations des hommes sont différentes, les résultats de ces réalisations sont aussi différents. [... Mais] il serait illogique d'assigner l'administration des fruits d'une réalisation liée à un individu en particulier à un individu moins capable ou à un ensemble d'individus qui ont déjà prouvé, par le simple fait qu'ils n'ont pu accomplir eux-mêmes cette réalisation, qu'ils ne peuvent être capables d'administrer le produit qui en résulte. On doit en conséquence admettre que, d'un point de vue économique, les hommes n'ont pas une valeur égale, ni une compétence égale dans tous les domaines, dès le départ. Ayant admis cela, ce serait de la folie de prétendre que, tandis qu'il y a d'indubitables différences de valeur dans le secteur économique, il n'y en a aucune dans le secteur politique ! Il est absurde de fonder la vie économique sur le concept de réalisation, de valeur personnelle, et donc en pratique sur l'autorité de l'individu, tout en niant cette autorité de l'individu dans la sphère politique et lui substituant la loi du plus grand nombre, la démocratie. Cela créera lentement et inévitablement une fracture entre la vision économique et la vision politique que l'on tentera de réduire en assimilant la première à la seconde – une tentative qui a assurément déjà été faite, car cette fracture n'est pas restée une théorie pure et vide. Le concept d'égalité des valeurs a entre-temps été élevé en système non seulement en politique, mais aussi dans le secteur économique. Et pas seulement comme une théorie abstraite : non, ce système économique prospère dans de gigantesques organisations – oui, aujourd'hui il s'est déjà emparé de l'énorme territoire d'un État tout entier »[71].

Autrement dit, l'égalitarisme parlementaire conduit à l'égalitarisme bolchevique et à son administration économique sous-optimale. La dissociation de la société civile et de l'État est l'erreur commune du libéralisme et du marxisme, l'un en privant les élites du commandement politique, nécessaire à l'économie, l'autre en privant la production des valeurs du mérite.

Un lien inaperçu unissait néanmoins presque tous les protagonistes de la scène politique, hormis les anarchistes : l'acceptation de la bureaucratie comme forme moderne de gouvernement, indépendamment de la nature du régime.

Sans ce levier permettant à un petit nombre de contrôler si étroitement de vastes populations que tout ce qui ne leur serait pas interdit deviendrait obligatoire, selon la formule de Malaparte, le projet nazi eut été entièrement chimérique. Or, la bureaucratie s'ancrait en réalité sur la plus occidentale de toutes les institutions modernes, l'entreprise, et ce bien que ce fût déjà un lieu commun que de les opposer l'une à l'autre.

Hegel et Marx[72] avaient été les premiers à comprendre la bureaucratie, non en développement de l'action administrative des gouvernements, mais comme un mode d'organisation provenant des entreprises. Selon sa définition classique, la société civile est le terrain normal de la guerre de tous contre tous. Il était donc naturel que l'entreprise, instrument de la guerre économique, ait emprunté aux armées leur mode d'organisation, en se dotant d'une hiérarchie de combat, exprimée en termes stratégiques.

L'entreprise étant cependant plus libre que l'État envers les hérédités sociales, elle pouvait mieux que lui faire passer les impératifs de l'action avant le choix des personnes. Alors que la politique persistait à accorder toujours un privilège au « qui » par rapport au « pourquoi faire », la bureaucratie d'entreprise pouvait se focaliser sur l'action et demeurer indifférente aux personnes, au moins hors des organes limités de sa direction générale. Son but était simple et fixé d'avance : maximiser les profits du capital investi. Elle pouvait donc se structurer rationnellement, accorder le primat à l'expertise, et encadrer ses employés d'une manière analogue à une armée, avec pour seule exigence l'exécution des instructions reçues. Sa chaîne de commandement prenait la forme d'un triangle où le dirigeant dispose seul de la vision la plus large du champ de bataille contre la concurrence, chaque niveau inférieur correspondant à une restriction de l'angle de vue, et venant déterminer, par le jeu des spécialités techniques, la micro-application d'un plan d'action qui ne conservait son sens qu'au niveau le plus élevé. La stratégie n'était soumise qu'à l'approbation du conseil d'administration, représentant les actionnaires. La combinaison de la discipline, de la compétence et du dévouement, devenait le facteur de l'élévation dans la hiérarchie et donc sur l'échelle des revenus, le manquement étant sanctionné par le chômage. La bureaucratie d'entreprise était à cet égard anempathique. Elle ne prenait pas directement en compte les effets de la perte d'emploi sur la personne des employés. L'entrepreneur restait réputé être le preneur ultime des risques qui sont monétaires. Lui et ses actionnaires étaient les principaux intéressés à la victoire ou à la défaite. Ils ne devaient rien d'autre à leurs employés que la rémunération négociée ou imposée de leur travail, dans le respect des lois sociales. Tandis que la justesse de leur vision était établie par les résultats financiers, ils étaient censés ne pouvoir faire tort à quiconque, étant seuls pourvoyeurs de l'emploi, une denrée rare qui n'aurait pas existé sans eux et dont l'interruption n'entraînait pas, en général, mort d'homme.

La taille de la bureaucratie d'entreprise était, par principe, minimale, puisqu'il est de l'intérêt des actionnaires de réduire les coûts que la structure administrative génère. De même, le niveau des salaires était considéré comme optimal, dès lors qu'il restait assez bas pour ne pas déprimer l'offre d'emploi, et que l'interférence de la puissance publique ou des syndicats n'empêchait pas l'ajustement en baisse de la masse salariale en cas de contraction des marchés.

Dans ces conditions, le succès de la bureaucratie d'entreprise en faisait un modèle en retour pour l'action publique. Elle finit par être identifiée par Max Weber et par Hans Kelsen comme la forme normale du gouvernement administratif libéral de la République de Weimar[73]. Elle serait aussi la source du *Führerprinzip*[74].

La bureaucratie administrative fut calquée sur la bureaucratie d'entreprise qui, elle-même, s'était inspirée de l'organisation militaire. La totalité des États-nations occidentaux se dotèrent au plus tard au XIXe d'une bureaucratie pour accomplir leur mission de pourvoyeurs d'équipements collectifs et de garants de l'ordre public. Les infrastructures de transport et d'urbanisme, ainsi que les services scolaires, sanitaires, militaires, policiers et judiciaires, furent confiés à ces organisations expertes et disciplinées, dont il faut remarquer qu'elles firent l'apprentissage initial de leur application à grande échelle dans le cadre de la colonisation.

Les empires avaient déjà conçu, dès le XVIIe siècle, alors que l'entreprise moderne était à peine naissante et dépendait encore souvent de l'initiative publique[75], un système d'articulation de la bureaucratie d'entreprise et de la bureaucratie d'État, en confiant tout ou partie de leur domaine colonial à des compagnies privées pourvues d'attributs souverains[76]. Cette expérience leur fut d'un grand secours au moment d'étendre la bureaucratie aux territoires métropolitains. Alors l'État commença aussi de réintégrer les bureaucraties coloniales sous sa propre administration directe.

La bureaucratie, sans se donner expressément une ambition socialiste, mais en réalisant néanmoins une part du programme socialiste, se développa ainsi en Autriche-Hongrie, en Russie, en Allemagne, en Grande-Bretagne et en France. Les gouvernements avaient découvert en elle un moyen suffisamment consensuel de s'adapter au monde moderne, par l'élévation systématique du niveau éducatif et sanitaire des populations, et le développement des infrastructures[77].

La Première Guerre mondiale permit de mesurer combien sa puissance était devenue énorme. Les belligérants avaient unanimement cru en une guerre courte. On avait pensé que les munitions s'épuiseraient en quelques mois et que la mobilisation générale priverait rapidement les armées des indispensables ressources de l'arrière. Il n'en fut rien. Une administration était désormais capable de réorganiser la production et les transports d'un pays entier, de mobiliser des paysannes dans les usines, de transférer tous les instruments financiers à l'État, de créer de toutes pièces un système hospitalier de masse, et de prolonger les opérations autant que nécessaire. L'enjeu politique essentiel du futur serait donc le contrôle de la bureaucratie, seul intermédiaire capable désormais d'imposer une volonté à la société entière, même aux entreprises.

Au tournant du XXe siècle, nul n'était capable de savoir qui finirait par l'emporter en Europe, des nationalistes, des libéraux, des sociaux-démocrates grignotant, notamment en Allemagne, une place au parlement susceptible de les conduire au pouvoir, ou des communistes révolutionnaires désireux d'abolir par la force la propriété privée. Les nationalistes avaient voulu la guerre. Les libéraux l'avaient financée. Les sociaux-démocrates l'avaient approuvée. Leur bureaucratie commune l'avait organisée. Les communistes entendaient en profiter pour agir. La déflagration militaire, d'une ampleur incontrôlable, offrit une réponse inattendue qui fit le lit des trois formes violentes d'économie dirigée : le bolchevisme, le fascisme et le nazisme.

Il était devenu possible à un groupe ultraminoritaire, sans affinité sociologique particulière ni avec les élites ni avec les masses, mais préparé professionnellement à l'agitation et au coup d'État, de saisir l'occasion fugitive d'une décomposition militaire. Ayant obtenu suffisamment de défections parmi les soldats pour prévenir la répression du soulèvement qu'ils avaient en partie provoqué, les bolcheviques s'emparèrent du contrôle de la bureaucratie qui leur donnait, comme un levier, celui de la Russie entière.

Les historiens connaissent mal le processus de bureaucratisation[78] centralisée des soviets qui se multipliaient de manière spontanée dans les usines et les villages, sous l'effet du vide provoqué par la disparition soudaine de l'Ancien Régime. Une chose est certaine, ce n'est pas par voie électorale que les comités locaux et les unités syndicales autogérées étaient repris en main par des permanents mandatés par le Parti, et purgés de leurs éléments anarcho-syndicalistes. Le léninisme ne l'exigeait pas et ne le permettait même pas : il avait inventé une représentation d'autant plus démocratique qu'elle ne serait pas démocratique. Les dirigeants de la révolution représentaient le peuple mieux que le peuple lui-même, car ils détenaient seuls la vérité conférée à la science matérialiste-historique, tandis que les élections donnaient lieu à des révisionnismes condamnés *a priori*[79].

Le régime bolchevique usait, à l'intérieur, d'un nationalisme analogue à celui des anciens Conventionnels français, présentant la Russie soviétique en forteresse assiégée par les puissances mondiales de la réaction. Trotski, au nom du droit militaire, faisait fusiller les opposants assimilés à des agents de l'Étranger et des traîtres à la Nation en armes. L'anempathie des massacres trouvait sa justification dans l'historicisme. Brisant les résistances par une terreur empruntée à la Révolution française, mais portée à l'échelle la plus vaste et à l'intensité la plus radicale[80], les bolcheviques se retrouvaient à la tête d'une grande puissance qui ne pouvait être attaquée par des voisins alors exsangues. Affrontant seulement des fragments de l'ancienne armée restés fidèles au tsarisme, ils disposaient d'assez de temps pour consolider leur gouvernement sur la base coloniale de l'Empire russe. Il était même concevable de poursuivre une nouvelle ambition impériale par le canal de « l'internationalisme prolétarien ». Si la révolution communiste avait réussi sur le terrain le moins propice aux luttes ouvrières, la Russie étant en retard économique sur les autres pays d'Europe, elle paraissait évidemment concevable là où le contexte était favorable : les pays industrialisés les plus désarticulés par la guerre, à savoir l'Italie du Nord et l'Allemagne. Après Octobre Rouge, le bolchevisme prit un ascendant instantané sur l'ensemble des socialismes en Europe, y provoquant une vive agitation et une menace révolutionnaire directe.

Le fascisme et le nazisme ont émergé en réponse immédiate à cette contagion, agrégeant les forces opposées au communisme, qui étaient de loin les plus nombreuses, dans des programmes nationalistes de remise en ordre, dont la composante socialiste serait suffisamment affirmée pour faire pièce à l'idéologie bolchevique[81]. Pareillement au fascisme italien, le Parti national-socialiste des travailleurs allemands (NSDAP) proposa sa contre-révolution, en promettant de régler la question sociale sans appropriation collective des moyens de production et sans l'interférence de la puissance étrangère soviétique. Le contrôle s'effectuerait par l'organisation destinée à la prise du pouvoir, le Parti, encadrant la bureaucratie préexistante. Conquérir celle-ci y était plus aisé qu'en Russie, pour ce motif qu'en Allemagne, le gouvernement avait été concédé sans coup d'État au leader qui bénéficiait *ipso facto* du légitimisme de la fonction publique. Comme dans le cas du fascisme, après une période préparatoire d'agitation, l'assentiment des élites conservatrices et libérales avait offert l'outil administratif qu'il ne restait qu'à réformer, au prix d'une neutralisation du parlement, pour le conformer à l'idéologie du régime, nationaliste, autoritaire et raciste en Allemagne, nationaliste, autoritaire et corporatiste en Italie.

Hitler néanmoins n'appréciait guère, à titre personnel, la bureaucratie qu'il avait héritée de Weimar. Il lui préférait une organisation de type plus militaire, comme celle du Parti, disposant d'un recrutement plus populaire et plus juvénile. Ses propos de table étaient emplis de critiques récurrentes contre les « ronds-de-cuir » et de projets pour décentraliser l'administration ou pour l'alléger[82]. La bureaucratie n'en demeurait pas moins le levier indispensable permettant d'agir sur la société tout entière. La manipuler fermement dans des directions inusitées supposait simplement la création parallèle de forces de « sécurité » entièrement dévouées au régime, émanant directement de lui, et capables d'une action massive et implacable. Himmler fut chargé de cet aspect des choses, avec des pouvoirs au moins aussi étendus que ceux de Félix Dzerjinski et de ses successeurs, autorisant des actions répressives de grande ampleur.

Le grief adressé par Hitler tant à la démocratie qu'au libéralisme était paradoxalement la négation de l'individu. Toute doctrine qui sépare la société civile du peuple en totalité a pour effet d'asservir le peuple à des intérêts particuliers ou « moyens », et de réprimer l'expression de ses membres : «[la démocratie substitue] le nivellement d'un concept numérique à la valeur de l'individu. [...Elle est] la négation de la valeur du peuple, le refus d'accepter la diversité des capacités naturelles, des réalisations, etc., des peuples individuels [...]. Internationalisme et démocratie sont des concepts inséparables. Il est tout à fait logique que la démocratie, qui nie la valeur spéciale de l'individu à l'intérieur d'un peuple et met à sa place une valeur générale, une valeur numérique, doive procéder de la même manière à l'égard de la vie des peuples, et dégénère alors en internationalisme [...]. Cette conception, qui constitue la base de tout notre corps de pensée internationale aujourd'hui, à des conséquences si profondes qu'un Nègre finira par être en mesure de présider les sessions de la Société des Nations ; elle conduit aussi nécessairement à cette autre conséquence que, à l'intérieur d'un même peuple, de la même manière, toutes les différences entre la valeur des membres individuels de ce peuple seront particulièrement contestées. De cette manière, bien sûr, toute capacité spéciale existante, toute valeur de base d'un peuple peut, pour tout usage pratique, être rendue inefficace [...]. La grandeur d'un peuple n'est pas la somme de toutes ses réalisations, mais plutôt en fin de compte la somme de ses réalisations remarquables. Ne laissons dire à personne que l'image véhiculée de prime abord par la culture de l'humanité est l'impression d'une réalisation globale. La structure entière de la culture, depuis ses fondations et dans chacune des briques qui la constituent, n'est rien d'autre que le résultat du talent créateur, de la réalisation de l'intelligence et de l'industrie des individus [...]. Mais cela signifie naturellement que, quand les esprits capables d'une Nation – qui sont toujours une minorité – reçoivent une valeur égale à celle de tous les autres, cela doit résulter en un asservissement du génie à la majorité, un processus qui est appelé par erreur le règne du peuple. Ce n'est pas le règne du peuple, mais, en fait, le règne de la stupidité, de la médiocrité, des demi-mesures, de la lâcheté, de la faiblesse, et de l'inadaptation. Le règne du peuple est celui d'un peuple qui accepte d'être gouverné et conduit dans tous les domaines de la vie par les individus les plus capables nés pour cette tâche, plutôt que de laisser tous les domaines de la vie être administrés par une majorité qui, par sa nature même, est étrangère à ces domaines »[83]. Parce que la démocratie réprime l'individu, le système national-socialiste se proposait de la supprimer pour gérer la Nation au moyen d'une administration placée sous le contrôle des élites biologiques mais fonctionnant au service de « tous ». Une fois acquise la maîtrise de l'appareil administratif, militaire et policier par le Parti, l'un des buts hitlériens restait donc de supprimer les classes sociales, et de transformer la société en un continuum où la carrière se ferait exclusivement au mérite, sans castes héréditaires, au sein d'un organisme national se comportant comme une unique entreprise collective, animée par le *Führerprinzip*.

Le socialisme du national-socialisme n'était, dans l'esprit de Hitler, aucunement un faux-semblant, bien qu'il n'eût l'occasion de fonctionner qu'en économie de guerre. Les libéraux étaient pour lui des « ploutocrates »[84]. Les bourgeois avec lesquels il avait fallu « flirter »[85] avant la prise de pouvoir ne pouvaient, d'après lui, que jouer un rôle marginal dans l'Ordre Nouveau, celui-ci devant rendre toute leur place aux ouvriers et paysans, et obtenir leur soutien en tout premier lieu. Il s'agissait de mettre en œuvre, au niveau national, un plan de réindustrialisation et de remilitarisation qui garantît emploi et revenus ouvriers, avant que les ressources coloniales ne s'y substituent. La question sociale serait résolue, en base nationale, au prix de l'esclavage de ceux que le collectivisme russe avait déjà asservis à l'Est, et de la purification raciale de la Nation. Ce socialisme était, de ce fait, un populisme à l'état pur, tel que défini plus haut, puisqu'il présentait l'élimination d'un groupe désigné comme nocif comme étant la solution de tous les problèmes sociaux.

La fusion du socialisme et du nationalisme réconciliait, relativement à la question sociale, les thèmes idéologiques jusque-là opposés : acceptation du modèle de l'entreprise privée, traitement messianique de la pauvreté, disparition des classes, État plaçant l'outil bureaucratique sous le contrôle du Parti à la fois nationaliste et socialiste. Le système satisfaisait nominalement le but affiché des socialistes. Il restait compatible avec la propriété privée. Le Parti unique venait de recevoir ses précédents en Russie et en Italie. Le suprémacisme racial avait depuis longtemps les siens en Amérique ou dans les Indes britanniques.

Les pratiques suprémacistes, esclavagistes et antisémites n'étaient ni marginales ni accessoires dans le succès de ce socialisme racial. De même que les anciens Romains avaient évité de lever l'impôt sur la métropole en ponctionnant les provinces, et de même que la prospérité anglaise reposait en partie sur les revenus du Raj[86], le pillage des propriétés des juifs et celui des pays conquis fut la condition *sine qua non* du financement du socialisme nazi[87]. Captant les capitaux, l'immobilier et les actifs de toutes sortes détenus par ses cibles, s'appropriant gratuitement les ressources des zones envahies, le nazisme se donnait les moyens d'une fiscalité redistributive, même pendant l'effort de guerre, et de la construction d'un État-providence plus avancé que celui de Roosevelt. De sorte que son socialisme concourut autant que son nationalisme à l'extermination. Le premier la justifiait. Elle permettait de financer le second.

CHAPITRE 6

L'antagonisme

6.1 Une structure idéologique commune

Les nombreux composants de l'idéologie nazie identifiés dans les chapitres précédents, et qui sont aussi présents, à des titres divers, dans des doctrines distinctes, ont-ils un autre point commun que leurs affinités ? La réponse est qu'ils sont tous *antagonistes* au sens, non pas où ils ont des adversaires qu'ils contredisent, ce qui est le cas général de toute prise de position, mais au sens où l'opposition à des hommes les structure en premier lieu. Toute idée engage à disputer contre d'autres idées incompatibles avec elles et, plus généralement, « toute détermination est une négation », comme le dit Spinoza. Ce qui caractérise spécifiquement la position antagoniste est de se construire, non en vue d'une finalité propre et en un contraste naturel avec des concurrences, mais en opposition primaire à des groupes humains représentant pour elle une altérité insurmontable qu'elle doit d'abord combattre avant de poursuivre d'autres projets.[1]

Le nationalisme l'illustre parfaitement. Il fait dériver, tout d'abord, l'identité sociale de l'individu de son appartenance à un groupe humain substantiel et opposé à tout groupe homologue ; au lieu de considérer cette identité comme constituée en partie de son rattachement à un pays et en partie à des regroupements de types variés. Quand même il serait un immigrant de fraîche date, le nationaliste est enfant d'une lignée à la lutte permanente de laquelle il doit participer. La rivalité des Nations adopte une figure primordialement militaire. Toutes les activités qu'elles poursuivent, y compris en temps de paix, s'expriment en termes stratégiques, qu'il s'agisse d'échanges économiques, de rayonnement culturel ou de compétitions sportives. Contrairement au membre d'une association, celui d'une Nation lui doit davantage qu'il ne reçoit d'elle, à commencer par sa propre vie, la Nation étant linguistiquement définie comme ce qui lui a donné naissance. La reconnaissance de cette dette vitale contractée auprès des pères mythiques ou des ancêtres morts au combat, constitue la vertu du « patriotisme ». Elle s'exerce dans les guerres, que la rivalité entretenue rend tendanciellement plus fréquentes, mais aussi symboliquement en temps de paix, par une révérence rituelle envers le drapeau et l'hymne national ; y compris pendant de simples spectacles. La taille du territoire est le plus souvent considérée insuffisante si son étendue a été obtenue par prédation, et excessive si elle devait résulter d'une union paritaire avec d'autres Nations.

Des possesssions additionnelles, même désertiques ou coûteuses, sont recherchées, si elles réduisent le champ de propagation des autres Nations ; tandis qu'une immigration, même économiquement nécessaire et encadrée par des visas, est vécue par les nationalistes, eux-mêmes éventuellement nés d'une imigration antérieure, comme une invasion ou une déperdition patrimoniale. Le nationalisme s'interdit toute coopération extérieure qui n'aurait pas pour conséquence d'accroître l'influence exercée sur d'autres Nations, ou de se libérer d'une domination subie. La défense ou l'attaque contre l'autre, ne serait-ce que par les voies économiques et culturelles, est sa raison d'être.

Cette structure antagoniste n'est pas universelle dans les communautés humaines, mais s'installe dans des situations historiques particulières. Il est tout à fait naturel de construire des projets et de lutter contre les obstacles parmi lesquels se trouvent d'autres hommes. Mais il n'est pas naturel de fixer ses intentions en opposition primordiale à autrui. On peut souhaiter construire une maison pour d'autres motifs que de priver ses voisins du paysage ou les rendre jaloux. On peut lutter activement contre les cambriolages sans avoir pour visée essentielle une fraction définie de la population, fût-elle réputée encline à commettre des larcins ; puisqu'il est raisonnable d'identifier les actes que l'on entend éviter en les associant aux individus qui les commettent, plutôt que de désigner des groupes mal définis comme en étant responsables[2]. La résistance armée contre un envahisseur ne relève pas non plus de l'antagonisme.

Celui-ci ne se déploie pas par élargissement de l'égoïsme infantile, de la préférence familiale ou du chauvinisme spontané. Les familles tendent au contraire à s'agglomérer naturellement en villages pour bénéficier de plus larges possibilités de coopération. Les villages eux-mêmes, sauf en de rares circonstances pathologiques, ne cherchent pas à s'éliminer l'un l'autre ou à s'approprier de toutes les manières possibles les actifs des autres villages. De nombreux types de communautés autonomes se sont historiquement agrégés en ligues, confédérations ou en vastes zones de coopération, en y sacrifiant une part de leur indépendance. Sauf les Nations, qui ne consentent au regroupement que sous pression stratégique impérieuse, préférant, même alors, des modes de coopération sous-optimaux, pourvu qu'ils préservent leur souveraineté. Si une coopération pleine et entière a lieu entre elles, alors la Nation en tant que telle a cessé d'exister, en dépit des efforts contraires du nationalisme.

La Nation n'est certes pas la seule forme politique belliqueuse, mais elle l'est particulièrement, du fait qu'elle n'est pas définie par son régime, ni par ses gouvernants, ni même par son territoire, en général variable, mais par l'identité fictionnelle de sa population, puisque langues et habitus ethniques ne s'arrêtent pas aux frontières ; une identité qui, ne possédant pas de réalité intrinsèque, s'acquiert par un travail des différences. Les empires, en tant que tels, ne sont pas contraints de prendre pour cibles des peuples étrangers au seul motif que leur identité est distincte, leur but exclusif étant de contrôler l'espace qu'ils s'assignent, le plus souvent pour des raisons seulement pragmatiques. Les royautés exercent leur rivalité en utilisant les ressources humaines qui leur sont assujetties, sans être motivées par l'identité de ces ressources qui sont, jusqu'à un certain point, substituables entre elles ; et peuvent donc plus aisément se contenter d'engagements limités. Les plus petites communautés politiques, si elles ne sont pas à l'abri de tendances hégémoniques, n'ont pas de motivation particulière à se tenir en guerre larvée contre leurs voisines, surtout si les populations parlent la même langue, adoptent les mêmes confessions, disposent du même régime et du même niveau de développement, et se savent une histoire commune. Leurs conflits se restreignent souvent aux enjeux objectifs, tels que leur croissance démographique, un soudain déséquilibre des ressources, ou le risque d'alliance de certaines d'entre elles avec des puissances impériales.

La Nation est, pour sa part, contrainte en permanence de s'identifier. Il lui est nécessaire de se distinguer en tout, par des caractères nationaux, parfois difficiles à découvrir ou inventer. Elle repose sur une culture de la différence qui travaille les éléments homogènes pour les séparer. Les différences extérieures sont magnifiées par des récits historiques opposant des populations ayant un passé commun. Les différences intérieures sont niées par d'autres récits effaçant l'hétérogénéité des éléments ; et lorsque celle-ci demeure trop visible pour être déniée, un processus d'expurgation a lieu, sous forme d'expulsion ou de création de castes visant à contenir le résidu étranger, le corps de la Nation devant constituer seul et tout entier le corps politique. Son intégrité exige identification et défense immunitaire. L'étranger, ou le simple descendant naturalisé de ses anciennes possessions, qu'elle n'a pas suffisamment intégré à son goût, est perçu comme un danger constant de « cinquième colonne » au profit d'autres Nations, ce qui déclenche périodiquement des réactions auto-immunes au cours desquelles la Nation s'autodétruit, par des guerres civiles, des persécutions, des ostracismes ou des vexations.

Toute Nation étant une menace de principe pour le reste du monde, de par sa structure antagoniste, elle tend à provoquer par contrecoup d'autres fusions nationales qui, à leur tour, consolident les antagonismes. L'hostilité de chaque Nation oblige les communautés politiques extérieures à s'en prémunir par l'acquisition de systèmes d'armes compatibles, conduisant à l'adoption de modes de production analogues et, de proche en proche, de formes de pensée et d'organisation sociale semblables. Les opposés finissent ainsi par s'assortir à seule fin de se combattre. Si bien que non seulement la Nation vit de l'antagonisme, mais le nationalisme garantit mieux qu'aucune autre idéologie sa diffusion en boucle. Lorsque un groupe de Nations renonce à se faire mutuellement la guerre, c'est par épuisement dû aux guerres qu'elles se sont faites, ou pour parer ensemble à des menaces qu'elles jugent supérieures, parce que plus étrangères encore à l'image idéologique ou ethnique qu'elles ont ensemble d'elles-mêmes.

L'antagonisme structure de manière analogue et évidente le suprémacisme racial, l'antisémitisme, l'esclavagisme, le terrorisme d'État, l'anempathisme, l'acivilisme, le colonialisme, le militarisme, ou l'eugénisme, par un refus primaire de se reconnaître une communauté avec l'Autre et une volonté de l'éliminer ou de le réduire, plutôt que de cohabiter avec lui et coopérer chaque fois que possible, sans naïveté particulière ou faiblesse, mais en respectant les différences et les autonomies.

À peine plus difficile est d'apercevoir la présence constitutive de l'antagonisme dans l'opposition jeuniste des catégories d'âges ; dans l'historicisme opposant des destins primitifs et condamnés à des destins promis au règne sur le monde ; dans le positivisme juridique opposant la volonté d'une majorité ou d'un gouvernement à la protection des minorités et des individus ; dans l'autoritarisme, le messianisme, le bureaucratisme et le propagandisme, opposant ensemble l'autorité des dirigeants au caractère informe de l'esprit des dirigés comme aux errances du débat public ; ou encore dans le populisme qui sélectionne ses cibles parmi des élites obscurément identifiées, pour offrir leur élimination à un peuple lui-même mal défini, comme solution de tous ses problèmes[3]. Dans tous les cas c'est l'autre représenté par un groupe, qui est ciblé, non la chose ; et ce groupe est un ensemble en général trop confus pour que ses membres soient comptés avec certitude ; l'opposition étant première par rapport à ses pôles.

L'humanité se comporte de manière naturelle, et pour ainsi dire physiologique, non comme un agrégat d'individus mais comme un macro-organisme qui se redivise constamment en groupes de coopérations, toujours transitoires, qu'il s'agisse notamment d'entreprises économiques ou politiques, chacun en rivalité avec les autres. Ramené à celà, l'antagonisme n'est pas intrinsèquement pathologique, mais un aspect de la forme de vie humaine. Un désordre cognitif intervient cependant lorsque l'antagonisme devient à son tour le principal sujet de la coopération. Le projet des agents est alors de s'opposer à d'autres, l'hostilité cessant d'être une conséquence de la rivalité pour se substituer à l'objet de la construction. C'est bien ce qui s'est produit en Allemagne, et à un moindre degré au Japon, pendant la première moitié du XXe siècle. Un désir d'empire s'y est manifesté, qui n'avait plus pour visée primaire d'accroître possessions et ressources, conformément aux ambitions habituelles des conquérants, mais avant tout d'anéantir ou avilir tout ce qui n'était pas soi-même, souvent au prix de ses propres intérêts.

On peut s'interroger sur les raisons pour lesquelles, sur les autres territoires du monde occidental où s'étaient pourtant développés la plupart des composants de l'idéologie nazie, la fusion de tous les antagonismes ne s'est pas opérée comme en Allemagne. Il convient de le faire en étudiant chaque cas, comme je m'y suis efforcé plus haut au sujet des États-Unis, présentant l'impossibilité d'y voir émerger un Parti unique. La démarche devrait être répétée au sujet des autres démocraties parlementaires et de l'Union soviétique. On observerait par exemple, chez celle-ci, que le suprémacisme racial, l'eugénisme et le nationalisme, étaient présents sous une forme moins virulente. L'antagonisme se fixait de préférence sur des groupes économiques. La domination impériale, héritée du tsarisme, prenait la forme d'un colonialisme « interne », unique en Europe, plutôt que celle d'un nationalisme proprement dit : l'Union soviétique se voulait composée de nationalités différentes à la tête desquelles était un Géorgien. À aucun moment il ne fut envisagé de purifier une « race russe » de ses éléments asiatiques. L'antisémitisme traditionnel, s'il était repris par le régime pour des raisons d'équilibre politique au sein des milieux dirigeants, n'était pas un élément de la propagande. En d'autres termes, l'idéologie soviétique, aussi antagoniste qu'elle fût, n'invitait ni même n'autorisait le régime à investir une énergie considérable à exterminer les juifs ou les tziganes. Staline pouvait se consacrer à ses propres massacres, sans imiter Hitler.

Dans tous les autres pays démocratiques d'Europe, le nazisme avait rencontré un nombre très élevé de soutiens, ayant formé les cohortes bruyantes de ses imitateurs d'avant-guerre, puis des collaborateurs des zones envahies. Pourtant il souffrait d'un défaut de construction qui l'empêchait de s'y répandre sans obstacle : le nationalisme allemand, par définition, ne pouvait guère se communiquer aux non-allemands, conduisant, par exemple, à l'échec en Belgique du rexisme de Léon Degrelle. En sorte que par un tour paradoxal, le nationalisme des étrangers constituait une force d'opposition aux conséquences manifestes, notamment en Grande-Bretagne, dans les pays scandinaves ou en Pologne. Pour ce même motif, le nazisme ne fut pas prépondérant à Vichy, le Colonel de la Roque, ultranationaliste, entrant même dans la résistance avec ses fils. Les affinités y étaient néanmoins assez puissantes pour engendrer une Collaboration proactive commettant ses crimes au service des nazis.

Pareil à un virus si rapidement létal qu'il tue ses victimes avant qu'elles aient eu le temps d'en contaminer d'autres, le nazisme se trouva finalement isolé au sein du monde même où il avait trouvé tous les facteurs de son apparition. Le régime s'est décomposé sous l'effet des hostilités militaires qu'il avait lui-même déclenchées. Mais les éléments dispersés de l'antagonisme étaient encore là, y compris chez ses adversaires. Nous pouvons toujours les détecter dans notre vocabulaire : nous parlons de Nations au lieu de populations, de citoyens, ou de pays. Et nous accordons souvent encore le primat à l'identité sur la coopération.

6.2 De la responsabilité

Arrivant au terme de cette première partie consacrée à l'idéologie de l'extermination, la question de la responsabilité peut être posée, cette fois de manière directe. Si nous admettons que l'idéologie est bien responsable des événements, qu'en est-il de la responsabilité des individus ?

L'idéologie nazie est la matrice qui engendre les visions politiques des différentes personnes impliquées. Or, tout un chacun possède un « modèle du monde »[4], un système de représentations qui lui indique comment il convient d'interpréter les informations reçues et comment se comporter en conséquence en une circonstance donnée. La volonté ne se distingue pas ici de la représentation : ce que chacun fait et veut faire est ce qu'il convient de faire d'après le modèle qui est le sien[5], au vu des catégories et valeurs qu'il possède, et sans placer nécessairement ses devoirs au-dessus de ses intérêts. Ce modèle est si complexe qu'un être humain se trouve dans l'impossibité de l'appréhender intégralement par introspection. Tout au plus peut-il s'en en faire une vague idée. Une part de la complexité provient du fait que le modèle se réfère à lui-même, avec pour effet de le faire évoluer en permanence. Il contient des procédures de doute, du type : « ai-je raison de voir les choses ainsi ou de me considérer moi-même comme cela ? », ne trouvant leur résolution que par l'interaction avec les autres. C'est ce que j'ai appelé ailleurs la *spécularité*[6].

Le modèle du monde est d'emblée, pour chacun, aussi bien politique. Il répartit les personnes rencontrées ou imaginées, en leur attribuant divers degrés de puissance, d'autorité, de légitimité, de dangerosité ou d'affinité. Il les range selon des relations d'équivalence formant des classes auquel il appartient lui-même ou dont il est exclu. Il discerne les modes de coopérations envisageables, les stratégies qui les conditionnent, comme la gamme des buts qui leur sont socialement assignés. Bien que le porteur du modèle y contribue en permanence par les traitements auxquels il procède, il en reçoit des autres personnes, par l'éducation, la culture environnante et l'expérience, les principaux attributs.

L'idéologie fournit de la sorte le schéma général de la représentation politique du monde. Elle se fonde en particulier sur des récits explicatifs qui font rarement l'objet d'un examen critique, et qui ne peuvent manquer de changer avec le temps, mais tiennent à chaque moment les individus et leurs comportements sous leur dépendance. Ainsi un nazi n'est pas d'abord celui qui agit en nazi, mais celui qui agit en nazi parce qu'il a préalablement intégré l'idéologie nazie, ses notions et valeurs, et ses récits, une idéologie qui eût été différente pour lui en d'autres lieux et à d'autres époques.

Mais si donc nous attribuons la responsabilité au modèle et au code qui effectue le traitement, quel sens y a-t-il à accuser aussi l'exécutant du code ? Puisqu'il n'y a pas de dichotomie entre la volonté et la représentation, il semble que l'exécutant ne dispose d'aucun choix. Dès lors, ne sommes-nous pas conduits à affirmer : « Hitler est juste la victime d'un désordre cognitif, quelqu'un qui se trouvait soumis au code nazi ou chez qui le code nazi s'était en premier synthétisé » ? Dans ce cas, quelle est sa responsabilité dans l'extermination de millions de personnes, puisqu'il s'est borné à exécuter le code qu'il portait en lui ou avec lequel il s'identifiait ? N'en va-t-il pas de même de tous les autres acteurs de l'extermination ?

Cette conclusion choquante ne peut cependant être tirée. Il convient d'abord d'envisager la responsabilité pénale. Le droit admet généralement que je suis responsable de mes actes : si je jette un pot de fleurs par la fenêtre, avec ou sans l'intention de tuer quelqu'un, je suis censé en supporter les conséquences. Il tient aussitôt compte de l'intention, donc du modèle du monde qui m'y a conduit, parce que ce n'est pas du tout la même chose de faire tomber le pot par accident, alors que j'avais seulement l'intention de l'arroser, que d'avoir voulu le faire tomber. Ma responsabilité sera engagée dans tous les cas, mais pas de la même manière. Le droit se montre encore plus subtil en distinguant l'acte accidentel de l'acte imprudent, et celui-ci de l'acte à visée homicide. Pour chaque cas, ma responsabilité sera différente. Le droit tient compte de mon modèle du monde pour déterminer l'intention et la visée. Plus mon acte y est conforme, moins il est accidentel, plus ma responsabilité est engagée. Et plus mon modèle produit structurellement des visées maléfiques, plus la qualification est lourde : si mon acte est prémédité, donc s'il a été plus complètement traité par mon modèle, il est considéré plus grave que s'il est le fruit de l'impulsion transitoire du moment. Cela signifie qu'au point de vie juridique, nous sommes responsables de notre modèle du monde en tant qu'il produit des actes ayant des conséquences. Le droit accepte néanmoins d'intégrer à décharge les conditions de la formation du modèle, si elles sont anormales, par exemple mon enfance malheureuse ou l'éducation défectueuse que j'ai reçue. Il reconnaît enfin qu'un dysfonctionnement du modèle est possible à titre temporaire ou définitif, c'est la doctrine de la « démence », une notion qui est appréhendée subjectivement.

Hitler peut donc être pénalement condamné, non pas en dépit de son modèle du monde, mais à cause de lui, sauf si on l'avait jugé incapable de fonctionner mentalement. Or, son enfance n'avait pas été particulièrement malheureuse ni son éducation très distincte de celles de millions d'autres personnes. La théorie du « Hitler fou », qui repose sur la négation même de l'existence d'une idéologie nazie structurée et active, est seule de nature à l'exempter[7].

La possibilité d'être condamné n'implique pas que nous disposions d'une volonté indépendante de notre modèle du monde, un « libre arbitre » inconditionné qui contemplerait le modèle de l'extérieur et viendrait y faire des choix qu'aucune de nos idées, de nos conceptions, de nos habitudes de pensée, ne déterminerait d'une façon quelconque. Notre modèle du monde est indissociable de notre personne et de notre identité ; et nous supposons avec raison que si un accident nous avait soudain privés de notre modèle du monde, et qu'il avait été remplacé par un autre radicalement différent, nous ne serions plus la même personne.

La conclusion est confortée si nous poursuivons l'analyse de ce qu'est un modèle du monde, en vue d'aborder la responsabilité morale. Car le droit ne traite qu'une petite partie de la responsabilité, celle qui est directement liée aux actes réels et à leur chaîne de commandement, en écartant *a priori* la culpabilité des autres personnes qui auraient seulement exercé une influence, même très importante, sur les responsables. En sorte que Madison Grant par exemple n'aurait pas été inculpé, mais convoqué comme témoin, s'il avait vécu jusqu'au jugement.

Bien que le modèle du monde d'un humain fonctionne comme une machine à traiter l'information[8], ce modèle n'est pas déterministe. Ses règles produisent fréquemment des états d'abord indécidables, surtout si la situation est nouvelle. La question passe d'un module de traitement d'un certain type, par exemple émotionnel, à un autre, par exemple rationnel, jusqu'à ce qu'elle trouve une réponse, selon des circuits malaisés à reconnaître par l'introspection. Nous n'avons toujours pas affaire à un « libre arbitre » inconditionné. L'arbitrage est soumis à des traitements de plus en plus intenses à mesure que l'indécision perdure.

Il existe, en dernier recours, une instance ultime de régulation qui consiste, dans les cas les plus difficiles, ceux qui mettent en cause notre identité tout entière, à s'en remettre à un principe général qui détermine la vision d'ensemble que nous avons de nous-même, indépendamment des événements. Ce peut être, et c'est le cas le plus fréquent, un principe entièrement métaphysique, comme la compassion et l'amour du prochain, ou à l'inverse l'honneur et la volonté de puissance.

Cette instance constitue le sens moral. Elle reste interne à notre modèle du monde, comme tous les autres modules qui effectuent ses traitements, mais c'est elle en dernier ressort qui détermine le plus profondément notre personne et son degré plus ou moins grand d'universalisation. Elle est ce par quoi nous sommes en fin de compte nous-mêmes, en dessinant les traits auxquels nous aimerions correspondre et dont nous nous efforçons dès lors de nous rapprocher. Comme son rayonnement porte sur tout le reste de la personnalité, il n'est pas inapproprié de la nommer « l'âme », au sens où l'on parle de « l'âme d'un violon » par laquelle transite la vibration de toutes les cordes, et aussi au sens où la pensée hellénique parle de *psyché*, par laquelle tout le système physique et mental s'unifie en quelque chose qui porte un sens. Elle n'est pas l'âme au sens d'une vapeur flottant au-dessus des choses, et habitant un corps qui lui serait extérieur.

Le sens moral conduit à porter des jugements sur autrui, en constatant par exemple sa défaillance chez bien plus de gens que ceux qui ont acquis une responsabilité pénale dans le nazisme. Mais il est mieux placé, et c'est, en fait sa fonction primaire, pour passer des jugements sur soi.

En étant moralement responsables de nous-mêmes, nous le sommes également de l'impact spéculaire que nous avons sur le modèle du monde et les comportements d'autrui. Ce que nous sommes, notre façon d'être et de penser, exerce son influence, de proche en proche, sur tous les autres que nous, y compris nos adversaires. Chacun est, de cette façon précise, responsable de tous les autres hommes.

Nous portons, en ce sens, une responsabilité personnelle envers le nazisme, même si nous appartenons à ses victimes. Plutôt que de nous indigner à peu de frais de l'existence des coupables, elle nous confère le devoir d'écarter ce qui, en nous, serait encore commun avec eux.

SECONDE PARTIE

Sortir de l'idéologie de l'extermination

CHAPITRE 7

Thérapies cognitives

7.1 Des universalités de l'Occident

Il pourrait paraître que les territoires occidentaux ayant vu prospérer les maux qui ont été recensés ici[1], c'est en dehors d'eux qu'une solution devrait être recherchée. Cette idée se heurte à plusieurs objections.

La première est que les composants idéologiques du nazisme ne forment pas le tout des idéologies occidentales, même s'ils ont été dominants et le sont partiellement encore. La culture européenne et américaine contient de multiples traditions qui visent à promouvoir la paix et la générosité entre les hommes, et ne se sont pas toujours et nécessairement perverties en leur contraire.

La seconde objection est que les cultures étrangères ne se sont pas, dans l'ensemble, signalées comme offrant une option entièrement différente et clairement plus humaine, à l'exception possible de l'éthique chinoise de la guerre[2]. On a pu reprocher au bouddhisme, qui indique pourtant l'une des voies les plus douces, une ataraxie et une indifférence excessives, le rendant impropre à soulager des injustices flagrantes. Il n'a du reste pas été entièrement à l'abri d'une nazification, comme l'a montré un récent exemple birman, venant lui-même après une figuration militariste du zen au Japon.

La troisième objection est que l'idéologie occidentale occupe aujourd'hui largement l'espace de pensée, y compris là où les pays occidentaux trouvent leurs principaux adversaires. Tous utilisent, au moins en partie, les mêmes catégories politiques. Quand même ils s'expriment dans des langues qui proviennent d'autres racines, préservant la fragile possibilité d'autres manières de voir les choses, les notions relatives à la vie sociale et politique se sont occidentalisées partout dans une proportion décisive. Les oppositions les plus fortes à l'Occident utilisent certains concepts qu'il a introduits, des uniformes souvent calqués sur les siens, des armes et des méthodes de propagande inaugurées par lui, ou des principes étatistes et nationalistes qui y ont germé. Cet héritage colonial ne possède aucun mérite *a priori* par rapport aux valeurs différentes qui avaient été poursuivies ailleurs, mais il implique que toute tentative de se libérer de ses pathologies doit se faire aujourd'hui, pour une part essentielle, à l'intérieur d'un cadre de pensée commun. Il n'est pas exclu que des propositions exogènes ne viennent à se manifester, ou à se renouveler suffisamment, mais leur contribution doit encore se faire connaître.

L'islamisme, qui se croit à tort libéré de la pensée occidentale parce qu'il combat l'Occident, en démontre toute la difficulté. Le fondamentalisme islamique était une volonté très ancienne de se tenir le plus proche possible de l'islam originel et de ses prescriptions, se manifestant principalement par l'adoption des mœurs bédouines. L'islamisme est une idéologie datant du XXe siècle, structurée autour de la lutte des musulmans contre l'Occident en tant que tel. Sa littérature est nourrie de références aux penseurs occidentaux. Il n'est pas plus réductible au combat prosélyte de l'islam fondamentaliste, que la colonisation britannique et française du Proche-Orient n'était réductible aux visées d'Urbain II.

La Turquie avait fait le choix du laïcisme occidental pour se moderniser. Les combats de la Première Guerre mondiale, à laquelle elle participait, avaient été presque aussi acharnés en Irak qu'en Champagne. C'est l'échec militaire conjoint de l'Allemagne et de la Turquie qui parut condamner le modèle ottoman d'acculturation occidentale. Et c'est de lui que naquit l'islamisme qui identifiait l'occidentalisation à un affaiblissement, une perte d'identité et de spiritualité, au profit d'envahisseurs perçus comme barbares.

Cette figure idéologique adopta des visages successifs, tous nourris d'idées occidentales. Sa première importation fut le nationalisme, une notion inconnue du monde oriental et de l'islam, dont la pensée politique impériale n'était pas encline à la division en États et encore moins en Nations. Le nationalisme avait été injecté de l'extérieur au Proche-Orient dans le seul but de contribuer au démantèlement de l'Empire ottoman. On se mit à stimuler de façon planifiée un nationalisme arabe, à le financer, à l'armer, alors même qu'il n'était aucunement question d'accepter la création effective d'une Nation arabe. Les accords secrets Sykes-Picot de 1916 avaient par avance divisé l'empire en zones d'influence coloniales. Les accords Mac Donald qui, en 1915, avaient antérieurement promis un Royaume arabe aux Hachémites, en échange de leur soutien contre les Turcs, étaient incompatibles. On finit d'ailleurs par préférer aux Hachémites le clan wahhabite de Ibn Saoud qui avait le triple mérite de ne pouvoir prétendre à un califat, faute de descendre du Prophète, d'occuper des territoires plus riches en pétrole et d'être considéré comme plus primitif et donc moins dangereux. Au mépris complet de tous ces engagements, Londres n'attendit pas même la prise d'Amman pour publier la déclaration Balfour[3].

L'idée que l'on pouvait utiliser les musulmans pour servir sa propre cause avait aussi séduit Hitler. La mosquée de Munich fut créée par les services de Himmler[4]. Les agents nazis recrutaient des agents musulmans dont la fonction était d'agiter les nationalités non russes au sein de l'empire soviétique pour y créer autant de foyers d'insurrection. Hitler méprisait profondément les « sémites » ou les « asiates » musulmans, mais aimait les utiliser contre les Russes et les Juifs. Le mufti de Jérusalem permettrait sans doute d'économiser quelques Einsatzgruppen quand l'armée de Rommel viendrait exterminer le foyer national juif.

Après la guerre, l'OSS, future CIA, reprit la mosquée de Munich, ses agents nazis et ses agents musulmans. Entretemps, une seconde injection idéologique occidentale était survenue : le socialisme, d'autant plus intéressant pour l'islamisme qu'il était porteur d'une critique virulente des puissances coloniales. À partir de ce moment, la critique du capitalisme devint un élément permanent de l'islamisme. Elle s'associe aisément à l'aspect religieux, puisque le capitalisme est matérialiste et donc anti-spirituel. La pauvreté du monde musulman peut être interprétée comme une conséquence de l'exploitation capitaliste qui s'accompagne d'une déshumanisation.

La transition de l'islamisme nationaliste à un islamisme socialiste est illustrée par l'un des penseurs islamistes les plus importants, Sayyid Qutb. Pour autant l'alliance politique de l'islamisme et du socialisme s'avéra en pratique malaisée. Qu'il s'agisse de socialisme nationaliste à la Bourguiba ou du socialisme soviétique à la Nasser, l'islam était mal toléré par les gouvernements socialistes désireux de réduire l'influence des organisations fondamentalistes à la recherche d'un califat panarabe. Pour cette raison même, afin d'affaiblir Nasser et Moscou, les services américains ajoutèrent temporairement les Frères musulmans à la liste des bénéficiaires des financements. Mais le résultat, pour Qutb et ses successeurs, ne fut pas un ralliement à la cause occidentale, mais un double rejet du socialisme soviétique et du capitalisme colonial. On retint la critique marxiste-léniniste de l'impérialisme américain, sans adopter pour autant le modèle soviétique de l'homme communiste, aussi déspiritualisé à sa manière que l'homo economicus. Le modèle spirituel paraissait ne pouvoir être trouvé que dans la religion, une religion qui rejette la consommation et s'indigne des formes perçues comme pornographiques de la publicité.

La figure presque définitive de l'islamisme comme fusion de la critique marxiste-léniniste de l'impérialisme euro-américain et du fondamentalisme religieux, se cristallisa au moment de la guerre d'Algérie. Cette fois le marxisme stalinien fut remplacé par son farouche adversaire, le gauchisme qui, comme l'islamisme, luttait sur les deux fronts. Sartre et Franz Fanon s'efforçaient de construire un modèle d'avenir pour le futur ex-colonisé, qui ne soit ni libéral ni stalinien. Mais qu'en serait-il, en pratique ? Quelle serait concrètement l'identité tiers-mondiste ? Elle se révéla ethnique par défaut, ce qui, en Algérie, signifiait islamique ; et c'est ainsi que l'on se mit à revoiler des femmes que le colonisateur avait dévoilées et que la tendance prosoviétique du FLN continuait de vouloir dévoiler.

C'est à la seconde très grande voix de la pensée islamiste qu'incomba d'en tirer les conséquences : Ali Shariati. À la différence du sunnite égyptien Qutb, Shariati était shiite iranien. Il avait fait ses études de sociologie à Paris. Il y étudia l'islam auprès d'un professeur juif, Maxime Rodinson. Il découvrit Fanon dont il devint le traducteur en farsi. Le terrain avait été préparé en Iran par le concept de *Ghrabzadegi*, un néologisme persan introduit par Jala El-Ahmad. Le mot signifie « occidentalite » ou « occidentalose », une maladie consistant à adopter les mœurs décadentes de l'Occident en adoptant son système économique. Le Shah avait tenté de renouveler l'idée d'Atatürk d'une modernisation à l'occidentale. Shariati proposa le remède.

Incorporant l'ensemble des thèmes de Fanon sur la nécessité d'une décolonisation culturelle, il les unit à la religion islamique. La critique était occidentale, le but était oriental.

Khomeini en exil approuva et Shariati devint son grand penseur laïc. Le moyen était un retour aux fondamentaux du shiisme. Les Saoudiens étaient accusés d'incapacité à lutter contre l'Occident, parce leur vision archaïque de l'islam faisait le lit de la pénétration occidentale. Quelle est la proposition des euro-américains ? Adopter la société de consommation, en devenir les ouvriers de bas étage, et se fixer comme but dans l'existence d'acquérir les biens inutiles proposés par la publicité qui prostitue l'image de la femme. Autrement dit : acquérir la liberté sexuelle en échange de l'esclavage et de la déshumanisation. En maintenant les femmes dans l'état du XIIe siècle et en proposant aux hommes de devenir les valets des multinationales, les Saoudiens stimulaient chaque jour davantage le projet occidental.

Shariati proposa donc de construire une image nouvelle de la femme islamique, entièrement pudique et entièrement moderne, forte, éduquée, capable de prendre des responsabilités, sur le modèle de Fatima, la fille du Prophète. Et de fait, en Iran, on vit peu à peu des femmes voilées accéder à des fonctions importantes dans les ministères et dans la police. Il proposa aussi aux hommes de modifier le modèle du martyre d'Hussein. Le martyre, jusqu'ici honoré quand il était subi, devenait un martyre désiré. Les barbares occidentaux possèdent une quantité illimitée de bombes dont ils n'hésitent pas à se servir, y compris sur les populations civiles : bombe atomique au Japon, napalm au Vietnam. Que faire ? Acquérir autant de bombes qu'eux, et entrer pour y parvenir dans un système productiviste inhumain, à l'américaine ou à la soviétique ? Se dessinait une autre possibilité : les musulmans représentent une grande part démographique de l'humanité ; et, à la différence des soldats américains qui ont peur de mourir, ils accordent à la vie une valeur toute différente, éclairée par la religion. Que feront des centaines de milliers de combattants suréquipés mais terrorisés de perdre la vie contre des centaines de millions motivés ? La victoire de l'islam s'annonçait comme mécanique.

Ce fut l'idéologie du Hezbollah. Et c'est la présence du Hezbollah au Liban qui ajouta un dernier facteur idéologique à l'islamisme : la judéophobie antisioniste, Israël apparaissant comme une pure et simple tête de pont militaire des Américains au Proche-Orient comme au temps des Croisés, et devant en conséquence être purement rejetée à la mer. Oussama Ben Laden, qui partageait la même détestation de la monarchie saoudienne, se chargea de sunniser cette idéologie et de la rendre définitivement terroriste. Ancien agent de la CIA, envoyé en Afghanistan pour utiliser les musulmans contre les Russes, il se retournait contre ses employeurs, théorisant le recours aux assassins, à la manière des hachichins du XIe siècle, et justifiant l'attaque de populations civiles.

Dans ces conditions, il n'existe aujourd'hui aucun espoir sérieux de se débarrasser des composantes idéologiques ayant conduit au nazisme, en se bornant à s'extraire des traditions occidentales, pour se référer à d'autres qui n'auraient pas été contaminées.

Par contre, se libérer d'aspects dominants de l'idéologie, sans rejeter d'un bloc leur matrice, est une opération qui est permise en Occident, même si elle ne fut pas dépourvue de risques très élevés à certaines époques. C'est un trait qui plaide à sa décharge, mais qui n'est pas dépourvu d'ambivalence. Si elle est entourée de suffisamment de précautions, la critique publique y est admise, au moins sur le principe. Son idéologie tolère la novation, et même la réclame de manière parfois perverse. Ses moments les plus meurtriers se sont pensés comme des révolutions, et les idoles de ses conservatismes étaient toutes d'abord des révolutionnaires. Aussi bien, le passage est-il étroit entre la nécessité de changements importants et les violences qu'elles entraînent. L'antagonisme appelle l'antagonisme, et rien ne le nourrit davantage qu'un adversaire déclaré qu'il peut anéantir d'abord sur le plan des idées, ensuite au plan matériel. Affronter l'antagonisme dominant avec des méthodes antagonistes est un combat perdu d'avance.

Il semblerait alors que la voie à poursuivre soit celle d'une lutte positive en faveur de la partie la moins antagoniste des traditions. La difficulté est ici que cette partie n'est pas constituée en une doctrine dont il serait possible de se saisir comme d'un produit prêt à l'usage. J'ai employé à plusieurs reprises le mot d'*humanisme*, sans pour autant laisser entendre qu'il existait sous une forme compacte qui permettrait de le discuter ou de l'analyser comme un tout. En toute rigueur, l'humanisme existe d'autant moins que sa dénomination même fait question.

Après les horreurs de la première moitié du XXe siècle, qui ne semblaient surpassées par aucune autre période en inhumanité, des philosophes se sont demandé si l'Humanisme lui-même n'était pas la cause ultime des malheurs. N'était-ce pas une certaine idée de l'Homme, surgie à la

Renaissance, une abstraction anthropologique arrogante, qui avait donné le jour à un moloch sûr de lui et désireux que l'on sacrifie à son culte des petits hommes bien plus réels qui n'avaient au fond rien de commun avec lui ?[5] Ces penseurs « postmodernes » s'en sont allés excaver les fondements de la métaphysique européenne, pour montrer combien elle se prêtait aux applications monstrueuses qui en avaient été politiquement données ; et comment elle s'était glissée dans les plus étroits méandres des habitudes sociales pour y exercer sa violence[6] au nom d'une universalité prétendue. Ils n'en sont pas revenus les mains vides, puisqu'en effet, derrière une image trop lumineuse et trop pure de l'Homme rationnel, se dissimulait souvent la volonté de puissance de certains hommes sur tous les autres, des hommes qui avaient abattu les dieux anciens pour s'y substituer, et qui ne représentaient qu'une partie, et parfois la plus sombre, de l'humanité. Ces auteurs postmodernes bien intentionnés ont donc cherché à abattre l'Homme. Mais leur coup imprécis a blessé l'idée humaniste avec lui, et quelques-uns se sont associés eux-mêmes à des causes dont les modalités souvent n'étaient pas si différentes de celles qu'ils dénonçaient[7].

Si humanisme il peut y avoir encore, il ne saurait être celui de ceux qui ne reconnaissent en l'Homme qu'une partie infime de l'humanité, ou qui entendent soumettre de force tous les hommes à un rôle qui leur permet de les dominer. Il ne saurait être non plus, à l'inverse, celui de philosophes si soupçonneux et désespérés de l'Homme qu'ils finissent à leur tour par appuyer des luttes antagonistes contre les hommes réels. Il ne peut être que l'humanisme des petits hommes, qui ne demandent qu'à vivre sans empêcher de vivre, et voudraient être dignes sans détruire ni tuer.

Cet humanisme-là dispose dans la tradition de quelques lettres de créance, bien que, elles non plus ne soient pas dépourvues d'ambiguïté. Gandhi, un avocat formé à l'école britannique, ayant commencé sa carrière dans les colonies d'Afrique, et devenu homme politique, avait découvert une méthode pour faire plier l'antagonisme occidental et contraindre la Grande-Bretagne qui tenait à l'Inde comme à la prunelle de ses yeux, et aurait combattu avec acharnement toute armée hostile, déployant toute sa supériorité militaire avec une implacable détermination, à s'en retirer presque sans coup férir. La non-violence était le système que cet intellectuel d'excellente famille, devenu fakir à demi-nu, selon la formule de Churchill, avait trouvé pour que la violence cède. Il avait compris que l'Occident, même dans ses composantes les plus dominatrices, n'aimait pas être conduit à se juger mauvais. Hitler, qui possédait ses livres, lui vouait une certaine considération. Bien qu'il n'ait pas cru la non-violence efficace envers les bolcheviques, il avait reconnu en Gandhi quelque chose de commun avec lui : ils étaient, disait-il, l'un et l'autre, les deux grands leaders nationalistes de leur époque. Gandhi avait combattu l'antagonisme, avec des armes non-antagonistes[8], et dans un but antagoniste malgré tout : l'Inde non-violente est devenue une puissance intensément nationaliste, dotée de l'arme nucléaire.

Le procédé n'était pas entièrement nouveau, puisqu'il était emprunté à la religion même du colonisateur. Les martyrs chrétiens avaient affaire à un empire connu pour sa dureté vis-à-vis des oppositions, et habitué à les briser en utilisant des moyens anempathiques et acivils. L'emploi des fauves contre des rebelles purement religieux était une forme caractérisée de terrorisme d'État : on les faisait périr les uns après les autres, de manière aussi spectaculaire et atroce que possible, jusqu'à ce qu'ils finissent par céder. La surprise fut que non contents de résister toujours, ils acceptaient avec sérénité plus de persécutions. Un seul groupe aurait pu passer pour un ensemble de déments et de fanatiques, mais pas un nombre apparemment illimité qui s'augmentait à proportion de la violence investie à l'écraser. L'empire paradigmatique de l'Occident découvrit qu'il était confronté à une puissance invincible parce que non antagoniste. La force militaire qui faisait sa fierté était devenue pour lui un objet de honte, un sentiment qu'aucune entité dominante en Occident n'a jamais supporté longtemps d'éprouver[9]. Il se demanda bientôt comment s'emparer de cette puissance. Ce qu'il fit, mais en la détournant presque instantanément, avec un grand succès, au service de ses propres visées qui n'avaient pas changé. L'Europe chrétienne devint progressivement maîtresse du monde, convertissant à ses valeurs ceux-là mêmes qu'elle avait combattus, à commencer par les guerriers germaniques.

La capacité à éprouver la honte est cependant restée un puissant facteur de transformation. Les États-Unis ne se retirèrent pas du Vietnam à la suite d'une défaite militaire. Ils subirent une défaite militaire parce qu'ils se retiraient ; et ils le faisaient sous la pression des images des atrocités auxquelles ils s'étaient associés, et que leurs propres médias leur exhibaient. Si ces images avaient été celles d'armées structurées se livrant elles-mêmes à des massacres, alors la jeunesse américaine aurait pu envisager de les combattre, mais en aucun cas s'il s'agissait de femmes, d'enfants ou de moines désarmés. La première puissance au monde, à travers sa jeunesse, avait honte. Ce qu'aucune force antagoniste, l'Union soviétique et la Chine ensemble n'aurait pu lui imposer, elle se l'imposait donc à elle-même.

S'appuyant sur ces précédents, des adversaires d'Israël, convaincus de ne pouvoir parvenir à leurs fins par la lutte militaire classique, choisirent de recourir à leur tour à la méthode du martyr. Mais au lieu de s'en tenir à une forme non-antagoniste susceptible de faire honte à ceux qui les dominaient, comme celle d'enfants ou, bien mieux, d'adultes jetant des cailloux sur des chars, ils entreprirent des actions kamikazes, sans apprécier combien l'idéologie occidentale les juge barbares, surtout quand elles sont aciviles et adoptent comme vecteur principal des femmes ou des enfants que des tiers ont sacrifiés. Loin de réduire l'antagonisme, cette stratégie le stimulait constamment. La force et la faiblesse de l'antagonisme reposent ensemble sur la poursuite de la puissance et de l'honneur dont la perte produit la honte. Il ne se laisse réduire ni par une puissance moindre ni par le déshonneur chez l'adversaire.

Si les analyses proposées sont correctes, il est permis d'en tirer que l'unique moyen de se libérer de l'idéologie antagoniste, s'il existe, est de faire fond sur le non-antagonisme, en ne le replaçant pas aussitôt au service de visées antagonistes. Que ce projet ne soit pas *a priori* voué à une mièvrerie de la pensée et à un comportement servile est ce dont nous disposons déjà de quelques indices par l'ampleur de ses succès chaque fois qu'il a été tenté. Aucune expérience n'est cependant disponible d'un non-antagonisme qui n'ait fini par se mettre au service d'un antagonisme.

Toujours est-il que si un humanisme authentique est concevable, il ne saurait évidemment s'accorder à la volonté de puissance, consistant pour certains hommes à en dominer d'autres au nom d'une notion de l'Homme qui soit un reflet de ceux qui l'énoncent, ou d'un sens de l'honneur dont le but soit de s'élever au-dessus des autres hommes. Ses valeurs correspondent plutôt à l'élargissement de la communauté interhumaine, traditionnellement exprimée comme « compassion » ou « amour du prochain »[10]. Il peut parfois se répandre en utilisant l'honneur pour faire plier la puissance, mais mieux encore en cherchant à convertir la volonté de puissance en universalisation non-antagoniste, et la quête de l'honneur en poursuite d'une dignité partagée.

Le problème est que nous sommes revenus des intentions déclaratives. Les plus ingénus savent bien que les formulations innocentes dissimulent aisément des rêves sans portée ou des projets sectaires. Sans une méthode qui abriterait à la fois d'un retour à l'antagonisme et de l'inaction, il est préférable de se taire. Que risquons-nous cependant à tenter de la trouver ?

7.2 La charte

Tu ne feras pas l'Homme à ta propre image.
Tu combattras les actions adverses et non pas leurs auteurs, et ne désigneras aucun groupe comme étant ton adversaire, dont tu ne peux individualiser les membres.

Tu agiras sur toi-même pour agir sur la société, par ton comportement plutôt que ton discours, sans n'y combattre rien que tu n'aies combattu en toi-même.
Tu appartiendras à plusieurs communautés à la fois.
Tu permettras à autrui de s'exprimer à la première personne du singulier.
Tu apprendras à connaître celui qui s'oppose à toi mieux qu'il ne se connaît lui-même, comme les idées et l'histoire que vous partagez.
Tu t'efforceras d'élargir la communauté humaine.
Tu éviteras d'avoir à agir dans l'urgence.

Ce sont des règles squelettiques et sans éclat. Elles sont toutes simples et naïves. On pourrait les formuler bien mieux. Leur application, si elle avait lieu, entraînerait pourtant objectivement le renversement complet de l'antagonisme. J'ignore si quiconque, confronté à la guerre ou à la domination, a jamais respecté ces principes et si quelqu'un le fera jamais. Ils n'exigent pas le pacifisme, et moins encore la passivité. Mais, à supposer qu'ils parviennent à s'imposer, ils sont effectivement de nature à détruire les sources du nazisme et des malfaisances qui s'y apparentent. À cet égard, ils sont sans concurrence.

Leur caractère primitif et rudimentaire se justifie par la nécessité de reprendre la question intellectuelle à son point de départ. Le fait que Kant lui-même, penseur du cosmopolitisme et du rigorisme de la règle morale universelle, était atteint à son tour de suprémacisme racial, implique que nous ne pouvons nous appuyer sereinement sur un corps doctrinal constitué, appartenant une tradition puissante qui aurait seulement été temporairement mise à l'écart.

L'humanisme doit être reconstruit à la main, en tenant compte des contraintes cognitives de la nature humaine, et sans ignorer que leur forme de vie conduit les hommes à ne coopérer avec certains qu'en rivalisant avec d'autres. Il s'agit avant tout d'éviter la pathologie antagoniste qui fait de la rivalité même l'objet de la coopération. Nos ambitions doivent donc être d'abord basiques.

Il va sans dire que l'humanisme, à supposer que ces formulations lui conviennent, ne peut à lui seul résoudre tous les problèmes auxquels les hommes sont confrontés. Mais je crois nécessaire de le placer en premier, en conditionnant tout effort politique, économique, intellectuel ou social que nous ferions par ailleurs, au respect de ses règles. Il ne s'agit pas de « libertés formelles » qui viendraient masquer l'absence de « libertés réelles ». Elles forment les premières libertés bien réelles, sans en être le tout.

Les réalités d'un siècle de fer, l'absence de pacification après ses guerres mondiales, coloniales, « de civilisation », comme la déconfiture des valeurs de liberté, égalité, fraternité, promises au XVIIIe siècle, ont démoralisé un grand nombre d'entre nous. On le serait à moins. Or, voici hélas que les démoralisés sont devenus moralisateurs. Ne voulant pas admettre que ce que nous déplorons a pour origine des comportements et des pensées qui sont encore les nôtres, nous nous faisons donneurs de leçons. Nous dénonçons chez autrui la présence bien réelle de ce que nous portons en nous. Plutôt que d'agir, nous condamnons les « actes odieux » – telle est la formule consacrée – commis par d'autres. Dénonciation et condamnation sont presque devenues les modalités principales de l'action politique. Nos gouvernements publient l'un après l'autre des communiqués par lesquels ils dénoncent « fermement » les guerres, les attentats, les prises de position de leurs adversaires ; et distribuent les célébrations officielles à seule proportion de la gloire des auteurs nationaux, sans toujours bien voir qu'en matière d'antagonisme tous avaient été peu ou prou frappés d'un même mal. Nos parlements passent un temps considérable à voter des motions déplorant ou condamnant des faits qui se sont produits ailleurs ou au plus profond de l'Histoire. Ils finiront un jour par dénoncer les Huns. L'attaque infamante *ad hominem*, pamphlétaire ou soupçonneuse, est par ailleurs, aujourd'hui, le mode le plus habituel de philosopher, la méthode pour débattre des choses étant d'accuser quelqu'un.

Nous sommes devenus des êtres bien-pensants oscillant entre l'imprécation et la repentance, pour nous abstraire du mal qui nous effraie comme de la réalisation du bien que nous pourrions faire. Être moralisateur n'est rien d'autre que cela : assigner le soin à autrui de faire ce que l'on ne fait pas soi-même. La question n'est pas de savoir où découvrir la morale, dans la raison pure, la religion, la nature ou le sentiment du cœur. La moralité est une eau que l'on trouve aisément quand on se met à creuser, et à laquelle on accède, quel que soit l'angle du forage. La difficulté est de ne pas se méprendre sur son usage. Elle se laisse facilement confondre avec des prescriptions indiquant ce que les autres ont à faire. Or, elle n'est rien de cela. La morale est un acte sur soi-même. Il est légitime, et même souhaitable d'y appeler des renforts, car jamais les choses ne sont si bien faites qu'à plusieurs, et certaines sont impossibles isolément. Mais il est vain, ou plutôt immoral, de la réduire à des règles que l'on ne s'applique pas en premier.

L'antagonisme néglige l'impact décisif de l'action sur soi-même dans la formation des modèles sociaux, et donc sur le monde lui-même. Il sait l'intérêt de préparer en privé ses discours publics pour mieux les déployer dans l'espace public, mais il ignore que cet espace résulte de la communication entre modèles intimes, une communication qui ne s'effectue ni de manière exclusivement discursive ni uniquement au sujet des termes de la confrontation.

L'essentiel pour chacun est d'acquérir et de réguler sa propre compréhension du monde. Or cette compréhension n'est pas mimétique, elle est spéculaire. Nous ne nous bornons pas à imiter ceux qui nous entourent ou à imiter leurs idées. Nous nous demandons d'abord comment les autres autour de nous, qu'ils soient nos alliés ou nos adversaires, voient les choses ; comment et en quoi ils sont amenés à voir juste ou à se tromper ; et comment nous-mêmes, nous pourrions voir juste à leur sujet, comme au sujet de leur manière de voir les choses. Nous tenons compte de ceux qui nous sont proches, parce que nous interagissons davantage avec eux, mais nous tenons compte aussi de ceux qui sont loin de nous et de nos idées, car ils menacent d'être les plus dangereux. Tous font de même à notre sujet. Si bien que notre influence la plus grande ne provient pas de nos efforts pour persuader les autres de la manière d'après nous correcte de voir les choses, ou pour leur transmettre des idées qui pourraient être trompeuses d'après eux. C'est assez qu'ils constatent qu'il existe une autre manière viable de voir les choses qu'il leur est, en tout état de cause, indispensable de considérer. C'est ainsi que nous parvenons chacun, que nous le voulions ou non, à influencer effectivement d'autres personnes qui ne seraient nullement disposées à nous écouter ou s'affirment comme étant nos adversaires.

Il y a très peu de chances de persuader par un simple discours un raciste de cesser de l'être. Même si nous l'informons que Pouchkine et Alexandre Dumas, dont il sait ou a entendu dire qu'ils sont de très grands écrivains, n'entrent pas dans ses critères de « blancheur », il lui est très facile d'affirmer que ce sont des exceptions. Et si nous tentons de lui expliquer que sa réaction n'est pas raisonnable, et qu'il n'est nullement évident que le derme ait la moindre pertinence en matière de culture, de volonté et d'intelligence, il se bornera ordinairement à nous ajouter à la liste de ses adversaires, renforçant l'intensité de sa conviction. Si par contre nous faisons cet exercice de bien vérifier que notre propre modèle du monde, nos idées, et nos sentiments, ne sont pas entachés de racisme, et, s'ils le sont un tant soit peu, de nous convaincre de les rectifier encore, même imparfaitement, alors nous aurons augmenté la part non raciste du modèle de tous les hommes, et nous aurons introduit un trouble au moins minimal chez ceux qui le promeuvent. Cela ne veut pas dire que nous devrions rendre un hommage extérieur à des formulations réputées « politiquement correctes », compatibles avec la condescendance, voire au contraire capables d'accentuer l'incommunication entre les personnes[11], mais travailler plutôt à ne pas nous représenter intérieurement le monde comme segmenté en races et en Nations, y compris dans nos recherches historiques, ce qui est bien plus difficile et n'a, du reste, à ma connaissance, à peu près jamais été fait. J'attends encore de lire une histoire de l'Eurasie qui ferait sa place aux intrications entre les communautés culturelles, linguistiques, politiques, ethniques qui, depuis des millénaires, ont traversé l'immense continent dans les deux sens, en s'y mélangeant, sans s'en tenir au seul folklore de la « route de la soie ». J'attends une simple histoire de l'Europe qui ne commencerait pas par retracer l'origine de ses frontières nationales[12]. C'est dire combien il reste à faire, sans être seulement verbal. Il s'agit d'ouvrir plus largement une option intellectuelle dont beaucoup n'ont pas l'idée, mais qui peut changer le monde en bouleversant d'abord la vision dont nous avons hérité.

Il y a moins de chance encore d'amener un nationaliste à ne pas tirer son identité de la Nation dont il croit à l'existence. Il demeure néanmoins possible de lui démontrer que nous sommes capables de vivre dans le même pays que le sien, de servir la où les communautés qui y vivent, de nous y comporter de manière civile et productive, de défendre en cas de besoin activement ses frontières ou sa constitution, sans nous référer à une entité qui n'a pour nous qu'une existence imaginaire, et qui consolide l'opposition à d'autres communautés avec lesquelles nous gagnerions à nous entendre, en ne nous nous soumettant pas pour autant à leur volonté, et en les sachant quelques fois très imparfaites.

Débattre avec soi-même reste la première des choses. C'est généralement ce qui advient en dernier, la réflexion personnelle se faisant, d'habitude, sur la base des antagonismes empruntés au débat public. Or, si nous avons réussi, en quelque façon, même à peine discernable, à diminuer en chacun l'empire de ces deux premiers monstres que sont le suprémacisme racial et le nationalisme, alors nous aurons commencé à tirer un fil qui finirait sans aucun doute par mettre en lambeaux les thèmes qui sont le plus en affinité avec eux dans l'idéologie antagoniste : l'antisémitisme, l'eugénisme, le colonialisme, l'esclavagisme, l'autoritarisme, et les autres.

L'empathie est aussi mimétique que l'anempathie, et elle est de meilleur conseil. L'empathie permet de comprendre les motivations de ceux avec qui nous interagissons, et de résoudre certaines des difficultés qui nous opposent. La capacité mimétique de l'empathie a par exemple été mise à l'épreuve des négociations De Klerk-Mandela, conduisant deux adversaires très opposés à tenter de se comprendre en trouvant une voie de résolution d'un conflit réputé insoluble. Les circonstances y étaient favorables puisque le *statu quo ante* ne pouvait plus se maintenir. Mais elles étaient insuffisantes puisqu'une résistance armée des anciens dirigeants menaçait d'être conduite. La voie ne pouvait être découverte sans l'intégration des préoccupations principales de l'autre au modèle que chacun avait de la situation. Il fallait se mettre à la place de l'adversaire, sans abandonner ses propres objectifs du rang le plus élevé, après avoir fait l'effort d'en effectuer la hiérarchisation. La chose aurait été impossible si l'idéologie des parties était traitée comme un bloc, ou s'il n'y avait eu strictement aucune valeur commune, notamment le messianisme charismatique mettant chacun des leaders en position d'imposer un projet paradoxal à leurs communautés respectives. L'empathie était nécessaire, elle n'impliquait pas le renoncement. Et si elle n'offrait aucune garantie de réussite, elle ouvrait à tout le moins une option qui serait restée entièrement fermée en son absence[13].

Il n'y a dans cette opération cognitive ni la moindre magie ni le moindre mysticisme. Elle peut être répétée et généralisée. Notre propre rejet de l'antagonisme contribue simplement à délivrer, de manière infinitésimale mais réelle, l'humanité de ses antagonismes à elles.

Cela n'entraîne pas que nous devions toujours pratiquer la non-violence et nous soumettre silencieusement à l'oppression. L'absence d'antagonisme fonctionne mal dans l'urgence ; et il peut arriver que nous ne puissions pas attendre qu'il produise ses effets avant de nous saisir d'un fusil. C'est pourquoi l'un des buts est d'éviter l'urgence, de prendre soin des choses avant qu'elles ne deviennent binaires. L'urgence est le meilleur terreau de l'antagonisme.

Nous pouvons cependant exercer en général nos droits de légitime défense et nos devoirs de secours d'une autre manière. Il s'agit de convertir l'antagonisme, volonté de soumettre l'autre pour détruire ses objectifs, en un « agonisme »[14], volonté d'agir sur les choses en agissant sur soi-même. Nous pouvons nous efforcer de comprendre les autres, surtout ceux qui se présentent comme nos ennemis, mieux qu'ils ne se comprennent eux-mêmes ; pour ouvrir la possibilité d'accords qui leur paraissent impensables. Nous pouvons leur démontrer par notre propre comportement que certaines puissances qu'ils estiment inébranlables dépendent pour leur maintien d'une créance qui ne demande qu'à leur être retirée. Et quand même leur idéologie serait si prégnante et si immuable qu'elle ne se modifierait en rien à notre contact, nous aurions tout de même contribué à améliorer nos compagnons. Et si nous n'y parvenions pas non plus, nous nous serions au moins améliorés nous-mêmes en quelque chose. De ce dernier point de vue, le projet ne peut être accusé d'être entièrement candide.

On a parlé d'un « effondrement moral » de l'Occident qui aurait empêché ceux qui l'auraient pu de se dresser héroïquement contre le nazisme. Cette accusation a été parfois étendue aux victimes. Or, si crise morale, il y a eu, elle n'avait pas la lâcheté pour origine. Elle avait d'abord consisté à rendre collectivement le nazisme possible par la prolifération des modes de penser antagonistes. Elle s'était poursuivie par un effort systématique pour le réduire à une simple cible militaire caractérisée seulement par une brutalité exceptionnelle et une absence très choquante de *fair-play*. Après la guerre, la croyance erronée que la victoire était par elle-même la preuve d'une supériorité morale n'était pas limitée aux milieux dirigeants soviétiques. On espérait que le monde apprendrait à adopter en tout point les valeurs de vainqueurs qui, hormis dans le cadre de leurs rivalités, prenaient soin de ne pas s'interroger sur leurs mérites.

Or, il devient possible de combattre réellement et sans faiblesse l'idéologie génératrice du nazisme ou, plus exactement, sa part vivante, à la condition au contraire de ne pas se dissimuler son étendue. La méthode n'est pas une repentance, car il serait vain de s'excuser d'un malheur que nous n'aurions rien fait pour corriger ou empêcher qu'il se reproduise. Nous ne pouvons, d'ailleurs, sans nous soumettre encore au mythe des peuples et des races, nous substituer à nos ancêtres ni assimiler les victimes à leurs descendants, pour nous excuser du comportement des premiers auprès des seconds. Nous ne sommes responsables que de nos propres actes, mais ils comprennent notre attitude au sujet des malheurs anciens et notre capacité à les traiter en malheurs partagés, susceptibles de se renouveler, ce dont nous pouvons nous prémunir ensemble.

CHAPITRE 8

Constructions mythiques, perspectives concrètes

En 1276, les ambassadeurs de Kubilai, empereur des Mongols, expliquèrent à Rome, devant le pape et les cardinaux que « le maître suprême de tous les Tartares, avait reçu le baptême, et désirait que le Saint-Siège lui envoyât des hommes consommés dans la connaissance des choses divines pour instruire ses enfants dans la religion ». [...En 1285, Argoun, roi mongol de Perse écrivit au Pape pour rappeler] la bienveillance que les Mongols ont eu, dès le temps de Gengis Khan, leur premier père, pour le pape, le sérénissime roi des Francs et le sérénissime roi Charles d'Anjou ; la protection qu'ils ont toujours accordée aux chrétiens, qui ont été exemptés de tout tribut et francs dans leurs terres. [...Il propose] aux Francs un partage de l'Égypte [...et] demande que les princes chrétiens veuillent bien faire savoir, par un homme digne de foi, où ils entendent que doit se faire la jonction des forces. [...En 1289 Argoun écrivit une lettre à Philippe le Bel]. Elle a la forme d'un rouleau de près de six pieds et demi de long, sur dix pouces de haut, en papier de coton. Elle offre, d'un seul côté, trente-quatre lignes d'écriture noire, et l'empreinte, répétée trois fois, d'un sceau de cinq pouces et demi en carré, imprimé en rouge. La lettre est écrite en langue Mongole et en caractères Ouïgours, formant des lignes qui se lisent verticalement. Le sceau offre six caractères chinois antiques. [... La négociation] avait pour objet de concerter une expédition contre les musulmans [...]. Un rendez-vous dans la plaine de Damas à un certain jour de l'an 1290 est tout ce qu'il y a de précis dans la lettre Mongole. Dans la paraphrase de l'ambassadeur, Argoun fait savoir au roi de France, comme à son frère, que son corps et son âme sont prêts à aller à la conquête de la Terre Sainte, pour être ensemble avec le roi de France en ce benoît service. Si le roi de France y vient en personne, Argoun promet d'y amener deux rois chrétiens Géorgiens qui sont sous sa seigneurie, qui de nuit et de jour prient Dieu de les faire trouver en cet heureux service, et qui ont bien pouvoir d'amener avec eux vingt mille hommes de cheval et davantage. [...] Argoun ne borne pas sa sollicitude à procurer des auxiliaires au roi de France ; il a appris, dit son envoyé, que c'est pénible chose à lui et à ses barons de passer par mer tant de chevaux, comme il incombe à eux et à leur gent. Le prince Tartare s'offre à leur en procurer vingt ou trente mille, en don ou en convenable prix, et, de plus, à faire rassembler dans toute la Turquie le menu bétail, les bœufs, les vaches et les chameaux, les grains, la farine et toute espèce de vivres, suivant les besoins du roi de France, à sa volonté et mandement [...]. Les historiens français nous laissent dans une ignorance complète sur les effets de la négociation [...]. Il est certain, du moins, qu'elle n'amena, pour le présent, aucune résolution conforme aux vues d'Argoun et aux intérêts des croisés. [...] Au lieu de se rebuter de l'inutilité de ses démarches, Argoun en fit encore une en 1291. Il envoya à Rome un personnage [... chargé] de lettres pour le pape et pour le roi d'Angleterre. [...]. Le Roi de Perse, comme dans les précédentes, tâchait d'engager les chrétiens à faire, de concert avec lui, une expédition en Syrie. Mais, quoique le roi d'Angleterre eût en effet pris la croix, la reddition de Ptolémaïs, qui venait d'avoir lieu cette année [...] s'opposa sans doute à ce que les projets qu'on avait formés pussent se réaliser. La perte de cette place, la seule que les Francs possédassent encore en Syrie empêcha les princes d'Occident de songer davantage à ces guerres lointaines. Il n'y eut plus que les papes qui s'efforcèrent encore, mais sans succès, de les renouveler, et, circonstance aussi singulière que peu remarquée, ils trouvèrent pour les solliciter, dans les rois Mongols des auxiliaires aussi actifs et plus persévérants qu'eux-mêmes. Les Français n'avaient plus d'intérêt à conserver des liaisons avec les Tartares : mais les Tartares firent à leur tour toute sorte d'efforts pour renouer des négociations dont ils se promettaient apparemment de grands avantages. Dans la réponse que Nicolas fit à la dernière lettre d'Argoun, le pontife ne paraît compter que faiblement sur l'assistance du roi d'Angleterre, et il emploie les raisons les plus pressantes pour attirer le prince Mongol au christianisme. Cette conquête importante, si elle eût pu s'effectuer, aurait bien valu celle de la Palestine ; et la conversion des Mongols, venant après les croisades, aurait été le résultat le plus heureux et le plus solide des expéditions d'outre-mer et des relations qu'elles avaient fait naître.»

Abel-Rémusat

Le monde dans lequel nous vivons n'est plus celui où la combinaison nazie se déployait. Les idéologies qui se sont reformées, à partir des mêmes racines, continuent cependant de s'y exercer avec force. Certaines de leurs composantes sont devenues illégales sur le plan du droit international, contraignant ceux qui les soutiennent à se montrer plus discrets. Mais l'antagonisme, loin d'être éradiqué, s'est polarisé d'une manière nouvelle dont il convient à présent de risquer l'analyse.

On peut d'abord observer que le conflit israélo-palestinien lui fournit une bonne partie de son vocabulaire. Le cas d'espèce possède un lien historique avec les événements abordés précédemment. Il contamine une grande part des luttes nationalistes et interethniques de notre époque, même au sujet de situations sans rapport avec lui. Il possède le caractère d'une lutte idéologique intense, confirmant la nature cognitive des risques auxquels l'humanité est confrontée.

La constitution d'Israël en État n'est pas le produit de la Seconde Guerre mondiale, mais le fruit d'une lente colonisation sioniste, commencée au dernier quart du XIXe siècle et visant avant tout à fournir un refuge aux *Ostjuden* victimes des pogroms. Le besoin d'un refuge était ancien, il n'a pas disparu avec la défaite du Troisième Reich. Les années de guerre, qui auraient dû fournir l'occasion d'éloigner les victimes des territoires où elles étaient le plus menacées, ne permirent qu'une immigration étroitement limitée par les Alliés. La politique constante de la Grande-Bretagne durant la guerre avait consisté à restreindre très sévèrement l'entrée des immigrants pour préserver le calme au Proche-Orient[1]. En 1938, Roosevelt avait demandé à son géographe officiel, Isaiah Bowman, président de l'Université John Hopkins, d'étudier les options alternatives à l'implantation des réfugiés juifs en Palestine ou à leur immigration aux États-Unis. Ce dernier recommanda de financer une multitude de petites colonies de développement dans les zones les plus reculées, y compris les forêts vierges, sous réserve de l'assentiment des États concernés. Le problème demeurant sans solution politique, la pression s'accrut mécaniquement sur la Palestine. Ce n'est qu'après 1948 que les rescapés, le plus souvent ashkénazes d'Europe centrale, purent y immigrer en nombre[2], étant peu à peu rejoints par des séfarades qui étaient souvent bien implantés dans les pays auxquels ils s'arrachaient sous la contrainte[3], puis ultérieurement par des juifs soviétiques fuyant un environnement hostile endémique.

Dès le lendemain de la Seconde Guerre mondiale, les distorsions cognitives commencèrent à se manifester de diverses manières. Pour les uns, il ne s'était rien produit de particulier, sinon les dévastations d'un conflit de première ampleur. L'historiographie se fixait sur les opérations militaires et de résistance[4], sans une prise de conscience claire ni du caractère central de l'extermination, ni, moins encore, de la profondeur de ses racines. Pour les autres, au contraire, Auschwitz et les camps de la mort avaient métamorphosé la Palestine en Israël. Les grandes puissances considéraient que l'État-nation israélien pouvait légitimement se construire à partir d'un anéantissement qui engendre un nouveau peuple[5]. Cette représentation était paradoxalement plus rare dans l'implantation juive en Palestine mandataire (le *Yishouv)*, où le nationalisme revêtait depuis longtemps sa figure européenne classique, selon laquelle à chaque peuple doit simplement correspondre une Nation installée sur son propre territoire[6]. Par ailleurs, et pour des motifs parfois opposés, le traumatisme infligé par le plus industriel des camps d'extermination laissait dans l'ombre les autres méthodes d'anéantissement qui avaient été aussi meurtrières[7], et qui avaient visé aussi de vastes populations non juives. Les antisémites acquiesçaient volontiers à une conception restrictive qui leur permettrait de discuter du moindre bâtiment et de la moindre fenêtre subsistant dans ces lieux infernaux pour nier l'existence, pourtant obvie, de l'immense extermination tout entière[8].

La Grande Extermination est un fait historique encore plus ample et plus destructeur que ne l'expriment tous ces récits. Car ce n'est ni seulement Hitler ni seulement le nazisme qui l'ont entreprise, mais l'immense nébuleuse idéologique de la civilisation occidentale ; et ce ne sont pas seulement des millions de juifs qui ont été emportés dans une lutte ethnique d'une ampleur et cruauté sans précédent mais, avec eux, des dizaines de millions de personnes considérées comme « subhumaines » (*Untermenschen*) ou « sub-germaines »[9]. Le sionisme existait avant le nazisme et donc indépendamment de lui[10]. Ses motivations, qui étaient initialement de trouver une terre à des persécutés[11], persistaient après lui : les pays occidentaux, les États-Unis en tête, continuaient de refuser fermement d'accueillir les réfugiés dont plusieurs dizaines de milliers vivaient dans des camps après 1945 ; et les pogroms avaient repris aussitôt après la Libération. Les rescapés souffraient partout en Europe, au mieux d'une sous-estimation profonde des atrocités subies, mais souvent aussi d'un authentique renouveau antisémite. Les demandes de restitution de biens volés se heurtaient partout à une mauvaise volonté patente, et le regret que les Allemands n'aient pas achevé leur travail s'exprimait souvent en termes non dissimulés dans l'ensemble des territoires libérés[12].

Cette vérité désespérante ne correspond pas davantage aux mythes en présence que l'histoire de France, par exemple, ne correspond à ceux de la « Nation française ». Un récit bipolaire, limité à deux adversaires étroitement identifiés, l'Allemagne nazie et le Peuple juif, commença de dominer. Ce récit était analogue à ce qu'il avait été chez le bourreau, celui-ci n'ayant jamais dit autre chose et affirmant toujours que l'un ou l'autre disparaîtrait. L'un était une Nation prenant la tête d'une race, l'autre un peuple ethniquement constitué ayant subi une catastrophe de nature biblique. Les lois de Nuremberg avaient été construites avec autant de minutie que la loi juive[13], et le « destin » de chacune des deux Nations était interprété, de part et d'autre, à partir de littératures mythologiques.

Il aurait pu en aller autrement. La Grande Extermination aurait pu être comprise comme un désastre effroyable ayant dévasté les populations juives d'Europe, et pas seulement elles, dans le cadre d'un programme d'anéantissement qui les unissait à d'autres cibles. Israël aurait pu être un pays habité par des personnes de tradition juive, venant y trouver refuge aux persécutions depuis le XIXe siècle, parmi d'autres populations ayant longuement appartenu à l'Empire ottoman. Les rescapés qui cherchaient à s'y établir parce que les Alliés refusaient de les accueillir, et que les populations de leurs lieux de naissance voyaient revenir avec haine ou suspicion, auraient pu se sentir une solidarité avec toutes les victimes, à quelques groupes ethniques qu'ils appartinssent, considérant comme une obligation mondiale nouvelle d'en finir avant tout avec des distinctions dont on savait maintenant le danger. On aurait même pu concevoir que l'extermination ait pour effet de convertir soudain la vision sioniste initiale en un projet désormais dépouillé de caractère ethnique ; qu'Israël appelle toutes ses sœurs dans le sang à la rejoindre, sur la base d'une citoyenneté n'ayant d'autre exigence que le serment de combattre les résidus de l'idéologie assassine, et peut-être aussi d'en avoir été personnellement victime, pour éviter un afflux trop important ; que les religieux l'approuvent au titre de la mission d'Israël, essentielle dans le Talmud, d'être un modèle pour l'humanité. C'était beaucoup demander à des personnes auxquelles nul n'avait porté secours et auxquelles tous avaient fermé leurs frontières. Pour autant, il n'était peut-être pas impossible que cette utopie prenne corps, bien qu'elle soit rationnelle, dans l'enthousiasme de la Libération. Mais les mythes partagés et le nationalisme voulaient voir les choses de façon différente.

Israël, un État laïc dont les fondateurs étaient le plus souvent socialistes et incroyants, confia la définition juridique de sa citoyenneté aux tenants d'une doctrine religieuse orthodoxe, sur la base de l'origine maternelle, faisant cependant une exception pour le petit nombre d'autochtones arabophones qui n'avaient pas fui le territoire lors de la guerre de 1948[14]. Il ne s'agissait plus de construire, comme les premiers sionistes, un refuge pour les juifs persécutés, mais un État-nation dans lequel les Juifs seraient autant que possible à l'abri d'interactions politiques avec les non-Juifs. Il paraissait évident aux nouveaux dirigeants, comme il aurait dû l'être à tous, que les juifs avaient fait l'objet d'un antagonisme extrême qui ne pouvait plus être traité par des atermoiements. Ils ne concevaient pas, cependant, que la solution qu'ils préconisaient laisserait l'antagonisme indemne.

Au lieu d'un combat général, que nul ailleurs ne menait davantage, contre les séquelles de l'idéologie meurtrière, plusieurs composantes se réintroduisaient ouvertement[15]. On observa une atténuation progressive de certaines composantes[16], mais non leur substitution par des valeurs opposées. Cela était vrai sur toute l'étendue de la civilisation occidentale dont Israël est partie prenante. Cela était même vrai sur toute la planète, puisque la Seconde Guerre mondiale avait accéléré sa diffusion.

La culture israélienne avait naturellement banni l'antisémitisme, le posant néanmoins en fondement exclusif des déviances internes et des oppositions externes à son endroit[17]. L'historicisme aussi s'y était affaibli. L'histoire ne devait plus être facilement conçue comme un parcours orienté vers le progrès, comme l'avaient cru les partisans de la Révolution française, du bolchévisme et du nazisme. On revenait en partie aux ontologies pessimistes ou cycliques qui avaient dominé la pensée du monde avant l'ère moderne, estimant, avec sagesse, qu'une communauté d'hommes est un miracle fragile, constamment menacé d'être détruit tant par ce qui l'environne que par les forces internes qui tendent à l'éloigner de son équilibre initial. D'où la nécessité des rites mémoriels comme autant de répétitions symboliques de la geste ayant présidé à son émergence. C'était faire un premier pas vers une identification des sources de l'extermination. Mais on en resta là. Les autres aspects de l'idéologie meurtrière n'étaient pas reconnus.

L'historicisme continuait d'imprégner les cultures américaine et soviétique, ce dont la course à la lune fut un symbole. Le progrès garantissait à chacun la victoire sur l'autre. Beaucoup en Israël sentaient avoir vécu la démonstration du contraire ; et s'ils observaient avec émotion l'optimiste enthousiasme des jeunes pionniers dans les kibboutz, ils étaient loin de tous le partager. Les militants sionistes, munis d'un nationalisme de type traditionnel, conservaient, cependant, une vision historiciste en général inaltérée.

Il devenait conséquent que la société israélienne s'organise de manière ethnique, puisque le bourreau n'aurait pas accompli, ni entrepris son œuvre sanglante, sur un autre critère. Qu'elle devienne militariste, puisqu'il était dit que la force seule détruit l'idéologie, nulle personne bien intentionnée n'ayant pu porter secours aux victimes, et les victimes sans la force n'ayant pu se porter secours à elles-mêmes[18]. Qu'elle s'emploie à cultiver une anempathie militaire, afin qu'aucune faiblesse nouvelle, sensiblerie, faux humanisme de belles âmes véhiculé par la propagande adverse, n'ouvre une brèche dans la forteresse nationale, décrite en référence à Betar ou Massada, deux citadelles assiégées par l'Empire romain, l'un des plus anempathiques de tous les ennemis historiques d'Israël. Il était non moins logique que l'État se veuille une Nation : comme n'existait plus guère sur la terre de communauté politique encore capable de se penser autrement que comme un État et comme une Nation, il n'y avait pas de raison qu'Israël soit frappée d'exception. Par enchaînement, on admettait que toute Nation doit disposer d'un espace vital suffisant pour assurer sa défense et le développement de sa population, une population en l'occurrence d'autant plus considérable qu'elle intégrait virtuellement toutes les personnes que la *halakha* aurait tenues pour juives[19]. De manière cohérente, il restait au droit de rendre tout cela possible, de l'inscrire dans le marbre de la loi, et quel droit peut plus aisément y parvenir que le droit positif, le seul à n'être contraint que par la volonté d'une majorité parlementaire ?

Cette évolution, qui se laisse bien comprendre, aurait pu se poursuivre presque sans inconvénient, si Israël avait été une planète sans interaction avec le reste du monde. Mais celui-ci était bien là, et s'était nourri à sa manière de l'idéologie antagoniste. C'est ainsi que se fit la transition de l'antisémitisme industriel à l'antisionisme nouveau, qu'il convient de distinguer du premier antisionisme, contemporain de l'apparition du sionisme et principalement interne aux communautés juives[20]. L'antisonisme émergeait ainsi au moment paradoxal où le sionisme perdait sa raison d'être, ayant réalisé son ambition essentielle, la création de l'État d'Israël. L'antisonisme ne pouvait donc plus signifier que sa destruction, non l'inflexion de ses politiques.

Il y avait partout, non seulement en Palestine, mais en tous lieux, des populations assoiffées de se construire, elles aussi, une Nation, donc une identité collective, puisque le nationalisme était devenu une pandémie dont les malades se croyaient empêchés d'acquérir une dignité par une autre voie. Mais, c'était alors au Proche-Orient que la question nationale, jadis européenne avant tout, était devenue la plus aiguë[21]. Nationalisme, propagandisme, militarisme, autoritarisme, positivisme juridique, messianisme, terrorisme, acivilisme, populisme, jeunisme, historicisme et anempathisme se cristallisèrent, prenant l'antisionisme pour catalyseur. Israël avait fourni sa Némésis à une formation idéologique hostile, ayant l'origine que l'on connaît, et dont certaines composantes avaient seulement fait l'objet d'une mutation.

De la même façon que le nazisme avait, à son heure, recomposé l'échiquier politique allemand, par la fusion du nationalisme et du socialisme, l'idéologie de « l'antisionisme anticolonialiste » mêla, face aux Israéliens, des militants qui ne se seraient jamais croisés dans d'autres circonstances. Une alliance, jadis impossible, se noua entre notables palestiniens ayant collaboré avec le nazisme pour lutter contre la Grande-Bretagne et l'immigration juive[22] ; des aristocrates bédouins ayant été placés par le gouvernement britannique à la tête de pays aux frontières arbitraires lors de la décomposition de l'Empire ottoman[23] ; des officiers nationalistes arabes formés dans les académies ottomanes, allemandes, françaises ou britanniques ; des prédicateurs musulmans ; des militants communistes ; des conservateurs antijudaïques ; des partisans de toute nature de l'antisémitisme industriel ; mais aussi des fermiers qui avaient occupé des terres que les colons sionistes avaient dû racheter non à eux, mais à leurs propriétaires ottomans, et qui s'en trouvaient spoliées ; et des familles palestiniennes déplacées depuis les territoires sous contrôle israélien entre 1947 et 1949[24], comprenant celles qui, n'ayant pas trouvé d'accueil dans les pays environnants, finirent par habiter durablement dans des camps de réfugiés, privées de libertés élémentaires.

Les équilibres mondiaux de l'après-guerre étant structurés par la guerre froide, la rivalité des grandes puissances s'empara de la région pour en faire un théâtre majeur des stratégies indirectes. La Grande-Bretagne et la France s'allièrent avec Israël contre l'Égypte, pour reprendre le canal de Suez. La menace nucléaire par laquelle l'URSS répliqua entraîna deux vastes conséquences : la première est que les États-Unis repoussèrent les Européens, pour prendre leur place en tant que mentor d'Israël ; la seconde est que la France transmit l'arme atomique à Israël.

Les États-Unis, où habitait la plus vaste population ashkénaze, et dont le Congrès était pour cette raison dans une certaine mesure, bien moindre que les théories antisémites du complot ne l'affirment, électoralement sensible aux aspirations des associations juives, transformèrent Israël en bastion militaire destiné à empêcher toute nouvelle avancée soviétique dans la région.

Le petit État isolé, fort des armements et du soutien de la superpuissance, semblait devenu invincible. Cette force nouvelle devint sa pire faiblesse. Car à tous les adversaires déjà listés s'ajoutèrent aussitôt tous ceux qui avaient un motif quelconque de s'opposer aux États-Unis et à ce que l'on appelait alors « l'impérialisme américain ». Tous les mouvements de « libération nationale » de toutes les régions du monde dans lesquelles les États-Unis soutenaient des gouvernements conservateurs ou dictatoriaux, pour faire pièce à l'expansion de l'influence soviétique, devinrent des adversaires résolus. De même ceux qui luttaient contre la France et la Grande-Bretagne, puissances atlantistes amies d'Israël. Ils se mêlaient aux sympathisants, alors nombreux dans les milieux intellectuels et syndicaux, de l'Union soviétique, un pays qui avait naguère contribué à la naissance d'Israël pour notamment affaiblir la Grande Bretagne, mais avait changé d'option géostratégique, et aux partisans gauchistes de la Chine maoïste. Bientôt, à la suite de la guerre au Vietnam, des factions estudiantines qui s'y opposaient commencèrent à entamer le consensus pro-israélien qui existait aux États-Unis. Autant dire qu'Israël fixait sur elle une coalition sans précédent. La menace authentique qui en résultait eut pour effet de contracter les habitants dans une attitude plus défensive qui servait d'argument additionnel aux forces adverses.

Les victoires militaires périodiques, qui avaient suscité en Israël une fierté évidemment corrélée à la mémoire de l'extermination et de l'humiliation, commencèrent à renverser l'imaginaire mythique. L'événement-clé, sur le plan symbolique, avait été l'acquisition de la capacité nucléaire. Ce fut le moteur d'une transformation du mythe aux yeux des adversaires d'Israël[25] : la victime passait pour un bourreau potentiellement exterminateur. Le mythe antisioniste avait acquis sa principale croyance. L'antagonisme du monde trouvait à nouveau un point de fixation. On commença de scruter tous les actes du gouvernement israélien pour y détecter les gestes d'acivilisme et autres signes d'anempathisme, qui existaient indubitablement envers les réfugiés, mais que l'on pouvait repérer aussi bien chez les adversaires d'Israel. Désormais, le but ne fut plus de contenir l'expansion d'Israël, ni de la contraindre à négocier la restitution des territoires occupés et à égaliser les droits de ses citoyens arabes. Il s'agissait de l'éradiquer et de la rejeter à la mer. Une nouvelle lutte à mort était apparue, ayant pour effet de durcir en retour le bellicisme chez les dirigeants israéliens qui avaient beau jeu de qualifier de trahison les orientations pacifistes toujours vives dans l'intelligentsia du pays.

Un antisionisme qui se voulait anticolonialiste et libérateur était cristallisé. Il atteint son paroxysme avec l'effondrement idéologique de l'Union soviétique[26]. Le matérialisme-historique n'offrant plus sa grille d'analyse pour comprendre les événements du monde, l'antisionisme s'y substitua[27] en y intégrant une version modifiée de la théorie du complot. Ce n'était plus un conseil secret de veillards juifs qui gouvernait la terre, mais les conseils d'administration des multinationales, où les Juifs étaient bien sûr censés tenir leur rôle, qui contrôlaient d'un seul coup Wall Steet et Washington, leurs armées, la presse en général, et une Europe technocratique et vassale, Israël étant seulement le point de rencontre militaire entre la pauvreté du monde et le cynisme du capital, sur un théâtre particulier de la guerre de la mondialisation. Les intellectuels antilibéraux en firent leur doctrine, qu'ils appartinssent ou non aux pays occidentaux. Le mouvement se développa même à l'intérieur d'Israël, comme une alternative politique. D'une manière qui aurait paru aberrante auparavant, des situations sans nul rapport apparent avec le Proche-Orient, commencèrent à être interprétées dans les termes du mythe antisioniste, forme inversée de ce qui avait été pour beaucoup le mythe fondateur d'Israël[28]. Pendant un long moment, la présence de drapeaux palestiniens dans les quartiers catholiques et de drapeaux israéliens dans les quartiers protestants de Belfast en fournissait une illustration particulièrement frappante. Les droites radicales acceptèrent la nature d'un débat que les gauches radicales avaient posée. Ainsi, les pays européens qui connaissaient un flux migratoire en provenance des anciennes colonies dont les populations étaient majoritairement musulmanes, eurent tôt fait d'interpréter leurs problèmes internes en utilisant une nomenclature analogue.

Le monde n'était plus divisé ni en nazis et en civilisés, ni en capitalistes et en communistes, mais en « libérateurs » et en « réactionnaires » définis dans les termes du sionisme et de l'antisionisme, universellement élargis. Les « États-Unis et leur bastion israélien », leurs alliés atlantistes mêlés à l'ensemble des libéraux et des conservateurs formeraient le camp de la « réaction pro-sioniste » ; tandis que la Palestine deviendrait l'avant-garde du camp des « libérateurs antisionistes », agrégeant ceux qui s'opposaient à eux à quelque titre que ce soit. Quelques extrémistes[29] espéraient que telle ou telle puissance régionale du Proche-Orient accepterait la mission historique de mettre un terme au scandale. L'Iran, qui avait les ambitions géostratégiques de l'ancienne Perse, et dont la révolution s'était faite sur des bases religieuses, accepta ce flambeau.

Une conséquence concrète de ces développements fut que l'échange des lettres de reconnaissance mutuelle des 9 et 10 septembre 1993 entre l'OLP et le gouvernement d'Israël, et donc la reconnaissance d'Israël dans ses frontières de 1967, se heurta à tous les acteurs antagonistes, en l'occurrence à l'ambition iranienne et à la charte du Hamas, comme à l'absence de volonté effective des gouvernements d'Israël de revenir aux anciennes frontières.

Les « réactionnaires », quant à eux, se forgèrent une doctrine pour répondre à leurs nouveaux ennemis. Elle consistait à avancer l'existence d'un « choc des civilisations », euphémisme pour désigner l'unique civilisation qu'il s'agissait pour eux de défendre, face à des barbares promouvant des intérêts nationalistes, dont on respectait parfois la légitimité, mais que l'on entendait combattre. C'était oublier que l'idéologie occidentale s'était répandue dans le monde. Elle le dominait à ce point que ses propres composants formaient la matière essentielle, selon des combinaisons différentes, de la totalité des idéologies en jeu, y compris celle des adversaires les plus acharnés de « l'Occident ».

Il n'y avait, en effet, de part et d'autre de la lutte, aucun élément idéologique nouveau par rapport à ceux qui étaient présents dans le nazisme, duquel avaient été néanmoins soustraits en général, encore que pas toujours, le suprémacisme racial et l'esclavagisme. L'islamisme s'était présenté comme seul candidat pour changer la donne. Parmi les innovations, le féminisme, mouvement par ailleurs de plus grande importance, était transversal et n'interférait donc que d'une manière minimale, sinon en introduisant une étrangeté inédite dans la perception de l'islam.

Le groupe religieux islamique[30] s'est d'emblée inscrit dans le cadre culturel occidental, même si son expansion démographique fut en définitive située en Orient et en Afrique[31]. Il est clairement une des branches de l'arbre culturel biblique[32], et sa philosophie religieuse est en grande partie d'inspiration hellénique[33]. L'Empire mongol, qui lui ouvrit son espace le plus vaste, souhaitait s'allier aux monarchies catholiques d'Europe et envisageait de se convertir à leur religion[34].

L'islam de l'âge contemporain est entré en expansion. La première cause était démographique, cette religion étant prévalente dans des zones de forte natalité, le déclin, d'ailleurs relatif, des confessions rivales étant *a contrario* corrélé à la stagnation démographique et à la laïcité croissante de leurs foyers respectifs. Les régions à prépondérance musulmane étaient parmi les plus pauvres, mais cependant envahies comme les autres par le modèle de la société de consommation, alors qu'elles ne disposaient pas des moyens économiques d'y contribuer au premier plan. L'islam offrait une alternative viable – et à peu près la seule en lice, avec l'écologisme de la décroissance (une doctrine encore cantonnée à des cercles universitaires occidentaux) – au modèle de consommation, décrivant un projet de vie dans lequel la richesse n'a de valeur que caritative[35]. Elle s'était en outre dépouillée très tôt des exclusives raciales, ce qui la rendait particulièrement attractive auprès de populations victimes des discriminations dominantes[36].

La combinaison du nationalisme et de l'antisionisme donna parallèlement à l'islam une fonction idéologique nouvelle. Elle s'effectua, une fois de plus, sur la base de notions occidentales, souvent avec des plumes occidentales, de plus en plus à l'intérieur même des territoires occidentaux, alors que beaucoup en Occident se persuadaient d'avoir affaire à une race ennemie animée de notions fanatiques absolument étrangères aux siennes.

Bien qu'il soit une figure régionale d'une idéologie moderne de source française, le nationalisme arabe permettait un retour mythique à la guerre sainte, résurrection d'événements antiques sans pertinence contemporaine. La fixation de l'idéologie des conflits sur la question israélo-palestinienne donnait à l'arabisme un rôle en première ligne, de même qu'elle permettait à l'islam de faire le lien entre la question arabe locale et une problématique portant sur un choix de civilisation. Les religieux se réjouissaient de la résurgence du sentiment islamique qui en dérivait, y voyant une confirmation providentielle d'autant plus remarquable que semblait s'opérer un retour à la geste du Prophète.

Dans toutes les parties du monde de religion musulmane, c'est-à-dire les immenses territoires des anciens empires mongol et ottoman, auxquels s'ajoutaient l'Indonésie et une bonne part de l'Afrique subsaharienne, les oppositions aux gouvernements post-coloniaux, tendaient à prendre une allure de plus en plus islamiste. Ces gouvernements avaient été initialement formés de personnalités laïques, socialistes et nationalistes, soutenues par l'Union soviétique, la Grande-Bretagne ou la France. Il était inconséquent de les combattre au nom des valeurs mêmes qu'ils proclamaient (nationalisme ou socialisme). L'option démocratique et libérale semblait fermée par l'appui des puissances occidentales aux dictatures. Mais, elle l'était surtout, sans qu'on le comprît alors, par le caractère segmentaire de la plupart des sociétés considérées, divisées en groupes ethniques plus encore qu'en couches sociales, y rendant dysfonctionnels les mécanismes éléctoraux des sociétés européennes stratifiées. L'islamisme s'imposa graduellement à leurs opposants comme seule voie efficace.

Il ne disposait pourtant pas des moyens économiques de la guerre classique, ou n'en disposait pas en suffisance pour l'emporter contre des grandes puissances. Justifié par l'existence d'un ennemi perçu comme militairement invincible, doté des outils de l'anéantissement, il adopta des méthodes terroristes[37].

Lorsque les attentats acivils de l'antisionisme atteignirent le territoire américain, y prenant des proportions spectaculaires, le 11 septembre 2001, les États-Unis, en état de choc, y répondirent par une politique erratique, mêlant une guerre de grande envergure contre le régime irakien qu'ils avaient jusqu'alors soutenu et n'était pas la source des attentats, à des agissements de terrorisme d'État (arrestations arbitraires et tortures) couverts par des interprétations juridiques d'une nature extrêmement légère et des lois d'exception. On en vint à vouloir créer par la force des Nations (« Nation building ») là où seul un fédéralisme aurait été possible, plaçant les communautés locales dans une rivalité mortelle pour le contrôle d'entités artificielles qui ne laissent pas de place à l'équilibre entre les segments ethniques, linguistiques ou religieux qui structurent durablement ces sociétes.

Les idéologies dominantes, qui sont cousines, réclament aujourd'hui que l'on soutienne activement l'un des groupements antagonistes, en ne voyant la légitimité que d'un côté et les crimes que de l'autre. Ce dilemme s'exprime dans les termes d'une structure idéologique commune aux deux parties. Or, la confrontation est vouée à monter aux extrêmes, puisque l'anéantissement est devenu, depuis le début du xxe siècle, la visée de prédilection de l'antagonisme. Si nous n'apprenons pas à condamner les actes acivils et anempathiques d'où qu'ils viennent, en nous interdisant avant tout de mentionner comme indépassables des réalités aussi imaginaires que « Les Juifs » et « Les Arabes », pour ne traiter que des actions respectives des gouvernements, des partis et des personnes déterminées prenant part au conflit, qu'elles soient de culture arabe ou de tradition juive, nous continuerons d'être chacun personnellement responsables des malheurs qui y sont afférents. Il ne s'agit pas d'être indifférents dans une situation qui ne le permet pas, mais de démontrer en la mettant soi-même en œuvre, la possibilité d'une pensée non-antagoniste conduisant à des solutions agonistes.

Une fraction significative des tensions politiques existant de par le monde au début du XXIe siècle relève à un titre ou un autre d'un trouble de l'identité. Le cas que nous venons de considérer en est l'illustration paradigmatique, mais il n'est pas exceptionnel. Des communautés ou des populations entières se demandent aujourd'hui, souvent dans la souffrance, qui elles sont, d'où elles viennent, quels habitus elles doivent conserver, de qui elles doivent s'affirmer les « frères » et les « sœurs » ou les ennemis. Les individus qui les composent ne voient pas toujours qu'il leur est donné de répondre personnellement et librement à ces questions, même en réponse à un adversaire qui opère un regroupement antagoniste. Il n'est ni obligatoire ni heureux, pour vivre en communauté, de procéder sans cesse à un découpage de l'espace social par la recherche des parentés et des différences. Si l'on est soumis à une puissance qui cherche à l'imposer, il est préférable de s'y soustraire et de ne pas laisser se poursuivre son œuvre une fois que l'on s'en est libéré.

Des ensembles comme « Les Juifs » et « Les Arabes » sont en effet mal formés[38], puisqu'il n'existe aucun critère univoque, certain et non conflictuel pour identifier un arabe ou un juif, et puisque à supposer qu'il en existât, le terme recouvrirait des individus entretenant des rapports parfois ténus les uns avec les autres. Il est, certes, permis à chacun, voire très souhaitable, d'éprouver un rattachement spécifique à une tradition particulière. Ce peut être l'occasion d'une grande richesse, et le moyen de ne pas laisser se diluer les cultures du monde en une soupe unique et insipide. Mais il y a une grande différence concrète entre se nourrir de telles racines et se poser en s'opposant, ou poser d'autorité l'autre comme s'opposant, indépendamment de ses propres interprétations subjectives. « Judéité », « arabité », « christianité » peuvent assurément revêtir une haute signification personnelle, religieuse, intellectuelle, familiale et communautaire. Ces notions ne se convertissent pas sans les plus graves dangers en catégories politiques.

On trouve à la demande, dans toute littérature sacrée, l'affirmation d'une identité politique. Mais il n'existe aucune religion qui n'ait fini par apprendre le rôle essentiel et inévitable des interprétations. Ceci est particulièrement vrai de l'islam puisque sa langue classique, qui ne connait pas les ponctuations, implique un découpage des phrases qui interfère de manière décisive avec leur sens. Or, les interprétations dépendent de l'intention dans laquelle on s'y livre. C'est le propos général des religions, et notamment de toutes les religions bibliques, de proposer aux mortels un accès à un surcroît d'universalité par des pratiques généreuses dépassant les intérêts transitoires des individus. Les recommandations qu'elles fournissent dans ce but peuvent aussi porter sur de l'action politique, pour permettre un libre exercice de prescriptions morales exigeant le respect des autres personnes. La visée est perdue dès lors qu'il s'agit de se constituter en une communauté politique opposée à toutes les autres.

L'existence, désormais exacerbée, de communautés religieuses au comportement hostile et d'intention militaire, qui se manifeste bruyamment, parfois de façon criminelle, dans certaines parties de l'islam, mais aussi du christianisme, du judaïsme, et dans d'autres religions, est un symptôme de la pathologie antagoniste qui gouverne aujourd'hui le monde. La volonté contraire d'en finir une fois pour toute avec toutes les religions, au titre de la rationalité historiciste, n'est pas indemne du même symptôme.

Une communauté, à savoir un groupement au sein duquel s'échange le *munus* (le don qui entraîne le contre-don), ne forme pas nécessairement un « peuple » et n'acquiert pas toujours son identité par hostilité aux autres. En réalité, même s'il y devient aveugle, tout individu participe simultanément à plusieurs communautés correspondant aux diverses dimensions de sa propre existence. Une communauté gagne à se définir par ses propres finalités, y compris de préserver un patrimoine culturel ou historique commun, plutôt que par ses exclusions. À ces conditions, l'identité communautaire peut se poursuivre sans inconvénient ni dépossession.

Il peut sembler regrettable de se priver de la notion de « peuple » qui, malgré ses défauts de construction et sa nature mythique, possède une évidente capacité unificatrice. Mais le moment est venu de constater que ses aspects destructeurs sont plus dommageables que sa beauté. La charge négative dont elle est désormais investie en fait le moyen le plus dangereux de fixer la relation sociale. Il faut ainsi accepter de la traiter en objet d'études historiques, sans validité scientifique, pour la déposer sur le sol, comme un vieil artefact rouillé et toujours létal, afin de poursuivre de façon moins périlleuse notre chemin politique[39].

Si le conflit israélo-palestinien et la question de l'islamisme constituent les principaux foyers de conflits de notre époque, bien des instabilités qui ne leur sont pas liées demeurent soumises à la nébuleuse idéologique identifiée, et sont, au même titre, susceptibles de remèdes cognitifs.

La décolonisation avait été rendue inévitable, non par un affaiblissement de l'Occident, mais au contraire par la diffusion mondiale des idéologies occidentales, dont tous voulaient à présent bénéficier de manière plus égale. Elle fut conduite avec l'arme des nationalités, divisant par exemple l'Inde et le Pakistan, et engendrant partout, d'abord en Afrique, des États rendus d'emblée instables par l'impossibilité d'y supposer l'homogénéité ethnique exigée par l'idée de Nation. Ni les anciens colonisateurs ni les colonisés n'entendaient faire émerger de grandes fédérations organisées aptes à éviter les conflits tribaux, et disposant d'une masse économique critique. Les premiers espéraient continuer leur domination sur les mêmes territoires, divisés de la même façon, en les tournant en chasses gardées économiques dont ils guideraient la politique extérieure par la fourniture des armements et les crédits. Les seconds, qui avaient été formés dans les écoles des colonisateurs, avaient parfois été membres de leurs parlements ou de leurs gouvernements, se contentaient de s'y substituer localement. Ils savaient que les frontières artificielles de leurs États, la répartition aléatoire de leurs ressources et de leurs langues, impliquaient un soutien militaire permanent des anciens colonisateurs ou de leurs rivaux pour éviter sécessions et coups d'État militaires. Ils préféraient agir en dictateurs plutôt que de diluer leur jeune pouvoir dans des unités élargies, indifférentes aux Nations, une forme politique dont ils s'étaient laissés inculquer qu'elle était sans alternative et la condition de toute démocratie future. Compte tenu de l'insurmontable indétermination des Nations, de la facilité corrélative de les susciter, et d'un contexte idéologique par lequel le nationalisme s'oppose à toute autre forme d'union, rien ne permet d'en arrêter la prolifération ni d'en atténuer les conséquences[40].

L'Europe en vit tous les jours la contradiction. Elle est désireuse de s'unir, ayant porté à son paroxysme l'expérience des guerres intestines ; craignant la noyade économique et stratégique par des ensembles extérieurs devenus trop grands pour ses États qui ont tous perdus la masse critique permettant de faire pièce aux grandes puissances, ou simplement de la capacité de contrôler les produits et la fiscalité des entreprises transnationales ; et s'inquiètant enfin de micro-indépendantismes régionaux susceptibles de prendre des formes terroristes, comme naguère de l'insatiable propension des zones balkaniques à se diviser et s'entretuer sous ses yeux. Elle est, en un autre sens, rétive à s'unifier. Pour certains il s'agit de ne pas offrir un cadre d'accueil aux régions ayant acquis la taille d'une autonomie, comme l'Écosse, la Catalogne, la Lombardie, la Flandre, ou la Bavière, ce qui réduirait effectivement à fort peu de choses leurs Nations déjà minimes. Pour la plupart, il s'agit d'échapper aux injonctions d'une bureaucratie commune, dont l'absence de contrôle democratique est pourtant le produit immédiat du refus des pays membres de la soumettre à un gouvernement unique, dépendant d'un parlement unique, élu démocratiquement dans le cadre d'une circonscription unique, et modéré par un sénat seul formé des États-membres. Ce refus provient du fait que les gouvernants européens ne connaissent pas d'idéologie politique dépourvue à quelque degré d'une teinte nationaliste, et que la démocratie à l'échelle d'un continent leur parait incompréhensible ou impossible, persuadés qu'ils sont que seule une Nation constituée peut s'en attribuer valablement l'exercice. Ils ignorent que Rome, avec ses antiques défauts, fut longtemps une république, et qu'elle était multi-ethnique. Après que la République a disparu partout en Europe, les céremonies commémoratives de son premier millénaire ont été présidées par Philippe l'Arabe, appartenant à une dynastie d'origine syrienne.

L'Europe de l'Ouest a en outre subi le démantèlement de l'URSS qu'elle avait tant souhaité. Elle se voit contrainte de transférer une part de ses ressources vers des populations avec lesquelles elle n'éprouve aucune affinité nationale, dont l'arrivée groupée dans l'Union bloque les fragiles équilibres de sa bureaucratie commune, en l'absence d'un contrôle politique qui ne transiterait pas par ses trop nombreuses Nations. Elle est mécaniquement appauvrie par la chute du rideau de fer et l'ouverture de la Chine, puisque le revenu du travail doit à présent s'ajuster en faveur de populations lointaines ne bénéficiant pas des avantages de son État-Providence. Ses gouvernements cherchent, en contrepartie, à expulser les immigrés venant des régions coloniales qui avaient fait sa prospérité, les percevant comme une charge et une menace pour une « identité nationale » fabriquée, nous avons vu dans quelles conditions, à la fin du XVIIIe siècle, et dont l'homogénéité est surestimée de manière croissante[41]. Leur résistance identitaire est aggravée par une double pression migratoire : celle de nouveaux membres, les plus pauvres de l'Union européenne, et celle des réfugiés des zones de guerre, à l'issue d'operations militaires qui s'étaient fréquemment trompées de cibles.

Les communautarismes auxquels les mêmes pays se heurtent sont en général des constructions récentes attirant personnes ou groupes désireux d'acquérir une identité valorisante échappant aux échelles dominantes de comparaison sociale. Il s'agit moins de préserver des traditions authentiques, menacées par une volonté d'homogénéisation nationale, que de s'affirmer en rejet de cette dernière, au titre d'un nouveau combat contre la société telle qu'elle est organisée. Les oppositions théologiques sont souvent de moindre importance que les signes extérieurs d'une différenciation[42]. Ainsi, des manifestations symboliques finissent par passer pour des différences substantielles et nourrir des hostilités qui n'auraient que peu de raisons objectives d'exister, et pourraient s'atténuer par la révélation de leur origine cognitive, n'était leur rôle nouveau dans les oppositions partisanes à l'intérieur du monde occidental. Le déplacement du combat islamiste à l'intérieur de l'Europe confronte, en effet, les sociétés libérales à la contradiction existant entre leur pluralisme et leur nationalisme. Il les contraint, à leur corps défendant, à abandonner peu à peu l'un ou l'autre.

Voir les choses autrement qu'au travers du couple fatal « Eux ou Nous » n'apporte aucune résolution instantanée, mais permet avec le temps de trouver des voies moins conflictuelles, jusqu'alors interdites par des idéologies qui les posaient comme étant indignes d'être même discutées. Il n'y a pas de force politique plus puissante que la poursuite de sa propre identité. Or, celle-ci est un artefact que nous pouvons choisir par principe de travailler de manière à la fois plus faiblement antagoniste et plus conforme aux réalités historiques.

Un signe relatif d'encouragement peut être détecté dans la concordance entre l'universalisation de l'antagonisme et l'apparition d'un humanisme planétaire. À partir d'Hiroshima, le sentiment d'une communauté de dangers et d'intérêts, dépassant les frontières nationales, a commencé de se manifester. L'humanisme, né de la volonté de protéger les individus et les groupes, a évolué en désir de préservation globale de la biosphère. De manière parallèle, a émergé le principe d'un avantage collectif à restreindre partout sur terre les pratiques exterminatrices, même lorsque l'on n'est pas soi-même immédiatement concerné. En sorte qu'un meilleur équilibre entre les deux pôles idéologiques s'est formé qui n'a pas été, néanmoins, capable à ce jour d'inhiber les identifications antagonistes comme modalité primordiale du regard politique sur l'autre.

Une autre évolution favorable est l'acquisition d'un nouveau sens de la responsabilité personnelle. La réclamation de cette reconnaissance chez l'individu fut la signification profonde des mouvements estudiantins des années 1960 et suivantes. Une aspiration au départ libertaire, dont la motivation de libération sexuelle était prépondérante, a fini par produire des effets majeurs sur l'ensemble des institutions cardinales. L'université puis l'école ont progressivement accepté de rendre leur enseignement davantage interactif et individualisé, accordant même aux élèves d'exprimer un jugement sur leurs maîtres. L'Église catholique à son tour s'est lentement engagée dans une direction analogue à compter de Vatican II, rouvrant la possibilité d'une tension entre rite et esprit évangélique. Peu à peu, les entreprises ont introduit des formes de collaboration moins hiérarchiques. Les armées ont ouvert un embryon de dialogue avec les troupes dont l'obéissance inconditionnelle a cessé d'être *a priori* acquise dans tous les cas. Les formes autoritaires de gouvernement ont commencé à devoir se cacher par dénégation. Surtout le droit a établi une responsabilité personnelle dans les domaines souverains, privant pas à pas les dirigeants de leur irresponsabilité juridique ancestrale.

Une prévention des exactions politiques peut assurément être obtenue au moyen d'une responsabilisation pénale crédible des commanditaires et exécutants. Elle a commencé de prendre place, mais son universalisation dépend à présent du consentement de gouvernements qui n'ont pas eux-mêmes écarté ces pratiques. Seule une évolution cognitive affectant leur mode de légitimité peut finir par les y contraindre. Elle exige à son tour une compréhension collective de l'idéologie de l'extermination plus profonde que celle ayant cours généralement et qui attribue les crimes de masse à la seule barbarie de certains régimes ou de certains peuples déterminés. Ainsi, suggérer que la démocratisation intégrale de la planète ou son occidentalisation serait la condition préalable et suffisante de la prévention, est le produit d'une confusion. La démocratie et le parlementarisme, comme nous l'avons constaté à diverses reprises, ne fournissent par eux-mêmes aucune garantie suffisante à cet égard. L'affirmation optimiste selon laquelle les « démocraties ne se font pas la guerre » exige une définition circulaire, telle que les pays qui se faisaient la guerre n'étaient pas réellement démocratiques au moment où ils se la faisaient, et le sont devenus depuis qu'ils ne se la font pas. Cela suppose, en pratique, qu'il n'y eut en Grèce ancienne qu'une seule démocratie, et qu'il n'y en eut plusieurs qu'après la Seconde Guerre mondiale, après qu'elles aient été épuisées par leur destruction mutuelle.

Comme existe en outre une interaction constante avec les régimes non démocratiques auxquels demeure soumise la plus grande partie du monde, entraînant en retour interventions et représailles de la part de pays démocratiques qui constatent de l'extérieur ces exactions ou qui en subissent les effets, la prévention n'est efficace que si elle se généralise. Cette évolution n'implique rien de moins qu'une modification globale de notre conception de la légitimité de tout régime, démocratique ou non. Aussi longtemps que la forme du régime passera pour plus importante que le respect des populations civiles, ou que les groupes sociaux ayant des mœurs distinctes seront traités en réalités substantielles susceptibles d'être éliminées d'une façon ou de l'autre, il se trouvera encore des hommes pour ordonner une extermination et d'autres pour leur obéir.

Le monde s'est amélioré depuis 1945. La chute de Berlin puis celle de son mur en sont les grands moments. Mais il s'était aussi amélioré entre les deux guerres, et de quelle brillante façon : le Président Wilson et plusieurs grands dirigeants européens étaient des humanistes, la Société des Nations avait été formée, la guerre avait été mise hors la loi. La multiplication des inventions techniques promettait un développement pacifique de l'humanité, l'éradication progressive de la famine et de la maladie, un enrichissement universel et une généralisation de l'éducation. Le capital se substituait au sang comme objet des ambitions. Une chose n'avait pas changé : un compost idéologique ancien macérait sourdement. Il persiste à former le fond de notre culture.

Sont en cause toutes les composantes idéologiques toxiques, sans exception, dont la présence avait enraciné le nazisme dans la civilisation occidentale. Acivilisme et terrorisme d'État, fussent-ils pensés comme des opérations défensives, sont aussi dangereux que le populisme, le positivisme juridique, le colonialisme et le suprémacisme sous toutes leurs formes. Nous devons apprendre à traiter nationalisme et xénophobie non comme des forces ou des preuves de réalisme, mais désormais comme des faiblesses politiques et les manifestations d'un désordre cognitif. De la nébuleuse idéologique identifiée, il ne reste plus rien à retenir. L'ampleur de la tâche doit être rapportée à la simplicité du remède qui ne dépend strictement que de chacun de nous. Car les maux cognitifs relèvent uniquement de remèdes cognitifs. Et ceux-ci n'ont pas été administrés.

CONCLUSION

Regarder l'Ouest en face

Je suis ressorti de l'écriture de ce livre différent de celui que j'étais quand j'y suis entré. Je m'attendais bien entendu à des surprises, mais nullement à constater que le trouble cognitif aux effets meurtriers dont souffrait depuis longtemps une part dominante de notre culture, était si profond qu'il me contraindrait à me changer moi-même pour m'en libérer. L'antagonisme n'est ni un comportement naturel, ni une simple méchanceté ou stupidité, il est la forme prise peu à peu par notre façon d'être au monde et de le concevoir, et s'est intensifié constamment à l'âge moderne. Nous sommes devenus peu capables de forger des projets et d'acquérir une identité quelconque sans placer au tout premier fondement nos oppositions à d'autres hommes. Nous les craignons d'autant plus que nous les regroupons en ensembles flous susceptibles de ne nous accorder aucune paix si nous ne les éliminons entièrement. Nous ne craignons pas moins les faibles que les forts. L'extermination, s'il elle ne s'exécute que dans des circonstances très particulières, est une conséquence logique de ce désordre. L'extermination nazie, qui est de loin la plus destructrice, a rassemblé les forces intellectuelles les plus puissantes qui obéissaient à ce principe.

Une voie humaniste est urgente et plus nouvelle qu'il n'y paraît. Ses chances de succès sont inconnues, compte tenu des ténèbres idéologiques sous lesquelles nous continuons de vivre. Elle impose de saper une à une les composantes de l'antagonisme, et de s'interdire de combattre en tant que tels des groupes, mais uniquement des actes. Cela exige un effort pour rendre notre langage davantage nominaliste[1] relativement aux humains. Il ne s'agit pas seulement de renoncer à agréger nos adversaires dans des amas confus qui ne permettraient pas de les distinguer individuellement, en fonction de leurs actions personnelles ; il s'agit aussi de ne pas nous identifier nous-mêmes à partir de groupements dont toute l'existence, parfois bien réelle dans ses effets, est néanmoins imaginaire de part en part, tels que les peuples, les Nations, ou les races. Nous pouvons évidemment former des communautés, pour autant qu'elles ne soient pas exclusives ; nous considérer et être reconnus comme étant les citoyens de tel pays, ou les sujets de tel souverain. Il en va pareillement si nous sommes les militants d'un parti, mouvement, église ou organisation. Mais il convient avant tout d'empêcher ces ensembles auxquels nous sommes rattachés de se donner pour cibles des entités non réductibles à des individus définis.

J'espère avoir établi que l'hypothèse du nazisme comme ayant son origine dans l'idéologie occidentale dominante et ayant commis un crime encore plus vaste que l'extermination des juifs n'est pas dépourvue de fondement. Je sais combien de telles propositions sont de nature à susciter des interprétations fallacieuses. Les objections de « dilution des responsabilités » ou de « banalisation du mal » sont les premières à venir à l'esprit. Puissé-je me contenter de dire qu'étendre les responsabilités d'un crime et en élargir l'objet n'est pas équivalent à en réduire la responsabilité et en minimiser l'objet. En supposant que le mal dépendait d'une idéologie partagée, j'ai tenté de souligner que le traitement devrait être plus radical qu'on ne l'avait cru, et porter sur les canaux par lesquels la maladie se propage. Pour filer, un bref instant, la métaphore, nos pensées sont les sites distants de cellules encore tumorales. L'excision du nazisme en Allemagne, qui laisse la prolifération sans obstacle une fois la tumeur primaire disparue, n'est pas une thérapeutique suffisante. Le mécanisme étant reconnu, chacun dispose en soi-même des moyens de l'unique cure disponible.

Le rôle central qu'avait l'extermination des juifs dans le projet global des nazis n'est pas une objection à cette conclusion. L'incendiaire a fixé sur eux une part prépondérante de son effort, pour des raisons désormais pleinement identifiées, avec des conséquences que nul ne peut plus décemment disputer. Cela éveille naturellement dans la culture juive une attention très particulière au phénomène et à son risque de renouvellement, et devrait susciter chez les autres un soin spécifique à veiller à ce que la composante idéologique antisémite disparaisse en tout premier lieu, ce qui encore loin d'être le cas. Mais cela ne fait pas des juifs des personnes distinctes au sens du bourreau. Les traiter comme telles ou se penser comme telles, en associant de quelque manière que ce soit la personnalité de la cible au crime qu'elle a subi, au lieu d'associer le crime au criminel, serait un choix désespérant, propice à retarder la disparition du mal.

Une autre objection serait une « exonération de l'Allemagne ». Le geste a été commis par chacun de ceux qui l'ont conçu, y ont concouru ou l'ont laissé faire, par leurs actes ou l'adhésion à l'idéologie qui l'engendre. Il est patent que la majorité des membres de la population allemande, à l'époque considérée, portait une responsabilité plus directe que la plupart des autres. Les enfants et petits-enfants qu'ils ont éduqués ont éprouvé en nombre le besoin d'effectuer un travail d'expurgation. S'il n'a pas été mené à terme, ce n'est pas toujours faute de sincérité, mais parce que en Allemagne, comme ailleurs, la profondeur des racines avait été minimisée et que l'on croyait encore avoir affaire à un nombre réduit de vrais coupables.

Il reste que la responsabilité ne s'arrête pas aux frontières du Reich. Tous les pays envahis ont vu surgir des acteurs ou des complices des opérations exterminatrices. Au-delà de la complicité matérielle, la responsabilité intellectuelle rejoint aussi des personnes dont certaines étaient mortes avant la naissance de Hitler, ou habitaient à des milliers de kilomètres des lieux des atrocités, et avaient contribué à la croissance de l'idéologie antagoniste. Quelques-unes avaient servi de modèle aux dirigeants nazis. La plupart se sont bornés à agir en chaînons d'une immense réaction meurtrière, dont ils ne pouvaient imaginer la forme ultime et qu'ils auraient généralement désapprouvée. Or, les habitants des pays situés hors de l'Allemagne se sont senti une obligation moindre que les Allemands de comprendre ce qui était advenu, et de chercher quelle part de leur éducation pourrait être en cause. Beaucoup sont partis du principe qu'ils en étaient exemptés comme ressortissants d'États ayant combattu les armées du Troisième Reich ou, pour certains, membres de familles ou de partis ayant compté résistants ou victimes. Ceux-là ont tout au plus encouragé passivement l'accusation des derniers coupables judiciaires qui pouvaient encore vivre parmi eux, dans l'idée de parfaire définitivement, et à peu de frais pour eux-mêmes, la purification. Mais l'essentiel du travail qu'il aurait été souhaitable de conduire s'est vu abandonné aux historiens qui étaient paradoxalement mal placés pour l'accomplir, quelle que soit la qualité de leurs indispensables travaux.

Parce que la science fragmente ses objets pour les cerner avec rigueur, le nazisme est devenu rapidement une entité d'une complication trop grande pour qu'elle en rassemble les éléments. Les spécialistes font émerger régulièrement de nouveaux aspects qui étaient restés dans l'ombre. Mais quand ils quittent le domaine qu'ils ont découpé pour tenter la compréhension du puzzle, ils élèvent le plus souvent la zone qu'ils ont éclairée, l'administration[2], l'antisémitisme[3], l'économie[4], l'état-major, la racine « völkisch »[5], le front russe et les considérations stratégiques[6], le socialisme, l'antibolchevisme[7], la psychologie des dirigeants ou l'opinion des témoins passifs ou des exécutants, ou d'autres encore, au titre de candidate à l'explication principale, un effort qui échoue nécessairement[8].

Un consensus réconfortant, mais qui devrait plutôt nous inquiéter, pallie actuellement ce manque hors de l'Université. On se représente volontiers le nazisme comme défiant simplement la raison, donc étranger à nous qui nous jugeons rationnels. Il est analysé comme un phénomène sans base démocratique, donc étranger à nous qui nous jugeons démocrates ; raciste, donc étranger à nous qui sommes censés l'être moins que nos ancêtres ; et produit par sa période, donc étranger à nous qui vivons dans un monde plus éclairé. Sans être incomparable, car nous admettons que nos présents ennemis commettent aussi des génocides, il est jugé unique et ineffable : le combattre se fait principalement par révérence rituelle aux victimes et par condamnation des interprétations historiques. En un mot, nous nous désolons sans être directement concernés. Je crains qu'il ne faille en finir avec cette vue édulcorée si nous voulons sérieusement commencer de nous comporter un peu mieux.

L'interprétation présentée ici, s'il fallait la qualifier au regard de la nomenclature habituelle des historiens du nazisme, pourrait être appelée un « intentionnalisme réaliste » : la réalité est le produit émergent d'intentions qui se composent entre elles, non une intention unique et prédéterminée qui s'imposerait aux choses, comme celle d'un Hitler *a priori* omnipotent. La structure du Parti unique rendait son rôle très important, et, même si l'on fait la part essentielle du chaos inhérent à tout développement historique, il serait déraisonnable de présenter les dirigeants comme des acteurs comme les autres, emportés au fil d'événements qui seraient sans grand lien avec eux. Encore fallait-il que le Parti unique parvienne à s'instaurer, que sa ligne politique soit compatible avec les attentes initiales de la population, et que cette population soit elle-même prédisposée par la culture dont elle était l'une des expressions éminentes. La relative unité idéologique occidentale dominante s'est exprimée sous des modalités différentes dans les pays considérés qui ont, chacune à leur manière, poursuivi leur propre *Sonderweg* (chemin particulier), mais dont aucun n'était possible isolément. La voie propre à chaque région a été conditionnée par cette matrice commune, tout en se dotant naturellement de caractères locaux compatibles avec elle. En d'autres termes, le nazisme est un phénomène allemand profondément enraciné dans la civilisation occidentale, et les actes qui le caractérisent avaient alors acquis une probabilité élevée de s'y produire.

Je n'ai pas jugé approprié d'accorder un rôle central aux concept de totalitarisme, en dépit de son importance dans l'historiographie contemporaine[9], car il a pour pour effet de conduire à des réductions[10]. Le nazisme entretient, bien entendu, des parentés profondes avec le bolchevisme, exprimées comme « totalitarisme », et avec le fascisme italien, espagnol ou français. Les influences directes du régime communiste de Parti unique, comme celles du nationalisme mussolinien, sont évidentes et enseignées aux écoliers. Mais ces rapports, partiellement contradictoires entre eux, sont incapables d'expliquer par eux-mêmes la nature du projet nazi, l'étendue de son intention exterminatrice et ses succès. La notion de « crise de la modernité » n'est pas non plus dépourvue de pertinence. Elle permet un rapprochement symétrique et complémentaire avec les régimes parlementaires des autres grandes puissances occidentales. Elle ne capte cependant qu'un autre aspect limité de la matrice qui enfante de manière concordante l'ensemble de ces phénomènes. Elle restreint l'enracinement du nazisme en le ramenant à une dérive du système capitaliste industriel, occultant ainsi des composants essentiels mais séparés, tels que le suprémacisme racial ou le nationalisme.

Ces distinctions reposent toutes sur la volonté bien compréhensible de leurs auteurs de sauvegarder leurs orientations politiques respectives. Les uns entendent dégrever le communisme, d'autres la société libérale, chaque pays, à commencer par l'Allemagne, cherchant naturellement par ce moyen à obtenir des circonstances atténuantes. Or, le nazisme est le résultat d'une hybridation achevée des diverses lignées idéologiques. Lui qui vouait un culte à la pureté des origines, est le système dont les sources sont de loin les plus mêlées. Les croisements multiples dont il est le produit, au lieu de neutraliser les caractères transmis, se sont exercés avec une extraordinaire synergie. C'est en ce sens qu'il porte en lui la quintessence, sinon de la culture occidentale, du moins de sa part dominante.

De telles circonstances en font une réalité à la fois absolument unique et représentative. D'où son importance cruciale pour nous tous, autant que nous sommes. Le crime est d'une telle envergure et d'une telle intensité, sa conception et son accomplissement ont requis tant de ressources matérielles et intellectuelles, tant de détermination et de complicités, que nous sommes contraints de nous demander ce qui nous en sépare ou nous en rapproche, moralement et culturellement, afin de savoir qui nous sommes en fin de compte et de quoi nous sommes les héritiers. À cet égard, il ne constitue pas simplement un événement historique majeur, au même titre que la Révolution française ou la Révolution russe. Il est l'événement critique de notre civilisation, elle qui possède le rayonnement le plus puissant et n'a laissé autour d'elle aucune autre culture indemne de sa propre influence.

J'ai cru nécessaire, pour toutes ces raisons, de regarder l'Ouest en face. Il a engendré nazisme, libéralisme, communisme, fascisme et humanisme aussi. Nul ne peut s'estimer autonome par rapport à lui. Le cancer exterminateur dont il a été affecté, qui a pris des formes métastatiques diverses, a failli l'emporter au cours des guerres mondiales ou de la guerre froide, et a surinfecté le reste du monde, n'est sans doute pas irréversible. Il est cependant une réalité. Or, les amputations classiquement proposées sont trop partielles pour laisser espérer une guérison facile.

Reste à considérer l'argument d'un risque qu'il y aurait à reconnaître la persistance d'une idéologie malfaisante dans nos pays. Une contrition indécente n'aurait d'autre effet que d'inviter leurs adversaires, qui sont violents, à s'en prendre à ses populations pour un motif supplémentaire. Se mettre en cause soi-même plutôt qu'autrui a cependant l'avantage d'atténuer par contagion l'antagonisme. Celui-ci sous-tend une hostilité qui s'exercerait de toute façon sans qu'on l'encourage, et contre laquelle nous nous trouvons conceptuellement démunis.

Nous devons trouver la force de nous saisir des pauvres armes de pierre qui nous restent, qui sont intellectuelles et morales, pour qu'elles fassent lentement leur œuvre, car, dit Montesquieu, « la politique est une lime sourde qui use et qui parvient lentement à sa fin »[11].

Notes

Prologue

1. Hitler avait toutefois félicité Himmler d'avoir recruté des délinquants. Il y voyait une force brutale correspondant à la nature populaire du nazisme et des fidèles sur lesquels on peut exercer un chantage : « La meilleure chose que vous ayez faite, Himmler, est d'avoir transformé l'incendiaire en pompier. Ainsi le pompier vit sous la menace d'être pendu si l'incendie se déclare » (Hitler, *Libres propos sur la guerre et la paix recueillis sur l'ordre de Martin Bormann*), 24 janvier 1942. « Mes troupes de choc en 1923 contenaient certains éléments extraordinaires [...]. De tels éléments sont inutilisables en temps de paix, mais c'est très différent durant les périodes d'agitation. À ce stade ces joyeux brigands m'étaient irremplaçables comme auxiliaires. 50 bourgeois n'auraient pas valu un seul d'entre eux. Avec quelle confiance aveugle ils me suivaient ! Fondamentalement, ils n'étaient que de grands enfants. Quant à leur brutalité supposée, ils étaient simplement assez proches de la nature », *Ibid.*, 2 novembre 1941.

2. Pour une présentation des différentes explications proposées par les historiens, du moins jusqu'à la fin du xxe siècle, voir (Kershaw, *Qu'est-ce que le nazisme ? Problèmes et perspectives d'interprétation* [trad. fr.]). Voir également, sur la question plus spécifique de l'extermination

(Bauer, *Repenser l'holocauste* [trad. fr.]). Il est habituel de distinguer entre les interprétations « intentionnalistes » et « fonctionnalistes », les premières accordant une place prépondérante aux intentions hitlériennes, et les secondes insistant au contraire sur le caractère chaotique de l'évolution du pouvoir nazi. Une autre distinction commune oppose les partisans du *Sonderweg* (chemin particulier), qui placent au premier plan les particularités socio-historiques allemandes, et les tenants de la thèse d'une crise globale de la modernité. D'autres angles de vue opposent les facteurs : par exemple : guerre antibolchevique vs. antisémitisme.

3. Heidegger, d'emblée nationaliste et belliciste (cf. le § 74 de *Être et Temps*), était devenu hérault du *Führerprinzip* au moment de son Rectorat. Il avait appelé ses étudiants, au cours du semestre d'hiver 1933-1934, à « l'anéantissement complet de l'ennemi intérieur ». Puis il avait fait de la « Judéité » (*Judentum* qui signifie aussi « juiverie »), dans des publications destinées par lui à couronner son œuvre après sa mort (les « *Cahiers noirs* »), le concept même permettant de penser la perte de l'Être dans l'histoire. Ces textes contiennent une critique incidente du « nazisme vulgaire », accusé non d'excès mais de défaut par rapport à un « nazisme spirituel » qui détruirait dans toute son extension ce qui est métaphysiquement judaïque : le judaïsme au sens étroit, le christianisme, le capitalisme et le communisme, le socialisme et la moralité kantienne, le rationalisme et la modernité ; mais, avec eux, aussi bien le nazisme vulgaire en tant qu'il aura été, malgré ses mérites et son salutaire « principe barbare », un instrument de « l'autoanéantissement » de la *Judentum*. S'y dessine une perspective d'engloutissement de proportion noachique de la *Judentum,* ainsi élargie jusqu'à la béance, avec pour propos de sauver « la pensée » par un « enracinement » dans le langage germanique modifié poétiquement, au moyen de philosophèmes de plus en plus étrangers à l'argumentation. La description que Heidegger effectue des camps comme usines déshumanisées privant les détenus de la dignité d'une mort humaine, n'intervient qu'après la chute du régime qu'il avait soutenu. Elle lui permet de diluer aussitôt l'extermination dans le phénomène général de la « Technique » moderne, « calculatoire » et expression d'une *Machenschaft* (« machination », « outilisation »,

et modalité ontologique du complot et de la manipulation en général). Le bourreau se présente comme étant pris à son tour dans le destin déshumanisé de la victime, un destin dont elle est, en dernière analyse, la véritable responsable, et que les Allemands subissent alors à travers l'occupation soviétique et le productivisme américain. La translation ontologique du nazisme a pour effet d'imputer aux Juifs leur propre anéantissement, en se distinguant formellement du nazisme hitlérien qui se trouve plus limité dans ses cibles, du seul fait qu'il est plus étroitement racial. Cette opération de sauvetage du nazisme par élargissement, après l'échec de 1945, a trouvé une postérité dans le néo-nazisme et « l'eurasisme » d'Alexandre Douguine. Mais elle a davantage rencontré un public antinazi qui entendait le concept heideggerien d'*essence de la Technique* comme l'arme philosophique d'une double lutte contre le capitalisme et le communisme, dans une perspective « écologiste ». C'était oublier que ce double combat était déjà celui du nazisme initial, et que l'écologie (voir plus loin ch. 2.2) faisait partie des sources hitlériennes. Les thématiques humanistes avaient, à cette époque, toutes été contaminées (voir ch 7.1). Heidegger, usant d'un art de l'équivoque (fondé sur la dualité des significations, entre la claire vulgarité « ontique » et l'obscure profondeur « ontologique », d'une même notion), achevait cette opération cognitive auprès de ceux-là mêmes qui croyaient sincèrement être les plus fermes opposants du nazisme. Mais les *Cahiers Noirs* n'avaient-ils pas annoncé, dans un passage datant de 1941, que « le genre le plus élevé et l'acte le plus haut de la politique consiste à manœuvrer avec l'ennemi pour le placer dans la situation où il se trouve contraint de procéder à son propre autoanéantissement » ?

« L'antagonisme », tel que ce concept sera décrit plus loin (ch.6) caractérise, à sa racine, et dès l'exposition du *Dasein*, l'œuvre de Heidegger. À la différence de Carl Schmitt qui réserve l'antagonisme à une définition du politique comme relation « Ami – Ennemi », le *Dasein* heideggérien, sous toutes ses figures, est structuré par une lutte sur un « sol » collectif pour anéantir un ennemi qui n'est pas encore directement nommé dans le texte d'*Être et Temps*, mais qui le sera *post-mortem*. Le projet ontologique ne comporte aucune part de construction positive, la finalité étant indiquée par le ressac d'un questionnement. Toujours il s'agit de « combattre » et « préserver » ce qui n'est jamais décrit de manière déterminée, mais désigné comme « Être » ou « pensée de l'Être », contre un « abandon » commencé dès l'Antiquité, avec la judéisation présumée de la philosophie grecque. Le comble de l'antagonisme est atteint quand l'Ennemi doit être au besoin créé, quand il n'existe pas : « Et il peut sembler qu'il n'y a pas d'ennemi. Alors l'exigence fondamentale est de trouver l'ennemi, de le mettre à jour, ou même de le créer, afin que le fait de se dresser contre l'ennemi se produise et que l'existence ne s'émousse pas. L'ennemi peut s'être incrusté dans la racine la plus intime de l'existence d'un peuple et s'opposer à sa nature profonde, en agissant contre elle. Le combat est d'autant plus acharné et d'autant plus dur, car ce n'est que la moindre part de la lutte que se heurter l'un contre l'autre ; il est souvent bien plus difficile et fastidieux de repérer l'ennemi en tant que tel, de le conduire à se révéler, de ne pas s'illusionner à son propos, de se tenir prêt à l'attaque, de cultiver et d'accroitre avec constance la préparation pour une attaque à long terme, en vue de l'anéantissement complet.» (*De l'Essence de la Vérité*, GA 36/37, p 91)

4. (Goebbels, *Journal 1923-1933* [trad. fr.]) (Goebbels, *Journal 1933-1939* [trad. fr.]) (Goebbels, *Journal 1939-1942* [trad. fr.]) (Goebbels, *Journal 1943-1945* [trad. fr.]). Une édition allemande complète en 29 volumes est publiée par KG Saur, Munich.

5. S'agissant du seul Hitler, nous possédons, outre *Mein Kampf* (Hitler, *Mein Kampf* [trad. fr.]), le manuscrit du *Second Livre* de 1928 (Hitler, *Hitlers zweites Buch* [G. L. Weinberg, ed]), en allemand et en traduction anglaise ; la collection en allemand et en traduction anglaise des *Discours et Proclamations* par Max Domarus en 4 volumes (Domarus) qui peut être complétée pour la période 1925-1933 par la compilation des *Discours, écrits et directives* éditée en allemand par l'Institut d'Histoire contemporaine de Munich ; la transcription allemande et les traductions anglaise et française (récemment retraduite par F. Delpla) des *Propos de table* de 1941- à 1944, aussi appelées *Conversations secrètes* ou *Bormann-Vermerke* (Hitler, *Libres propos sur la guerre et la paix recueillis sur l'ordre de Martin Bormann*), texte

généralement fiable, bien que des interférences de Bormann sur des points particuliers soient vraisemblables ; les *Lettres et Notes* de l'âge de 17 ans à la mort d'Hitler, éditées par Werner Maser, en allemand et en traduction anglaise ; le *Testament Politique* du 29 avril 1945, dans son original allemand et ses traductions dans les langues du procès de Nuremberg ; les *Testaments Privés* de 1938 et 1945 en allemand et en traduction anglaise ; le compte-rendu sténographique des *Conférences de Situation militaire*, avec les membres du Haut État-major, de 1942 à 1945, en allemand, et en traductions anglaise et française ; les *Directives à l'État-major de la Wehrmacht de 1939-1945*, en allemand et en traduction anglaise. S'ajoutent à ces documents les immenses archives diplomatiques et militaires de l'Allemagne et des autres belligérants, citant Hitler ; et les abondants journaux, carnets et mémoires de nombreux personnages l'ayant fréquenté, tels que les *Carnets de guerre 1939-1942* du général Franz Halder. Par ailleurs, la documentation, qui fut longtemps réduite aux dirigeants, s'est peu à peu élargie aux institutions particulières, différentes catégories d'acteurs, population civile et exécutants, dont nous connaissons aujourd'hui beaucoup mieux les divers états d'esprits. Elle s'élargit progressivement à tous les domaines, et continuera de le faire à mesure de l'ouverture au public d'archives encore secrètes sur la période.

6. La visée exterminatrice s'est quant à elle intensifiée avec les revers militaires qui laissaient physiquement de moins en moins de place aux ambitions esclavagistes, tandis que les brumes de la guerre en fournissaient l'opportunité. Voir ch. 2. 3. 1.

7. J'écris « juif » en minuscules, au même titre que « chrétien » ou « musulman », conformément aux règles de la langue française relatives à un groupe religieux. J'écris « Juif » avec majuscule lorsqu'une personne se désigne elle-même ou est désignée par ses adversaires comme étant membre du « peuple » juif, conformément aux règles orthographiques françaises portant sur les nationalités, au même titre qu'un « Français » ou un « Allemand ». S'agissant des gentilités ne se référant pas à une nationalité, j'ai adopté la minuscule (par exemple les « slaves », les « africains » ou les « amérindiens ») J'espère que les conclusions de cet essai justifieront cette entorse.

8. 50 000 victimes ès-qualité.

Introduction
Nuremberg, ville d'Occident

1. En fait 22 si l'on exclut Gustav Krupp von Bohlen und Halbach, déclaré médicalement inapte à être jugé.

2. Sur les 22 accusés effectivement jugés à Nuremberg, 3 furent acquittés purement et simplement. Alfred Jodl fut réhabilité en 1953 à titre posthume. Pour une liste des criminels de guerre et des criminels contre l'humanité des puissances de l'Axe ayant été jugés, à l'exception des personnes jugées pour trahison dans leurs pays respectifs, voir (wikipedia/procesnuremberg/5 2). On remarquera le très faible nombre des condamnations lourdes non commuées. Voir également (Hilberg), III, p. 2000 *sq*.

3. Propriétaire notamment d'AFA VARTA, fabriquant de batteries, et administrateur des plus importantes entreprises nazies, Günther Quandt devint propriétaire de BMW immédiatement après la guerre, avec l'aide de la puissance occupante et des sommes qu'il était parvenu à soustraire aux confiscations. Le groupe est toujours contrôlé par ses héritiers. Au prix d'une extrême complaisance envers Goebbels qui, en sa présence et celle de Hitler, épousa sa femme Magda, dans le château même de l'ancien couple, il obtint l'affectation à ses usines d'esclaves soumis au régime concentrationnaire, et bénéficia de l'assistance de la SS dans l'extorsion du capital des entreprises concurrentes dans les pays conquis.

4. Extrait de l'Ordre du Jour à l'Armée d'Erich von Manstein, Commandant en Chef de la 11e Armée, 20 novembre 1941 (document Nuremberg USA 927) : « Ce combat ne doit pas être mené uniquement contre les forces armées soviétiques et de manière conforme aux lois de la guerre reconnues en Europe [...]. Les Juifs servent d'intermédiaires entre l'ennemi sur nos arrières et les restes de l'Armée rouge et du Commandement rouge qui se battent encore. Ils contrôlent davantage qu'en Europe tous les points clés de la direction politique, de l'administration, du commerce et des affaires, et continuent de former la cellule de tous les troubles et soulèvements possibles [...]. Le soldat doit comprendre la nécessité de conduire des représailles

sévères à l'encontre des Juifs, qui sont les forces intellectuelles derrière la terreur Bolchevique. Ces mesures sont aussi nécessaires pour étouffer dans l'œuf les soulèvements, dont les Juifs sont les principaux instigateurs ». C'était l'expression même de la vision nazie du monde, non celle d'une imaginaire chevalerie de la Wehrmacht « sans tâche ».

5. Les *Einsatzgruppen* étaient les unités mobiles spécialement constituées pour opérer les exécutions en masse de civils derrière les lignes. Il s'agit en l'occurrence de l'*Einsatzgruppe* D, commandé par Otto Ohlendorf, économiste et général SS, préalablement chef de service à la SD. Le groupe agissait sous l'autorité de Heydrich, non de von Manstein, mais ne pouvait en aucun cas fonctionner sans l'assistance de la Wehrmacht, en l'occurrence de von Manstein dans les vastes zones dont il avait la responsabilité. Ohlendorf précisa à Nuremberg que sans les instructions données par Hitler aux commandants des groupes d'armées et des armées, « les activités des *Einsatzgruppe*n n'auraient pas été possibles », et qu'il avait reçu spécialement de von Manstein une demande d'accélérer la liquidation à Simferopol pour éviter la famine. Interrogé par le procureur sur le nombre et la nature des exécutions de l'*Einsatzgruppe* D, Ohlendorf fournit ces réponses : « 100 000 ? » (il déclara ce chiffre plus faible que celui des autres groupes) « Peut-être ». « Y-avait-il de nombreux enfants juifs parmi ceux qui étaient tués ? », « Oui, bien sûr ». Suit la phrase placée en exergue de ce chapitre, citée par le procureur américain Benjamin Ferencz. Il réclama l'acquittement pur et simple, du fait qu'il avait agi sans intention criminelle, par obéissance à des ordres justifiés par la nécessité d'une autodéfense préventive. Il indiqua enfin que sa condamnation ne serait pas sans conséquence sur les Juifs américains. Sur la personnalité d'Otto Ohlendorf et les conditions de son témoignage, voir (Earl).

6. Le chancelier Adenauer fit d'Erich von Manstein son conseiller militaire et le nomma à la tête de la commission chargée d'assister le parlement ouest-allemand pour l'organisation de l'armée et son incorporation dans l'OTAN.

7. (Lemay), p 487. En partie sous l'effet des pressions exercées par un lobby britannique animé par l'historien militaire Sir Basil Henry Liddell Hart, von Manstein fut libéré de prison par anticipation le

7 mai 1953. La légende d'une Wehrmacht immaculée pouvait se poursuivre avec l'assentiment d'une partie des élites militaires alliées.

8. Les Alliés avaient dans l'ensemble choisi de ne pas se priver des collaborateurs et anciens nazis pour la reconstruction administrative de l'Europe, au-delà de rares exécutions symboliques et d'incarcérations de courte ou moyenne durée. Les coupables n'étaient pas recherchés de manière systématique et ceux qui les poursuivaient étaient fréquemment eux-mêmes des coupables dissimulés. On vit un vichyste francais (Jean Népote) diriger Interpol et un ancien SS (Paul Dickopf) lui succéder, tandis qu'un officier de l'état-major du « boucher des Balkans », décoré par les Oustachis, devenait Secrétaire général des Nations Unies puis Président de la République d'Autriche (Kurt Waldheim). Les lois d'amnistie se multiplièrent en France. René Bousquet, d'abord frappé d'indignité nationale, vit sa condamnation suspendue pour des « faits de résistance » douteux et, en tout état de cause, sans aucune commune mesure avec les crimes commis. On lui rendit sa Légion d'Honneur et il fut amnistié en 1958, alors qu'il poursuivait depuis longtemps une brillante carrière. Il participa au financement des campagnes de François Mitterrand auquel il semble avoir évité une arrestation sous Vichy, dont il partageait l'antigaullisme, et qui, après avoir recruté nombre de ses anciens collaborateurs (dont son adjoint à Vichy, Jean-Paul Martin), ne lui a jamais retiré son estime et son appui, notamment sur le plan des poursuites judiciaires ayant eu lieu sous sa présidence, le gouvernement demandant un non-lieu et étant ralenties autant que possible.

9. Sur ce sujet, voir (Weisenborn). L'ouvrage est un peu ancien (1953), les chiffres ayant depuis lors été plutôt révisés à la hausse. Il fait état d'un million d'arrestations politiques non spécialement raciales en Allemagne, s'étant soldées par plusieurs centaines de milliers de morts ou disparus. L'opposition ainsi réprimée par les nazis émanait de milieux de gauche (sociaux-démocrates et communistes), libéraux, religieux (protestants, catholiques, témoins de Jéhovah), ou nationalistes (Alsace et Moselle, Autriche). Elle incluait des humanistes individuels, jusque dans dans l'armée ou l'administration. Les camps de concentration de Dachau, dans l'immédiate banlieue de Munich, et de Buchenwald, près de Weimar, avaient été conçus pour briser

cette résistance intérieure par des techniques de terreur, d'attrition et de déshumanisation, qui furent ultérieurement reproduites et intensifiées dans les camps d'extermination à finalité raciale. Ils avaient été brièvement précédés, dans le même but, par les camps d'internement arbitraire de la SA. Theodor Eicke introduisit les méthodes employées à Dachau au terme de son propre internement psychiatrique à la demande du Gauleiter du Rhin-Palatinat. C'est toujours lui qui, une fois devenu « Inspecteur des Camps de Concentration et Commandant des Unités SS Tête-de-Mort », les enseigna aux responsables des camps de Pologne.

10. Ces notions, dont voici néanmoins quelques brèves définitions préalables, sont explicitées dans les chapitres qui leur sont respectivement consacrés. Le *suprémacisme* est l'affirmation de la supériorité intrinsèque des membres d'un groupe social sur tout autre, légitimant sa domination. Il est *racial* quand il considère le genre humain comme se divisant en espèces rivales, les « races », l'une d'entre elles disposant d'une supériorité naturelle qui l'autorise de fait et de droit à anéantir ou assujetir les autres races. L'*eugénisme* est la politique visant à améliorer la population par l'élimination des caractères non-adaptatifs, au moyen de la sélection, l'élevage, l'euthanasie ou la stérilisation. Le *nationalisme* est l'affirmation que les hommes acquièrent leur identité primordiale par leur appartenance à des groupements historiques et territoriaux, présentés comme substantiels et désignés comme « Nations », auxquels ils doivent accorder la priorité sur tout autre groupement, au besoin en y sacrifiant leur propre vie. L'*antisémitisme* vise à soumettre ou écarter les personnes de tradition juive, et celles qui leurs sont apparentées, par toutes dispositions discriminatoires d'ordre privé ou public, le cantonnement, l'expulsion ou l'élimination physique. Le *propagandisme* est l'utilisation systématique des moyens de communication, pour la sélection et la distorsion de l'information transmise, en vue de réaliser un consensus politique conforme aux intérêts de ses commanditaires. Le *militarisme* est l'idée que les objectifs militaires l'emportant sur toute autre considération juridique ou morale, la société et l'armée doivent tendre à se confondre en une organisation unique pour les réaliser. Le *bureaucratisme* vise au contrôle administratif d'une population, au moyen d'une organisation hiérarchique, totalement

ou largement soustraite aux recours juridiques. L'*autoritarisme* est la conviction que toute organisation efficace est soumise à un principe du commandement hiérarchique, et serait affaiblie par la rétroaction des exécutants et le pluralisme. L'*antiparlementarisme* est l'affirmation que toute élection autre que plébiscitaire est un facteur de division de la société. Le *positivisme juridique* place la source unique du droit dans la volonté d'un législateur, à laquelle les juridictions sont tenues de se soumettre, sans la pondérer par d'autres sources telles que la doctrine, la jurisprudence, les mœurs ou l'équité. Le *messianisme* politique est le soutien ou l'attente d'un individu pourvu de qualités extraordinaires lui permettant de résoudre les principales difficultés politiques auxquelles est confrontée une population. Le *colonialisme* autorise les pays les plus puissants au moment considéré à prendre directement ou indirectement le contrôle économique et politique des autres pays, dans leur intéret mutuel prétendu. Le *terrorisme d'État* est l'idée qu'il est légitime pour un gouvernement d'inhiber par la terreur la résistance de ses adversaires, notamment par l'espionnage de la vie privée, la torture, l'incarcération arbitraire ou l'assassinat. Le *populisme* est ici (car le terme est polysémique) la désignation à la vindicte publique de groupes sociaux néfastes ou d'élites abusives dont l'élimination est censée résoudre les principaux problèmes d'un pays. Le *jeunisme* est l'idée que le pouvoir politique et économique doit être prioritairement attribué aux jeunes adultes, afin de rapprocher le présent de l'avenir et modifier à travers eux les réprésentations collectives. L'*historicisme*, ici (car le terme est également polysémique), attribue à l'Histoire un sens nécessaire, connaissable par avance, strictement orienté vers un état meilleur, et justifiant de ce fait les violences à l'égard des personnes désignées comme faisant obstacle à sa réalisation. L'*esclavagisme* est l'idée que certaines personnes, du fait d'une infériorité réputée substantielle ou en vertu du droit de la guerre, de leur appartenance à un groupe adverse, d'une condamnation judiciaire ou d'une transaction commerciale, peuvent être légitimement soumises par la force au travail ou à la sujétion sexuelle.

11. Il ne s'agit ni d'une énumération limitative, car une description vraiment complète se confondrait avec le phénomène lui-même, ni de la seule possible, car il n'est aucunement interdit d'en diviser

ou regrouper d'autre manière certains éléments, en introduisant par exemple les termes de fascisme ou d'anticléricalisme, ou en en spécifiant certains, le nationalisme allemand étant par exemple appréhendé comme « völkisme ».

12. Voir par exemple (Goldensohn) ou (Neitzel).

13. En décembre 1939, le général Keitel se plaignit du refus des soviétiques d'accueillir les Juifs polonais qui fuyaient la zone allemande. À partir de 1940, le NKVD déporta en Sibérie environ 350 000 personnes arrêtées en zone soviétique de Pologne, puis en Bessarabie, Bucovine et zones baltes.

14. Le montant sans précédent de l'aide américaine à l'Union soviétique dans le cadre de l'accord de crédit-bail du 11 mars 1941 représentait entre autres, 409 000 camions, 12 000 avions, 13 000 véhicules de combat, 2 000 locomotives, et 735 navires. Les États-Unis renoncèrent à tout remboursement au titre des fournitures détruites, perdues ou consommées pendant la guerre, et n'obtinrent qu'un paiement très limité des matériels subsistants. Voir (Dunajewski).

15. Voir (Hilberg), T. III, p 2273.

16. Jusqu'à l'invasion de la Belgique, le premier coup de feu tiré par les troupes britanniques, le 2 septembre 1939, lendemain de l'invasion de la Pologne, l'avait été sur une plage de Tel-Aviv contre des réfugiés débarquant de Pologne, Tchécoslovaquie, Roumanie et Bulgarie. Au moment de la capitulation française, le Cabinet aspirait très majoritairement à une solution diplomatique que Halifax recherchait activement, par la médiation de Mussolini ou de Roosevelt, sans exclure certains intermédiaires discrédités. On espérait, comme à Munich, que Hitler était au bout de ses revendications à l'Ouest, et qu'il se contenterait de la neutralité britannique majorée de quelques parcelles de l'Empire. Cette attente ne signifie pas que les élites britanniques aient été globalement naziphiles à l'instar de l'ancien roi Edouard VIII. Quand on avait pris la précaution de faire arrêter en mai 1940 les leaders fascistes et pronazis, Oswald Mosley en tête, les ministres ne s'y étaient pas opposés. Halifax sentait toutefois, avec raison, que Hitler n'était pas un ennemi forcené de l'Angleterre, et entendait se tourner vers l'Est aussitot que possible. Il en concluait

à tort que l'Allemagne prendrait directement ou indirectement l'initiative de pourparlers dont le Premier Ministre n'aurait pu interdire l'exploration. Il ne voyait pas, à l'encontre de Churchill, qu'il fallait pour Berlin que la paix fût demandée par une Grande-Bretagne à genoux, afin que l'Allemagne pût lui imposer une neutralisation durable de la Flotte. Tandis que Hitler attendait, tenant l'Angleterre à la gorge, une réponse déférente à son ordre d'arrêt, et donc exploitable à cet effet, Churchill avait conclu quant à lui qu'une cessation des combats à l'Ouest entraînerait la perte de l'Empire : un armistice aurait mécaniquement abandonné au Reich la jouissance de toutes les ressources industrielles de l'Europe continentale, le rendant à terme invincible. Étant lui-même à demi américain par sa mère, Churchill jugeait préférable, à tout prendre, d'installer le roi, le trésor et la marine au Canada, en vue d'une reconquête, au cas, par surcroît incertain, où l'invasion ne pourrait du tout être empêchée. C'est exactement cette idée que de Gaulle avait adoptée pour la France, mais sans disposer pour sa part de la puissance publique. Le désaccord au sein du Cabinet était stratégique plutôt qu'idéologique, tous ses membres étant nationalistes, y compris l'ancien vice-roi des Indes Halifax. Les plans trop subtils de Hitler, que sa victoire spectaculaire sur la France avait achevé de convaincre de la supériorité de ses calculs, et qui avait donc laissé échapper le corps expéditionnaire anglais, se heurtaient ainsi à une personnalité qu'il n'attendait pas, dont l'obstination, le sens du risque et la maestria eurent pour lui des conséquences catastrophiques. Mais c'est de guerre territoriale uniquement dont il continuait de s'agir, bien que Churchill, par caractère, détestât plus que d'autres le despostisme nazi.

17. Les victimes civiles des bombardements des villes allemandes sont généralement estimées à 600 000.

18. Voir l'émouvante analyse rétrospective de Robert McNamara in (Morris) Voir aussi la réprobation par Eisenhower de la décision de Truman in (Eisenhower), p. 312 *sq.*

19. L'opération « Paperclip » (Hunt), qui n'était pas unique, visant à s'assurer le concours de savants nazis après la guerre, prit des proportions considérables et se poursuivit au moins jusqu'à la fin des années 1980. On ne se bornait pas à violer la loi pour protéger

de grands criminels avérés. Il s'agissait aussi parfois d'importer leurs méthodes. D'atroces expériences, notamment chimiques, furent effectuées sur la personne des soldats américains non-consentants. Pendant toute la Guerre froide, une culture du cynisme et de l'illégalité se mit à imprégner, au nom du réalisme ou de la raison d'État, les services de renseignements et les États-majors de l'Ouest comme de l'Est. L'ampleur et la durée de ces pratiques impliquaient une acceptation tacite de la part de l'Administration et du Congrès. Leur justification auprès du public fut longtemps la conquête spatiale, à laquelle contribuèrent, autour de Wernher von Braun, de nombreux ingénieurs ayant sciemment utilisé la main d'œuvre servile du camp de Dora.

20. À titre d'exemples : Obersturmbannführer Friedrich Buchardt, *Einsatzgruppe B* (134 000 morts), pour le MI6 puis l'OSS ; Sturmbannführer Viktors Arājs, *Sonderkommando* de la Police auxiliaire lettonne (100 000 morts), pour le MI6 ; Obersturmführer Heinz Felfe, SD, pour le MI6, le BND (Allemagne de l'Ouest), et le KGB ; Hauptsturmführer Horst Kopkow, Gestapo et SD, pour le MI5 ; Hauptsturmführer Klaus Barbie, Gestapo, pour le *US Counter Intelligence* (Barbie travaillait alors contre les services français). Voir (Richard Breitman & alii), (Breitman R & Goda N) & (Walters).

21. Le recul fut plus sensible encore lors du procès de Tokyo. Le Tribunal militaire international pour l'Extrême-Orient, s'il prononca de nombreuses peines, y compris de pendaison, fut attentif à retenir les chefs d'accusations les moins compromettants pour les vainqueurs, en réduisant la part des « crimes contre la paix », et surtout des « crimes contre l'humanité », au profit des plus classiques « crimes de guerre ». L'Union soviétique avait participé à une guerre d'agression contre la Pologne, les États-Unis venaient d'employer les premières armes de destruction massive, la France et la Grande-Bretagne étaient encore puissances coloniales.

22. La Seconde Guerre mondiale fut cependant longue à finir. Les cinq années qui suivirent, si l'on s'abstient d'en étendre les séquelles à la durée complète de l'occupation soviétique en Europe, furent une période où vengeance, nettoyage ethnique, guerre civile, colonialisme, abus de droit positif, bureaucratisme, propagandisme, antisémitisme, xénophobie, nationalisme, travail forcé et tyrannie continuaient à se

nourrir de la décomposition du nazisme et de la vivacité de ses racines. Sur l'ensemble de ce sujet, voir (Lowe, *L'Europe barbare 1945-1950* [trad. fr.]). Les récentes guerres balkaniques, comme la résurgence des mouvements néofascistes, ont montré que la souche était encore vivace en Europe.

Chapitre I
Judéophobies

1. « Holocauste », une notion religieuse qui semble déplacée dans un contexte où l'irréligion était précisément une caractéristique exigée des exécutants SS, est tombée en désuétude, sauf aux États-Unis.

2. Le recours à ces deux termes provient de l'intention de rendre aux victimes un hommage aussi respectueux que possible et d'écarter la réduction de l'extermination nazie à des événements historiques d'ampleur ou d'intensité moindre. À ce titre, ces appellations ne sauraient été réprouvées ; mais elles ne peuvent pour autant se substituer à celle d'extermination. Même si l'on considère le terme Shoah comme le produit d'un « acte de nomination radical », selon l'expression de Claude Lanzmann, son introducteur, et donc libre de son étymologie de « catastrophe naturelle », impropre en la circonstance, l'emploi exceptionnel dans les langues européennes d'une racine hébraïque a pour effet de détacher l'extermination des populations juives de l'ensemble d'un projet dont celle-ci forme une part essentielle mais dont elle ne représente pas la totalité. Il est légitime de désigner d'un terme spécifique l'extermination des populations juives, compte tenu de son caractère extraordinairement massif, atroce et prioritaire ; et il est légitime d'en aborder aussi l'histoire aux points de vue subjectifs des victimes juives. La réalité historique exige néanmoins de l'associer à une notion plus large. Il importe d'appréhender le programme nazi dans son entièreté afin de le décrire et de le comprendre, comme de préserver le lien existant réellement entre ses diverses cibles et ses diverses modalités, sans les assimiler entre elles. La différence spécifique avec le traitement réservé aux populations slaves est que celles-ci

seraient en partie exterminées et en partie réduites en esclavage, alors que les populations juives seraient intégralement exterminées. Dans les deux cas, le projet a reçu un très large commencement d'exécution. La Shoah est ainsi l'ensemble formé par la persécution, l'abaissement et l'extermination des populations juives par les nazis. Elle est la composante primaire du programme nazi d'extermination et d'asservissement qui est encore plus vaste.

3. Le terme allemand utilisé par Hitler et Himmler est *Ausrottung*. Son étymologie renvoie à « l'extirpation des racines », et son sens est celui de l'anglais *extermination* (d'insectes) ou de *wiping-out* (d'une population). Sa traduction précise en français est « extermination » (« acte de tuer jusqu'au dernier »), le mot étant distinct du terme générique *Beseitigung* désignant « l'élimination » sous toutes ses formes.

4. Quand la notion de *génocide* (apparue en 1943) fut proposée à Nuremberg, elle se heurta à des oppositions qui y voyaient un « crime contre la langue » plutôt qu'un crime contre l'humanité. Mais le mot est correctement formé, malgré le mélange de racines grecque et latine. Ces oppositions entendaient en réalité ramener la qualification juridique à l'état du droit antérieur aux faits, afin d'éviter une rétroactivité des lois. L'objection était fondée et traversa tout le procès dont les jugements durent recourir à certains artifices, tels que la notion de « crime contre la paix » (sur la base du Pacte Briand-Kellog signé par l'Allemagne) qui avait mis la guerre hors la loi. Mais la principale difficulté est ailleurs. Une extermination peut se caractériser par une grande variété d'auteurs, de cibles, d'intensités et de motivations. Son concept est purement factuel. Il est légitime de parler d'extermination dès que l'on constate un commencement d'anéantissement volontaire d'une population. Aucun cadre juridique prédéterminé n'est requis. Un « génocide » est au contraire un concept juridique qui rend la qualification strictement dépendante de la nature des auteurs, des cibles, des procédés, des modes de planification, des motivations, et de l'état du droit positif en vigueur. La notion a été initialement construite dans l'intention d'en limiter l'application au cas de référence nazi, et, par rapprochement, aux cas qui apparaîtraient suffisamment analogues. Il s'en suit qu'une extermination n'est pas

nécessairement reconnue comme génocidaire et que la qualification déclenche toujours une polémique. À l'inverse, le concept de génocide incorpore désormais des crimes autres que l'extermination, tels l'ethnocide et la déportation. Il y a enfin un usage non juridique et vague de la notion de génocide qui s'est répandu dans la langue. L'indétermination est telle que tout massacre, voire toute catastrophe d'envergure provoquée par négligence, peut être interprété comme génocidaire, même en l'absence de tentative d'anéantissement. À la fin du compte, « génocide » en vient à désigner un acte acivil de grande ampleur commis par un adversaire. Comme tel, il est inopérant voire contre-productif. L'emploi du concept concret d'extermination demeure donc nécessaire.

5. Voir ch. 2. 3. 1.

6. Le massacre ou l'enfermement concentrationnaire en Pologne des centaines de milliers de turkmènes (en tant que descendants des mongols de Gengis Khan, par opposition aux tadjiks et ouzbeks considérés de souche iranienne et donc aryenne) qui étaient alors exilés dans les Pays baltes, en Pologne ou en Ukraine, commença avec le plan Barbarossa. Le Prince Kajum Khan, observateur turkmène à Berlin, fut torturé ès qualité. Interrogé par les Alliés en 1947, il déclara avoir été victime d'un ordre d'extermination systématique des turkmènes signé par Heinrich Müller, supérieur immédiat d'Eichmann (Breitman, *Hitler and Gengis Khan*).

7. Un décret d'Himmler, en date du 16 décembre 1942, ordonne la déportation intégrale des tziganes vers le camp d'extermination d'Auschwitz. Nous possédons des informations étendues sur les traitements systématiquement appliqués aux slaves des zones effectivement occupées, notamment aux Ukrainiens et aux Polonais. Seul le sort définitif réservé aux slaves et turco-mongols de Russie orientale n'est pas entièrement connu, compte tenu de l'échec du plan Barbarossa, mais nous disposons néanmoins à ce sujet d'indications concordantes mentionnées au ch 2. 3. 1.

8. (Bauer, *Repenser l'holocauste* [trad. fr.]).

9. Même une tentative macabre de hiérarchisation des méthodes d'extermination se heurterait à des obstacles insurmontables, les nazis les ayant à peu près toutes pratiquées massivement. Certaines

populations ont subi principalement l'extermination massive par balles, attrition et les gaz (cas des juifs et des tziganes). D'autres ont subi principalement l'extermination massive par balles, par la dénutrition, et le travail servile (cas des Ukrainiens). Certaines ont subi principalement l'extermination sélective par attrition et asservissement dans des camps de concentration non destinés à l'extermination à cycle court (cas des victimes ouest-européennes de Nuit et Brouillard), d'autres encore ont subi l'extermination sélective par balles (cas des Polonais non juifs). Les Hollandais ont connu les bombardements de populations civiles avec destruction des villes (une méthode testée en Espagne par l'aviation allemande). Les juifs de Varsovie ont subi en outre l'extermination par destruction urbaine, le même sort étant prévu pour les habitants des grandes villes de Russie. Le village tchèque de Lidice fut rasé, en vengeance de la mort de Heydrich. Certaines populations concentrationnaires, parmi lesquelles les juifs étaient majoritaires, ont en outre subi les « marches de la mort » (*Todesmärsche*). Il est à noter, par ailleurs, que ces méthodes en totalité, à l'exception du gazage industriel (malgré un usage transitoire par le NKVD de la région de Moscou, durant les années 1930, de camions mobiles d'exécution à gaz), mais y inclus fusillades, famines organisées, marches de la mort, esclavage, attrition, ont été mises en œuvre à diverses échelles par le régime soviétique contre ses propres victimes politiques et sociales. Plusieurs avaient été pratiquées par les puissances coloniales, y inclus l'usage de gaz de combat contre des populations civiles (au Rif). Les États-Unis introduisirent pour leur part la destruction atomique des villes.

10. Le gouvernement Jeune Turc (Enver, ministre de la Guerre, et Talaat, ministre de l'Intérieur) avait décrété, en 1915, la déportation en masse des chrétiens arméniens, qu'ils estimaient alliés objectifs de la Russie et lui fournissant un appui pendant les opérations de guerre. Le massacre fit l'objet de protestations diplomatiques de la part de l'Allemagne et de l'Autriche, pourtant alliées de la Turquie, qui redoutaient un effet désastreux sur l'opinion publique. Hitler considérait le massacre des arméniens et son oubli rapide comme une preuve flagrante de l'acceptation historique des exterminations en Occident.

11. Si l'on considère les proportions, l'extermination concerna 67 % des juifs d'Europe ; de 25 % des tziganes européens (source : *Holocaust Encyclopedia*, United States Holocaust Memorial Museum) à 75 % (d'après les sources tziganes). 60 % des tutsis si l'on admet que 80 % des morts recensés par l'ONU étaient tutsis. La population arménienne de l'Empire ottoman s'est réduite de 95 % entre 1905 et 1927, à s'en tenir aux seules statistiques ottomanes.

12. Il arrive que la couverture politique d'actes de discriminations par une même personne, soit « pragmatique » quand cette personne agissait dans le cadre colonial et « idéologique » quand elle agissait dans le cadre du nazisme, par exemple, Marcel Peyrouton, d'abord résident général en Tunisie, puis ministre de l'Intérieur de Vichy. Voir (Bensoussan, *Europe. Une passion génocidaire*), p. 127, n. 1.

13. (Bauer, *Juifs à vendre ? Les négociations entre nazis et Juifs 1933-1945* [trad. fr.]). Cette tentative avait été précédée d'un arrangement (connu sous le nom de *haavara*), datant de septembre 1933 et effectif jusqu'en 1938, entre le gouvernement nazi et l'Agence Juive pour la Palestine, permettant aux juifs d'émigrer en Palestine moyennant des engagements d'achats en marks auprès des exportateurs allemands. Cette extorsion a parfois, étrangement, été interprétée comme une compromission avec Hitler. De la prise de pouvoir de Hitler à la déclaration de guerre en 1939, environ 226 000 juifs du Reich émigrèrent aux États-Unis (56 000), en Palestine (53 000), Grande-Bretagne (50 000), France (40 000), Belgique (25 000), Suisse (10 000), ainsi qu'en Argentine, Brésil, Australie et Canada. Ces chiffres auraient été très supérieurs si les pays concernés n'avaient rapidement refermé leurs frontières pour éviter un afflux qu'ils jugeaient intolérable au regard de l'antisémitisme de leurs populations. Eichmann fut chargé, de 1939 à la mi-1941, de gérer les départs conditionnés à des chantages (dont il n'est nullement exclu qu'il ait profité à titre personnel). Des messages encourageant ce commerce furent périodiquement adressés aux Alliés par l'intermédiaire de diplomates neutres. Des trains plombés circulaient toujours fin 1940, transportant des juifs allemands vers Lisbonne ou les ports espagnols. En mai 1941, Göring signait un décret visant à accélérer l'émigration juive. Les pays

de l'Est (Hongrie, Roumanie, Pologne) ayant, par ailleurs, entièrement bloqué l'entrée des réfugiés, 30 000 parvinrent jusqu'à Shanghai dont le statut particulier permettait une immigration simplifiée. Un peu plus de 160 000 réfugiés en provenance de Pologne, Roumanie, Tchécoslovaquie, Grèce et des Pays baltes entrèrent en Palestine sur la même période, y doublant la taille de la communauté juive, ce qui entraîna la rébellion arabe d'avril 1936 (Wasserstein, *Britain and the Jews of Europe 1939-1945*), ch. 1.

14. À l'exception de la République dominicaine, des Pays-Bas et du Danemark. L'Australie sous-peuplée souhaita éviter « d'importer un problème racial » et le Canada se sentit contraint de n'admettre que des agriculteurs. Le refus fut confirmé par la conférence des Bermudes d'avril 1943 (quelques jours avant l'insurrection du ghetto de Varsovie) qui renonça à organiser l'accueil de réfugiés. En mars 1941, H. F. Downie, responsable de la Palestine au British Colonial Office déclara : « On en vient à regretter que les Juifs ne soient pas de l'autre côté dans cette guerre » (*ibid.*, ch 2), pour s'opposer militairement à eux. Le quota maximum de 75 000 entrants en Palestine sur cinq ans fut appliqué. On en déduisit rétroactivement les entrants depuis 1939, et les entrées illégales estimatives. Les démarches britanniques auprès des gouvernements bulgare, roumain, yougoslave, libérien, panaméen, turc, grec, et même du gouvernement de Vichy qui cherchait un accueil pour les orphelins, se multiplièrent pour protester contre l'assistance, y compris passive, au déplacement de réfugiés susceptibles de chercher à entrer dans l'Empire. Des navires furent arraisonnés en haute mer par les douanes de Sa Majesté, en violation du droit maritime. Toutes les tentatives pour trouver ailleurs dans l'Empire ou à ses portes (y compris au Kenya, au Tanganyika, à l'Île Maurice et en Guyane) une ou plusieurs terres d'accueil, temporaires ou non, avaient échoué devant le refus systématique de l'administration. Dans les Îles britanniques elles-mêmes on plaça en camp d'internement sous régime d'isolement, notamment dans l'Île de Man, jusqu'à 30 000 ressortissants des puissances ennemies, sans discriminer les rescapés des premiers camps, autorisant la propagande nazie à ironiser sur les pratiques anglaises à l'encontre des juifs. Ni les États-Unis (voir plus loin ch. 2. 4.) ni la Suisse ne se montrèrent plus ouverts.

Le refus des Alliés se renouvela en 1944 lorsque Eichmann entreprit de négocier, sur instruction de Himmler, l'échange de un million de juifs contre dix mille camions à utiliser sur le front Est (Hilberg), III, p. 2106 *sq*. Ce dernier épisode connu sous le nom d'« affaire Brand » est révélateur. L'offre nazie, qui semble avoir été sérieuse, comprenait le démantèlement d'Auschwitz. La négociation avorta délibérement avant exploration : le gouvernement britannique n'entendait ni s'aliéner le gouvernement soviétique par cette fourniture de véhicules destinés au front de l'Est, ni modifier les quotas d'immigration juive en Palestine (Weissberg). D'autres négociations eurent lieu, dans des conditions parfois obscures, impliquant des agents doubles ou triples (Aronson), y compris le cas controversé du « train de Kasztner » qui avait sélectionné des émigrants fortunés. Voir (Maoz) et (Porter). Les chemins d'évasion des réfugiés du Reich avaient en tout état de cause été barrés l'un après l'autre. L'acceptation en masse des réfugiés se serait objectivement heurtée à de considérables obstacles matériels : zones d'accueil, transports, nourriture et financements. Mais l'étude même de ces difficultés fut enterrée. Les arguments sécuritaires et idéologiques l'emportèrent sur toute considération d'urgence. Jusqu'à mi-1944, seuls des individus isolés et quelques organisations privées apportèrent une aide quelconque.

15. (Bauer, *Juifs à vendre ? Les négociations entre nazis et Juifs 1933-1945*, [trad. fr.]) p. 63.

16. « Dans le Paradis soviétique, existe le type le plus misérable d'esclavage que le monde ait jamais connu : des millions de gens apeurés, opprimés, abandonnés, mourant à moitié de faim ! Au-dessus d'eux, il y a le régime des commissaires, dont quatre-vingt-dix pour cent sont d'origine juive, qui dirige cet État d'esclaves », A. Hitler, 8 novembre 1941 (Domarus). Au plan des réalités : « La plupart des Juifs n'étaient pas Communistes et la plupart des Communistes n'étaient pas Juifs [... Mais] les Juifs étaient en effet représentés disproportionnellement parmi les membres du Parti Communiste dans tous les pays européens de l'Est [...]. En Pologne les membres juifs fluctuaient entre 22 et 35 % du total. Les Juifs étaient encore davantage représentés dans les organes de direction : en 1935, ils sont considérés comme ayant constitué 54 % de la "direction de terrain" et

75 % de la *teknika* (responsable de la propagande) [...]. Les Juifs, en tant que tels, n'étaient pas une cible primaire de la Grande Terreur. Ils apparaissaient de manière éminente parmi les persécuteurs comme parmi les victimes. Quelques-uns furent d'abord l'un puis l'autre, comme dans le cas de Genrikh Yagoda, chef de la police secrète de 1934 à 1936, qui fut arrêté en 1937 puis fusillé comme traître l'année suivante. Bien que la proportion des Juifs dans des positions de direction ait décliné à la fin des années 1930, ils n'étaient pas automatiquement exclus en vertu de leur origine [...]. En 1939, 10 pourcent des membres du comité central du Parti Communiste de l'Union Soviétique étaient toujours Juifs. D'après Sheila Fitzpatrick, qui a examiné le registre des visiteurs officiels dans le bureau de Staline dans les années 1930, entre 75 et 90 % de ces visiteurs portaient des noms juifs » (Wasserstein, *On the Eve. The Jews of Europe before the Second World War*), ch. 3.

17. La doctrine de l'unicité revêt des significations très différentes selon qu'elle vise à distinguer les victimes juives et non juives de l'extermination nazie, les victimes de l'extermination nazie et celles d'autres exterminations, les victimes de l'extermination nazie et les victimes de guerre de l'Allemagne nazie, les victimes de l'extermination nazie et d'autres actes acivils en général. Plusieurs Italiens rescapés des camps (Primo Levi et Giuliana Tedeschi notamment) ont rapporté qu'il était devenu, dans les années 1950, malaisé de parler de leur expérience, parce que beaucoup en Italie la confondaient avec celle des partisans italiens qui étaient tombés contre l'armée allemande. Cette confusion, quand elle persiste, est un négationnisme, de même que toute tentative de réduction de l'extermination à un acivilisme générique. Établir une hiérarchie entre des souffrances comparables, infligées par des méthodes comparables, par des bourreaux identiques ou d'autres bourreaux ayant aussi une visée raciale exterminatrice, en ne tenant compte que des quantités, constitue cependant une autre forme de négationnisme.

18. On a parfois contesté le caractère étroitement socioreligieux de l'antijudaïsme, sur la base de la notion de « pureté du sang » (*limpieza de sangre*) apparue dans la Péninsule ibérique à la Renaissance, et qui paraît déjà raciale. Voir (Bensoussan, *Europe. Une passion génocidaire*),

ch. II. 2. 1. Les souverains n'entérinèrent pas cette notion, et elle fut condamnée par le pape Nicolas V. En pratique, il s'agissait pour les autorités religieuses, en l'occurrence l'Inquisition qui n'avait pas juridiction sur les non-chrétiens, d'étendre sur eux leur emprise par l'intermédiaire des convertis récents, et de vérifier si leur appartenance familiale n'interférait pas avec leur croyance. La notion était voisine des règles du lignage aristocratique (le futur « sang bleu ») et d'ascension sociale en vigueur dans ce qui était devenu une société de castes : s'agissait-il d'une « bonne famille chrétienne » ? Elle se reliait confusément aussi au thème théologique de l'hérédité du mal. La diabolisation des hérétiques et leur massacre étaient des pratiques immémoriales, qui n'étaient pas spécifiquement européennes ou judéophobes. Le soupçon d'un maléfice diabolique héréditaire en était une forme particulièrement virulente. Le suprémacisme ibérique, à cette époque, était religieux et social, non xénophobe ou racial, bien qu'il s'exprimât avec une arrogance, une haine et une cruauté morbides. Les juifs étaient soumis à la conversion forcée qui culmina avec l'expulsion de 1492 (puis celle de 1496 au Portugal), et les convertis subissaient un puissant stigmate social. Ce dernier n'empêcha pas de nombreux descendants de juifs de devenir des chrétiens de premier plan, comme Torquemada ou Thérèse d'Avila, la doctrine chrétienne, qu'il faut, certes, distinguer des attitudes sociales des chrétiens, s'opposant strictement à la conception ethnique de la religion restée par contre présente dans le judaïsme. La transition du suprémacisme religieux au suprémacisme racial s'effectua seulement au XVIe siècle, avec la découverte des « cannibales » dans les Amériques, des hommes chez lesquels la communion chrétienne paraissait s'inverser en anthropophagie ; et même alors elle ne concernait pas les juifs. Il faut attendre l'ère postdarwinienne pour que le racialisme proprement dit s'installe. La conversion des juifs au lieu d'être exaltée par un projet prosélyte, comme en Espagne au XVe siècle, passe désormais pour un acte de dissimulation de la race, alors que la conversion des personnes de couleur, qui ne peuvent en théorie dissimuler visuellement leur race, est toujours recherchée.

19. L'antisémitisme, en tant qu'on le distingue de l'antijudaïsme religieux, se développe à partir du milieu du XIXe siècle sous trois

modalités qui sont, par ordre chronologique : l'antisémitisme culturel de Wagner (*Le Judaïsme dans la Musique*, 1850 pour la 1ère édition), l'antisémitisme racialiste postdarwinien, puis l'antisémitisme économiste et complotiste qui trouve son expression synthétique chez Henry Ford (voir ch. 2.1). L'antisémitisme reçoit son nom de Wilhem Marr (*Der Sieg des Judenthums über das Germanenthum*, 1879) qui l'oppose à l'antijudaïsme en vue d'un combat anticapitaliste. Dès 1880-1881, l'ouvrage déclenche une vive polémique dans la revue *The Nineteenth Century*, au cours de laquelle s'introduit la modalité racialiste, entre Lucien Wolf (s'exprimant en défense culturaliste et racialiste de la judéité) et Goldwin Smith. À la veille de la Première Guerre mondiale, Madison Grant (voir ch. 2) parachève la théorisation racialiste et replace l'antisémitisme dans le cadre général d'une défense générale de la race blanche. Le dernier grand élément pré-hitlérien, immédiatement après la Grande guerre est l'antisémitisme économiste, mais cette fois procapitaliste, de Henry Ford (voir ch. 2.1). La fusion définitive des trois antisémitismes se réalise chez Hitler. Au lieu d'incorporer l'antijudaïsme, affaibli par la laïcisation des sociétés européennes, l'antisémitisme nazi opère une critique conjointe du judaïsme et du christianisme, villipendé pour ses racines judaïques. Quant à l'antisionisme, son heure n'est pas encore venue (voir ch. 8).

20. Le ghetto est, comme l'expulsion, un phénomène paneuropéen, contemporain de l'extrême fin du Moyen Âge et de la Renaissance. Il correspond à une exacerbation hystérique de l'antijudaïsme, que l'on observe principalement à partir de la Peste noire. Face aux calamités auxquelles ils sont confrontés, nombre d'esprits cherchent à s'expliquer et prévenir la colère divine. Le processus de purification, au lieu d'être conduit par chacun sur lui-même, se structure à l'encontre d'autres groupes humains (voir ch. 6) supposés altérer, par leur existence, la construction de la cité de Dieu sur la Terre. Les cibles choisies sont en réalité la totalité des minorités religieuses, les femmes célibataires (les sorcières), puis, lors de la Réforme, l'Église catholique elle-même (la « Putain de Rome »). Les femmes suspectes et les petites minorités sont autant que possible éliminées. L'Église catholique ne peut matériellement l'être. En pratique, seuls les juifs, qui constituent la minorité religieuse la plus importante en Europe,

sont susceptibles de faire l'objet de cantonnement ou d'éviction. La thématique antijudaïque qui s'intensifie alors à l'extrême, en reprenant des notions anciennes sur le Mal et les peines de l'enfer, sera en partie reprise à la fin du XIXe siècle par l'antisémitisme qui, s'il repose sur des fondements areligieux, cherche néanmoins à nourrir son désir exterminateur de toute justification disponible. Son principal emprunt à l'antijudaïsme est la thématique du prêt à intérêt, l'opprobre jeté sur le prêteur (comme sur le bourreau) étant un universel anthropologique. Les monarques médiévaux avaient tenu à réserver le crédit, activité vitale mais honteuse, à la spécialité de minorités susceptibles d'être aisément dépouillées en cas de besoin. À l'âge industriel, l'opprobre fut transféré à la « Finance internationale », identifiée au judaïsme par les complotistes, ou plus largement à un groupe d'acteurs indistincts, accusés d'une action maléfique collective.

21. Alors que l'atténuation de l'antijudaïsme, virulent à l'époque mérovingienne, remonte déjà à Pépin le Bref, les relations de Charlemagne avec Harûn al Rashîd commencent avec l'ambassade de 797, composée du négociant Isaac et de deux légats impériaux (*Missi Dominici*) Langfrid et Sigismond. Ces deux derniers ne survécurent pas au voyage, mais revinrent avec un éléphant demeuré célèbre et de très nombreux présents. Voir par exemple (Sénac). Les accords aboutirent aux échanges systématiques conduits par les marchands *rhadanites* qui mirent en place des circuits commerciaux entre l'Europe, l'Afrique et la Chine, exportant notamment vers le Proche-Orient des eunuques, sélectionnés parmi de prisonniers de guerre païens, souvent anglo-saxons, et mutilés en vue de ce commerce par Charlemagne, le plus souvent à Verdun. Voir (Rabinowitz). Le déséquilibre du commerce Est-Ouest, en faveur de l'Orient qui disposait depuis toujours des plus vastes ressources (parfums, épices, or, papyrus, soie, coton, etc.) favorisait cette traite dont les souverains byzantins et musulmans étaient demandeurs. Le commerce international conduit par des marchands juifs se préserva durablement, y compris lors des périodes judéophobes.

22. (Dunlop). Le débat historique sur les khazars demeure vif et teinté de fortes colorations idéologiques (Golden), (Gil). La position la plus raisonnable consiste à affirmer que la monarchie s'est convertie,

ce qui est certain, et pas nécessairement la totalité de la population, dans la mesure où nous n'en possédons pas la preuve. Il en va de même des royaumes berbères et des autres cas de conversion royale au judaïsme.

23. Venise a, du reste, toujours connu une forte présence juive nonobstant son choix chrétien, confortée par sa concurrence avec Byzance.

24. La transition entre spécialisation et ségrégation s'effectua par les guildes d'arts et métiers, à partir du XIe siècle. De plus en plus restrictives, celles-ci furent bientôt entièrement réservées aux catholiques.

25. Ainsi, Rachi (1040-1105), champenois (et semble-t-il viticulteur), devint une des plus hautes autorités rabbiniques de tous les temps.

26. Il y eut de nombreux pogroms et expulsions. Ils intervenaient dans un contexte d'agitation politique consécutive à une crise économique. La ségrégation religieuse antique avait entraîné la spécialisation économique médiévale, leurs effets se cumulant lors des persécutions. Ainsi, le massacre d'York, en 1190, relaté par les chroniques de Guillaume de Newburgh, avait été perpétré par des débiteurs. Les auteurs furent sanctionnés et les dettes aux juifs consolidées en dettes à la Couronne en cas de vacance des créanciers. Il y eut aussi des politiques expressément antijudaïques, comme celle de Philippe Auguste au XIIe siècle, puis celle de Saint-Louis au XIIIe, s'inscrivant dans le cadre plus général d'une lutte contre les hérésies (cathares et islamiques aussi bien), tandis que les exactions de Philippe le Bel, au tournant du XIVe siècle, appartenaient à un plan de spoliation dont les Templiers furent également les victimes. Les massacres survenus dans l'ensemble de la Péninsule ibérique, en 1391, semblent avoir constitué le groupe de pogroms le plus important. Ils furent suivis de l'expulsion des juifs de France par Charles VI en 1394. Dans l'ensemble de ces cas, le fondement idéologique demeure religieux, même si les motivations sont souvent financières. Il faut attendre le XIXe siecle pour que la ségrégation raciale s'y substitue idéologiquement, alors que les motivations économiques s'intensifient.

27. De manière significative, le ghetto de Rome, créé en 1555 par une théocratie et emblème de l'antijudaïsme chrétien, fut aboli

en 1870, au moment du surgissement de l'antisémitisme industriel. Ce dernier y fut d'ailleurs moins virulent que dans les autres capitales européennes, peut-être du fait de la pauvreté relative de la population juive romaine. Provisoirement libéré par les troupes françaises de 1798 à 1814, le ghetto avait été réinstauré par Pie VII. C'est à un Piémontais juif que l'on confia le commandement des canons qui ouvrirent la Ville Sainte aux troupes de l'Unité italienne.

28. Salonique, dont près de la moitié de la population était juive, fut aussi la base originelle du mouvement Jeune Turc dont de nombreux membres étaient saloniciens, y compris Mehmed Talaat et Mehmet Bey (membre de la communauté *dönme* ou sabatéenne, une obédience juive convertie à l'islam au XVIIe siècle). Le mouvement Jeune Turc, qui prit le pouvoir en Turquie, fut délibérement fondé un 14 juillet, la France offrant alors le modèle culturel commun aux élites saloniciennes de toutes confessions.

29. (Sledkine), *passim*. Les juifs berlinois, par exemple, étaient démographiquement surreprésentés dans les professions tertiaires, les banques, les cabinets d'avocats et les conseils d'administration ; et sous-représentés dans les secteurs traditionnels de l'économie.

30. Voir par exemple (Wasserstein, *On the Eve. The Jews of Europe before the Second World War*), p. 95 *sq*.

31. La théorie du complot se manifeste pour la première fois au XVIIe siècle, sous la forme d'un faux intitulé *Monita privata Societatis Iesu*. Elle est alors un instrument de propagande contre les seuls jésuites. Vers 1797, l'abbé jésuite contre-révolutionnaire Barruel l'inverse pour viser la franc-maçonnerie puis, quelques années plus tard, ses alliés, dont accessoirement, les juifs. Alexandre Dumas, en 1848, rend le thème populaire dans *Joseph Balsamo*, à propos de la secte des Illuminés. Un plagiaire de Dumas, Hermann Goedsche (sous le pseudonyme de sir John Retcliffe) en rédige, en 1868, dans sa nouvelle *Biarritz*, une transposition antisémite. Une adaptation pamphlétaire de la nouvelle paraît en Russie, en 1873, sous le titre *Les Juifs, maîtres du monde*. Une décennie après, le cycle se boucle avec l'élaboration par des jésuites de la thèse du complot judéo-maçonnique. Le polémiste laïc Édouard Drumont la diffuse dans *La France Juive* (1886), tandis que d'autres jésuites la développent

dans les colonnes de la revue *La civilta cattolica.* La théorie se répand enfin mondialement par le canal des *Protocoles des Sages de Sion,* à partir de 1903 (voir note suivante). Sur l'ensemble de ces questions, voir les travaux de Pierre-André Taguieff (*La Foire aux illuminés : Ésotérisme, théorie du complot, extrémisme*, Paris, Mille et Une nuits, 2005 ; *L'imaginaire du complot mondial : aspects d'un mythe moderne*, Paris, Mille et Une nuits, 2006).

32. Il s'agit de la transposition d'un pamphlet de Maurice Joly dirigé contre Napoléon III (*Dialogue aux enfers entre Machiavel et Montesquieu, ou La politique au XIXe siècle*, 1864), dans lequel les juifs sont à peine mentionnés. Le faux, attribué à des juifs révélant leurs pratiques, a été rédigé en Français à Paris, en 1901, par Mathieu Golovinski et diffusé par l'Okhrana à partir de 1903. La preuve de son inauthenticité fut publiée par le *Times* dès 1921, son contenu continuant d'être relayé par des personnes informées de son origine fallacieuse, mais convaincues qu'il reflétait néanmoins une réalité (c'est le cas de Henry Ford et de Adolf Hitler). Les deux documents sont disponibles en ligne : (Golovinski) et (Joly). La remarquable efficacité de cette imposture, pourtant outil d'une propagande grossière, ne peut venir que d'un désir frénétique qu'elle fût vraie. Elle indique que l'idéologie qui la réclamait, l'antisémitisme industriel, s'était préalablement installée avec force. Voir ch. 4. 4.

33. L'émigration s'orienta aussi en France et en Grande-Bretagne où elle eut pour effet de surinfecter de simple xénophobie l'antisémitisme qui s'y était développé. Cette double judéophobie eut à son tour pour conséquence d'introduire, dès 1902-1903, un débat politique sur une implantation juive hors d'Europe. Voir (Wasserstein, *Britain and the Jews of Europe 1939-1945*), ch. 1.

34. Le sionisme était d'abord une thématique intellectuelle très controversée que les pogroms, par leur intensité et leur multiplication, avaient soudainement créée. Lorsque Léon Pinsker, précurseur de Herzl, publie dans ces conditions, en 1882, son *Auto-Emancipation*, le Grand-Rabbin de Vienne réplique : « Nous sommes chez nous en Europe et nous nous sentons les fils du pays dans lequel nous sommes nés et avons été élevés. Nous avons perdu le sens d'une "nationalité hébreue"» (Durkin) p. 26. De 1882 à 1903 moins de 3 % des juifs

fuyant les pogroms de Russie et d'Europe orientale se dirigèrent vers la Palestine.

35. Il exista même une xénophobie chez des juifs allemands assimilés, nationalistes allemands, à l'égard des juifs de l'Est qui portaient la barbe et le caftan, parlaient yiddish et ne semblaient pas éprouver le désir de s'intégrer à la Nation du pays dans lequel ils immigraient. Cette xénophobie s'amplifia après 1917, avec l'afflux de réfugiés fuyant la Russie communiste. Des mouvements politiques juifs nationalistes allemands virent le jour, tels que le *Verband nationaldeutscher Juden* de Max Naumann qui prospecta en 1932 une alliance avec le Parti nazi en vue de la reconduite des *Ostjuden* (juifs de l'Est) à la frontière. Le mouvement fut dissout par la Gestapo, parce qu'il avait refusé de répondre à la demande de Göring d'offrir sa garantie aux associations juives américaines lors du boycott antinazi de 1933. De même, le *Deutsche Vortrupp-Gefolgschaft deutscher Juden* de Hans-Joachim Schoeps, qui voulait collaborer à « l'œuvre de restauration nationale » du NSDAP en éliminant les juifs de l'Est, qui créaient d'après lui des tensions inutiles entre Juifs et Aryens. Le mouvement fut dissout en 1935. Aucun n'avait compris que le suprémacisme racial n'est pas la xénophobie, et qu'un nationalisme allemand commun ne pourrait suffire à réconcilier les juifs avec Hitler.

36. La Première Guerre mondiale avait ajouté un facteur d'assimilation. La mobilisation générale avait non seulement directement intégré les juifs à l'action nationale essentielle, y compris à des postes de commandement, mais avait aussi privé les pratiquants de la cacherout et du shabbat, conduisant nombre d'entre eux à les abandonner après la guerre.

37. De manière caractéristique, la structuration soudaine d'une Nation juive fut d'abord ethnolinguistique, avec le choix de l'hébreu qui était alors une langue aussi morte que le latin.

38. Le « völkisme » est le traitement littéraire du folklore (mot de même racine) allemand, avant de devenir une posture ethnique à connotation nationaliste.

39. Le feu croisé des mitrailleuses défendant les tranchées créait un mur de balles auquel se heurtaient les assaillants qui étaient décimés à chaque tentative de prendre un nouvel objectif.

40. L'idée du *Dolchstoßlegende* émanait de Ludendorff, auquel Hitler, comme la plupart des soldats, vouait alors une grande admiration, et qui avait ainsi trouvé un moyen peu vérifiable de s'exonérer de son échec militaire. Elle avait curieusement été empruntée aux Britanniques, le maréchal Haig, anempathique à l'égard de ses propres troupes, ayant fait accuser Lloyd George de « poignarder l'armée dans le dos » faute de soutenir sa stratégie dispendieuse en vies humaines. La légende était d'autant plus fallacieuse qu'à l'automne 1918, avant les premiers événements révolutionnaires, Ludendorff, conscient de la situation militaire, avait lui-même demandé aux autorités politiques de négocier l'armistice, provoquant le remplacement du gouvernement Hertling par une coalition chargée de conduire les pourparlers.

41. « Le coup le plus grave infligé à l'humanité, observa Hitler lors d'un de ses monologues, c'est le christianisme. Le bolchevisme est le fils illégitime du christianisme. Tous deux proviennent des Juifs. À travers le christianisme, le monde a été rempli d'un mensonge conscient sur les questions de religion » Dietrich Eckart, cité par (Ryback), ch. 2.

42. « N'oubliez pas qu'il s'en est fallu d'une voix au Congrès pour que la langue allemande fût adoptée comme langue nationale », affirme Hitler cité par (Rauschning), p 117. L'affirmation était inexacte. En 1776, au moment le plus aigu de la guerre d'Indépendance, quelques-uns militèrent pour l'abandon de la langue anglaise en faveur du français, alors *lingua franca*, ou d'une langue biblique, à savoir le grec ou… l'hébreu. Ce qui fut rejeté d'une voix en 1795, était une simple pétition pour traduire en allemand les lois américaines. Sur ce sujet, voir (Baron). Voir aussi note 58 du ch. 3.

43. Il la nomme aussi la « Terreur Juive », cf. par ex. *Journal*, entrée du 14 février 1942.

44. On a parfois contesté la réalité du risque révolutionnaire succédant à la révolte des marins de Kiel, au double motif que le mouvement était initialement dirigé contre le commandement militaire devenu factieux plutôt que contre le gouvernement, et que les sociaux-démocrates étaient fermement opposés au bolchevisme. Voir, par exemple, (Haffner). De fait, le chancelier Ebert, président du SPD, dont la coalition était majoritaire au parlement, et qui parvint à contrôler les conseils d'ouvriers et de soldats, gouverna en étroite

intelligence avec l'État-major, au point de mettre sur pied les corps francs et d'écraser avec eux la ligue spartakiste. Il serait spécieux d'en conclure que le mouvement révolutionnaire était purement réformiste, inoffensif pour les institutions et n'effrayait pas les autres acteurs. Les bolcheviques avaient notoirement pour objectif une révolution allemande. Les réserves exprimées par Rosa Luxembourg et Karl Liebknecht à l'égard des méthodes léninistes n'empêchaient pas le nouveau Parti communiste, qui avait vainement tenté de conduire le soulèvement spontané vers la « dictature du prolétariat », d'être universellement perçu comme bolchevique. Il importait peu que les spartakistes fussent mal organisés et incapables en pratique de prendre le pouvoir. La violence tyrannique de la révolution russe, à laquelle ils étaient à tort ou à raison assimilés, les avait par avance condamnés aux yeux de toutes les autres forces politiques allemandes, et pas seulement les plus réactionnaires. Ce rejet inhiba les résistances à une élite militaire vaincue mais prête à se défendre à tout prix d'un ennemi intérieur. L'antibolchevisme fut ainsi le moteur des mouvements contre-révolutionnaires qui étaient par ailleurs également hostiles à la social-démocratie. Celle-ci se trouva involontairement prise, dans la guerre civile qu'elle avait cherché à empêcher, du côté qu'elle avait en réalité combattu. Les milices, auxquelles son alliance avec l'État-major avait donné naissance, furent un outil de sa destruction et de celle de la démocratie parlementaire en Allemagne.

45. La part fondée se résume à bien moins : l'origine germanique de nombre de monarchies européennes, dont la monarchie britannique, et d'une fraction significative des patriciens américains ; l'existence d'une menace révolutionnaire et d'une anarchie en Allemagne ; le caractère tyrannique de la révolution russe ; l'aspiration des élites occidentales à en finir au plus tôt avec le bolchevisme ; une proportion élevée de juifs dans l'ensemble des professions tertiaires et chez les intellectuels, notamment à gauche ; une interprétation ethnique de la religion juive ; les dispositions humiliantes du traité de Versailles ; un grand appauvrissement de l'Allemagne ; un profond désir de vengeance chez nombre d'anciens combattants.

Chapitre II
Un modèle américain

1. L'existence de financements n'implique toutefois pas un lien idéologique. On peut trouver divers motifs de financer cyniquement des personnes dont on ne partage pas les idées, que l'on méprise et dont on ne souhaite en aucun cas la victoire, ne serait-ce dans un but commercial ou dans une intention de manipulation. De même que le NSDAP reçut quelques petits subsides des services secrets français, à l'époque où Hitler pouvait encore passer pour un vulgaire agitateur susceptible de provoquer une sécession de la Bavière, et qu'il reçut même des financements de quelques industriels juifs allemands qui purent voir brièvement en lui un instrument sans véritable danger contre le bolchevisme, le but poursuivi par les entreprises américaines était le plus souvent de consolider leur implantation sur le marché allemand, sans la plus petite considération politique ou morale. Il y eut des pronazis caractérisés parmi les dirigeants de ces entreprises, mais rares semblent avoir été ceux qui ont agi par inclination plus que par cupidité. Le schéma était généralement le même : cultiver des appuis auprès des autorités nazies afin de développer ou préserver les intérêts de leurs entreprises en Allemagne ; puis procéder à des montages juridiques afin de ne pas perdre les filiales pendant la période de guerre, durant laquelle interdiction leur était faite par le gouvernement américain de poursuivre leurs activités sur un territoire ennemi ; et enfin récupérer leurs affaires après la capitulation, pour les reprendre de manière ouverte. Tout au plus faut-il souligner l'existence d'un climat suffisamment favorable pour n'avoir pas laissé une répulsion morale inhiber les pures considérations économiques. Il est certain, à cet égard, que IBM s'est engagée dans une pratique particulièrement odieuse, puisque ses machines à traitement de cartes perforées, dont elle connaissait parfaitement l'usage, assurant leur maintenance, servaient à la gestion des camps de concentration. Voir (Black, *IBM et l'Holocauste* [trad. fr.]). On peut déplorer de la même manière que la Chase à Paris, ait devancé les obligations légales pour séquestrer les comptes de ses clients juifs. Sur l'étroite collaboration de la Chase

avec l'extorsion nazie des juifs candidats à l'émigration, voir (Breitman R & alii), ch. 7. Il en va de même de Standard Oil (dont IG Farben était le deuxième actionnaire après Rockefeller) qui plaça une partie de sa flotte sous pavillon panaméen afin de continuer d'approvisionner les armées allemandes, en violation de l'embargo. Mais on ne saurait par exemple qualifier dans des termes identiques, même si on réprouve son indifférence, Coca-Cola qui, mise dans l'impossibilité de continuer d'exporter son jus secret en Allemagne, y a introduit le Fanta. Sur les questions de financement du Parti nazi, voir (Pool).

2. « D'ici très peu de temps, nous aurons une organisation de SA aux États-Unis. [...] Ce sera à notre jeunesse de reprendre la grande tâche que Washington n'a pas accomplie et que la démocratie corrompue a foulée aux pieds [...]. Nous réussirons à faire de notre système politique et social une réalité mondiale, à l'imposer à toutes les Nations [...]. Je vous garantis, messieurs, qu'au moment voulu, je la façonnerai à ma façon, votre Amérique, et qu'elle sera le meilleur soutien le jour où l'Allemagne bondira d'Europe vers les espaces d'outre-mer » (Rauschning), p. 117.

3. Les intitulés des chapitres de ce premier volume sont les suivants : *1. The Jew in Character and Business ; 2. Germany's Reaction Against the Jew ; 3. Jewish History in the United States ; 4. The Jewish Question – Fact or Fancy ? 5. Anti-Semitism – Will It Appear in the U.S.? 6. Jewish Question Breaks Into the Magazines ; 7. Arthur Brisbane Leaps to the Help of Jewry ; 8. Does a Definite Jewish World Program Exist ; 9. The Historic Basis of Jewish Imperialism ; 10. An Introduction to the « Jewish Protocols » ; 11. « Jewish » Estimate of Gentile Human Nature ; 12. « Jewish Protocols » Claim Partial Fulfillment ; 13. « Jewish » Plan to Split Society by « Ideas » ; 14. Did the Jews Foresee the World War ? 15. Is the Jewish « Kahal » the Modern « Soviet » ? 16. How the « Jewish Question » Touches the Farm ; 17. Does Jewish Power Control the World Press ? 18. Does This Explain Jewish Political Power ? 19. The All-Jewish Mark on « Red Russia » ; 20. Jewish Testimony in Favor of Bolshevism.* Ford n'a pas tenu la plume, du moins pour la très grande majorité des textes, faute de posséder la culture, le talent littéraire, et le temps nécessaire à leur rédaction. Il n'a pas davantage fabriqué de ses mains

les automobiles qui portent son nom et qui lui sont attribuées à bon droit. La publication, à vocation exclusivement antisémite, était son propre projet. Il a recruté personnellement les rédacteurs qui n'auraient pu développer des idées qu'il n'approuvait pas. Il fournissait en outre à la revue dont il était l'unique propriétaire, et qu'il n'a jamais reniée même quand il eût été dans son intérêt de le faire, une diffusion extraordinaire par tous les canaux à sa disposition, y compris les concessions de la marque Ford. Les dénégations des entreprises Ford après la défaite allemande n'ont pas été prises au sérieux par la communauté juive américaine ayant vécu avant guerre.

4. Bataille de procurations conduite par un actionnaire en vue de la prise de contrôle d'une entreprise cotée avec l'assentiment de petits porteurs.

5. Henry Ford tirait sa pensée, outre des *Protocoles des sages de Sion*, du livre de Werner Sombart, paru en 1911, *Les Juifs et la vie économique* (Sombart), présentant les juifs comme les inventeurs du capitalisme, en réponse à Max Weber qui, en 1905, avait désigné les protestants. Ces auteurs, traitant de la seule période moderne, avaient choisi d'établir une rupture chronologique en négligeant ou en minimisant les puissantes racines antérieures : réformés, juifs, mais aussi catholiques italiens, parmi d'autres, ayant été des acteurs de son expansion. Investissements collectifs, cotations, valeurs fiduciaires et produits dérivés existaient déjà à Rome, où des affranchis exerçaient la banque ; les sociétés fermières (« publicaines ») étaient parfois cotées ; et Crassus avait multiplié sa fortune (investie en partie dans l'agroalimentaire et le shipping) en levant des options immobilières acquises pendant les guerres civiles.

6. (Ford) pour cette citation d'Henry Ford et pour les suivantes. L'ouvrage, devenu anonyme depuis la signature de l'accord de rétractation de 1927 (cf. note suivante), est composé d'articles parus dans le *Dearborn Independant – The Ford International Weekly*, à partir du 22 mai 1920 (Dearborn est la banlieue de Détroit où les entreprises Ford on leur siège). Les traductions sont de moi, comme celle de tous les textes cités dans ce livre dont le nom du traducteur n'est pas précisé.

7. Faisant suite à des poursuites judiciaires, un accord fut passé en 1927 avec l'American Jewish Commitee, qui obligea Ford à produire une rétractation (Wallace), p. 31 *sq.* Les rééditions ultérieures des pamphlets antisémites de Ford, comme c'est toujours le cas aujourd'hui, furent publiées sans nom d'auteur (Voir note précédente).

8. Ford était éligible à la présidence des États-Unis. Les sondages de 1923 l'avaient donné largement vainqueur contre Harding. Probablement du seul fait de l'opposition de son épouse, il finit par en abandonner l'idée et donna son appui à Coolidge (Wallace), p. 28.

9. Il semble ne pas y avoir eu de financement direct par la maison mère, de telles sorties de capitaux risquant d'être désapprouvées par certains actionnaires hostiles à Ford. Quant aux possibles gratifications personnelles, voir (Pool), ch. 3.

10. (Wallace), p. 45.

11. « Le jeune leader du Parti fasciste bavarois déclara sombrement : "Nous considérons Heinrich Ford comme le leader du mouvement fasciste en Amérique. Nous admirons particulièrement sa politique antijuive qui est la plate-forme des Fascistes Bavarois Nous avons fait traduire et publier ses articles antijuifs ; le livre circule à des millions d'exemplaires à travers toute l'Allemagne" » (Fendrick).

12. Avec notamment Siemens et Krupp.

13. L'encart est illustré par le dessin d'une colonne militaire comprenant motos, voiture de commandement et camions. Le texte dit : « Les voitures de Ford-Allemagne étaient là ! Sur les mauvaises routes de Pologne, sur des cols étroits et escarpés en Norvège, et dans la traversée rapide de la Hollande, de la Belgique et de la France, ces voitures Ford étaient les assistants fidèles des courageux soldats. Elles sont également prêtes pour la construction de la paix dans la Grande Allemagne ». Cette publicité est mentionnée dans (Ford Motor Company Archive), document officiel de la société Ford en défense de ses activités pendant la guerre. Le document précise sans l'établir que l'influence du siège américain sur Ford Werke cessa en décembre 1941, c'est-à-dire de toute façon près d'un an plus tard.

14. (Wallace).

15. (Kühl), p. 85.

16. (Grant).

17. Madison Grant n'était pas isolé. Sur les relations entre savants suprémacistes et eugénistes américains et allemands, voir Kühl, *op. cit.* Il fut, cependant, la source directe de Hitler, sur le thème considéré.

18. (Gobineau). Gobineau et les autres auteurs du suprémacisme politique (tels Vacher de Lapouge et Le Bon) sont des éléments d'une immense littérature raciale en France et en Grande-Bretagne, rédigée par l'ensemble des spécialistes de l'ethnologie physique et sociale, du XIXe au milieu du XXe siècle, eux-mêmes appuyés sur les travaux naturalistes du XVIe au XVIIe siècle. On attribue généralement à William Petty, en 1677, l'origine des premières théories raciales. Sur ces sujets, voir (Blanckaert) & (Reynaud Paligot). Même les progressistes, qui souhaitaient faire bénéficier l'humanité entière des mérites de la civilisation occidentale, s'interrogeaient sur la capacité respective des races à la recevoir. La médecine, comme le droit, avait intégré la notion « d'atavisme » : l'hérédité déterminait la santé autant que la prophylaxie, le crime autant que le vice personnel, l'intelligence au moins autant que l'éducation. On cherchait à fixer géométriquement les critères anthropométriques de la capacité crânienne permettant d'expliquer le handicap dont souffraient les « Nègres » ou les « Hottentots ». Le suprémacisme racial n'était pas une idée propre à la droite pamphlétaire, mais aussi bien aux scientifiques, philanthropes et humanistes.

19. (Chamberlain). La première édition allemande date de 1903.

20. (Galton).

21. Darwin se montra, par contre, plus réservé sur l'évolutionnisme social, tel que Herbert Spencer avait commencé de l'esquisser, peu avant ses propres travaux. Le « darwinisme social » est une création postérieure (dont M. Grant est l'un des auteurs) contredisant, par l'intervention politique, le principe naturel de sélection qui lui sert de justification.

22. Voir (Williams).

23. Se confirme dans ce qui suit l'importance de la cible ukrainienne, qui constitua au point de vue numérique l'une des principales victimes du nazisme. À la différence des juifs, et contrairement aux idées de Grant, l'intention était de préserver la majorité des Ukrainiens pour l'esclavage.

24. On appelle « protolangue » une langue en elle-même perdue, mais reconstruite et présentée en origine hypothétique de langues historiques présentant des caractères lexicaux et grammaticaux communs. L'indo-européen est la première protolangue reconstruite. Son identification remonte au XVIe siècle. C'est la linguistique allemande qui lui apporte tout au long du XIXe siècle les contributions les plus importantes. Elle autorisa l'émergence d'une anthropologie indo-européenne à la recherche des invariants culturels chez les peuples parlant les langues historiques convergeant vers cette origine. Émile Benveniste qui enseigna au Collège de France à partir de 1937 et Georges Dumézil, qui y enseigna lui aussi à partir de 1949, restent les principales figures de l'anthropologie indo-européenne contemporaine et devenue non-raciale. Très antérieurement à leurs travaux, sous l'impulsion de Gobineau, la découverte de l'indo-européen avait donné lieu à une ethnologie raciale indo-européenne qui servit d'appui à la totalité des autres théories raciales jusqu'à Grant. Une identification était faite entre la langue et la race, qui fut ensuite écartée, la preuve ayant été administrée que les grands groupements politiques plus ou moins unilingues sont généralement, comme les États-Unis, composés de populations hétérogènes au plan ethnique. Cette confusion conduisit à l'invention des « Aryens » comme peuple historique supposé posséder une identité raciale. C'est un auteur juif, Ludwig Geiger, qui a soutenu le premier, en 1871, l'hypothèse d'un foyer des « Aryens » en Europe centrale et en Allemagne. L'Allemand Karl Penka, puis l'Anglais Gerald Rendall en 1889, la rectifièrent en proposant une origine scandinave justifiant une communauté raciale entre les élites de l'ensemble européen. Tel est l'état de la théorie aryenne au moment où Hitler en prend connaissance et y adhère d'enthousiasme.

25. Galton, qui était en Grande-Bretagne un des grands contributeurs au développement de la statistique, avait forgé les termes « psychométrie » et « eugénisme ». C'est Alfred Binet, à la requête du gouvernement français, qui créa en 1905 les premiers « tests d'intelligence ». William Stern, en Allemagne, introduisit le « QI » en 1911. En 1916, Lewis Terman établit la « Révision Stanford de l'Échelle de Binet-Simon » qui devint aussitôt, et au moins jusqu'aux années 1950, l'outil standard de la psychométrie. Terman, qui présida l'Association

Psychologique Américaine, fut l'un des plus actifs promoteurs de la psychométrie raciale, notamment par le canal de la Fondation pour l'Amélioration Humaine, un groupe de pression eugéniste qu'il avait cofondé en 1928.

26. Le terme de race humaine, initialement importé de l'élevage, ne désignait pas pour commencer les « espèces » mais les « variétés » à l'intérieur d'une même espèce. C'est dans cette direction que l'anthropologie physique et sociale des écoles française et anglaise s'était de préférence orientée. Or les « variétés » ont l'inconvénient pour les racistes de ne pas se laisser placer simplement sur une échelle linéaire unique (la « grande chaîne des êtres »), puisqu'elles disposent en général d'avantages distincts selon les critères considérés, comme le cheval de course qui ne peut être déclaré supérieur à tout point de vue au cheval de labour. Le suprémacisme radical exigeait donc la translation de la variété à l'espèce.

27. Il existe bien entendu des charlataneries et de pures non sciences, mais qui n'obtiennent pas la reconnaissance de la communauté scientifique en tant que telle, même quand elles parviennent à séduire des scientifiques isolés qui les considèrent hors de leur spécialité.

28. Il est habituel de rechercher des corrélations épidémiologiques entre haplotype et prévalence des maladies, dans une visée de médecine préventive. Existe également une offre commerciale proposant un rattachement ethnique (viking, ashkénaze, etc.) ou dynastique (Charlemagne, Napoléon, rois irlandais) sur la base de l'haplotype déterminé à la suite d'un prélèvement buccal. Un débat scientifique est apparu pour déterminer la cohérence ethnique, et même tribale (« Cohen »), des personnes de tradition juive, voir (wikipedia/juifs/3. 2 et 3. 4). Son enjeu est devenu considérable pour certains nationalistes juifs comme pour leurs adversaires. Les uns affirment que les hébreux ont largement conservé leur identité ethno-génétique antérieure à la diaspora. Les autres estiment qu'il y a actuellement davantage de personnes possédant un patrimoine génétique proche de celui des hébreux parmi des populations pratiquant le christianisme ou l'islam, notamment les palestiniens, que dans les populations contemporaines de religion juive, qui seraient inversement le fruit

de conversions majoritaires (les pratiquants de la religion juive ayant à certains moments représenté de 3 à 10 % de l'Empire romain et une fraction des khazars, yéménites et berbères). Quelle que soit la vérité à cet égard, encore très incertaine (il est par exemple possible que la tribu des Cohen ait conservé une homogénéité par sa capacité à remplir des rôles cultuels auprès de communautés y compris converties), le seul fait qu'elle constitue un vif débat au XXIe siècle confirme l'affinité raciale du nationalisme autant que la persistance d'une science raciale utilisant un vocabulaire nouveau : il n'est toujours pas indifférent aux yeux des idéologues que les palestiniens soient ou non pour la plupart des paysans hébreux de la zone du Jourdain convertis à l'islam par les armées bédouines, ou que les personnes de culture juive possèdent ou non des patrimoines génétiques très hétérogènes. Il n'est pas davantage indifférent pour l'observateur que les opinions préjugent avec véhémence d'une conclusion scientifique toujours en attente et qu'une attitude humaniste devrait rendre politiquement indifférente.

29. Boas combattit l'orthogénisme, théorie attribuant à l'évolution le passage obligé par une même série d'états. L'orthogénisme biologique trouvait son équivalent en sociologie positiviste qui justifiait le suprémacisme culturel : la civilisation occidentale ayant atteint avant les autres un état ultime d'évolution accessible uniquement par le passage à travers les états sociaux précédents.

30. L'influence d'Auguste Comte sur Hitler n'est pas limitée au scientisme et à l'idée du progrès. Elle porte aussi sur le primat absolu accordé à la société.

31. Les spéculations sur les inclinations occultistes d'Hitler sont sans fondement et démenties dès *Mein Kampf*. Sa rencontre avec Rosenberg (qui était, lui, un adepte de la société ésotérique de Thulé dont Himmler, Streicher, Hess et Göring étaient aussi membres) s'était faite par l'intermédiaire de Dietrich Eckart duquel il avait au contraire retenu l'idée d'une explication scientifique de l'histoire par l'hypothèse de la domination juive. Eckart était persuadé que Hitler était intellectuellement sa créature. La documentation disponible ne permet pas d'en déterminer le dégré d'exactitude.

32. « Si certains ont des besoins de nature métaphysique, je ne peux les satisfaire avec le programme du Parti. Le temps passera jusqu'au moment où la science pourra répondre à toutes les questions » (Hitler, *Libres propos sur la guerre et la paix recueillis sur l'ordre de Martin Bormann*), 14 octobre 1941.

33. La notion de *Lebensraum* (espace vital) remonte au géographe Friedrich Ratzel en 1871. Elle devient un thème constant de la pensée nationaliste à partir du géopoliticien Karl Haushaufer en 1924.

34. La réticence fréquente à employer le terme même « d'esclavage » dans le cas nazi, provient en partie d'une appréhension incorrecte de la situation des esclaves antiques servant de référence au mot. L'esclave grec (*doulos*) ou romain (*servus*) est un « serviteur » en principe protégé par le droit (à Rome, par la magistrature du censeur). Ses conditions de vie étaient en général meilleures que celles des esclaves de la France des Lumières ou des États-Unis de George Washington, et plus encore des victimes asservies du nazisme. Il est donc pleinement légitime de parler d'esclavage dans ce dernier cas.

35. Au moins 34 000 femmes ont été sexuellement asservies par les armées du Troisième Reich, ce nombre n'incluant pas les bien plus nombreux viols (mais ils sont attestés pour la totalité des armées de la Seconde Guerre mondiale, y compris pour les armées alliées au moment du Débarquement).

36. Au sein des camps d'extermination, la formule mise en place par Himmler n'écartait pas non plus l'esclavage. Une minorité des déportés y était programmée pour survivre temporairement afin d'être affectée au travail servile. Dans le cas général la mort « naturelle » des esclaves survenait en quelques mois, les détenus affectés aux tâches « spéciales » (le plus souvent l'extermination) étant quant à eux périodiquement exécutés. Un esclavage de longue durée était par contre prévu pour les colonies de Russie, postérieures à l'extermination des juifs, tziganes et autres cibles prioritaires.

37. L'écologie politique est initialement cynégétique. Parmi les paradoxes de la personnalité de Grant, il faut compter son opposition à la vente libre des armes, qui n'est pas davantage motivée par des considérations humanistes que sa défiance à l'endroit de l'esclavage,

mais par un désir de réserver les armes aux patriciens, qu'il juge seuls capables d'être des chasseurs dignes de ce nom.

38. Il existe en principe un « eugénisme positif » distinct de l'eugénisme sélectif. Le premier consiste à adopter des techniques d'amélioration génétique Mais ou bien il porte sur l'humanité entière et se fusionne alors avec la médecine, ou bien il consiste à creuser des écarts biologiques entre les individus ou les groupes.

39. (Spiro), Introduction.

40. La version de 1923 du livre de Grant est citée par le Dr Karl Brandt comme Document de la Défense n° 51 dans le Procès de Médecins (NMT 01. Medical Case – USA v. Karl Brandt, et al., English Transcript : p. 10179 (26 June 1947)). Brant, qui avait plaidé non-coupable, se référa expressément à l'œuvre de Grant, aux lois ségrégationnistes, aux lois d'immigration de 1924, et à la décision de la cour suprême de 1927 entérinant la stérilisation obligatoire (*Buck v. Bell*).

41. L'euthanasie toucha néanmoins, en deux ans, 70 000 victimes parmi les patients des hôpitaux psychiatriques et 5 000 parmi les nouveau-nés handicapés ; auxquels s'ajoutent, après 1941, 20 000 malades des camps de concentration (hors camps d'extermination) et 30 000 tuberculeux ou psychotiques parmi les travailleurs serviles polonais et soviétiques. À ces chiffres il convient d'ajouter ceux de la stérilisation : environ 400 000 personnes (dont, en 1937, les enfants allemands de pères noirs appartenant aux troupes françaises stationnées en Allemagne).

42. « Était-ce seulement une bonne chose de déballer la question de l'euthanasie dans les dimensions où cela a été fait au cours des derniers mois ? », J. Goebbels, 23 août 1941, (Goebbels, *Journal 1939-1942* [trad. fr.]). Himmler partageait les mêmes réserves (Breitman, Himmler et la Solution finale [trad. fr.]), ch. 4.

43. Sur le détail de la question essentielle du secret, voir plus loin l'analyse de l'anempathisme (ch 4.1).

44. Himmler substitua le terme cryptique *Durchgeschleust* (« canalisé ») à celui de *Sonderbehandlung* (« traitement spécial »), déjà lui-même un euphémisme désignant les meurtres, dans le « rapport

Korrherr », étude statistique secrète de l'élimination des juifs de 1937 à janvier 1943.

45. Affidavit du Hauptsturmfürhrer Dieter Wilsliceny, Nuremberg, 29 novembre 1946 : « En novembre 1942, dans le bureau d'Eichmann à Berlin, j'ai rencontré le Standartenfuehrer Plobel [Paul Blobel], qui était le chef du Commando 1005, spécialement chargé d'effacer les traces de la solution finale (extermination) du problème juif par les *Einsatzgruppen* et de toutes les autres exécutions. Le Commando 1005 a opéré depuis au moins l'automne 1942 jusqu'à septembre 1944 et était pendant toute cette période subordonné à Eichmann. La mission fut constituée après qu'il est devenu clair que l'Allemagne ne pourrait pas tenir tout le territoire occupé à l'Est et qu'on a jugé nécessaire d'effacer toutes les traces des exécutions criminelles qui avaient été commises. Pendant un séjour à Berlin en novembre 1942, Plobel a donné une conférence devant l'équipe de spécialistes d'Eichmann sur la question juive dans les territoires occupés. Il a parlé des incinérateurs spéciaux qu'il avait personnellement construits pour servir au travail du Commando 1005. C'était leur mission particulière d'ouvrir les tombes et de retirer pour les incinérer les corps des personnes qui avaient été antérieurement exécutées. Le Commando 1005 opérait en Russie, Pologne et dans la zone baltique. J'ai revu Plobel en Hongrie en 1944 et il a indiqué à Eichmann en ma présence que la mission du Commando 1005 avait été accomplie ». À la libération, les camps de Belzec, Sobibor et Treblinka avaient été rasés, et les installations d'extermination d'Auschwitz-Birkenau avaient été supprimées. Conformément aux intentions d'Himmler de rendre l'extermination secrète, le négationnisme pouvait prendre son essor, puisque les bâtiments n'étaient plus dans leur état original. La découverte, par l'organisation Yahad in Unum du Père Patrick Desbois, des charniers retraités par le Commando 1005 clôt scientifiquement le débat, si tant est qu'il en eut jamais été besoin, sur l'existence d'une extermination nazie, ses cibles, et son caractère massif (non l'étude des circonstances qui se poursuit évidemment).

46. On ignore le nombre exact des exécutants directs de l'extermination qui peut avoir été supérieur à ce que l'on avait d'abord pu imaginer. Mais il est certain que Himmler en a limité les effectifs

au minimum nécessaire, pour assurer le secret et peser aussi peu que possible sur l'effort militaire. N'étaient ces deux considérations, il aurait pu en recruter autant que de besoin. Le suprémacisme facilitait l'obéissance aux ordres exterminateurs, sans le conditionner entièrement. L'existence d'ordres donnés à titre militaire était une condition suffisante de l'exécution, dans un contexte où ils portaient contre des cibles désignées comme ennemies de la Nation. Un antisémitisme ancré dans la population a été indispensable aux pratiques exterminatrices portant sur les juifs citoyens allemands. Mais tout indique que seul un acivilisme générique était requis pour les opérations conduites contre des étrangers ou sur le front.

47. Il ne s'agit pas nécessairement d'une adhésion aux principes fondamentaux du nazisme. Beaucoup se contentaient du redressement économique, de même que les partisans de Mussolini continuent de louer ses autoroutes, son urbanisme et la ponctualité de ses trains. Il est à craindre que parmi les déçus du système, il faille d'abord compter les 336 000 clients de la Coccinelle Volkswagen, dont le prototype avait été dévoilé en 1938, qui payèrent leur acompte sans jamais la recevoir, la production automobile étant réservée à l'effort de guerre à partir de 1939.

48. « Il existe aujourd'hui en Europe déjà un front à peu près uni contre la juiverie. On le voit déjà dans toute la presse européenne, qui affiche non seulement sur cette question, mais sur beaucoup d'autres encore, une position tout à fait uniforme. [...] Leur dernier refuge reste l'Amérique du Nord ; et là-bas aussi, ils paieront un jour, tôt ou tard », 19 août 1941 (Goebbels, *Journal 1939-1942* [trad. fr.]).

49. Elle ne fut pas la seule. Le canton de Vaud en Suisse pratiqua la stérilisation contrainte de 1928 à 1985. Des dispositions analogues existèrent au Canada et dans les pays scandinaves. La Grande-Bretagne y échappa suite à la campagne menée par G. K. Chesterton contre la proposition de loi introduite en ce sens, en 1913, par Winston Churchill.

50. Sur l'ensemble de ce sujet, voir (Black, *War against the Weak. Eugenics and America's Campaign to Create a Master Race*).

51. Ceux-ci préconisaient généralement l'emploi du gaz, une méthode utilisée en Grande-Bretagne depuis 1884 pour les animaux.

52. Le Dr William Robinson, célèbre urologue new-yorkais, recommandait pour sa part de « doucement chloroformer ces enfants ou de leur donner une dose de cyanure de potassium (Robinson), p. 74. Le Dr Haiselden, accusé par les autorités médicales de Chicago de s'être fait le défenseur de l'euthanasie des nouveau-nés, parvint à établir qu'il s'agissait d'une pratique quotidienne de la profession, cité par (Black, *ibid.*), ch. 13.

53. La première exécution capitale en chambre à gaz date de 1921. Charles Davenport, la plus haute autorité scientifique de l'eugénisme aux États-Unis, et conseiller scientifique de la Carnegie Foundation, considérait la peine capitale comme un procédé eugéniste.

54. Par opposition à ceux que le *Census Bureau* appelle toujours « caucasiens », qui comprennent des européens de l'Est et même des Indiens du Pendjab conformément à la théorie aryenne antérieure aux travaux de Grant. La Cour suprême, dans un arrêt de 1923 (US v. Bhagat Singh Thind), rejette la théorie aryenne au double motif qu'elle est obsolète (étant linguistique et non raciale), et surtout *insuffisamment restrictive* dans sa définition de « l'homme blanc », telle qu'elle dérive du « bon sens ».

55. Au chapitre IX (qui reprend largement les théories de Grant) du *Second Livre*, Hitler écrit : « Le danger est particulièrement grand depuis que – dans une complète indifférence de notre part – l'Union américaine elle-même, motivée par les théories de ses propres chercheurs raciaux, a fixé des critères spécifiques pour l'immigration. En conditionnant la capacité d'un immigrant à mettre les pieds sur le sol américain à des critères raciaux spécifiques d'une part ainsi qu'à un certain niveau de santé physique de l'individu lui-même, la saignée subie par l'Europe des meilleurs éléments de son peuple est désormais pratiquement régie par la loi ».

56. Ce fantasme récurrent avait été notamment formulé par le théoricien socialiste Georges Vacher de Lapouge. Hitler le reprit à son compte, tout en prenant grand soin de désexualiser sa propre image publique sur un modèle monastique militaire.

57. Ce rêve avait quelque susbtance. L'American Colonization Society, société philanthropique (comme nombre d'organisations suprémacistes, colonialistes et eugénistes) était parvenue à installer

13 000 anciens esclaves en 1867 sur des terres acquises à cet effet en 1821, et constituées en république indépendante du Libéria en 1847. Le Libéria devint une colonie ségrégationniste, qui entre seulement aujourd'hui en période de transition démocratique.

58. Adolf Hitler, *op. cit.* En décembre 1945, à Nuremberg, le procureur américain Jackson prit soin d'indiquer : « Qu'il n'y ait pas de malentendu sur l'inculpation de persécution des juifs. Ce que nous reprochons aux accusés ce n'est pas l'arrogance et les prétentions qui accompagnent fréquemment le mélange des races et les différences des peuples et qui ont tendance, en dépit des efforts loyaux des gouvernements, à produire des crimes et des troubles regrettables [...]. La persécution contre les juifs fut une politique continue et délibérée ». Il voulait dire qu'il ne fallait pas confondre le suprémacisme racial public des nazis avec celui, plus privé, des peuples vainqueurs. Les idéologies n'étaient pas accusées à Nuremberg.

59. (Second Livre, Ch. IX).

60. Von Manstein avait d'abord eu la candeur de demander la réintégration des officiers juifs dans son État-major, lui qui se considérait vaguement juif lui-même, étant né von Lewinski. Il ne s'opposa pas pour autant aux exterminations (voir plus haut).

61. 17 septembre 1941 (Hitler, *Libres propos sur la guerre et la paix recueillis sur l'ordre de Martin Bormann*).

62. Les instructions répétées de l'État-major étaient de se comporter de manière courtoise, voire « chevaleresque », vis à vis des (« vrais ») Français et de respecter soigneusement leurs biens culturels (nonobstant le pillage réservé à Göring). La propagande, notamment à Paris, faisait des efforts considérables pour se concilier la population que son propre nationalisme, plutôt que son opposition politique, rendait méfiante. L'obligation de se montrer *korrekt* était suivie par des officiers souvent imprégnés de culture française, comme par une troupe paysanne admirative de la campagne française. Voir par exemple (Vercors). Il va sans dire que cette attitude ne rendait pas les autorités plus tolérantes et civiles en France qu'en Allemagne même à l'égard des cibles raciales et des oppositions politiques. L'exploitation économique du territoire en vue de l'effort de guerre était du même ordre que celle imposée aux populations allemandes, si du moins l'on

exclut le travail forcé des prisonniers de guerre et celui des ouvriers du STO, présenté comme une compensation du Traité de Versailles. Plus de 200 000 enfants sont nés de l'union volontaire d'hommes et de femmes des deux pays, consommée en France ou en Allemagne, une situation impensable en Europe de l'Est.

63. La concession de la zone Sud n'avait pas pour seul but de réduire le besoin de garnison, mais aussi de servir de modèle à la future Europe de l'Ordre Nouveau, une stratégie soutenue par Laval, et, en Wallonie, par Degrelle qui aspira vainement à devenir le Guide d'une nouvelle entité « Burgonde » fédérée à l'Allemagne.

64. Mais la collaboration en France ne fut pas seulement pragmatique et passive, incarnée comme telle par les principales vedettes du spectacle ou de nombreux fonctionnaires et commerçants. L'Humanité elle-même demanda l'autorisation de reparaître aux autorités allemandes, le Parti communiste n'inversant son attitude que le 22 juin 1941, date de l'attaque contre la Russie. La Collaboration fut également active et violente. Le nazisme trouva aisément des relais administratifs et des supplétifs policiers enclins à la torture : plus de 30 000 volontaires (en fait à peu près dix fois plus puisqu'il faut tenir compte du processus très rigoureux de sélection physique) acceptèrent de servir sous l'uniforme allemand et de prêter le serment à Hitler. Des intellectuels de vaste audience s'y joignirent de manière spontanée. La dénonciation nominative des personnes traquées et la divulgation de leurs adresses par *Je suis Partout* s'accompagnaient de l'élaboration littéraire d'un appel à l'extermination immédiate et massive. Rebatet et Brasillach en furent de grands illustrateurs : « Il faut se séparer des Juifs en bloc et ne pas garder de petits » (Brasillach, 25 septembre 1942).

65. « Dans la population, leur prestige [celui des Italiens] est tombé à zéro [...] On aimerait avoir, pour une fois, un allié aussi brave et fidèle que le sont les Français », 23 juin 1940 ; « Laval n'avait sans doute aucun appui au sein du peuple. Il a mené de manière trop servile le rapprochement avec l'Allemagne. Aucun peuple ne supporte cela à la longue », 16 décembre 1940 (Goebbels, *Journal 1939-1942* [trad. fr.]). L'attitude francophile changea seulement après le débarquement de Normandie, contexte dans lequel s'inscrivirent les agissements de la division Das Reich (en partie composée d'Alsaciens), culminant

avec le massacre d'Oradour-sur Glane, du 10 juin 1944, qui fit à lui seul 642 victimes : les méthodes aciviles employées sur le front Est étaient importées en France, le territoire étant soudain devenu hostile.

66. « Chez nous, au sein du peuple, l'opinion est très claire : il faut abattre totalement l'Angleterre. Mais ce n'est pas encore aussi certain. Il est possible qu'on trouve encore à Londres, à la dernière minute, des hommes de raison. Ce serait dommage, car l'Angleterre demeurerait alors intacte pour l'essentiel, ce qui n'aurait rien de réjouissant pour l'avenir », 25 juin 1940, *Ibid.* À l'Automne 1940, devant l'obstination anglaise à ne pas négocier, Hitler envisagea d'associer la France, plutôt que l'Espagne, au Pacte tripartite (dit de l'Axe) qu'il venait de conclure avec le Japon et l'Italie. La procrastination de Pétain, comme à son accoutumée plus attentiste que Laval, finit par l'en décourager. Il avait été prêt à rendre à la France son statut de puissance, et de lever les sanctions prévues par l'Armistice, moyennant quelques prises de guerre en Afrique. Voir (Kershaw, *Hitler* [trad. fr.], 2008), ch. IV.

67. Une paix de compromis avec la Grande-Bretagne, laissant à l'Allemagne les mains libres contre l'Union soviétique, à la veille du déclenchement du plan Barbarossa, se heurtait aux projets japonais ; mais Hitler croyait alors que la campagne de Russie serait extrêmement courte, lui évitant le double front.

68. Expert en cryptographie militaire, H.E. était le frère du général Rudolf Schmidt, lui-même un intime du Colonel Hossbach, premier aide de camp de Hitler. Les informations très variées, pertinentes, précises et toujours avérées de H.E., n'ont pas été exploitées par l'État-major et le gouvernement français que cette source tout à fait extraordinaire avait portant avertis, entre autres, de la percée blindée par les Ardennes qui devait entraîner la soudaine défaite franco-britannique. La carte avait été dressée par Rudolf Schmidt sur les indications de Hossbach qui avait assisté à la réunion. Le Géneral Gauché, chef du 2e bureau, la reçut le 16 novembre 1937 et la présenta au Comité permanent de la Défense nationale, le 8 décembre, en présence de Daladier et Gamelin. Bien que les renseignements aient été considérés comme certains par leurs destinataires, aucune décision ne fut prise pour amender la stratégie française qui continua de reposer sur la ligne Maginot et l'avancée en Belgique. Au moins aussi gravement,

aucun budget, même minime, n'avait été accordé à l'exploitation d'Enigma. La machine (accompagnée de ses plans périodiques de modification), fut remise faute de mieux aux services polonais réputés pour leur capacité cryptographique, puis aux services britanniques qui ne s'y intéressèrent pas avant Churchill. Le retard de plusieurs années de son déchiffrement, finalement effectué en Angleterre sous l'égide d'Alan Turing, est une cause directe des premiers succès militaires nazis. Voir Paul Paillole (Paillole), le Général Gauché (Gauché), et le Général Louis Rivet, (Rivet).

69. « Les maisons de banque du monde ploutocratique et les coffres du Kremlin poursuivent le même but : l'extermination du peuple Aryen et de sa race » (Message d'Hitler aux dirigeants nazis du 24 février 1942). « Qui croirait que les garanties ou les autres déclarations de papier des gouvernants Anglo-américains auraient sauvé le monde menacé d'une attaque par une puissance qui, comme les correspondants de presse américains le disent clairement aujourd'hui, a depuis 20 ans poursuivi le but d'attaquer l'Europe, comme au temps des grandes migrations de peuples et des invasions mongoles, détruisant sa culture et, par-dessus tout, exterminant l'Européen pour gagner des esclaves à mettre au travail dans la toundra sibérienne ? » (Proclamation d'Hitler du 30 janvier 1943).

70. Lors de la réunion ministérielle du 16 juillet 1941, Hitler indiqua que les territoires soviétiques à l'ouest de l'Oural seraient le « Jardin d'Eden allemand », et qu'il faudrait « naturellement pacifier cette vaste zone aussi vite que possible [...en] tirant sur quiconque nous regarderait même de travers ».

71. « Je suis convaincu que, particulièrement aujourd'hui, notre Peuple représente le sommet atteint par une évolution vers une amélioration graduelle, raciale, inégalée sur cette planète à ce jour. D'un point de vue statistique, vous devriez toujours garder à l'esprit que les États-Unis sont faits de 126 à 127 millions d'habitants. Néanmoins, si vous retirez les Allemands, les Italiens, les Nègres, les Juifs, etc., alors vous n'avez plus qu'environ 60 millions d'Anglosaxons, des gens qui eux-mêmes se comptent parmi les membres de la race Anglo-saxonne. L'Empire russe ne contient pas même 55 ou 56 millions de vrais Russes. L'Empire britannique contient moins de 46 millions

d'Anglais vivant sur leur terre natale. L'Empire français contient moins de 37 millions de vrais Français. L'Italie possède à peine plus de 40 millions d'Italiens. Seuls restent 17 millions de Polonais en Pologne. Néanmoins, à compter de 1940, 80 millions de personnes d'une même race vivront en Allemagne, entourés par près de 8 millions d'autres personnes qui sont aussi de la même race. Quiconque a des doutes quant au futur d'un peuple d'un tel bloc, quiconque ne croit pas en son avenir, n'est qu'une mauviette. Je crois en cet avenir sans la moindre réserve ! » (Discours dit « secret » du 10 novembre 1938 à Munich).

72. Il s'agit du discours du 18 novembre 1943 au Palais des Sports de Berlin, au cours duquel Goebbels demande à la foule si elle veut la guerre totale et, après qu'elle a d'une seule voix répondu « Ja ! », ordonne « Et Maintenant Peuple lève-toi, et que l'orage se déchaîne ! ». La guerre totale, en réalité, avait commencé le 1er septembre 1939, début de la campagne de Pologne, ou au plus tard le 22 juin 1941 lorsque quatre millions et demi d'hommes fondirent sur la Russie. Officiellement, la notion de « guerre totale » portait sur la mobilisation totale des ressources en vue de la guerre, et non sur les modalités d'une extermination privée de toute limite. Tel est le sens du décret du 25 juillet 1944 nommant Goebbels « Plénipotentiaire du Reich pour le Déploiement de la Guerre Totale ». Goebbels, cependant, était une façade. Depuis des années, le véritable plénipotentiaire pour la guerre totale, au sens propre du mot, était Himmler.

73. L'Union soviétique n'avait pas signé la Convention de 1929, mais était tenue par celles de 1864 et de 1906. L'Allemagne avait signé les trois. Les deux puissances étaient également liées par les Conventions de La Haye de 1899 et 1903.

74. Hitler était un partisan de la répression terroriste, même dans les situations dépourvues de visées raciales. Il jugeait les exécutions collectives d'otages anonymes préférables aux procès de coupables individuels, afin d'éviter la naissance d'un culte des héros de la résistance. Voir ses instructions à Günther Pancke, responsable de la Gestapo au Danemark *in* (Breitman R. & alii), ch. 6.

75. Le lien n'aurait eu aucun sens aussi longtemps que la judéophobie restait un antijudaïsme classique. Il fallait que l'antisémitisme

industriel accorde aux juifs le rôle de maîtres de toutes les subversions, pour réconcilier antisémitisme, slavophobie (très répandue en Allemagne et, jusque-là focalisée sur le désastre de Tanneberg) et antibolchevisme.

76. Le Grand-Amiral Raeder note dans ses carnets, en date du 9 janvier 1941, cet exposé d'Hitler : «[Il] ne croit pas que les Anglais seront d'une audace inconsidérée. S'ils voient qu'ils n'ont pas de possibilité de victoire, ils s'arrêteront. Car, s'ils perdaient la guerre, il ne leur resterait aucune force pour tenir leur empire. S'ils persistaient et parvenaient à déployer 40 à 50 divisions, et si les États-Unis et la Russie les aidaient, alors une situation très sérieuse naîtrait pour l'Allemagne. Il ne faut pas que cela arrive. À ce stade, il agira toujours selon le principe de briser les plus importantes positions de l'ennemi avant d'entreprendre l'étape suivante. C'est pourquoi la Russie doit être écrasée. Alors ou bien les Anglais se rendront, ou bien l'Allemagne continuera la lutte dans des conditions favorables à l'Allemagne. En outre, l'écrasement de la Russie permettrait au Japon de se tourner avec toutes ses forces contre les États-Unis. Cela empêcherait ces derniers de se joindre à la guerre ». Le 24 septembre 1941 encore : « Le tableau général que m'a brossé le Führer est suprêmement réjouissant. Il ne craint pas non plus une éventuelle participation des États-Unis à la guerre. Une fois que nous aurons abattu l'Union soviétique, il ne pourra plus nous arriver grand-chose. Il est même possible que l'Angleterre demande la paix ; Churchill lui-même n'en a certes pas la possibilité ; mais il n'est pas non plus si solidement installé que l'Angleterre soit forcée de mettre son existence en jeu pour lui. Les conditions dans lesquelles le Führer serait disposé à conclure une paix avec l'Angleterre sont les mêmes qu'autrefois : l'Angleterre doit disparaître de l'Europe ; le Führer est disposé à laisser à l'Angleterre son empire mondial » (Goebbels, *Journal 1939-1942* [trad. fr.]).

77. « Tant de gens agissent comme s'ils croyaient que l'Ouest Judéo-Ploutocratique vaincrait l'Est Judéo-Bolchevique », A. Hitler, 8 novembre 1943 (Domarus).

78. Concernant l'influence des juifs sur le gouvernement soviétique, Hitler fut rapidement détrompé : « Le fils de Staline, qui a été capturé par l'armée allemande [le 16 juillet 1941], a fait une

déposition détaillée. [...] Il n'existe apparemment aucune divergence entre lui et son père. Ses réponses sont intelligentes et ont de la tenue. Il n'y a pas grand-chose à en tirer pour la propagande [...]. Il affirme que Staline est antisémite, n'a guère d'estime personnelle pour les Juifs, voit dans le régime soviétique l'unique possibilité de gouverner les peuples russes, et ainsi de suite. [... Le Führer] aussi estime que [ces comptes rendus] sont inexploitables pour la propagande », 23 juillet 1941, *Ibid.*

79. Les lois de Nuremberg avaient expressément été édictées en vue de faire pression sur les campagnes de boycott de l'Allemagne, et s'inscrivaient dans la même stratégie de persécutions et menaces de radicalisation. « Nous sommes en outre contraint de noter que ici, comme partout, ce sont presque exclusivement des éléments juifs qui travaillent comme instigateurs de cette campagne pour diffuser l'animosité et la confusion entre les peuples. L'insulte au drapeau allemand – qui a été traité de manière très loyale par une déclaration du gouvernement américain – est à la fois une illustration de l'attitude des Juifs, y compris dans la fonction publique, envers l'Allemagne, et une preuve révélatrice de la pertinence de notre législation national-socialiste qui a été conçue comme une mesure de précaution pour empêcher à la base que des incidents similaires ne se produisent dans l'administration et les tribunaux allemands et pour les interdire à tout prix. Si toutefois la pertinence de notre analyse avait encore besoin d'être soulignée, elle serait abondamment prouvée par le renouvellement de la campagne de boycott que l'élément juif vient de lancer contre l'Allemagne. Cette agitation internationale dans le monde semble avoir malheureusement donné naissance parmi les Juifs en Allemagne à l'opinion qu'il est temps d'affirmer les intérêts juifs en claire opposition aux intérêts nationaux du Reich. Des plaintes bruyantes contre les actions provocatrices de membres individuels de cette race arrivent de toutes parts, et la fréquence frappante de ces rapports comme la similitude de leur contenu paraît indiquer une certaine méthode derrière ces exactions. Ces actions se sont amplifiées jusqu'à des manifestations dans un cinéma de Berlin contre une société étrangère fondamentalement inoffensive que les cercles juifs imaginaient leur être nuisible. Pour empêcher ce comportement

de conduire à une action défensive très déterminée de la part de la population outragée, dont on ne peut prévoir l'étendue, la seule alternative serait une solution législative au problème. Le gouvernement du Reich est guidé par l'espoir d'instaurer, au moyen d'une unique mesure pratique, un cadre par lequel le Peuple allemand serait en position d'établir des relations tolérables avec le peuple juif. Toutefois, si cet espoir s'avérait vain et que l'agitation juive intra-allemande et internationale se poursuivait, alors une nouvelle évaluation de la situation devrait avoir lieu. Je propose maintenant que le Reichstag adopte les lois que le président du Reichstag, notre camarade du Parti Göring, va vous lire à haute voix [: les lois de Nuremberg… Cette] tentative de solution législative à un problème qui, s'il devait à nouveau se montrer insoluble, devrait alors être transmise au Parti national-socialiste pour une solution finale aux termes de la loi ». A. Hitler, Discours au Reichstag du 15 septembre 1935 (Domarus).

80. La phrase fut prononcée le 1er septembre 1939. Il répète, à peu près dans les mêmes termes, le 30 janvier 1942, un propos martelé depuis le 29 mars 1933.

81. Il s'accompagne de privation d'accès aux téléphones et journaux, ainsi qu'aux cartes de rationnement. Le port du brassard avec étoile de David bleue avait été rendu obligatoire, dès novembre 1939, en Pologne occupée.

82. Le projet d'extermination totale des juifs habitant les territoires contrôlés par l'Allemagne s'élabora de manière graduelle, la conférence de Wannsee correspondant seulement à une phase mieux documentée. Lorsque, sur la base d'un ordre de mission confié par Göring à Heydrich le 31 juillet 1941, elle se tint en janvier 1942 pour achever la mise au point de la « Solution finale », qui n'est pas le plan global d'extermination, lui-même d'ores et déjà en œuvre, mais l'introduction des camps d'abattage, les *Einsatzgruppen* et bataillons policiers d'Heydrich avaient très largement entamé leur œuvre ethnique. Elle avait commencé avec l'invasion de la Pologne en septembre 1939, puis s'était déployée à grande échelle en juin 1941 avec Barbarossa. En février 1941, Hitler n'avait pas encore abandonné le plan « Madagascar » emprunté aux Polonais qui l'avaient élaboré

avant-guerre et l'avaient vainement soumis au Front Populaire. Il commençait seulement à songer à une déportation vers les territoires hostiles orientaux (des marais du Pripet aux zones arctiques). Il avait vraisemblablement pris la décision de créer des centres d'abattage de masse (les camps d'extermination) au cours du printemps 1941, en sus des exécutions par balles, au vu des difficultés insurmontables rencontrées par toutes les tentatives d'expulsions et de déplacements de populations aussi nombreuses, l'Allemagne ayant inopinément incorporé par ses conquêtes les plus vastes populations juives existant au monde. La proposition fut vraisemblablement formulée par ou de concert avec Heydrich en tant que responsable du RSHA, Himmler en ayant été apparemment troublé, à en juger par le récit crédible du Dr. Felix Kersten rendu célèbre par Joseph Kessel. Quand Heydrich fut assassiné en juin 1942, il ne restait qu'à dérouler le plan sous l'autorité de Kaltenbrunner, moyennant les ajustements techniques qui s'avéreraient appropriés. L'emploi des gaz insecticides intervint incidemment et plus tard, après l'échec des méthodes classiques, l'abattage de masse présentant lui-même des difficultés logistiques nouvelles auxquelles il répondait efficacement.

83. Son erreur était encore plus lourde : les juifs n'avaient pas du tout le pouvoir qu'il leur attribuait. Les Alliés connaissaient l'extermination et n'y réagissaient pas. Nous savons aujourd'hui que l'amiral Canaris et son adjoint le général Hans Oster, les dirigeants du service de renseignements de l'Armée, nationalistes mais antinazis (Canaris est proposé par la communauté loubavitch au titre de Juste parmi les Nations), informaient leurs homologues britanniques. Pour un état des connaissances sur la pénétration alliée de l'*Abwehr*, sur la bases des documents récemment déclassifiés, voir (Breitman R. & alii), ch. 4. Malgré tout, les Alliés ne firent pas un geste pour tenter d'arrêter directement l'extermination ou pour la ralentir et s'abstinrent d'alerter les associations juives. Lorsqu'enfin la réalité de la « Solution finale » eut définitivement filtré hors des sphères gouvernementales, en 1944 pour les moins informés, des pressions eurent lieu en vue d'une réorientation limitée des opérations militaires destinée à interrompre l'extermination. Aucune organisation juive n'aurait été capable d'imposer, si tant est que l'une d'entre elles l'eut jugée souhaitable,

la paix séparée à laquelle rêvait Hitler. Le simple bombardement des lignes de chemin de fer conduisant à Auschwitz, officiellement requis par le War Refugee Board, fut constamment rejeté par John McCloy, sous-secrétaire d'État américain à la Guerre, au prétexte des difficultés et priorités tactiques. Or, divers objectifs militaires à l'immédiate proximité avaient été bombardés, y compris une usine d'armement du complexe d'Auschwitz-Monowitz, devait plus tard révéler George McGovern, candidat à la présidence des États-Unis, qui avait lui-même participé aux opérations aériennes. C'est le même McCloy qui, en 1951, devenu Haut-commissaire des États-Unis pour l'Allemagne, recommanda et obtint que les peines de 77 des 89 grands criminels de guerre nazis placés sous juridiction américaine soient commuées.

84. Une contradiction du même genre l'avait conduit, en septembre 1940, à signer le traité de l'Axe pour disposer d'une garantie contre les États-Unis, au cas redouté où ils entreraient en guerre contre l'Allemagne, et où il ne serait pas parvenu à s'entendre avec la Grande-Bretagne sur la base d'un arrangement portant sur les colonies : comme il l'expliqua à Mussolini, il ne s'intéressait guère aux anciennes colonies qu'il était disposé à laisser à l'Angleterre, hormis quelques enclaves destinées à produire du caoutchouc ou du café. Ses colonies à lui seraient dans l'empire russe. Or c'est précisément cette alliance avec le Japon qui scella son sort après Pearl Harbor, alors que la veille encore Lindbergh et les non-interventionnistes tenaient le haut du pavé à Washington. Rien ne prouve, en effet que les États-Unis fussent entrés en guerre par eux-mêmes pour soutenir l'Angleterre, du moins avant que n'émergeât un vainqueur entre le nazisme et le bolchevisme, deux puissances qu'ils avaient un intérêt objectif à laisser s'entre-détruire.

85. « Nous ne parviendrons pas à nourrir les quelques 3,5 millions de prisonniers qui se trouvent entre nos mains. La population est tout à fait partante pour un procédé radical à leur encontre ; car même si les Allemands sont des sentimentaux, je ne crois tout de même pas qu'ils seraient disposés à renoncer à leur viande et à leur graisse pour nourrir 3 millions ½ d'incendiaires, de voleurs et de bandits de grand chemin soviétiques », 14 décembre 1941, (Goebbels, *Journal 1939-1942* [trad. fr.]).

86. Il est à noter que près de 40 % des survivants furent envoyés par les Soviétiques eux-mêmes au Goulag.

87. (N. Davies).

88. À titre d'exemple, près de 20 000 d'entre eux servirent et moururent dans le seul camp de Ban-Saint-Jean en Moselle (France) dont le charnier est toujours visible. Le nombre total de travailleurs forcés dans le Grand Reich, toutes nationalités confondues, fut supérieur à 10 millions. Le programme à l'Est fut placé, à partir de 1942, sous la responsabilité de Fritz Sauckel, plénipotentiaire général pour la Mobilisation du Travail, à l'exception des esclaves des camps de Pologne. Sauckel déporta 5 millions d'esclaves recrutés par des razzias.

89. (Riordan).

90. Sur ce point et sur la politique de Koch, voir (Marzover) p. 153 *sq.*

91. Le « point de vue d'Hitler » devint au cours du temps de plus en plus difficile à discerner du point de vue de Martin Bormann qui usait de son statut de secrétaire particulier pour se présenter en « adjoint du Führer », et agir en premier ministre officieux à partir de 1941. L'ambiguïté de son rôle était renforcée par la tendance croissante d'Hitler à s'isoler physiquement à mesure que la guerre prenait mauvaise tournure. Bormann jouait systématiquement des puissantes rivalités personnelles entre dirigeants et de la défiance du Führer envers les généraux. La ligne qu'il favorisait était la plus dure, s'accordant avec les intérêts d'Himmler que Hitler avait pris soin de ne pas élever au rang statutaire de premier dignitaire du Parti et du Reich. Le fait que l'asservissement des populations de l'Est ne correspondît pas à une situation transitoire liée aux horreurs de la guerre, mais à un projet durable, fut par exemple confirmé par le général SS Jürgen Stroop, proche collaborateur de Himmler, auquel celui-ci avait, disait-il, promis un fief privé qu'il remplirait d'esclaves. Stroop avait été le responsable de la destruction du ghetto de Varsovie dont il nommait les habitants « Juifs et bandits » dans son rapport circonstancié (Nuremberg 1061-PS). Une des idées de Stroop pour « désacculturer » et soumettre les Ukrainiens, était l'ouverture de débits de boissons dans lesquels la vodka serait exclusivement payable en livres et en vieux journaux. Voir sur ce point (Moczarski).

92. Office Central de Sécurité du Reich, directement chargé des SD, Gestapo, Kripo, Espionnage et Intelligence (à l'exclusion de l'Abwehr de Canaris).

93. 50 % des Tchèques, 35 % des Ukrainiens et 25 % des biélorusses et des ruthènes, les lituaniens, par exemple, devant être intégralement déportés en Sibérie. La germanisation incluait le rapt d'enfants « racialement sélectionnés » et leur éducation en Allemagne (au moins 20 000 enfants polonais en furent victimes).

94. Les oscillations de l'identification raciale concernèrent aussi les juifs, à travers l'ensemble très important des « Mischlinge », les « sang-mêlé ». Plus de 120 000 soldats d'ascendance juive partielle, dont un certain nombre de volontaires, furent incorporés à l'armée allemande, parmi lesquels le futur chancelier Helmut Schmidt. Comme une part significative d'entre eux était juifs au sens des lois de Nuremberg, Hitler accorda personnellement l'aryanisation aux officiers. Certains purent atteindre le grade d'officier général, et même de feld-maréchal dans le cas d'Erhard Milch, adjoint de Göring à la Luftwaffe et âme de l'armement aéronautique allemand. Les définitions de Nuremberg ne recoupant pas celles de la *halakha* (prescriptions religieuses), elles-même interprétées de manière variable en matière de conversion selon les obédiences, des situations complexes apparaissaient pour ces soldats. En outre, ces identifications formelles ne correspondaient pas aux identifications subjectives ou sociales : des personnes non-juives au sens et de la *halakha* orthodoxe et des lois de Nuremberg, se sentaient juives et/ou étaient perçues comme telles, tandis que des personnes juives aux deux sens ne s'estimaient pas juives et/ou n'étaient pas perçues de cette manière. La confusion était si générale que l'on vit un agent de la Gestapo se faire agresser par des antisémites du seul fait de sa morphologie nasale. À la même époque, la couverture d'une brochure de propagande nazie, illustrant le « Soldat allemand Idéal », reproduisait la photographie du caporal Goldberg (Rigg).

95. 60 000 victimes dans le cadre de l'opération nommée avec transparence *Intelligenzaktion* de 1940, et 30 000 dans celui de l'opération dite de « pacification » (*AB-Aktion*) qui lui succéda en 1940.

Le chiffre eût été supérieur sans les protestations du commandement de la Wehrmacht. Il faut y ajouter les victimes d'exécutions racialement indiscriminées, les centaines de milliers de polonais non-juifs ultérieurement envoyés dans les camps. Au total, 2,9 millions de Polonais juifs furent assassinés, et 2,8 millions de civils non-juifs périrent (dont 150 000 sous l'occupation soviétique).

96. La pièce à conviction au procès de Nuremberg n° URSS-522, indique que l'intention finale, exprimée par Himmler le 15 mars 1940, était d'utiliser les Polonais non-juifs comme main d'œuvre servile durant l'effort de guerre, avant de les faire disparaître intégralement. Si ce document de source soviétique est authentique, alors le plan général d'extermination devrait être daté au plus tard de la même année.

97. Alfred Frauenfeld, l'un des adjoints de Koch, écrivit dans un rapport : « Nous continuons de dire que les Allemands se comportent simplement comme les Britanniques dans leurs colonies ; mais le résultat ne pourrait pas avoir été plus désastreux pour les intérêts allemands si les Britanniques eux-mêmes l'avaient planifié » (Marzover) p. 153.

98. « Je découvris que l'une des églises les plus célèbres de Kiev était un tas de ruines [...]. J'appris par Goebbels que l'église avait sauté sur l'ordre d'Erich Koch [...]. L'idée était de détruire ce symbole de l'orgueil national ukrainien [...]. Goebbels était horrifié par le cours qu'avaient pris les choses dans les secteurs occupés de l'Union soviétique. En fait à cette époque l'Ukraine était encore si paisible que je pouvais me promener en voiture dans ses vastes forêts sans escorte. Un an et demi plus tard, grâce à la politique perverse des Commissaires de l'Est, la zone tout entière était infestée de partisans » (Speer), ch. 17.

99. Le Parti ouvrier social-démocrate de Russie était né en 1903, en tant que Parti à vocation expressément unique et monolithique, par la victoire des thèses de Lénine exprimées un an plus tôt dans *Que faire ?* Dès ses premières phrases, l'ouvrage condamne la « liberté de critique » comme un désir de faire cohabiter la vérité scientifique et l'erreur : « L'expression "liberté de critique" telle qu'on l'emploie aujourd'hui, renferme le même mensonge. Des gens vraiment convaincus d'avoir poussé en avant la science ne réclameraient pas pour des conceptions nouvelles la liberté d'exister à côté des anciennes, mais le

remplacement de celles-ci par celles-là ». Les opinions divergentes sont qualifiées « d'opportunistes ». L'idéologie du Parti, nommée « théorie révolutionnaire », est ce dont « les ouvriers *ne pouvaient pas* avoir [souligné par Lénine] encore la conscience. Celle-ci ne pouvait lui venir que du dehors [...] principalement d'hommes ayant pour profession l'activité révolutionnaire ». Seize ans plus tard, le programme initial du Parti ouvrier allemand national-socialiste proclame : « Les journaux qui vont à l'encontre de l'intérêt public doivent être interdits. Nous demandons que la loi combatte un enseignement littéraire et artistique générateur d'une désagrégation de notre vie nationale, et la fermeture des organisations contrevenant aux mesures ci-dessus [...]. Les dirigeants du Parti promettent de tout mettre en œuvre pour la réalisation des points ci-dessus énumérés, en sacrifiant leur propre vie si besoin est ». *Mein Kampf* précise, relativement à l'organisation interne du Parti : « Le mouvement est dans son essence et dans son organisation intime antiparlementaire, c'est-à-dire qu'il dénie en général le principe – comme dans sa propre organisation intérieure – d'une souveraineté de la majorité [...]. Aucune commission n'a droit de vote ; il n'existe que des commissions d'études, entre lesquelles le chef responsable répartit le travail » (Ch. 12).

100. Cité par (Rauschning).

101. Voir (Mommsen), ch. 3. Par ailleurs, la bureaucratie de l'Allemagne nazie reste moins hypertrophiée que la bureaucratie soviétique.

102. (Morin).

103. (Morin).

104. « Si vous vous éloignez du Parti au point qu'il ne comprenne plus votre langage, c'est toujours vous qui avez tort [...]. Du fait que nous ne votons pas et que nous n'exécutons pas les décisions d'une majorité, il ne s'ensuit pas que notre politique soit sans contrôle. Elle est constamment soumise au contrôle du Parti » Hitler cité par H. Rauschning in (Rauschning). Voir plus loin, ch. 4.4.

105. Au moment de Barbarossa, l'erreur stratégique de Staline avait déjà été commise. Son ancien allié l'avait engagé dans une lutte à mort dont il ne sortirait pas sans au moins sacrifier une part importante de sa population et sans obtenir, en les négociant, des fournitures américaines. Il était acculé à se défendre en mobilisant la totalité de

ses moyens et en engageant des millions de combattants vers une mort probable. L'Union soviétique pouvait encore commettre des erreurs tactiques quant à la conduite des opérations, mais non choisir de ne pas combattre à cette heure et de cette façon-là. Le reste était stratégiquement subalterne, y compris les massacres inutiles du NKVD juste avant l'arrivée de la Wehrmacht, qui justifièrent les modalités drastiques de la guerre totale aux yeux de jeunes soldats allemands épouvantés à la vue d'empilements de corps parfois émasculés.

106. « Le Führer s'en veut beaucoup, intérieurement, de s'être ainsi laissé abuser sur le potentiel des bolcheviks par les rapports sur l'Union soviétique. Avant tout, le fait d'avoir sous-estimé l'arme blindée et l'aviation ennemie nous a posé des problèmes extrêmement importants au cours de nos opérations militaires. Il en a beaucoup souffert. Il s'agissait d'une crise grave [...]. Mais le Führer souligne une fois de plus que pour lui aussi, il a été très avantageux – au moins maintenant que les opérations ont repris leur cours – de ne pas avoir été conscient avec autant de précision de ce qui nous attendait. Qui sait comment les choses se seraient passées dans ce cas ! », J Goebbels, 19 août 1941 (Goebbels, *Journal 1939-1942* [trad. fr.]). C'est un propos que Hitler répète à Mannerheim, lors de la visite qui lui rend en Finlande le 4 juin 1942. Nous disposons par accident d'un enregistrement sonore de cet entretien, un document unique qui fait entendre Hitler s'exprimant d'une voie parfaitement calme et posée, pour décrire son erreur.

107. « Je répétai ce que j'avais dit au conseil des ministres : si Dantzig ne parvenait pas à rendre active sa balance des paiements, il faudrait dévaluer le gulden dans six mois au plus tard. Hitler s'emporta et tempêta ; Il s'opposait formellement à toute dévaluation : "J'ai engagé ma parole. Je ne ferai pas d'inflation. Le peuple ne comprendrait pas. À vous de trouver le moyen de vous en tirer sans toucher la monnaie". Il poussa de tels cris que je ne percevais plus ses paroles » (Rauschning). Une fois encore, nous constatons ques les hurlements de Hitler accompagnent un raisonnement articulé mais fondé sur un suivi sans faille de la ligne idéologique.

108. La purge, méthode de prédilection de Staline, n'appartenait pas à l'arsenal favori de Hitler qui n'y recourut qu'en deux

occasions, la Nuit des Longs Couteaux et la répression de l'attentat de Stauffenberg. La première semble lui avoir été imposée par le Haut Commandement par la voix de Blomberg, en échange du soutien de la Reichswehr et sur la base d'un projet de réarmement et de reconquête déjà dessiné de longue date par l'État-major. Indépendamment des libertés croissantes que de Röhm et Strasser prenaient à l'égard du Führer, l'armée ne pouvait accepter une milice incontrôlée dont les effectifs (2 millions d'hommes) étaient disproportionnés par rapport aux siens. Or, Hitler ne pouvait espérer gouverner et réaliser ses intentions sans l'assentiment de l'armée.

109. « Je ne prendrai jamais une décision importante sans m'être assuré l'accord de mon Parti. Je ne sais pas gouverner suivant mon bon plaisir. Ce que j'ordonne n'est jamais arbitraire. C'est l'expression d'un consentement qu'il me faut chaque fois obtenir. Nous allons plus loin que n'importe quel parlement du monde, du fait que nous nous soumettons à une consultation populaire permanente. Ce n'est qu'ainsi que se forme la véritable communauté nationale. Je ne dépends pas de l'homme de la rue, mais je suis responsable devant mes camarades du Parti. Les démocraties parlementaires peuvent cuisiner à leur gré l'opinion publique. Moi, je me soumets, j'accepte de répondre devant mon juge incorruptible, devant mon Parti » *Ibid.*

110. L'empereur Gaius (Caligula) qui était hostile au régime qui l'avait lui-même persécuté jusqu'à son accession au trône, ne put jamais le réformer, toutes ses tentatives ayant pour effet de renforcer le caractère autoritaire du système. Il passa universellement pour fou et fut assassiné.

111. Il n'y aurait eu guère de sens à la critiquer de l'intérieur pendant son exécution, sauf à provoquer le chaos décrit par Federico Fellini dans *Prova d'Orchestra*, métaphore de la démocratie italienne.

112. « En sa qualité d'artiste, il sentait très exactement quand une idée était mûre. [...Il] n'était pas un dictateur mais un architecte. Il était comme ces grands constructeurs de cathédrales qui travaillent de génération en génération à un édifice immense, qu'ils voyaient grandir selon une loi intérieure qui leur apparaissait comme plus importante que leurs idées personnelles, si géniales fussent-elles », *Ibid.*

113. En dépit de son intérêt pour la chose militaire, de sa mémoire et de son intuition, Hitler demeura toute sa vie un amateur passionné, inapte à la conduite des opérations, même s'il avait eu le génie de choisir la stratégie contestée de von Manstein en 1940. Se défiant des officiers généraux, et confiant en sa seule volonté, il ne se résolut jamais à admettre cette limitation et à en tirer des conséquences qui eussent peut-être pu le sauver. Il empêcha constamment le Haut Commandement d'exploiter la mobilité des armées allemandes, imposant des pertes inutiles pour défendre à tout prix des positions exposées. Il ne dissociait jamais idéologie et technique militaire, étant capable d'interrompre longuement une discussion d'état-major traitant d'un problème de la première urgence, pour débattre du caractère caucasien ou non des turkmènes, et d'en tirer des conclusions sur les ordres de mouvement. Voir les comptes rendus sténographiques des conférences du Quartier Général (Hitler, *Hitler parle à ses Généraux* [trad. fr.]).

114. Même Gengis Khan consultait ses généraux, ses fils et les sages qu'il faisait capturer pour le conseiller. Les pharaons devaient tenir compte du clergé, et celui qui s'aventura à l'oublier, Akhenaton, ne s'en releva pas. Les empereurs de Rome ne brûlèrent pas le Sénat et composèrent avec les Papes. Les rois vikings et germaniques avaient leurs assemblées. Napoléon, hors du champ militaire où il disposait d'une compétence sans rival que même l'ennemi ne contestait pas, s'efforça de gouverner avec beaucoup plus de modération que la Terreur qui l'avait précédé.

115. Gorbatchev voulait réformer l'Union soviétique. Il n'en n'avait pas le pouvoir. Il pouvait seulement la démanteler.

116. Pour une comparaison systématique, voir (KaKel III).

117. (Emerson).

118. Cette observation est tirée de Russel Banks (Banks).

119. Depuis Homère, Hérodote et Pline, l'Occident s'était effrayé de l'existence d'anthropoïdes monstrueux mais respectés, comme les monoculaires, les cynocéphales ou les ichtyophages. Les Romains estimaient les Numides. Mais la rencontre des cannibales aux Caraïbes (les deux mots étant de même racine) entraina une révolution de l'imaginaire (Lestringant). Parce que l'anthropophagie était le miroir

inversé de la théophagie chrétienne, ils devinrent les premiers « sous-hommes », un abaissement que l'on estimait conforté par leurs exhibitions génitales. Montaigne, qui s'était entretenu avec eux, s'efforça de soutenir, dans le chapitre « Cannibales » de ses *Essais*, qu'il valait mieux se nourrir d'hommes morts que de peuples vivants comme le faisaient les Européens. Il est à noter que la notion de « dévorateurs de peuples », *demoboroi*, pour désigner les tyrans, et qui s'applique si bien aux nazis, est récurrente chez Homère (par exemple *Iliade*, L 1, v 231).

120. L'attitude de Hitler envers les juifs était ambivalente, ce qu'elle n'était pas vis-à-vis des autres groupes. Comme Henry Ford, il lui fallait réconcilier son intense hostilité, à laquelle il ne put jamais conférer la modalité du mépris, avec les capacités supérieures de nuisance qu'il leur imputait.

121. En 1797 encore, le futur roi Louis-Philippe, (Louis-Philippe), écrit « Il y a au sud de l'Ohio et à l'est du Mississipi quatre Nations indiennes (je préfère ce mot à celui de sauvages usité parmi nous, parce que je ne trouve pas que ces peuples méritent cet épithète en aucune manière) [...]. Il faut être juste, le système de spoliation des Blancs envers les Indiens est toujours le même. Tous les voisins ambitionnent les terres qu'ils occupent dans le Tennessee. Le dernier traité excite beaucoup de mécontentement parce qu'ils voudraient une guerre avec les Indiens pour qu'un nouveau traité les dépouillât des terres qu'on envie. Il y a quatre mois que les Blancs ont assassiné deux Indiens (dont un chef nommé l'Oiseau rouge), espérant que cette provocation amènerait des représailles et engagerait la guerre ».

122. L'explosion démographique date du XIXe siècle : la population coloniale passe de 275 000 en 1700 à 65 millions en 1900. Aucun chiffre fiable n'est disponible relativement à la démographie de l'Amérique du Nord antérieure à la colonisation, la fourchette s'établissant entre 1 et 18 millions, mais l'estimation haute semble plus vraisemblable (Thornton). Les épidémies déclenchées par le contact avec des porteurs européens (coqueluche, rougeole, variole, typhus, grippe, diphtérie, rougeole et peste bubonique) pourraient avoir emporté 95 % de la population autochtone sur l'ensemble des Amériques, cette proportion ayant été localement vérifiée dans plusieurs cas.

123. La doctrine juridique de *Trust Responsibility* qui institue le gouvernement fédéral en gardien fiduciaire des intérêts des Nations indiennes « intrinsèquement souveraines » (et non en vertu d'une concession de souveraineté) est une élaboration jurisprudentielle tardive. En dépit de son caractère condescendant, puisque les Nations indiennes y apparaissent en pupilles, elle induit des avantages financiers suffisamment significatifs (notamment à partir de l'Indian Self-Determination and Education Assistance Act de 1975) pour que les dirigeants des tribus aient en général fini par s'en satisfaire.

124. Traduction française de Thomas Jefferson.

125. Le vaccin de Jenner se répand à partir de 1800.

126. Le thème d'une « guerre bactériologique » évoqué par certains historiens et peut-être en effet envisagé par quelques officiers britanniques, est largement fantasmatique. Seules les conditions d'un siège de forteresse, inapplicable aux nomades, permettaient le catapultage des cadavres et objets infectés, sans risque d'effet en retour. L'extermination biologique aux Amériques revêtit, depuis les Conquistadors, un caractère involontaire. Il convient de préciser que les amérindiens n'étaient pas culturellement disposés à la vaccination. Une tentative de vaccination par la Sioux Agency en 1831 échoua pour ce motif.

127. Le mythe récurrent de la race vouée à disparaître remonte aux origines de la colonisation et sa source est perdue.

128. *Removal* (enlèvement, déportation) remplaçait *extirpation* qui était usité en Amérique.

129. Notamment Elias Boudinot et John Ross.

130. L'expression est généralement attribuée au journaliste John L. O'Sullivan (O'Sullivan) qui associe ce thème à celui d'une Amérique pensée en commencement absolu, affranchie de la loi du déclin des Nations par ses institutions démocratiques (les esclaves et les amérindiens n'étant pas intégrés au concept).

131. Voir (West).

132. De telles milices avaient existé depuis les débuts de la colonisation. Pendant la conquête des grandes plaines, elles se professionnalisèrent, entreprenant des raids en profondeur contre les villages.

133. Certains amérindiens avaient assimilé des européens. On connaît des cas de chefs indiens « blancs », et Louis-Philippe mentionne celui d'une tribu dont les ancêtres auraient été des gallois ayant subi un naufrage.

134. Durant sa jeunesse où les films étaient rares, Hitler dévorait les romans d'aventure de Karl May (un auteur allemand n'ayant jamais visité l'Amérique) sur l'Ouest américain. C'est à ces lectures passionnées qu'il attribue, dans *Mein Kampf*, la dégradation de ses résultats scolaires à Linz.

135. *Soldier Blue* (1970), *Little Big Man* (1970), *A Man Called Horse* (1970) et *Dances with wolves* (1990).

136. En 1854, dans la suite à la *Case de l'Oncle Tom*, un des livres favoris d'Hitler (Ryback), Harriet Beecher Stowe, consacre un chapitre au « Poor White Trash » qui vivaient dans des conditions morales et physiques plus déplorables que celles des esclaves.

137. Nous ne votons pas pour nos alter ego pour la raison que nous ne les jugeons généralement pas les plus aptes à défendre nos intérêts. Nous votons pour des personnes qui parlent mieux que nous, sauraient se faire mieux entendre, disposent de compétences que nous n'avons pas la possibilité ou le désir d'acquérir. Ceux qui appartiennent aux couches les plus défavorisées préfèrent élire des personnes mieux éduquées provenant de catégories socio-professionnelles supérieures à la leur. Ceux qui appartiennent aux élites, confient cette tâche à des personnes dont le profil plus populaire attire davantage les masses. Ce phénomène est accentué par l'émergence d'une « classe politique » socialement plus homogène, et par le scrutin majoritaire plutôt que proportionnel. Personne n'est alors représenté socialement, sauf ceux qui se trouvent appartenir aux couches moyennes parmi lesquelles les mandataires sont principalement recrutés.

138. J'ai suggéré un « principe d'équilibre pondéral » pour expliquer pourquoi les systèmes parlementaires se sont montrés plus difficiles à répliquer hors des sociétés occidentales qui sont les plus stratifiées : on suppose que les groupes sociaux exigent d'être représentés au sein des instances politiques, non en fonction de leur volume démographique, mais en fonction de leur poids relatif dans la société tel qu'il est perçu subjectivement. La violation de cette exigence conduit à des tensions

susceptibles de renverser le régime. Le système fonctionne bien dans les sociétés stratifiées, du fait que les catégories inférieures surreprésentent les élites dans leur suffrage. Mais dans les sociétés segmentaires qui sont scindées par des divisions ethniques, religieuses ou de castes, subjectivement infranchissables, le système électoral entre en dysfonctionnement s'il n'est rectifié. Les catégories inférieures continuent de voter pour les supérieures, mais le plus souvent à l'intérieur de leur seul segment. Le processus conduit les segments à être représentés à proportion de leur poids démographique, non de leur poids social vécu. Le système parlementaire est ainsi plus instable dans les pays disposant de territoires artificiellement engendrés par la colonisation, ou héritiers d'empires multiethniques, ou encore traversés par des castes ou des séparations linguistiques. Comme il n'existe aucune société historique qui soit stratifiée à l'état pur, des mécanismes correcteurs sont apportés, mais qui peuvent se réveler insuffisants. Le bicamérisme réserve à une seule de deux chambres le suffrage universel direct, attribuant à l'autre un mode de recrutement adapté aux particularismes de la société considérée : sénat fédéral, chambre des pairs permettant la représentation des élites traditionnelles, quand le recrutement est héréditaire, ou des élites émergentes quand il est viager. D'autres mécanismes correcteurs existent : nomination discrétionnaire par le gouvernement d'une minorité de parlementaires, quotas, découpages ad hoc de la carte électorale, privilèges censitaires, voire fraude électorale instituée. Ces mécanismes, quand ils atteignent un certain seuil, sont susceptibles de rendre le système éléctoral purement cosmétique ; tandis que leur absence complète peut l'empêcher de fonctionner (Conférence inédite au Collège de France).

139. La notion de régime semi-parlementaire revêt des acceptions variables en science politique. Elle désigne ici, en un sens élargi, tout régime dans lequel le pouvoir exécutif est tenu d'obtenir, de quelque manière, pour ses principales politiques, l'assentiment d'un parlement dont il est ou non issu.

140. Les partis étaient forts de cadres professionnels, comités locaux, rassemblements populaires, procédures d'endossement des candidatures par la direction du parti ou ses parlementaires, levées de fonds, programme généraliste reconnaissable par un populisme

plus ou moins prononcé. Ils contrôlaient assez d'organes de presse pour assurer la propagande. Chacun de ces appareils serait capable de faire émerger des personnalités nouvelles, sélectionnées pour leur allure ou leur caractère, plutôt que leur expérience, leur pedigree ou leur doctrine. Le leader serait soutenu aussi longtemps qu'il serait apte à assurer la victoire de son parti, mais remplacé en cas de défaite.

141. L'apparition du *spoils system,* sous Andrew Jackson, qui autorisait le Président à remplacer les responsables de toutes les administrations, loin de supprimer l'équilibre bipartisan, le rendait plus robuste : une partie de la tâche du Congrès et de ses comités fut désormais consacrée au contrôle vigilant des départements administratifs.

142. Le premier grand film américain fut un chef d'œuvre de racisme affirmé : *Naissance d'une Nation.* Son auteur était, lui, d'origine Wasp.

143. En dépit des efforts naturels des producteurs et cinéastes juifs pour combattre l'antisémitisme, Hollywood ne parvint pas à écarter entièrement l'antisémitisme cinématographique (Carr), et moins encore à obtenir l'ouverture des frontières aux persécutés du nazisme. Le rôle d'Hollywood dans la diffusion de l'imagerie du rêve américain n'empêcha d'ailleurs pas l'accusation d'être un « cheval de Troie socialiste » ou au contraire un outil « hyper-capitaliste » hostile aux autres communautés américaines. Se confirmait la formation spontanée d'un système dans lequel des communautés racialement méprisées participent, après avoir atteint un niveau minimum d'intégration, à un racisme se retournant contre chacune d'elles.

144. (Goebbels, *Journal 1939-1942* [trad. fr.]).

145. La propagande pro-germanique aux États-Unis avait commencé dès 1914 avec la publication de l'hebdomadaire *The Fatherland* (bientôt devenu *American Monthly*), du poète George Sylvester Viereck. Il militait pour le « fair-play » envers le Reich et l'Autriche, et était subventionné par le gouvernement allemand.

146. L'ambassadeur de Roosevelt à Londres de 1938 à 1940, Joseph Kennedy, patriarche du clan Kennedy, était un non-interventionniste déclaré manifestant des inclinations pro-germaniques.

147. Roosevelt prit ses fonctions en mars 1933, alors que 12 millions d'Américains étaient au chômage et 2 millions sans abri.

148. Henry Ford mais aussi les dirigeants de Quaker Oats, Sears Roebuck, Morton, Chicago Tribune, Walt Disney ; et, par exemple, K. Brewster, futur président de Yale, Gerald Ford, futur président des États-Unis, Sargent Shriver, futur directeur du Peace Corp et beau-frère de John Kennedy, John Kennedy lui-même, P. Stewart futur juge à la cour suprême, Sinclair Lewis, Gore Vidal, EE Cummings, Kurt Vonnegut, etc.

149. Un amendement (dit « Ludlow ») fut introduit sept fois pour exiger un référendum en cas d'entrée en guerre non provoquée par une attaque directe.

150. À la veille de la guerre, au moins une centaine d'organisations ouvertement antisémites ou pronazies existaient aux États-Unis. D'après les sondages d'opinion de 1940 à 1945, un tiers des Américains se déclaraient antisémites, tandis qu'une majorité considérait les juifs responsables de leurs propres malheurs. Déjà, en décembre 1862, le général Grant (Ordre général numéro 11) avait ordonné l'expulsion militaire des « Juifs en tant que classe » hors des territoires relevant de son autorité (Tennessee, Mississipi et Kentucky).

151. Ce n'est que le 23 octobre 1941 que Himmler bannit officiellement l'émigration juive, tout en continuant de la rendre limitativement possible dans un contexte d'extorsions. Les rares réfugiés qui étaient parvenus à s'extraire ne reçurent pas d'aide des États-Unis avant 1944.

152. (Steinhouse).

153. Ce comité, alors présidé par Martin Dies Jr., est le même qui refusa d'enquêter sur le Ku Klux Klan, en 1947, au motif qu'il s'agissait d'une « vieille institution américaine ». Il est également le même qui, sous la présidence de Edward J. Hart, servit d'instrument juridique au maccarthysme.

154. (Long), voir notamment l'entrée du 3 octobre 1940. Voir également (Medoff) sur les efforts de Henry Morgenthau et son équipe pour convaincre Roosevelt de s'opposer à la politique du Département d'État de fermer les frontières aux personnes menacées d'extermination. L'ambassadeur Stuart E. Einzenstat, conseiller de deux présidents des États-Unis, indique dans la préface : « [en 1968] un livre extraordinaire intitulé *While six Million Died : A Chronicle*

of American Apathy (Morse) [...fut le premier...] à révéler l'échec de l'administration Roosevelt à sauver les Juifs européens des griffes d'Hitler [...]. Ce fut un grand choc pour moi. Comme la plupart des Américains de ma génération, j'avais été élevé en supposant que de même que le gouvernement des USA avait conduit l'effort militaire victorieux contre l'Allemagne nazie et le Japon, de même aussi, notre gouvernement, et certainement le Président Franklin Roosevelt, avaient fait tout ce qui était possible pour aider les Juifs d'Europe à échapper à l'Holocauste. Arthur Morse me convainquit que ce n'avait pas été le cas ».

155. Medoff, *Ibid.* p. 41 *sq.*

156. L'auteur du rapport est Josiah E. DuBois Jr. Henry Morthenthau, ministre du Trésor, en avertit aussitôt le Président Roosevelt. Ce n'est que le 22 janvier 1944, à la suite de la communication du rapport à Roosevelt, que fut finalement créé le War Refugee Board (WRB) au sein de l'administration des États-Unis, dans le but essentiel de contourner l'obstruction du Département d'État à l'aide aux réfugiés. De l'aveu de son directeur, John Pehle, l'Agence arrivait bien tard, avec de maigres ressources. Elle se heurtait à la fois à une coopération sans enthousiasme des ministères concernés, à l'opposition acharnée de John McCloy à la Guerre, celle de Breckinridge Long au Département d'État, au refus de nombreux ambassadeurs dans les pays neutres (tels Carlton Hayes en Espagne) d'œuvrer d'une façon quelconque en faveur du sauvetage, comme à la procrastination de Whitehall. Malgré ces obstacles persistants, environ 200 000 personnes purent être sauvées *in extremis* par le WRB, via la Turquie, l'Espagne, l'Italie, la Suède et la Suisse. Preuve était faite qu'il avait suffi de le vouloir un tant soit peu.

Chapitre III
La révolution nationaliste

1. Les régions ont elles-mêmes une identité instable, la Picardie ayant, par exemple, fréquemment varié dans son extension.

2. De même, la Savoie est traversée par la « Maurienne », mais l'étymologie y est contestée.

3. La perte de souveraineté du calife de Cordoue sur le massif des Maures intervient à l'issue de la bataille de Tourtour, en 972.

4. « Celtique » est une dénomination commode, ayant une base au moins linguistique, mais ne correspondant pas à une identité ethnographique clairement définie pour autant. On oppose habituellement, de manière chronologique, les populations « celtiques » aux populations « germaniques », arrivées plus tard à l'Ouest. Les populations devenues « germano-celtiques » ou plutôt « romano-germano-celtiques » du Royaume Franc ou du Wessex furent à leur tour envahies par des populations scandinaves (alors nommées « danoises » puis « vikings » ou « normandes »), qui étaient linguistiquement, et sans doute aussi géographiquement, apparentées aux populations « germaniques ». Les basques semblent former la seule population « préceltique » en Europe de l'Ouest. Le monde « celte » a en outre fait l'objet d'une reconstruction imaginaire au XVIIe à partir du canular des poèmes d'Ossian ». Pour un exposé synthétique de la légende calédonienne et son impact, voir (Thiesse).

5. Le concept d'État-nation ne saurait en toute logique s'appliquer antérieurement à la formation très tardive des Nations elles-mêmes ; et il est préférable de parler, pour la période précédente, d'États territoriaux, qui se sont progressivement formés à partir de la fin du Moyen Âge, plusieurs siècles avant les États-nations.

6. Celles-ci peuvent éventuellement être à leur tour formées de sous-communautés gouvernées indirectement et ainsi de suite.

7. Sur le gouvernement indirect, voir (Hechter). Gouvernement indirect et gouvernement réparti peuvent se combiner, comme dans le cas d'une autorité impériale et d'une autorité pontificale parallèles gouvernant chacune sur le mode indirect. Pour que le gouvernement indirect soit démocratique, il faut que les autorités de tous niveaux soient directement élues, le pouvoir supérieur s'exerçant par la médiation des autorités inférieures.

8. Outre l'existence de dialectes qui n'étaient pas tous mutuellement intelligibles, l'Allemagne était loin d'être entièrement germanophone : « 25 % des territoires appartenant au Saint Empire romain

germanique étaient habités par une population de langue allemande. La Prusse était un royaume dans lequel on parlait six langues au moins en dehors de l'allemand. Parmi celles-ci, on peut citer le polonais, le letton, le [latvien] et l'estonien ; les membres de l'intelligentsia, eux, parlaient souvent français. Les régions de langue allemande étaient non seulement divisées sur le plan politique, mais elles étaient divisées par l'existence de plusieurs dialectes » (Geary).

9. Sur la situation dans les îles britanniques voir le chapitre suivant.

10. Ces parlements étaient des cours souveraines disant le droit d'après la coutume et la jurisprudence, non des organes législatifs formulant la loi.

11. La France s'était ruinée dans la guerre d'indépendance américaine. En 1776, lors de la Déclaration d'Indépendance, le gouvernement français avait le choix entre assister les insurgés ou envahir l'Angleterre dont les défenses étaient dégarnies, qui était menacée de guerre civile et dont le Premier ministre pleurait sur les bancs du Parlement en attendant l'invasion. Sartine, ministre de la Marine, y avait préparé la flotte, mais Vergennes, aux Affaires étrangères, pris dans de complexes négociations avec l'Espagne, et peu désireux par caractère de choisir une voie simple, laissa passer l'occasion pour retenir l'option américaine, avec des conséquences immenses et peu de profits pour la France (Murphy), (Vaugelade).

12. (Diderot et d'Alembert).

13. En tant qu'elle désigne une abstraction politique substantielle, ce qui est désormais presque toujours le cas, la Nation s'écrit avec une majuscule.

14. On rencontre un effort périodique pour faire remonter Nation et nationalisme à une période légèrement antérieure à la Révolution, et à les situer en Grande-Bretagne. L'un des plus récents est celui de David Bell (Bell). Il s'agit d'une imprécision. Pour la France, la perte progressive du sentiment religieux avait précédé la Révolution de plus d'un siècle, affaiblissant considérablement la justification sacrée de l'affrontement guerrier. La déconsidération des monarchies, plus tardive mais en partie liée au même phénomène, remontait au moins à la Guerre de Sept Ans. Il devenait nécessaire de chercher une raison d'être au combat, que l'on trouva progressivement dans la barbarie des

étrangers et un sens de l'honneur héroïque. D'où l'intensification d'un vocabulaire patriotique emprunté aux Romains et des déclarations xénophobes. Une illustration en est fournie par l'un des exemples que prend Bell : en 1754, George Washington, jeune officier britannique, alors que la France et l'Angleterre n'étaient pas en guerre, tua un officier français et neuf de ses soldats, avec l'aide d'une tribu indienne, dans la région de Fort Duquesne (Pittsburgh). La barbarie paraissait double aux Français : l'officier assassiné jouissait du statut diplomatique et ses hommes avaient été scalpés. Il s'en suivit la publication en France d'une abondante littérature anti-anglaise, comprenant un poème de 1757 (la guerre ayant été déclarée) dont voici un verset : « Va, pour t'entre-détruire, armer tes bataillons / Et de ton sang impur abreuver tes sillons ». Mais ce qui s'inscrivait dans un contexte devenu clairement nationaliste, en 1792, chez Rouget de Lisle, s'interprète 35 ans plus tôt comme une propagande de guerre xénophobe tout à fait traditionnelle. La nouveauté est l'inscription de la victime dans une lignée héroïque qui adjoint maintenant les figures françaises de Bayard ou Du Guesclin à la lignée romaine. La référence aux Carthaginois fut cependant constante pendant la Guerre de Sept Ans. Il s'agissait davantage d'opposer la civilisation à la barbarie que d'exprimer l'existence d'une communauté qui serait la seule source du pouvoir qui s'exerce sur elle. Liah Greenfeld (Greenfeld) considère cependant le sentiment, effectivement plus précoce en Angleterre, d'appartenir à un peuple indépendant de ses monarques, comme constituant le nationalisme. Mais il n'en est qu'une étape qui doit être complétée par une intégration historique affirmant une origine commune, et une revendication territoriale associée à cette origine. Or, si le caractère insulaire de la Grande-Bretagne permet jusqu'à une certain point de neutraliser la question territoriale, celle de l'origine commune et de l'unité ethnique y est bien plus incertaine : le persistant système britannique de castes, marqué par des habitus linguistiques distincts, charrie avec lui la mémoire des seigneuries successives, normandes et germaniques, dont le « peuple », lui-même se pensant d'origine composite antérieure, est simplement sujet ; tandis que l'intégration de l'Écosse au début du XVIIIe (voir ci-après, ch. 4.3.2) n'a pas fait disparaître une disparité ethnique affirmée.

15. (Bodin).

16. (Pufendorf).

17. (Rousseau). Le contractualisme, qui remonte au moins à Guillaume d'Occam (c 1285-1347), consiste à fonder l'autorité, non sur un développement historique naturel, mais sur un acte de volonté des assujettis. La notion rousseauiste de contrat social, toutefois, ne porte pas sur un acte formel, mais sur un pacte transcendant et supposé qui n'est pas affecté par les volontés particulières. Il implique la préexistence d'une substance nationale dont il est l'expression, par le moyen d'institutions qui n'en sont pas l'origine.

18. Ils ne sont imaginaires qu'au sens le plus faible où leurs membres ne se connaissent pas tous personnellement, étant affectés par l'imagination à une même classe d'équivalence, et où toute identification requiert un processus cognitif auquel l'imagination prend part.

19. À ces groupements du premier ordre, s'ajoutent des groupements du second ordre, qui demandent d'interpréter les croyances de leurs membres, et ne peuvent sans précautions conserver leur caractère séquençable. Ils incluent les groupements religieux, à condition d'être définis à partir d'un critère décidable, comme la révérence envers un même savoir sacré. Avec les mêmes précautions, la notion de groupement ethnique reste utilisable si elle se limite aux personnes se reconnaissant mutuellement un rattachement historique à une même culture (les hellènes par exemple), définie par l'usage d'une même langue ou de dialectes participant d'une même langue, et par l'héritage d'habitus caractéristiques.

20. Dans le cas de ces groupements du troisième ordre, je peux m'identifier comme membre d'un peuple ou d'une Nation alors que d'autres membres de ce peuple ou de cette Nation ne me reconnaissent pas comme tel, et réciproquement. Ils sont structurellement indécidables et donc non séquençables. C'est toute la différence entre une population et un peuple.

21. Les modalités distinctes du nationalisme dérivent de ce choix, mais il n'y a pas de Nation sans la supposition d'une communauté généalogique au moins minimale qui en formerait le cœur (l'origine « gauloise » dans le cas des Français).

22. (G. Hegel).

23. Heidegger, auteur nationaliste, dit, dans son idiome, « co-destin » : le Dasein « existe essentiellement dans l'être-avec avec autrui, son provenir est un co-provenir, il est déterminé comme co-destin, terme par lequel nous désignons le provenir de la communauté, du peuple. Le co-destin ne se compose pas de destins individuels, pas plus que l'être-l'un-avec-l'autre, ne peut être conçu comme une cosurvenance de plusieurs sujets. Dans l'être-l'un-avec-l'autre dans le même monde et dans la résolution pour des possibilités déterminées, les destins sont d'entrée de jeu déjà guidés. C'est dans la communication qui partage et dans le combat que se libère la puissance du co-destin. Le co-destin destinal du Dasein dans et avec sa "génération" constitue le provenir plein, authentique du Dasein » (Heidegger).

24. On y ajouta Tom Paine, « citoyen de la Révolution » et à ce titre adopté par la Nation.

25. À peine introduite, la nomenclature nationaliste se répand et commence de se retourner contre ses auteurs. Joseph de Maistre écrit que « la Vendée est une *Nation* » (Maistre). Avec lui, un nationalisme chrétien de l'âme française surgit précocément aux côtés du nationalisme laïc du peuple français. Ces siamois ennemis ne se sont jamais dissociés.

26. (Sieyès) Sieyès, volontiers cité en modèle d'une vision nationale non ethnique, proposa d'extraire les nobles germains de la Nation gauloise. Il s'agissait, il est vrai, de répliquer à la revendication de légitimité de la monarchie et de la noblesse par la conquête germanique : « Que si les aristocrates entreprennent, au prix même de cette liberté, dont ils se montreraient indignes, de retenir le peuple dans l'oppression, il osera demander à quel titre. Si l'on répond à titre de conquête, il faut en convenir, ce sera vouloir remonter un peu haut. Mais le tiers ne doit pas craindre de remonter dans les temps passés. Il se reportera à l'année qui a précédé la conquête ; et puisqu'il est aujourd'hui assez fort pour ne pas se laisser conquérir, sa résistance sans doute sera plus efficace. Pourquoi ne renverrait-il pas dans les forêts de la Franconie toutes ces familles qui conservent la folle prétention d'être issues de la race des conquérants et d'avoir succédé à leurs droits ? La nation, alors épurée, pourra se consoler, je pense, d'être réduite à ne se plus croire composée que des descendants des

Gaulois et des Romains. En vérité, si l'on tient à vouloir distinguer naissance et naissance, ne pourrait-on pas révéler à nos pauvres concitoyens que celle qu'on tire des Gaulois et des Romains vaut au moins autant que celle qui viendrait des Sicambres, des Welches et autres sauvages sortis des bois et des étangs de l'ancienne Germanie ? Oui, dira-t-on ; mais la conquête a dérangé tous les rapports, et la noblesse de naissance a passé du côté des conquérants. Eh bien ! Il faut la faire repasser de l'autre côté, le tiers redeviendra noble en devenant conquérant à son tour. Que si dans l'ordre privilégié, toujours ennemi du tiers, on ne voit que ce qu'on peut y voir, les enfants de ce même tiers état, que dire de la *parricide* audace avec laquelle ils haïssent, ils méprisent et ils oppriment leurs frères ? » (je souligne « parricide », en me référant à une observation de J.Y. Pranchère qui y a perçu le point de contamination de ce qui est d'abord dénoncé par Sieyès comme une fiction ethnique).

27. (Rabaut).

28. Robespierre et Saint-Just parlent plus volontiers de « patrie », terme qui renvoie à la dictature romaine. Il faut cependant souligner que celle-ci est institutionnellement le contraire de la Terreur, s'agissant d'une magistrature réglementée, étroitement limitée dans le temps et dans son objet, pourvue d'un principe d'équilibre (le Maître de la cavalerie contrôle le Dictateur), soumise à quitus, et privée d'auto-proclamation.

29. (Anderson).

30. Il faut dire, à sa décharge, que Herder semblait de loin une proie beaucoup plus facile qu'elle n'était, lui qui avait fait l'éloge du préjugé : « La Nation la plus ignorante, la plus remplie de préjugés, est à cet égard souvent la première : le temps des désirs d'émigration et des voyages pleins d'espoirs à l'étranger est déjà maladie, enflure, embonpoint malsain, pressentiment de mort » (Herder, *Une autre philosophie de l'histoire* [trad. fr.]). Avec autant de candeur que Paul et Virginie, remerciant Dieu d'avoir fait les quartiers d'orange pour qu'ils puissent les manger sans couverts, il tenait que « la Providence a admirablement séparé les Nations, non seulement par des forêts et des montagnes, mais surtout par les langues, les goûts et les caractères, afin que l'œuvre du despotisme fût plus difficile, et que les quatre parties

du monde ne deviennent pas la proie d'un seul maître « (Herder, *Idées sur la philosophie de l'histoire de l'humanité* [trad. fr.], 1991).

31. (Renan).

32. La phrase complète est : « L'oubli, et je dirai même l'erreur historique, sont un facteur essentiel de la création d'une Nation, et c'est ainsi que le progrès des études historiques est souvent pour la nationalité un danger », *ibid.*

33. *Ibid.*

34. Cité par Nicolas Tenzer in (Renan).

35. *Ibid.*

36. *Ibid.*

37. Le « mot de race se rapporte à une différence qui n'existe pas » (Herder, *Idées sur la philosophie de l'histoire de l'humanité* [trad. fr.]).

38. Renan inaugure aussi le nationalisme funèbre qui sera celui de Barrès, de Péguy et du culte des monuments aux morts. Cette tradition, plus spécialement française, tend à identifier le sol national à ses cimetières dont émanent les ombres des ancêtres sacrifiés animant l'esprit de la Nation.

39. (Renan).

40. *Ibid.*

41. (Herder, *Traité de l'origine du langage* [trad. fr.]).

42. C'est le principe commun à la théorie de « l'historialité » chez Heidegger et à la théorie de « l'épistémè » chez Foucault. Il est également possible de soutenir que Herder est une source de la philosophie de l'histoire de Hegel (Forster).

43. (Sikka).

44. Seulement un « Français sur deux avait le français pour langue maternelle en 1900 » (Geary). Ce résultat étant le produit des efforts scolaires massifs de l'école de la Troisième république, on peut en déduire que le français était très minoritaire en 1789.

45. La thèse confronte les mérites de la France des Lumières, aux brumes romantiques de l'Allemagne. La première est réputée être porteuse d'un projet universel toujours viable, et la seconde d'un projet particulier ayant été condamné par l'Histoire. La compatibilité entre, d'une part, la vocation universaliste de la citoyenneté française, et, d'autre part, l'existence d'une Nation française singulière qui entend

le demeurer à l'interieur de ses frontières, est une affirmation encore présente dans les discours politiques. Il ne fut en réalité jamais question que la citoyenneté française perde sa limitation nationale, en faveur d'une intégration avec tous ceux qui en auraient la volonté. Ce dont il fut question, en revanche, est l'intégration à la Nation française de communautés exogènes abdiquant leurs particularités dans l'espace français.

46. Une preuve en était la dictature du Consulat sur les États du centre de l'Italie, faisant suite à la première campagne de Bonaparte : « À la fin du XVIIIe siècle, Rome était en République. Du 15 février 1798 au 13 novembre 1799, une république indépendante, au moins de nom, réunissait tous les pays de l'Italie centrale, d'Ancône à Terracine et de Cività Vecchia à Fermo, autour de Rome capitale. Le pouvoir des Papes avait disparu ; l'État romain avait subsisté. [...L'armée française est] chargée, style officiel, de "propager la liberté et de renverser les tyrans" ; et c'est à l'ombre du drapeau de Valmy que les vainqueurs de Brunswick vont piller les trésors de Lorette » (Dufourq).

47. (Kerautret).

48. *Ibid.*

49. Une hostilité atavique (c'est-dire transmise par les récits intergénérationnels) entre deux populations relève de la xénophobie et n'implique pas dans tous les cas le nationalisme.

50. (Fichte).

51. Stein avait réuni un groupe de lettrés et d'écrivains prussiens comprenant, parmi d'autres, Fichte, Kleist, Arndt, Körner et Jahn, qui, de 1807 à 1813, créèrent une littérature patriotique, mythogène, antinapoléonienne, pangermaniste, par tous les genres philosophiques, dramatiques, poétiques conformes à leurs talents. Cet effort concerté, financé par le ministère britannique des affaires étrangères, a fourni ses bases intellectuelles au nationalisme allemand ultérieur. Le but de Stein et du gouvernement britannique était de susciter des mouvements insurrectionnels sur le modèle vendéen. Leur inspiration était *L'histoire de la Guerre de Vendée et des Chouans* d'Alphonse Beauchamp, paru à Paris en 1806, un ouvrage historique qui était aussi un traité des techniques de propagande. Un ministre prussien luthérien, agissant sans les instructions de son roi, soutenu par le gouvernement britannique,

utilisait les méthodes d'insurgés catholiques français qui, à leur tour, consciemment ou non, avaient retourné contre la République française son langage nationaliste. Voir (Johnston).

52. Tacite, qui écrivait de seconde main, avait repris l'invention par César d'une division ethnique des tribus par le Rhin. À l'Ouest du fleuve, elles étaient censées être « gauloises » et, à l'Est, « germaines » sans qu'une analyse de la culture linguistique et matérielle de ces groupes (dont la sédentarité et la stabilité étaient plus qu'incertaines) vînt à l'appui de la division supposée. Il ne s'agissait plus de justifier l'extension d'un mandat proconsulaire, mais d'opposer la pureté des mœurs de barbares insoumis, à la décadence du règne de Domitien. Quand, des siècles plus tard, des nationalistes découvrirent la mention par Tacite d'une endogamie des Germains, naquit l'idée de la pureté de la race allemande, sans que l'on se préoccupât d'établir d'abord, ce qui eût été impossible, une filiation réelle depuis les groupes mentionnés sur un territoire découpé artificiellement par l'historien et qui n'était pas congruent avec celui de l'Allemagne moderne. L'endogamie était de toute façon purement apparente puisqu'il s'agissait de tribus distinctes dont on ne connait toujours pas la formation. Sur les mésaventures et mésusages de l'opuscule *Germania* du jeune Tacite, redécouvert au XVe siècle, voir (Krebs). L'illusion était confortée par l'apparition, un millénaire après Tacite, de l'Empire ottonien, glorieux mais restreint aux zones orientales de l'héritage carolingien, lui-même réparti géographiquement, et non sur une base ethnique.

53. La caractéristique première du « völkisme » est une germanisation symbolique : substitution des racines romanes dans la langue, substitution des mythologies scandinaves ou germaniques à la mythologie gréco-romaine, usage de vêtements traditionnels. Le nazisme en est imprégné mais n'en dépend pas. Par sa relégation au second plan des racines judaïques et même romaines du christianisme, sa judéophobie et sa francophobie, le « völkisme » lui a donné une teinte reconnaissable. Ce sont autant de facteurs favorables au déploiement du nazisme, lui fournissant un moyen littéralement « folkorique » de s'exprimer. Mais aucun n'apparaît comme en étant une condition idéologique nécessaire.

54. Hegel n'était pas nationaliste : « Les Nations d'Europe forment une famille en vertu du principe universel de leur législation, de leurs pratiques éthiques et de leur civilisation » § 339 (G W Hegel). Mais il avait posé les termes de la problématique : « La Nation comme État est l'esprit substantiellement réalisé et directement réel. Donc, il est le pouvoir absolu sur la terre. Par rapport aux autres États, il existe en souveraine indépendance » § 331.

55. La réalité était différente. Les germains n'étaient pas mieux définis que ces « peuples » que, par exemple, les anciens nommaient les « scythes ». Il s'agissait de groupements divers, partiellement nomadiques, ayant été présents de l'Europe centrale aux frontières de la Chine, reconnaissables par leurs troupes montées et leur orfèvrerie. Les historiens grecs s'étaient intéressés à leurs caractères ethnographiques, et les Romains à leurs tactiques militaires. Alexandre, qui avait vu les choses de plus près sans jamais les croiser pour sa part, découvrait par contre des villages grecs depuis longtemps implantés dans l'Est de l'Iran. Il n'était pas lui-même reconnu comme grec mais se disait « philhellène », un adjectif que la dynastie arsacide en Iran inscrivit bien plus tard sur ses monnaies au moment de combattre la République romaine. Autrement dit les « peuples » anciens étaient de perpétuels mélanges, formés de groupes hétérogènes, ayant connu des épisodes communs ou s'étant fondus entre eux par alliances ou par suite de défaites, ayant acquis des caractères par contrainte ou par mimétisme, ayant perdu leurs généalogies et les ayant remplacées par des mythes, et ne pouvant pas être identifiés par leurs langues, susceptibles de changer pour des raisons politiques.

56. Le nationalisme était un point aveugle de la pensée de Marx. Ayant ramené l'histoire à la lutte des classes, et dérivé tout phénomène social à partir d'elle, ce fut l'impossible tâche de ses successeurs, Kautsky, Bauer, Lénine et Staline, de rattacher les deux problématiques. La théorie dominante chez les historiens retient la thèse, tirée de ces derniers auteurs, selon laquelle l'émergence du capitalisme serait une précondition de l'émergence du nationalisme. Mais l'antériorité du capitalisme n'en fait pas une précondition, puisque les nationalismes ont été au contraire indifféremment capitalistes ou socialistes. L'argument d'un capitalisme détachant les populations des anciennes

solidarités locales et formant une société plus abstraite à la recherche d'une nouvelle identité est inapplicable à la France du XVIIIe siècle restée profondément rurale.

57. Leibniz est le dernier grand philosophe de langue maternelle allemande à publier directement en français qui reste cependant langue de cour au XVIIIe siècle dans 25 États d'Europe et en Turquie. En Russie, il conserve ce rôle au XIXe siècle, mais en partage avec l'allemand. Il demeure la langue diplomatique jusqu'à la Première Guerre mondiale.

58. Le croisement commence avec « l'anglomanie » française du milieu du XVIIIe siècle. Cette évolution n'était pas alors vécue en termes nationalistes. De même, John Adams, second président des États-Unis, avait préconisé l'anglais comme langue officielle en dépit du conflit entre les deux pays : « Separated as we are from the British dominion, we have not made war against the English language any more than against the old English character. An academy instituted by the authority of Congress for correcting, improving, and fixing the English language would strike all the world with admiration and Great Britain with envy. The labors of such a society would unite all America in the same language, for thirty millions of Americans to speak to all Nations of the earth by the middle of the nineteenth century" (Lettre au Président du Congrès, du 24 septembre 1780). En 1783, Rivarol gagnait encore le concours de l'Académie de Berlin sur « l'Universalité de la Langue française ».

59. Sur ce point, comme tant d'autres, il convient de renverser les interprétations de Benedict Anderson (Anderson), bien que son ouvrage soit stimulant au plan des références et des illustrations. De même qu'il ne voit dans l'art que des particularismes nationaux, il lit dans la cartographie un instrument uniquement national, sans apercevoir son rôle dans la cartographie civilisationnelle.

60. La théorie dominante considère que « le concept politique de Nation se serait développé de toute manière, bien que d'une autre façon, s'il n'avait rencontré son premier terrain d'élection dans la France révolutionnaire. Partout en Europe, le besoin pressant d'une légitimation nouvelle de l'autorité le rendait en effet indispensable à des degrés divers » (Hermet). Affirmer que la Nation est sans

alternative pour remplacer la légitimation de droit divin n'est autre que l'affirmation nationaliste elle-même. Aucune démocratie, qu'elle soit grecque ou qu'elle soit suisse, non plus que n'importe quelle république, n'avait eu jusqu'à présent besoin de la notion de souveraineté pour s'instaurer, et donc du renversement de la « souveraineté monarchique » en une « souveraineté nationale ». On pouvait déclarer simplement une *population* fondée à se doter *d'institutions républicaines,* en écartant le *monopole* du pouvoir d'anciennes élites devenues parasitaires (sans prendre pour cibles leurs *personnes),* comme leurs justifications théologiques ou historiques ; et l'on pouvait non moins déclarer cette population ouverte à s'associer institutionnellement à d'autres qui adopteraient le même type d'institutions, après que leurs propres élites auraient perdu la même *guerre sociale.* Le nationalisme s'est en outre montré compatible avec n'importe quel régime acceptant ou non le principe représentatif sous quelque forme que ce soit (voir plus loin ch. 5.2). L'ancien régime pouvait disparaître par une voie constitutionnelle n'exigeant ni homogénéité ethnique, ni reconstitution historique fallacieuse ni clôture territoriale. Les révolutionnaires auraient pu prendre au sérieux leur propres propos contractualistes en accordant sans exclusive le droit de vote, sous une forme fédéraliste, aux habitants des territoires conquis. L'empire pouvait intégrer les pays étrangers de manière paritaire. Sans le nationalisme français et sa réaction en chaîne, il n'existe aucune preuve que le nationalisme était voué à se répandre en Europe.

61. Moins de 15 % des députés du Tiers État ont une activité commerciale, financière ou industrielle ; moins de 10 % sont propriétaires ou exploitants agricoles.

Chapitre IV
Colonialisme et passage à l'acte

1. Il s'agit du seul moment de cet extrait où Himmler élève la voix.

2. *Discours secret* du 4 octobre 1943 de Posen aux dignitaires SS (Himmler, Heinrich Himmler's Speech at Poznan (Posen)). La durée

totale de l'enregistrement sonore sur disque vinyle est de 3 heures. Je tiens pour impossible d'appréhender l'intentionnalité du nazisme et sa logique exterminatrice, sans avoir physiquement écouté les 5 minutes 40 qui lui sont consacrées dans ce document destiné aux bourreaux. Il a été commenté notamment par Saul Friedländer (Friedländer) qui y voit, du seul fait de son caractère secret, une preuve d'irrationalité qui permettrait d'opposer l'extermination nazie à la rationalité des exterminations bolcheviques, une interprétation contredite par l'argumentation de Himmler. Il est ici restitué aussi littéralement que possible, en respectant son caractère oral, improvisé à partir de notes, et son vocabulaire.

3. D'autres professions intellectuelles étaient représentées : Paul Blobel, commandant du *Sonderkommando* 4a de l'*Einsatzgruppe* C, auteur du massacre de Babi Yar, était architecte. Max Thomas, adjoint au commandant de l'*Einsatzgruppe* C, était médecin.

4. Otto Rasch, commandant initial de l'*Einsatzgruppe* C était docteur en droit, docteur en économie et avocat.

5. Franz Walter Stahlecker, commandant de l'*Einsatzgruppe* A, et Walter Haensch, commandant du *Sonderkommando* 4b de l'*Einsatzgruppe* C, étaient l'un et l'autre docteurs en droit.

6. Ernst Biberstein, commandant de l'*Einsatzgruppe* C, était un pasteur protestant.

7. Il est à noter que l'ordonnateur de la mort à Auschwitz-Birkenau était le médecin chef du camp (Mengele) plutôt qu'un militaire ou un policier. Les convois et les proportions d'esclaves étaient déterminés par Berlin, mais il incombait au médecin chef de choisir qui pourrait temporairement survivre quelques mois au vu des contraintes et besoins.

8. Sur la controverse d'historiens née autour des bataillons de police, à partir des conclusions tirées par Daniel Goldhagen (Goldhagen), qui interprète la cruauté des policiers comme une preuve du caractère exclusivement antisémite et allemand de l'extermination nazie, voir (Husson).

9. (Browning), 2007.

10. *Ibid.*, p. 53.

11. Il était admis que l'on puisse se dérober aux tâches meurtrières sans encourir la peine de mort, au seul prix de sa carrière : « en

quarante-cinq ans et des centaines de procès, il ne s'est pas trouvé un seul avocat ou accusé capable de produire un seul cas où le refus de tuer des civils non armés a entraîné la terrible punition censée frapper les insoumis » (Browning), ch. 18.

12. Un autre exemple important de distanciation est le choix d'un système de contrôle indirect des ghettos par les *Judenräte* (conseils juifs). D'aucuns, surpris par un tel mécanisme, se sont interrogés, notamment au moment du procès d'Eichmann, sur les motifs pour lesquels les victimes n'en profitaient pas pour se révolter, allant jusqu'à proposer une explication psychanalytique à la soumission (Bettelheim) ou une explication ethnique. Or, le gouvernement indirect, dans toute sa généralité, est l'un des plus efficaces, et suffit à justifier son emploi par les nazis. Le soumis, pour préserver sa faible autonomie, doit concéder l'essentiel, tandis qu'un renoncement complet à l'autonomie le laisserait entièrement sans protection. Ce type de gouvernement indirect est propice aux compromissions, à l'aveuglement comme aux trahisons. Il offre un levier à la puissance qui le met en place. Il peut se réduire à un simple leurre. Mais le vaincu le juge presque toujours préférable à son asservissement intégral. La plupart des grands dirigeants nazis, au moment de la débâcle, paraissaient d'ailleurs à leur tour disposés à se soumettre à un système analogue si les Alliés avaient voulu le leur imposer. Il est illégitime d'affirmer que tous ceux qui choisissaient de participer au *Judenrat,* à savoir la majorité des dirigeants des communautés concernées, devenaient pour autant des profiteurs ou des lâches, bien qu'il y en eut incontestablement parmi eux. La question de savoir ce qui se serait passé si, par refus de principe des *Judenräte*, les communautés juives avaient été entièrement désorganisées ou si, au contraire, après les avoir acceptés, leurs dirigeants auraient pu juger raisonnable de jeter tous leurs membres dans une lutte à main nue contre les bataillons SS, est trop fictive et trop ignorante des réalités pour recevoir une réponse. Il n'est pas certain qu'il y aurait eu moins de victimes, bien que la logistique nazie s'en serait assurément trouvée compliquée. Que les victimes aient, dans le contexte où elles se trouvaient placées, grandement contribué à leur propre destruction est un fait ; qu'une stratégie différente

eût été rétrospectivement préférable est concevable ; mais il est à tout le moins extravagant de suggérer, comme Hannah Arendt s'y est laissée aller après d'autres, une responsabilité en quelque façon partagée avec le bourreau.

13. Voir (d'Almeida).

14. Elles ne l'étaient cependant pas toujours, les principes laissant alors place en pratique à d'autres réalités. Lors des déportations précipitées, les conditions dantesques du rassemblement et du chargement, laissaient moins de doute aux victimes : exécution sur place des personnes ne pouvant marcher, déshabillage, tirs aveugles sur les groupes lents à se déplacer, coups mortels, surcharge extrême des wagons. Alors, l'avilissement se substituait à la distanciation, avec des résultats analogues.

15. La dureté des conditions semble avoir été parfois supérieure dans les camps de concentration non constitués en camps d'extermination (ou dans la partie des camps mixtes consacrée à l'esclavage) à celle des zones d'abattage à cycle court. Il s'agissait d'obtenir par la terreur une obéissance absolue des détenus afin de réduire le nombre des gardiens comme les coûts de nourriture, et d'augmenter la mortalité par épuisement. La combinaison de ces facteurs avec l'utilisation d'un service d'ordre constitué de kapos entraînait la déshumanisation caractéristique de tous les camps nazis. Même le « camp vitrine » de Theresienstadt, en principe destiné aux visites de la croix rouge et au rassemblement de victimes ayant une valeur marchande, ne faisait pas exception.

16. Lors de sa première inspection d'un commando d'extermination à Minsk, le 15 août 1941, rapportée par le SS Obergruppenführer Karl Wolff, Himmler se trouva mal et Erich von dem Bach-Zelewski lui demanda alors de trouver une solution pour épargner, non les victimes, mais les bourreaux.

17. (Himmler, *Discours secrets*, 1978).

18. Les acteurs directs de l'extermination, ceux-là mêmes, qui accomplissaient l'abattage de la manière la plus déterminée, étaient, en effet, attachés à se juger probes. Nous connaissons le cas d'un capitaine du bataillon de Police 101, l'un des plus profondément impliqués dans les exécutions de masse, qui choisit de désobéir aux

ordres plutôt que de signer un engagement de ne pas pratiquer le pillage. Un tel document lui paraissait indigne d'un officier allemand, par nature incapable d'actes aussi immoraux (Goldhagen), Introduction.

19. Eichmann mentait sur ce point, pour capter la bienveillance du tribunal, car il n'avait jamais cessé d'être nazi et le confirma après sa condamnation. Mais l'argument était autre : le fait qu'il ait ou non été nazi n'affectait en rien ses obligations.

20. L'avocat d'Erich von Manstein, Reginald Thomas Paget (membre du parlement britannique et futur baron Paget of Northampton, QC), parvint à faire valoir l'absence d'obligation de désobéir aux ordres de son propre gouvernement souverain, même quand ils sont illégaux.

21. Parmi les accusés de Nuremberg, seuls Speer et von Schirach exprimèrent des regrets, du reste non dépourvus d'ambiguïtés.

22. La phrase est sans doute apocryphe, mais son sens authentique.

23. D'où la phrase attribuée au maréchal de Turenne, commandant à des troupes impliquées dans des boucheries : « Tu trembles, carcasse, et tu tremblerais bien plus encore si tu savais où je te mène ». Il s'agit de surmonter la crainte de l'horreur, qu'elle soit subie ou infligée.

24. Le combat singulier de type biblique met fin à tout combat. Celui de type homérique (réinstauré par les aviateurs de la Première Guerre mondiale) se borne à combiner un affrontement aristocratique aux combats ordinaires, sans en réduire le nombre.

25. Sur les batailles rituelles andines, qui n'engageaient que quelques centaines de combattants, voir (Molinié-Fioravanti).

26. Shaka, le « Napoléon Zoulou », avait, au moment de la colonisation, choisi de remplacer les confrontations symboliques par des affrontements enfin réels, seuls efficaces contre des Européens. Il avait levé, entraîné, et doté de tactiques nouvelles la plus impressionnante armée qu'ait connue l'Afrique méridionale. Ses sagaies, puis celles de ses successeurs, l'emportèrent longtemps contre les fusils et l'artillerie : les troupes britanniques furent ainsi écrasées lors de bataille d'Isandlwana (1879).

27. Ch. 4.5.

28. Dans *Guerre et Paix*, le prince André aspire à la gloire, une gloire qu'il pense ne pouvoir obtenir qu'en sacrifiant sa vie aux ordres du Tsar. Koutouzov les exécute à Austerlitz, en en sachant l'absurdité.

29. Vérité religieuse et vérité positive se sont plus durablement entrelacées aux États-Unis qu'en Europe. S'est construite, chez les pionniers de la Nouvelle Angleterre, l'idée d'une société démocratique au service de Dieu, reposant sur une éducation scientifique placée sous l'égide de la théologie. Cette société attachée à prouver sa justice par la pureté de ses mœurs, n'est pas préparée à concevoir qu'elle puisse elle-même errer ou commettre le mal, estimant au contraire indispensable de s'en prémunir par tous les moyens. Elle sanctionne ses membres individuellement quand ils pêchent, mais ne se sanctionne pas elle-même. Forte à la fois de la procédure démocratique et de la révélation, il n'existe pour elle aucun système qui puisse disposer d'une légitimité supérieure. Elle pratique le débat, mais à condition qu'il porte sur des objets distincts de ses propres fondements. Toute remise en cause de sa forme de vie est pensée comme maléfique, et non comme un moyen de la faire progresser. Il lui est impossible de se soumettre ni à une confession différente qui se serait montrée plus puissante, comme d'autres cultures y consentent, ni à une autorité qui n'aurait pas sa source dans sa propre volonté, ni à une conception qui verrait dans la sienne des contradictions Elle ne saurait même les intégrer partiellement. La seule solution devient l'élimination des auteurs de la menace, qui sont *ipso facto* diabolisés. Fondée de cette manière, l'anempathie peut n'avoir aucune bride.

30. Sur le lien historique entre démocratie et extermination, voir (Hanson), *passim.*

31. (Arendt) Post-scriptum.

32. L'adjectif « banal » n'emporte aucune excuse : Eichmann était banalement corrompu, banalement veule envers ses supérieurs, banalement brutal avec ses subordonnés, et banalement capable d'actes ignobles par idéologie, intérêt ou par crainte.

33. Lors de son premier interrogatoire de police, Eichmann s'était, contre toute attente, référé au premier impératif catégorique de Kant, et avait pu faire la démonstration au juge d'instruction qu'il avait lu,

au moins partiellement, la *Critique de la raison pure*. Sa compréhension du philosophe humaniste se réduisait à une conception rigoriste de la morale et de la loi (ne pas faire d'exceptions), lui faisant obligation d'exécuter en toute circonstance la volonté souveraine du Führer. Il est vraisemblable que les interprétations de ce type, confondant loi morale et loi positive, et oublieuses de la condamnation par Kant de l'instrumentalisation d'autrui, était courantes dans l'enseignement. On peut supputer que cet homme, qui s'exprima lors du procès avec une candeur surprenante, n'hésitant pas à s'incriminer lui-même parfois sans aucune nécessité, avait entre-temps réfléchi, et considérait à présent que l'exécution de la Solution finale, en effet, n'était pas entièrement conforme à la moralité kantienne et qu'il ne convenait donc pas de s'en prévaloir pour sa défense. À ses propres yeux, il s'était simplement trompé (et il s'en réjouissait, car il eût aimé, disait-il, tuer encore plus de Juifs).

34. La distanciation s'étendait au langage, le gazage étant présenté comme une mesure médicale permettant de donner une mort « miséricordieuse » aux condamnés, afin de leur éviter une fin plus atroce, notamment par dénutrition ou maladie. Cette cosmétique était employée par de nombreux dirigeants nazis de manière purement cynique, mais il est non moins vraisemblable qu'elle fut reçue par beaucoup au premier degré. Le procédé s'était déjà avéré capable de provoquer un trouble cognitif du même genre chez les « philanthropes eugénistes » américains. Sont rapportés des cas dans lesquels des nazis, une fois la défaite devenue certaine, se seraient efforcés de *rassurer* les Allemands en indiquant que le Führer avait prévu de leur administrer le gaz plutôt que de les abandonner aux armées soviétiques. Hannah Arendt suggère, avec humour noir, que dans un tel cas les Juifs eussent sans doute été accusés d'avoir monopolisé tout le gaz.

35. Les nazis, comme indiqué, y avaient ajouté l'Union soviétique, en vertu de l'absence de certains instruments juridiques.

36. Le gouvernement britannique jugea ainsi nécessaire de couler, en 1940, la flotte française à Mers-el-Kébir, tuant 1 000 marins, en dépit de l'absence juridique d'un état de guerre entre les deux pays, afin d'atteindre un objectif alors vital : priver le Reich de mettre la

main sur la seconde flotte d'Europe que l'Amiral Darlan ne s'était pas décidé à soustraire. L'acte qui était qualifié de crime de guerre par les Français, et qui l'était au plan du droit, n'était pas, en tout état de cause, un acte d'acivilisme.

37. Le calcul utilitariste des intérêts fait droit au « moindre mal » qui autorise la torture dès qu'elle permet de sauver au moins une vie, la souffrance étant évaluée à un rang moindre que la mort, de la même manière que le droit de l'Inquisition considérait la salvation d'une âme comme une valeur plus haute que la sauvegarde de l'intégrité corporelle. Le rigorisme s'y oppose en interdisant certains actes en toutes circonstances, en vertu du principe selon lequel la loi morale s'impose *pereat mundus* (le monde devrait-il disparaître). Or, ce principe, applicable à la morale personnelle, reste intransposable au droit qui exige la préservation du monde. Une expérience de pensée est souvent évoquée par les utilitaristes, consistant à confronter l'adversaire catégorique de la torture au choix suivant : violer la règle en appliquant lui-même une souffrance atroce au détenteur d'une information vitale qui permettrait de sauver la planète entière, ou l'abandonner à la destruction pour sauvegarder ses seuls principes. Il demeure toutefois patent que la torture est appliquée dans des situations moins critiques que la fin du monde et généralement sans considération scrupuleuse pour son efficacité.

38. Protocole I, 8 juin 1977, Art. 44, al. 3.

39. (Jaurès).

40. Les rois du Dahomey utilisaient des unités d'amazones contre la Légion étrangère.

41. Jon Bridgman & Leslie J Worley, *Genocide of the Hereros*, in (Totten & alii).

42. Les faits relatifs à l'extermination des hereros ont été reconnus par le gouvernement fédéral allemand en août 2004, date de leur centenaire. Ils ont été confirmés par les descendants du général von Trotha en 2007.

43. Le terme *Konzentrationslager* était la transposition allemande de l'Anglais *concentration camp* désignant les systèmes de confinement mis en place au Transvaal et dans la Colonie du Cap durant la seconde guerre des Boers. La notion de *concentration* avait été

initialement introduite à Cuba par les Espagnols pendant la guerre d'indépendance. Les camps britanniques, qui contenaient chacun plusieurs milliers de prisonniers, avaient un taux de mortalité de l'ordre de 45 %. Ils étaient entourés de palissades et de fils barbelés. Les rations étaient inférieures au niveau de survie et n'étaient pas cuites. Coups violents et mauvais traitements, y compris sur les femmes et les enfants, étaient la norme de l'encadrement au travail. Ces conditions ont fait l'objet de descriptions multiples de la part de missionnaires et de colons. Des expériences médicales eurent également lieu sur les détenus, incluant la stérilisation et l'injection de souches bactériennes. Chez les Allemands, Eugen Fischer, l'un des médecins ayant conduit ces expériences, devint chancelier de l'Université de Berlin, où il eut pour élève Josef Mengele. Franz Ritter von Epp, l'un des adjoints de von Trotha, devint Reichsstatthalter de Bavière en 1933.

44. (Drechsler).

45. *Ibid.*

46. (Bley).

47. Samuel Maherero avait publié le manifeste suivant : « Je suis le principal chef des Hereros. J'ai proclamé la loi et la parole juste, et je l'ai fait à l'intention de tout mon peuple. Ils ne devraient jamais lever la main sur ceux qui suivent : Anglais, Berg Damaras, Namas et Boers. Sur aucun d'eux on ne lèvera la main. J'ai engagé mon honneur que cela ne se produirait pas. Les missionnaires ne devront pas non plus être attaqués. Assez ! » (House of the Lords).

48. 1 : 24.

49. Son prédécesseur était le père de Hermann Göring.

50. Les atrocités commises au Congo belge (assassinats collectifs, enlèvements, mutilations, tortures systématiques, viols, esclavage, dépeuplement par attrition) ont été abondamment documentées en Grande-Bretagne. Le consul Roger Casement, auteur du premier rapport officiel, enquêta également sur les crimes commis au Pérou par les sociétés d'exploitation d'hévéa cotées à la bourse de Londres. Il fut aussi l'un des premiers à établir une relation entre ces exactions coloniales et les brutalités infligées en Irlande. Voir (Casement) (Connan Doyle). Casement, qui était devenu, pour ce motif, militant

nationaliste irlandais, fut exécuté par les autorités britanniques pour avoir négocié un soutien militaire de l'Allemagne à la rébellion irlandaise durant la Première Guerre mondiale. Mario Vargas LLosa a conté son histoire (Vargas Llosa).

51. (Welch).

52. L'acivilisme s'étendit au XIXe siècle à la répression militaire des manifestations dans les métropoles : en Grande-Bretagne, le massacre de Manchester de 1819, dit de Perteloo (par référence à Waterloo), fit plusieurs centaines de victimes parmi des manifestants désarmés. Lors de fusillade de Fourmies en 1891, les troupes françaises tirèrent à l'arme de guerre sur les grévistes.

53. L'expression désigne les militaires formés ou postés au Maroc. Mola avait été général des troupes mauresques, Franco commandant de l'armée du Maroc, Yagüe avait servi dans la Légion au Maroc. Varela y était né. Queipo de Llano avait eu une carrière analogue. Sanjurjo, ancien haut-commissaire au Maroc, portait le titre de Marquis du Rif.

54. « Les Juifs ne se préoccupent pas de la destruction d'une nation, ou de dix, ou du monde entier, parce qu'eux, ayant la capacité exceptionnelle de tirer bénéfice des pires catastrophes, ne font que mettre simplement en œuvre leur programme. Ce qui s'est passé en Russie en est un exemple pertinent et qui est très présent à l'esprit de Hitler. Le chancelier allemand – un nationaliste fanatique – est convaincu que son peuple ne peut pas se relever aussi longtemps que les Juifs et les organisations parasites qu'ils contrôlent ou influencent restent incorporés dans la Nation. C'est pourquoi il les persécute sans merci » Emilio Mola, *El pasado, Azaña y el porvenir*, 1933, cité par (Preston), p. 41.

55. Dès leur publication en Espagne, en 1932, les *Protocoles des Sages de Sion* y firent leurs dévastations ordinaires, comme partout où l'antisémitisme attendait une « preuve documentaire » permettant à l'antijudaïsme antérieur de se métamorphoser. Bien que le Président Zamora fût un catholique pratiquant, et que les juifs fussent alors ultra-minoritaires en Espagne, la République, dont le gouvernement était partisan de la laïcisation et de la réforme agraire, fut comprise par nombre de monarchistes comme le produit d'un complot

judéo-maçonnique visant principalement à la destruction bolchevique de la société chrétienne. Des théologiens déclarèrent légitime le renversement violent d'un pouvoir du seul fait qu'il était irréligieux.

56. L'association « gauche » et « Maures » avait été exprimée par le dictateur Primo de Rivera avec la formule : « nouvelle invasion berbère ».

57. Que cette théorie ne fût pas un simple prétexte transitoire est ce qui est prouvé par le discours de victoire de Franco du 19 mai 1939 : « Maintenant vous comprenez les raisons qui ont conduit d'autres pays à persécuter et isoler celles des races qui sont marquées par le stigmate de leur cupidité et de leur propre intérêt. La domination de telles races dans une société est un trouble et un danger pour le destin de la Nation. Nous, qui avions été libérés de ce lourd fardeau il y a des siècles par la grâce de Dieu et la claire vision de Ferdinand et Isabelle, ne pouvons rester indifférents face à la moderne floraison des esprits avares et égoïstes qui sont tant attachés à leurs propres biens matériels qu'ils sacrifieraient la vie de leurs enfants plutôt que leurs vils intérêts [...]. Il est nécessaire de mettre un terme aux haines et aux passions de notre récente guerre, mais pas à la manière des libéraux, avec leurs monstrueuses et suicidaires amnisties, qui sont plus une fraude qu'un pardon, mais plutôt par la rédemption des condamnations à travers le travail, avec des repentances et des pénitences. Quiconque pense différemment est coupable d'irresponsabilité ou de trahison » (Preston), p. 471 *sq.*

58. La France connut, comme un écho de l'Espagne, une guerre civile meurtrière en deux temps. D'abord celle de la Collaboration, illustrée spécialement par les atrocités de la Milice, voir (Giolitto) ch. 8 ; puis celle de l'Épuration extrajudiciaire (1944-1945) qui se matérialisa par au moins 10 000 exécutions sommaires, d'après le chiffre retenu par le général de Gaulle, et d'encore plus nombreuses exactions, voir (Bourdrel), Conclusions.

59. Le massacre de Nankin en 1937, pendant la guerre sino-japonaise, au cours de laquelle il ne fut pas une exception, opéré avec des méthodes et sous une idéologie identiques, symbolise la mondialisation de l'acivilisme colonial.

60. A. Hitler, Discours au Club de l'Industrie de Düsseldorf, 27 janvier 1932 (Domarus, 1962-1987). Toutes les citations suivantes, à l'intérieur de ce chapitre, sont extraites de ce même discours.

61. Discours au Reichstag du 28 avril 1939, transmis en copie au gouvernement des États-Unis (Domarus). Au lendemain de l'Anschluss, il avait déclaré au correspondant du Daily Mail : « Ces gens sont des Allemands. Une note de protestation d'autres pays sur mon action en Autriche n'a pas plus de signification que n'en aurait une note du Gouvernement du Reich protestant contre les relations entre le Gouvernement britannique et l'Irlande », 12 mars 1938, *Ibid.*

62. Le changement de statut des « colonies blanches » précéda d'environ un siècle celui des autres : Canada (1840), Australie (1901), Afrique du Sud (1910), Inde (1947), Malaisie (1957), Brunei (1984), Hong Kong (1997).

63. (Harvie).

64. (J Davies).

65. (Colley).

66. Une union plus audacieuse encore fut proposée à la France, le 16 juin 1940. Elle aurait également abouti à fusionner les deux parlements. Le général de Gaulle la transmit de la part de Churchill à Paul Reynaud qui n'était toutefois plus en situation politique de l'accepter (Great Britain Parliament).

67. Dès 1708, les livres de géographie adoptaient sans difficulté la nouvelle dénomination (Devine).

68. L'affiliation mythique de l'Angleterre à Israël remonte au moins au XIIIe siècle. Depuis cette époque tous les souverains anglais ont été couronnés au-dessus du « Stone of Scone », une pierre réputée être l'oreiller de Jacob (sur lequel il s'était endormi avant d'apercevoir l'Échelle) et que le prophète Jérémie aurait sauvegardé. La pierre sacrée avait déjà servi aux rois d'Irlande (d'après la légende, pendant mille ans) puis à ceux d'Écosse à partir du VIe siècle.

69. « Je ne cesserai point le combat mental, ni ne laisserai l'épée dormir dans ma main, avant d'avoir construit ensemble Jérusalem, sur la verte et plaisante terre d'Angleterre ».

70. On finit par donner un nom à cette recherche : « l'israélisme » britannique. Les tribus perdues et les rebelles de Bar-Kokhba furent

tour à tour repérés en Allemagne, en Écosse, aux Amériques et même au Japon. La judéophobie faisait des non-juifs les vrais juifs. Des mouvements apocalyptiques, dont l'origine remonte aux entretiens du rabbin diplomate Manassé ben Israël avec Cromwell, visaient à obtenir la venue (ou le retour) du Messie au moyen d'une restauration de Jérusalem et d'Israël, en Angleterre ou en Palestine, selon les interprétations. L'israélisme se manifesta également en France dans la pensée contre-révolutionnaire. Il a pris de nouvelles formes dans plusieurs églises protestantes américaines qui, sans substituer cette fois les chrétiens aux juifs, les présentent en indispensables alliés en vue de la bataille d'Armageddon marquant l'entrée dans la Fin du Monde et, avec elle, la salvation des Élus chrétiens.

71. Haendel, musicien allemand ayant d'abord fait carrière en Italie, fut à partir de 1712 le chantre de ces célébrations. Wagner put observer en personne leur impact populaire, avant de s'en inspirer pour se faire à son tour le chantre du germanisme.

72. L'aristocratie foncière était demeurée indispensable à la bourgeoisie commerçante pendant la même durée, lui offrant sa protection clientéliste, des investissements en capital et des crédits.

73. L'obligation stratégique était explicite depuis les Tudors.

74. Il offrait pour l'essentiel des débouchés militaires et des facilités juridiques d'émigration.

75. Les Lois Punitives imposées par Guillaume d'Orange forment un précédent objectif aux lois de Nuremberg (discriminations civiles, politiques, économiques). La principale différence était qu'il était possible d'y échapper par l'émigration ou la conversion. Elles se relâchèrent à partir de 1829 (*Catholic Emancipation Act*).

76. Jusqu'au XIXe siècle, les paysans catholiques, qui vivaient en économie de subsistance, devaient la dîme aux pasteurs protestants tout en contribuant de leur mieux à l'entretien des prêtres catholiques.

77. Au troisième tiers du XVIIIe siècle, seulement 5 % des terres irlandaises étaient encore en mains catholiques (Kenny), alors que la population était encore à plus de 80 % catholique et majoritairement irlandophone (gaélique), ce qu'elle n'est plus aujourd'hui.

78. Voir les témoignages rapportés dans la partie documentaire de l'ouvrage de Peter Gray (Gray). La précarité n'y était pas nouvelle :

en 1729, le plus célèbre des humoristes irlandais avait publié « Une humble proposition pour empêcher les enfants des pauvres en Irlande d'être à la charge de leurs parents ou de leur pays et pour les rendre utiles au public ». La suggestion de ce chef-d'oeuvre d'humour noir était d'affecter les nourrissons irlandais au plaisir du gastronome anglais (Swift).

79. La pomme de terre était partagée avec les porcs, les vaches et les poules (Bartoletti). Les apports en nutriments indispensables à un bol alimentaire exclusivement formé de pomme de terre exigent l'ingestion de quantités très supérieures à la couverture des besoins énergétiques.

80. Les rares régions industrielles, comme l'Ulster, obtenaient des compléments d'avoine, d'autres de babeurre.

81. L'attribution à Sir Walter Raleigh (vers 1580-1589), l'importateur du tabac, est légendaire (McNeill). L'imputation à des marins espagnols, vers 1601, est peu conforme à la chronologie.

82. Les grands domaines aristocratiques dépassaient souvent 30 000 hectares.

83. Ces catholiques sociaux étaient en accord avec les Français Ozanam, Lacordaire et Lamennais.

84. Cités par David P. Nally (Nally).

85. Au-Pays Bas, le gouvernement décida de tester la solidité des lois économiques et ne fit rien, laissant mourir des dizaines de milliers de Hollandais ; en Belgique au contraire, le gouvernement choisit de subventionner massivement les importations agricoles et de lancer des grands travaux destinés à assurer une solvabilité de la demande.

86. Huit pence, représentant 8/240e de Livre 1845, ayant elle-même le pouvoir d'achat de 1/72e de Livre 1998 (House of Commons Library).

87. L'économie monétaire était presque inexistante chez les petits paysans.

88. Vêtements, meubles, ustensiles étaient mis au clou. Les voyageurs décrivent alors une population physiquement très dégradée, en haillons, habillée comme des épouvantails, se nourrissant de mauvaises herbes, orties, algues, parfois de rats et de charogne. Le gibier et les poissons de rivière étaient réservés au titulaire des droits de chasse et de

pêche, presque toujours le seigneur local. La récidive de vol était punie de déportation dans les colonies pénitentiaires de l'Australie. Pour une description des conditions qui y régnaient, voir (Hughes). Des fermes finirent par se protéger des larcins par des pièges à hommes, emplis de pieux ou d'eau (Gallagher).

89. L'adage *dura lex sed lex* (la loi est dure mais c'est la loi) était opposé à *summum jus summa injuria* (le comble du droit est le comble de l'injustice).

90. À la différence des quakers, quelques groupes évangélistes conditionnèrent leur assistance à la conversion des bénéficiaires catholiques.

91. Peter Gray, *op. cit.*

92. La différence entre la réalité physique et la réalité sociale, l'une et l'autre étant pour chacun d'entre nous des externalités que nous ne pouvons manipuler à notre guise, est que la réalité sociale est entièrement formée d'interactions cognitives. Un phénomène astronomique se produit indépendamment des modèles scientifiques que nous avons de lui, et donc indépendamment de l'activité cognitive que nous consacrons à fabriquer ces modèles. Ce n'est pas le cas du mouvement d'une armée ou d'une baisse des prix, dont le comportement dépend directement du modèle qu'ont de lui les agents qui le rendent possible (et qui est distinct des modèles scientifiques qui le décrivent).

93. (Rauschning). Rauschning, qui n'est pas un auteur toujours fiable, ne semble pas capable d'inventer de toutes pièces de telles analyses et de tels propos, qui sont cohérents avec ce que nous savons directement de Hitler. Il précise : « Les principes qu'il venait d'énoncer s'appliquaient exactement à la préparation psychologique d'une guerre où l'on emploierait surtout des armes invisibles. Il en rassemblait tout un arsenal dont la révélation surprendrait l'univers. La propagande ennemie de la dernière guerre apparaîtrait comme un jeu d'enfant, comparée aux méthodes qu'il tenait en réserve. Il ne mènerait jamais une guerre par une action exclusivement militaire. Il ne tenait pas du tout pour certain qu'il fallait en venir à une guerre sanglante ».

94. Pour instiller de nouvelles idées à ceux qui ne les avaient pas déjà, la propagande doit se masquer, prendre par exemple le visage

d'une « presse d'information générale » à visée objective, d'un essai savant, d'un manuel, d'une publicité innocente, ou, mieux encore, renoncer purement et simplement à être propagande pour se ramener à une idéologie inconsciente d'elle-même, ce qui est fréquent notamment dans l'institution scolaire. Le seul cas où la propagande parvient à s'imposer à des esprits qui n'y sont pas prédisposés est celui de l'endoctrinement infantile. La possibilité n'est pas établie d'un endoctrinement complet d'adultes, le « lavage de cerveau », sinon à l'intérieur de milieux confinés et pour la seule durée du confinement.

95. Elle a été décrite en détail, dès 1928, par Lord Ponsonby (Ponsonby).

96. (Chomsky).

97. Chomsky se présente comme un « cartésien ». À ce titre, une fois le mensonge d'État écarté et l'information rectifiée, il lui semble naturel que l'idéologie se dissipe et fasse place à l'analyse rationnelle. Il n'admet pas que l'idéologie impose ses catégories indépendamment de la propagande. Il me paraît que cette position est liée à ses théories linguistiques, bien que lui-même s'estime incapable d'établir un lien substantiel entre elles et sa philosophie politique. La théorie de la grammaire générative, dont il est l'auteur, implique l'absence de différences catégorielles importantes entre les langues qui sont par hypothèse toutes générées par les mêmes règles. Cela semble indiquer que l'intellect humain est faiblement différencié, même par les langues, et qu'il peut donc former un « sens commun » universel. À supposer cette théorie recevable, elle n'empêcherait pas l'émergence des idéologies. En admettant que tous les hommes parlent tous la même langue, ce n'est pas pour autant qu'une analyse rationnelle commune leur permettrait de voir le monde tous de la même façon. Il est au contraire raisonnable de penser que ce ne serait pas le cas.

98. (Le Bon) et (Bernays).

99. L'idéologie se cristallise le plus souvent chez les hommes politiques qui en synthétisent les composantes à l'usage d'un large public prêt à la recevoir. Il est exceptionnel qu'un philosophe puisse être replacé à la source immédiate d'une idéologie. Marx, qui en paraît proche, disposait à son époque d'une influence d'homme politique et de journaliste supérieure à celle de philosophe. En se muant en

idéologie, sa doctrine a subi des distorsions par l'interférence de personnalités comme Lénine ou Trotski qui n'étaient pas eux-mêmes des penseurs à proprement parler, quelque prétention qu'ils aient pu exprimer, ou quelque réputation dont ils aient pu jouir, à cet égard. Hitler appartient à la même catégorie que ces derniers, ses aptitudes intellectuelles et ses connaissances ayant été en général très sous-estimées.

100. (Himmler, Heinrich Himmler's Speech at Poznan (Posen)) Ce texte décisif a été déjà partiellement analysé au chapitre 4.1.

Chapitre V
L'action historique

1. Discours aux cadres du Parti, Berlin, 22 janvier 1933 (Domarus).

2. Pour une explicitation philosophique du temps messianique voir (Agamben).

3. Ce mélange rappelait la démarche de Luther ayant opéré un retour aux Écritures avant de réformer la religion. Julius Evola, qui observe le nazisme du haut de sa propre doctrine archaïsante, aristocratique et antichrétienne, croit pouvoir détecter dans la conception nazie d'une race prédestinée, un providentialisme protestant (Evola). Quelques auteurs ont suggéré que le nazisme était aussi messianique. C'est confondre l'attente d'une sortie imminente du temps, qui n'était pas la sienne, lui qui entreprenait une construction pour une durée de mille ans, avec la prétention à résoudre toutes les contradictions politiques par la vision du Führer. Le messianisme politique du leader charismatique n'implique pas une conception messianique de l'histoire. Le messianisme historique est incompatible avec une évolution. La référence à une durée de mille ans est la désignation rhétorique d'une période très longue. Mais tandis que les mille ans du « millénarisme » supposent la destruction brutale du monde, les mille ans du nazisme expriment la solidité de son empire en cours de formation. La colonisation de la Russie à elle seule, rappelons-le, était censée exiger « cent ans ». Heidegger est, quant à lui, le représentant d'une rare

version à la fois « archaïste » et apocalyptique, donc non-hitlérienne, du nazisme. Il s'agit, de ce fait, d'un « compagnonnage de route » extrémiste, ayant étendu les cibles mais se déployant en partie sur d'autres fondements.

4. Le nazisme, le bolchevisme et le libéralisme se bornent à nommer l'état stable vers lequel ils tendent respectivement, en restant incapables de l'analyser : l'Ordre nouveau incarné par un Reich conquérant de l'Asie et ayant pris la tête de la race nordique, la Société communiste débarrassée des inégalités et des classes, la Société d'abondance dominant la technique et libre de toute tyrannie.

5. Juan Donoso Cortés, succédant à Joseph de Maistre et son pessimisme historique, promeut le providentialisme chrétien qui assure la permanence de l'ordre physique de la nature et de l'ordre moral, contre le libéralisme et le socialisme, doctrines destructrices de l'ordre physique et social (Donoso Cortés).

6. « Il faut [...] concevoir le passage du capitalisme au socialisme comme une catastrophe dont le processus échappe à la description » (Sorel). Le mot « catastrophe » est ici utilisé de manière laudative par Sorel.

7. Voir ch. 5.4.

8. Il en va pareillement des obédiences millénaristes qui attendent le retour du messie préalablement au Jugement dernier. Il est bien entendu possible d'être à la fois historiciste et chrétien et d'espérer que l'histoire admette une réalisation progressive et laïcisée des idéaux évangéliques, conforme aux devoirs des chrétiens. Mais il serait hérétique de penser cet accomplissement comme une nécessité offerte par la Providence, indépendamment des choix moraux fragiles et réversibles des individus faisant l'histoire. La doctrine condamnée de Joachim de Flore sera cependant exhumée à l'âge de l'historicisme par de nombreux auteurs, incluant Michelet, Renan et Spengler.

9. L'habitude prise de conférer un caractère religieux à l'antisémitisme nazi est si ancrée que son caractère, au contraire, foncièrement moderne et antireligieux reste souvent incompris. L'expression « antisémitisme rédempteur », utilisée par Saul Friedländer, est fréquemment reprise au confort de cette vue, par tous les auteurs qui considèrent la nazisme comme un pur irrationalisme. Or la notion de « rédemption »

ne reçoit sa signification que dans un contexte théologique étranger à la doctrine nazie. Le thème antisémite se justifie chez Hitler de manière opposée et, en premier lieu, par les sciences positives qui, à cette époque, admettent l'existence de races placées en rivalité vitale. À la différence des races inférieures susceptibles d'être assujetties par la « race aryenne », la « race juive » aurait déjà colonisé la « race slave » à travers le bolchevisme et menacerait à présent de dominer définitivement l'habitat aryen. Hitler en conclut qu'une lutte à mort est en cours, et c'est elle qui confère à l'antisémitisme son rôle central dans sa doctrine. Il ne s'agit pas pour la victime aryenne de se racheter d'un péché quelconque, mais de se sauver à tout prix d'un prédateur sournois. Sans cette action thérapeutique prioritaire, aucun autre objectif social n'est possible. La liaison entre l'antijudaïsme chrétien et l'antisémitisme nazi est en réalité brisée, bien que la judéophobie traditionnelle prédispose par ailleurs la population à accepter une persécution motivée très différemment par Hitler.

10. « La valeur intrinsèque d'un peuple [...] est transmise d'une génération à l'autre sous forme d'héritage et de génotype – une valeur qui ne souffre de changement que lorsque le porteur de cet héritage, le peuple lui-même, change dans sa composition génétique. C'est un fait certain que les vertus individuelles et les vices individuels sont récurrents dans les peuples aussi longtemps que leur nature intrinsèque, leur composition génétique, ne subit pas de changement essentiel. Je peux voir les vertus et les vices de notre Peuple Allemand chez les auteurs latins juste aussi clairement que je les perçois aujourd'hui », A. Hitler, Discours au Club de l'Industrie de Düsseldorf, 27 janvier 1932 (Domarus).

11. Les sociétés intégralement multi-communautaristes sont rares. Il n'existe aucun État-nation qui ne restreigne l'exercice même privé des mœurs sexuelles et des régimes successoraux, ou ne prohibe certaines consommations (dont la liste varie historiquement).

12. Voir Ch. 4. 4.

13. Les Lumières ne forment pas un groupe homogène, et ce ne sont certes pas les Lumières kantiennes, ou celles des Droits de l'Homme dont le nazisme se réclame, mais les Lumières positivistes, scientistes et historicistes. Il existe une part minoritaire du mouvement

nazi qui les rejettent toutes les deux, ce dont Heidegger offre l'exemple. Cette distance idéologique, conjuguée à une proximité politique, suffit à expliquer que Hitler n'ait pas confié à Heidegger le magistère national auquel il aspirait, ne jugeant pas même utile de le recevoir ; sans pour autant l'écarter des instances intellectuelles ayant conduit aux lois de Nuremberg.

14. Les Anti-lumières ne correspondent d'ailleurs pas, contrairement à ce que l'on croit souvent, à une tradition indépendante de celle des Lumières et qui lui serait antérieure. Maistre et Burke s'expriment en réaction aux Lumières, mais en acceptant largement leur conceptualisation, chacun s'opposant à des aspects distincts. Ceci explique en partie pourquoi le nationalisme fut aussi bien de « gauche » que de « droite » et se répandit tout aussi bien auprès des partisans des « progrès de la raison » que de ceux de la réaction.

15. La philosophie moderne n'est pas uniformément volontariste. Elle ne l'est que modérément chez Kant, du fait de la contrainte morale qui s'impose même à la construction des bonnes institutions. Chez Hegel, il s'agit d'une simple apparence : les volontés existent et sont elles-mêmes déterminées par les ruses de la raison dans l'histoire.

16. A. Hitler, *Ibid.*

17. (Domarus).

18. Il s'agit en réalité de l'ensemble du droit grec et romain et de ses prolongements jusqu'au XIVe siècle. Le triomphe de la conception législative a entraîné une reconstruction rétrospective du droit romain. Les enseignements de « droit romain » dans les universités à compter du XIXe siècle reposent sur une déformation du droit des Romains, les compilations de décisions de justice étant interprétées à contresens comme des instruments législatifs (Villey). Le 19e point du *Programme en 25 points* du Parti ouvrier allemand national-socialiste proclamé le 24 février 1920 à Munich, stipule : « Nous exigeons qu'un droit public allemand soit substitué au droit romain, serviteur d'une conception matérialiste du monde ». Il entendait, en réalité, la substitution d'un droit public positif à un autre droit public positif.

19. Le positivisme juridique est si dominant qu'il arrive à des juristes d'ignorer qu'il n'est qu'une option possible, celle qui offre les moindres garanties aux justiciables, puisqu'elle subordonne

étroitement les jugements à une autorité législative en dernier ressort politique et changeante. Qui possède le pouvoir de formuler la loi, possède aussi celui de la modifier. Le danger est si grand que les positivistes ont introduit des « lois fondamentales » destinées à encadrer le caprice du législateur. Ce procédé n'a d'autres effets que ralentir temporairement l'action d'une autorité politique capable d'altérer les lois fondamentales qu'elle a instituées. Une formule mixte est donc indispensable aux systèmes positifs qui se veulent protecteurs : la vérification de la constitutionnalité des lois comme celle des décisions de justice est alors concédée à une juridiction suprême. Mais le pouvoir politique demeurant susceptible d'étendre son influence à la personne des juges suprêmes ou de restreindre leur action par des réformes constitutionnelles, cette barrière peut devenir à son tour défaillante.

20. Il existe paradoxalement un risque de gouvernement des juges dans un syteme positif, lorsque la séparation des pouvoirs ne s'accompagne pas d'un auto-contrôle suffisant : absence de sources diversifiées de recrutement des juges, absence d'inspectorat interne conduisant à la sanction des abus, négligences, collusions et incompétences. Dans un système judicaire non positif, l'auto-contrôle est exercé par les juridictions enchevêtrées.

21. La liste des sources du droit est elle-même sujette à variations, des références religieuses ou philosophiques pouvant apparaître ou s'estomper, et des mimétismes explicites à l'égard des droits étrangers se manifester.

22. En toute rigueur, la stricte hiérarchie visée par le positivisme en vue d'imposer la volonté souveraine aux juridictions est une impossibilité logique. Si l'on admet que la présence de juridictions est une condition d'un droit qui ne se réduirait pas à de simples décrets, toute loi, y compris celle qui prétendrait restreindre la marge d'appréciation des juridictions, doit encore être interprétée par les tribunaux. En conséquence, un système juridictionnel peut éventuellement fonctionner en l'absence de lois formulaires, mais un système législatif demeurerait étranger au droit s'il était privé de juridictions. Le positivisme juridique est donc bien une vue de l'esprit ou une violence faite au droit.

23. Une position inverse est soutenue par Olivier Jouanjan (Jouanjan) dont l'ouvrage est une tentative pour prendre au sérieux le « droit » nazi, tout en le critiquant. Le système juridique nazi y est présenté comme une "déformation du droit" plutôt qu'une abolition du droit, au motif qu'il reposerait sur des valeurs seulement différentes, conduisant à en distordre le langage. Ce n'est pas assez dire. Ce qui apparaît dans le nazisme, est un type de normativité qui vient purement et simplement remplacer le droit et n'en conserve même plus la forme mais seulement quelques apparences résiduelles. Qu'il y ait encore des juges nazis venant traiter de questions contractuelles par exemple, ne suffit pas à faire un droit, puisque ce traitement pourrait être fait de la même façon dans un bureau administratif. Il suffit de se demander ce que le Führer déciderait en personne dans le cas considéré pour obtenir la décision qui est ensuite traduite en termes juridiques. Presque toutes les sources du droit, autres que la volonté du Guide et son intériorisation par les acteurs juridiques, ont disparu, des principes généraux (séparation du juge et des parties, présomption d'innocence, etc.), à l'équité, en passant par la jurisprudence ou la coutume, etc. La hiérarchie des juridictions ne laisse plus d'espace à l'incertitude du cas, et à la recherche dialogique du juste. La doctrine se ramène aux principes racialistes imputés a priori à la *Volksgemeinschaft*. Or, nous savons depuis l'Antigone de Sophocle que des normes formulées par une autorité politique ne suffisent pas pour faire un droit, même dans le cas où cette autorité se présente comme l'expression parfaite de la justice, de l'ordre naturel ou de la transcendance. L'auteur va jusqu'à identifier la source idéologique biologique de la politique nazie à un « droit naturel », sans admettre que, pour être « naturel » ou non, un droit doit d'abord exister sous une forme juridictionnelle effective. La notion de droit naturel est en outre prise dans son acception moderne de fondement transcendant de l'ordre légal, et non, en son sens classique et romain, de droit lui-même vivant se nourrissant d'une pluralité de sources.

24. À la différence du stalinisme, le nazisme n'entend pas extraire la science de l'Université pour y apporter sa propre contribution

théorique. Hitler ne prétend pas être l'auteur d'une science, mais le gardien de ses conséquences politiques.

25. La tradition législative que reprenait Hobbes remonte au code d'Hammourabi. Elle correspond à des régimes autocratiques, disposant d'un support administratif, utilisant l'écriture comme moyen de contrôle social (recensements, taxations, inventaires, compilation des ordres). Elle est aux antipodes de la tradition gréco-romaine, à son tour vraisemblablement dérivée des pratiques égyptiennes. Athènes et Rome sont des cultures du verbe, non de l'écriture, la plupart des textes produits étant la transcription de paroles vives, prononcées par les aèdes, les acteurs de théâtre, les oracles, les orateurs, les enseignants ou les juges. Leur nature discursive les rend propices au débat et à l'entrelacement des paroles. Parallèlement, si la Bible est bien un livre comme son nom l'indique, contenant une Table de la Loi qui émane d'une autorité indiscutée, elle est avant tout une compilation de paroles prophétiques et de récits transmis verbalement. L'Évangile se présente comme un entrecroisement de rapports rédigés par des témoins attentifs à les transcrire, chacun depuis un point de vue personnel identifiable. L'ensemble des traditions religieuses occidentales est verbal et exégétique. Les conciles sont aussi indispensables à la formation de la doctrine catholique, et les prêches spontanés à celle des doctrines protestantes, que la discussion talmudique est nécessaire à la compréhension rabbinique de la volonté divine. Il est important pour ces traditions de ne rien figer de manière définitive ou trop générale, et d'envisager le droit comme une casuistique susceptible d'être soumise à l'appréciation de juridictions concurrentes, éclairées par le débat des plaideurs.

26. Ce n'est pas seulement le décret exécutif qui est tenu par la loi, selon l'argument d'Antigone opposant le droit de sépulture au décret de Créon prétendant en priver Polynice, mais c'est aussi la norme législative supérieure qui se voit insérée dans un ordre juridique plus profond ne pouvant être interprété que par des juges.

27. La conception juridictionnelle survécut longtemps dans la pratique judiciaire. Hobbes s'était rangé du côté des conseillers du prince, en lutte contre les jurisconsultes soutenus par la noblesse. Il ne sut pas que la cause des premiers serait affaiblie par la puissance

croissante du parlement. Son but était de supprimer une à une les sources extralégislatives du droit : la coutume non confirmée par la loi serait ignorée ; les précédents suspectés de n'être jamais transposables ; la doctrine réduite à une opinion utile à l'avocat ; les actes des anciens rois tous révocables par leurs successeurs ; les opinions des conseillers et les avis du parlement privées de sanction juridique ; le juge devant se borner à rechercher l'intention du législateur, réputée *a priori* contenir la substance de l'équité. La philosophie hobbesienne, bien qu'elle ait fini par envahir l'enseignement du droit, n'est cependant jamais parvenue à expulser intégralement des cours et tribunaux les pratiques juridictionnelles, y compris sous les régimes policiers, car la simple apparence du droit exige encore leur présence à quelque degré. Elle a par contre grandement contribué à renforcer la puissance de l'État central, théorisée de manière de plus en plus intense par divers auteurs depuis le XVIe siècle, dont Jean Bodin pour le concept de « souveraineté ».

28. Il se heurtait ainsi à la cour compétente, le Parlement de Paris, dont le rôle était de dire la loi du royaume, un composé de coutumes, de doctrines et d'instruments anciens. L'édit fut d'ailleurs révoqué par ses successeurs, convenant que la loi fondamentale, qu'on attribuait alors aux Francs saliens, n'était pas à la disposition du prince (Valensise).

29. Le pouvoir constituant tirait ses précédents des constitutions rédigées pour les cités coloniales grecques par des « nomothètes ». Ces constitutions, toutefois, se bornaient à fixer les procédures du régime choisi, dans les limites d'un droit naturel.

30. En date du 25 février 1932.

31. Kelsen n'eut pas de rôle dans la construction juridique du nazisme, mais son influence fut suffisamment grande pour s'exercer sur ses propres adversaires. Son œuvre principale ne fut publiée qu'après la guerre, aux États-Unis, mais les principes de son « normativisme » (qui évolua jusqu'en 1960) avaient déjà été posés en Allemagne au cours des années 1920 (Kelsen, *Théorie générale du droit et de l'État* [trad. fr.]).

32. Kelsen, qui était un humaniste, avait cru pouvoir asseoir la norme fondamentale sur une injonction universelle, tel un impératif

catégorique rationnel exprimé sous la forme de principes des droits de l'homme. Il passa cependant sa longue carrière intellectuelle à se heurter à une antinomie : il avait lui-même posé que le devoir être ne peut naître d'un fait. Mais rien n'interdisait à ceux qui en avaient de fait la volonté et la force de placer un commandement contraire à la source de toute la construction.

33. À ce stade, Hitler disposait d'une surabondance d'instruments de droit positif. C'est ainsi qu'il préféra confier au Reichstag le vote des lois de Nuremberg ; alors qu'il aurait eu le pouvoir constitutionnel de les imposer lui-même.

34. Quand la contrainte formaliste des décrets était encore trop lourde, la proclamation du 11 septembre 1935 au congrès du Parti indiquait clairement que l'on pouvait s'en dispenser par une action *motu proprio* du Parti : « la bataille contre les ennemis intérieurs de la Nation ne sera jamais frustrée par une bureaucratie formelle ou son incompétence ; quand la bureaucratie formelle de l'État se montrera inadaptée à la résolution d'un certain problème, la Nation allemande activera son organisation la plus dynamique comme une aide pour imposer ses nécessités vitales. Car ce serait une grave erreur de supposer que la Nation n'existerait qu'à cause de quelque phénomène formel et que, par surcroît, quand un tel phénomène n'est pas capable d'accomplir les tâches qui lui sont assignées, la Nation capitulerait devant ces tâches » (Domarus). On gouverna même par décrets secrets dont seule l'existence, non le contenu, était communiquée aux accusés.

35. Hitler précisait, au confort de la position d'Himmler : « En aucune circonstance, l'État National Socialiste ne tolérera que la politisation des confessions se prolonge ou recommence par quelque détour que ce soit [...]. Nous en avons aujourd'hui l'autorité [...]. Nous n'engagerons jamais cette bataille contre le Christianisme ou même contre l'une des deux confessions. Mais nous l'engagerons de manière à garder notre vie politique pure et libre de ces prêtres qui se sont trompés de vocation, et auraient dû devenir des politiciens et non des hommes d'église », *Ibid.*

36. (Cumin).

37. (Monod)

38. (Schmitt, *Parlementarisme et démocratie* [trad. fr.]).

39. Même Joseph de Maistre était presque prêt à l'accepter : « On a disputé avec chaleur pour savoir si la souveraineté venait de Dieu ou des hommes : mais je ne sais si l'on a observé que les deux propositions peuvent être vraies. Il est très vrai, dans un sens inférieur et grossier, que la souveraineté est fondée sur le consentement humain : car si un peuple quelconque s'accordait tout à coup pour ne pas obéir, la souveraineté disparaîtrait ; et il est impossible d'imaginer le rétablissement d'une souveraineté sans imaginer un peuple qui consent à obéir. Si donc les adversaires de l'origine divine de la souveraineté ne veulent dire que cela, ils ont raison et il serait fort inutile de disputer. Dieu n'ayant pas jugé à propos d'employer des instruments surnaturels pour l'établissement des empires, il est sûr que tout a du se faire par des hommes. Mais dire que la souveraineté ne vient pas de Dieu parce qu'il se sert des hommes pour l'établir, c'est dire qu'il n'est pas le créateur de l'homme parce que nous avons tous un père et une mère » (Maistre).

40. Max Weber s'était prononcé contre les dispositions plébiscitaires de la constitution, changeant ultérieurement d'avis afin de traiter les crises.

41. Il se distingue du bellicisme qui vise à entretenir l'état de guerre ; et il peut paradoxalement poursuivre le but inverse : « l'armée nouvelle » de Jaurès (Jaurès), projet militariste cherchant à fusionner l'armée et le corps de la Nation, est d'intention pacifiste. Jaurès part du principe que les guerres ne sont pas le fait du peuple qui, s'il disposait seul de la capacité à les faire, les rendrait bien moins nombreuses.

42. Une anecdote fameuse indique à cet égard tout l'esprit romain : Titus Manlius Torquatus, consul en -347, fit exécuter son fils qui avait remporté une victoire extraordinaire mais en violant un ordre de son père (Tite-Live, 1999), VIII, 7.

43. Le militarisme romain à l'époque républicaine mobilise l'ensemble des forces sociales à l'exclusion partielle des serviteurs : la spécialisation technique de patriciens formés à la stratégie et au commandement, ultérieurement appuyés par des chevaliers ayant les moyens de s'équiper en chevaux, se combine au corps des citoyens entraînés à la manœuvre comme aux opérations du génie. Cette formule se révèle rapidement supérieure à tous les autres systèmes

rencontrés : aristocraties militaires trop peu nombreuses, régiments d'esclaves ou de mercenaires prompts à déserter, ou hordes désordonnées de guerriers égalitaires peu disposées à suivre scrupuleusement des règles de tactique ou inaptes à se doter d'équipements de siège. Rome, qui était aussi belliciste que militariste, se conçoit à cette époque comme une société militaire dont les soldats se retirent pendant la paix ou devenus trop âgés, la production économique étant en temps normal, c'est-à-dire en temps de guerre, gérée par leurs épouses dirigeant les esclaves (ce qu'on nomme alors la « famille »).

44. (Caillois).

45. La phalange des hoplites est formée de citoyens propriétaires terriens, suffisamment riches pour s'équiper à leurs propres frais d'une armure de bronze, disposant d'assez de loisirs, par l'existence d'esclaves, pour s'entraîner à la manœuvre synchronisée, et éprouvant un sentiment suffisant de communauté avec leurs pairs pour se confier mutuellement leur vie face au danger. Leur organisation politique leur permet de dialoguer avant les batailles pour se fixer des objectifs communs. Des procédures électives structurent hiérarchiquement le commandement. La discipline est indiscutée malgré l'égalité statutaire, le débat étant réservé à ce qui précède ou suit les affrontements.

46. Ce système en remplaçait un autre qui était inverse à la veille de la Révolution : une armée aux officiers pléthoriques, recrutés exclusivement dans l'ordre nobiliaire sans filtrage systématique des compétences, rendue impécunieuse par des pensions ne correspondant à aucun emploi, la corruption et les équipements de prestige, et encadrant un prolétariat coûteux à nourrir mais mal payé. Cette situation était commune aux armées européennes. Les maréchaux avaient l'ambition de manœuvrer de manière brillante en combattant le moins possible, la victoire étant reconnue courtoisement à celui qui occupait le terrain à la nuit tombée. C'était l'époque de la « guerre en dentelle », faite sur rendez-vous, des batailles fixées d'un commun accord pour célébrer l'anniversaire d'un roi, ou des dîners entre adversaires la veille des affrontements. La Guerre de Sept Ans avait néanmoins montré que la guerre moderne n'était ni inoffensive ni innocente, ruinait le trésor public, provoquait la famine, entraînait le pillage des campagnes et des villes, et ne protégeait personne des

carnages de l'artillerie. La transition d'un système à l'autre peut se résumer à la personne de Jacques-Antoine-Hippolyte, comte de Guibert, stratège et penseur politique. La réforme, dont il analyse la nécessité comme les moyens, se fit à peu près sans lui, mais en conformité à ses idées. Il en annonça la conséquence, le passage à la guerre totale, comme le remède, l'armée de métier (dont il imaginait qu'elle serait introduite par un leader charismatique). Voir (Groffier) et (Guibert).

47. Les Gurkhas étaient une unité coloniale plutôt que mercenaire. Le cas unique de la Légion étrangère n'avait pas pour seul objectif de recruter des soldats étrangers, mais aussi d'incorporer des ressortissants nationaux en rupture sociale et des clandestins.

48. La démocratie, au sens d'un régime égalitaire de magistrature directe étendue à toute la société, n'appartient pour ainsi dire pas à l'expérience occidentale. Elle est condamnée presque universellement par les philosophes, y compris à l'âge classique de la Grèce, et à peine évoquée par les utopistes. La démocratie suisse, qui s'en rapproche au plus près, s'est elle-même diluée dans un parlementarisme croissant, à mesure qu'elle abandonnait suprémacisme sexuel et suffrage censitaire. Le fonctionnement harmonieux des institutions de démocratie directe qu'elle conserve est, cependant, une indication que le rejet occidental est davantage motivé par l'idéologie que par la nécessité.

49. Cette idéologie a rarement fait l'objet d'une critique radicale. Marx, ne s'était pas fixé comme vocation de détruire les hiérarchies, mais seulement l'inégalité économique, appréhendée au point de vue de la consommation. L'abolition de l'appropriation capitaliste des moyens de production visait à restituer au travailleur le résultat de son travail, jusque-là capté par le profit. Cette transformation était supposée perfuser dans toute la société : les individus consommant égalitairement, « selon leurs besoins », s'égaliseraient aussi au point de vue intellectuel et politique. C'était ne pas voir que la fonction productive s'effectuant « de chacun selon ses moyens », elle continuerait d'induire une hiérarchie sociale. Cette conséquence a finalement été intégrée par le léninisme : les anciennes élites économiques seraient combattues par des élites intellectuelles placées à la tête d'une armée de masse classiquement hiérarchisée, d'une administration disciplinée et d'entreprises planifiées. La critique égalitariste fut minoritaire, modérée

et partielle, davantage le fait d'expériences autogestionnaires que de doctrines libertaires structurées : les tentatives de coopératives ou sociétés de capitalisme ouvrier ou paysan (kibboutz, républicains espagnols, titisme) se montrèrent toutes compatibles avec les hiérarchies.

50. Les libéraux en France crurent que, parce que la Nation impliquait la représentation, celle-ci prendrait nécessairement une forme parlementaire. Benjamin Constant jugeait plus autoritaires les régimes antérieurs à la Nation (Constant) et prenait pour une pathologie transitoire l'impérialisme de Napoléon. Il n'imaginait ni que la voie autoritaire deviendrait une des formes les plus fréquentes de la Nation et de la représentation, ni que l'impérialisme serait la pente du nationalisme. Le combat des libéraux en faveur d'un système à l'anglaise, axé sur les garanties juridiques et sur le rôle du Parlement, se fit en France de haute lutte. Chaque résurgence du nationalisme s'accompagnait de formes plus autoritaires. La Ve République, née de la guerre d'Algérie, constitua un compromis relativement novateur entre libéralisme parlementaire, autorité charismatique, nationalisme et unification européenne.

51. « La prussianité est un *sentiment vital*, un *instinct*, une *impossibilité de faire autrement ;* c'est une incarnation des qualités de l'âme, de l'esprit et, par conséquent, aussi, du corps, qualités qui sont devenues depuis longtemps les caractéristiques d'une race, ou plus exactement des spécimens les plus représentatifs et les meilleurs de cette race [...]. Il y a des natures véritablement prussiennes partout en Allemagne – je pense ici à Friedrich Liszt, à Hegel, à quelques grands ingénieurs, organisateurs, inventeurs, savants, et surtout à un certain type d'ouvrier allemand – et il y a, depuis [les victoires de Frédéric II à] Rossbach et Leuthen, d'innombrables Allemands qui possèdent, au plus profond de leur âme, un peu de cette prussianité [...]. Mais de *réalités* véritablement prussiennes, il n'y en a guère, si ce n'est les créations de Frédéric Guillaume Ier et de Frédéric le Grand, l'État prussien et le peuple prussien » (Spengler). On peut observer que Spengler admet ici par prétérition qu'il n'y a pas d'autre spécificité au « prussisme » que ses visées et instruments d'antagonisme, les autres « réalités » n'étant pas si différentes du reste de l'Europe.

52. En trois batailles, Grandson, Morat (1476) et Nancy, ils défirent et tuèrent l'un des premiers princes d'Europe, Charles le Téméraire, après avoir esquivé son artillerie lourde en se mettant à genoux pour recommander leur âme à Dieu. Ces catholiques pauvres, forts de leur réputation militaire, devinrent les mercenaires favoris des armées de France, d'Autriche et du Saint-Siège.

53. Les courtoisies finirent par devenir un crime au XXe siècle. Les fraternisations du 24 décembre 1914 inquiétèrent tous les belligérants qui les qualifièrent d'intelligence avec l'ennemi.

54. Victor D. Hanson (Hanson) lui attribue la supériorité militaire qu'il juge (à tort) absolue des armées occidentales de l'Antiquité à nos jours. S'agissant des périodes anciennes, l'auteur paraît victime du mythe athénien du « despotisme oriental », un concept forgé sur la base des armées achéménides qui avaient d'abord fourni aux Grecs leur unique expérience d'un adversaire impérial. Ce mythe, repris et théorisé bien plus tard par Karl Wittvogel (Wittvogel), fait de l'Orient tout entier un territoire intrinsèquement esclavagiste, dictatorial et politiquement organisé en vue de grands travaux hydrauliques. Or, les empires nomadiques orientaux, qui sont parmi les plus vastes et les plus durables de toute l'histoire, sont tout à fait étrangers aux problématiques hydrauliques, et reposent sur le système de la horde. L'adhésion des guerriers y est généralement volontaire. Ils possèdent des instances de palabre, et pratiquent l'acclamation élective du chef. Ce système produit également la discipline au combat, l'entraînement à la manœuvre synchronisée et la structure modulaire des unités.

55. La conscription existait en Prusse, État militaire, mais de façon limitée et dans un cadre idéologique de l'Ancien Régime. Il était depuis longtemps permis à un autocrate de « représenter » ses soldats (voir le *Henri V* de Shakespeare, IV, iii 18-67 : « We few, we happy few, we band of brothers ; / For he today that sheds his blood with me / Shall be my brother ; be he ne'er so vile, /This day shall gentle his condition"). Maximilien, Louis XI et Charles Quint, avec leurs lansquenets, francs-archers et piquiers respectifs, s'étaient dotés, avec un succès variable, d'unités d'infanterie, paysanne forgées sur le modèle suisse, mais à titre d'éléments dans un dispositif qui demeurait globalement aristocratique.

56. Les tranchées de la première guerre illustrent de façon très concrète l'inégalité sociale dans les armées. Classes inférieures et moyennes habitent généralement l'enfer du front, s'efforçant simplement d'y survivre, quand les élites sociales occupent, autant quelles le peuvent, les châteaux des États-majors, réprimant de manière implacable mutineries et fraternisations du front. Les officiers encadrant les poilus s'éloignent de la misère et du danger à mesure qu'ils s'élèvent dans les grades.

57. Le débordement numérique se complétait de l'habitude nouvelle de poursuivre les vaincus, une perspective qui déclenchait la panique de la ligne adverse au premier faiblissement.

58. (Proudhon). Le père de l'anarchisme consacra à la guerre son plus mauvais ouvrage, *La Guerre et la Paix*, dont Tolstoï a emprunté le titre, exaltation lyrique de la guerre comme source unique de la civilisation et essence divine de l'homme. Il est représentatif de ce qui était devenu un lieu commun : l'esthétique civilisatrice de la guerre.

59. L'œuvre d'Ernst Jünger est consacrée à ce thème. À l'époque où Hitler en est un lecteur admiratif, Jünger préconise l'acception stoïcienne du monstre mécanique qui permet au guerrier de rencontrer son être. Cette approche détache le bellicisme de toute source idéologique. La fascination de Jünger pour la guerre n'est pas nationaliste (il avait combattu dans les armées françaises), elle est pour la guerre en soi.

60. La guerre avait déjà failli se déclencher dès 1911 au moment de l'Incident d'Agadir entre l'Allemagne et la France.

61. Les *Waffen SS* sont le Parti en armes qui lui-même est le fer de lance de la Nation. Elles se présentent en image de ce que sera la Nation socialiste après la victoire finale et sont, à cet égard seulement, le pendant de la Nation en armes de Jaurès. La différence très importante est que Jaurès ne cherche pas à purifier d'abord la société avant de lui imposer la forme militaire destinée à assurer l'organisation socialiste du pays.

62. (de Gaulle).

63. L'abandon progressif de la forme militariste n'empêcha pas les armées de continuer de peser d'un poids politique particulier, par leur rôle économique, voire l'entretien d'une terreur patriotique au

moyen de la propagande. Elles conservèrent des privilèges (juridictions spéciales, secret militaire) leur permettant de s'affranchir efficacement des contrôles. Mais les tentations putschistes demeurèrent limitées, sauf quand elles était appuyées par des puissances étrangères, comme en Amérique latine. C'est avec une grande rapidité que de Gaulle eut raison du putsch d'Alger.

64. (Bonaparte).

65. Sur le processus de conversion de la transcendance religieuse à la transcendance politique moderne, je renvoie globalement le lecteur à la synthèse de Marcel Gauchet (Gauchet).

66. Le reproche de Marx à Hegel fut d'avoir attribué à l'État la vertu d'universaliser des intérêts qui seraient restés particuliers dans la société civile, alors qu'il universalisait seulement l'intérêt particulier des exploiteurs, l'État n'exprimant aucun intérêt collectif plus haut que celui des détenteurs du capital auxquels il apportait sa puissance. Marx, lecteur assidu des économistes libéraux, demeurait en accord fondamental avec eux sur le fait que la vie sociale se joue dans l'économie, et affirmait qu'État et culture sont des « superstructures », des reflets ou des dérivés de la production. Le désaccord portait sur une question technique : tandis que les libéraux estimaient que la misère ne peut être combattue que par la croissance de la production, Marx croyait que la « baisse tendancielle des taux de profit », conséquence à ses yeux de la libre concurrence, perpétuerait inévitablement bas salaires et exploitation. Le libéralisme ne pouvant, d'après lui, éradiquer la misère, mais seulement l'accentuer (sous des formes que la Grande Dépression sembla effectivement manifester), il provoquerait inévitablement la révolution. Sur la question technique, Marx s'était trompé, faute d'avoir anticipé le renouvellement des marges de profit sous l'effet de l'innovation et de la spécialisation internationale. Il s'était trompé aussi sur ce que serait la révolution communiste : au lieu d'un soulèvement des travailleurs progressivement éclairés par leurs luttes, aboutissant au dépérissement de l'État au terme d'une brève dictature sur l'appareil d'État destinée à le détruire, elle prendrait la forme d'un étatisme durable sous l'égide d'intellectuels et de professionnels de la révolution.

67. Au long du XIXe siècle, la coalition forcée des élites libérales, conservatrices et bureaucratiques fut en mesure de prévenir une révolution communiste qui les aurait balayées. L'expérience traumatique de la Commune de 1870, née de l'anarchie ayant provisoirement suivi la défaite de Sedan, fut réprimée avec autant de violence et par les mêmes méthodes qu'une révolte coloniale. Le consensus républicain français se forma alors sur le refus définitif de la révolution, et donna lieu au régime le plus durable qu'ait connu la France moderne, la Troisième République.

68. Pour une description du contexte historique de l'ouvrage et de ses conséquences voir (Sagnes).

69. La solution libérale au problème de la croissance transitait par ce que nous appelons aujourd'hui la « mondialisation » qui s'effectuait alors par la colonisation militaire. Louis-Napoléon ne jugeait pas que celle-ci pût offrir suffisamment de débouchés à l'industrie pour résorber le sous-emploi. La colonisation était pour lui une violence créant peu de consommateurs solvables nouveaux : « La Nation se trouve *composée de producteurs qui ne peuvent pas vendre et de consommateurs qui ne peuvent pas acheter ;* et le manque d'équilibre de la situation contraint le gouvernement, ici comme en Angleterre, d'aller chercher jusques en Chine quelques *milliers* de consommateurs en présence de *millions* de Français ou d'Anglais [...]. Qu'il nous suffise de dire que la quantité de marchandises qu'un pays exporte est toujours en raison directe du nombre de *boulets* qu'il peut envoyer à ses ennemis quand son honneur et sa dignité le commandent » (les italiques sont de Louis-Napoléon). Il commettait l'erreur de Marx, car la combinaison des boulets et des innovations permit aux empires européens de conserver des marchés extérieurs. Ils transféraient aux pays soumis les techniques anciennes, afin d'y vendre des produits de type nouveau indirectement payés en produits de type ancien qui s'y fabriquaient à meilleur marché, au grand dam des syndicats et des petits producteurs. Sauf pendant les crises cycliques, et surtout la Dépression, le marché prospéra de cette manière. Les entrepreneurs opposèrent constamment aux réformateurs le coût fiscal des politiques de relance, et la charge de toute mesure ayant pour effet d'augmenter le prix du travail.

70. « Quel gouvernement que le mien ! L'Impératrice est légitimiste, Morny est orléaniste, le Prince Napoléon est républicain et je suis moi-même socialiste. Il n'y a qu'un seul bonapartiste, c'est Persigny, et il est fou ».

71. A. Hitler, Discours au Club de l'Industrie de Düsseldorf, 27 janvier 1932 (Domarus).

72. (Marx), § 287 *sq*.

73. (Weber) & (Kelsen, Wesen und Wert der Demokratie)

74. Le *Führerprinzip*, en tant que tel, n'exige pas la violence physique. Il caractérise toute organisation formée de haut en bas, sans nécessité de consensus, dans laquelle les « conseils » sont seulement consultatifs. Ce système est toujours celui de la grande entreprise.

75. Le mercantilisme a laissé des traces encore visibles dans les caractères respectifs des économies européennes. Les entreprises françaises ont conservé des parts de marché dans tous les secteurs dont l'État colbertiste était le client (luxe, équipements militaires, infrastructures), le commerce international et son financement demeurant davantage des spécialités anglaises ou néerlandaises. En Espagne, l'importance de l'immobilier et des banques reste un reflet lointain du bullionisme.

76. La East India Company date de 1600 ; la Vereenigde Oostindische Compagnie de 1602 ; la Compagnie française pour le commerce des Indes orientales de 1664 ; la Svenska Ostindiska Companie de 1731 ; la Société d'Angola de 1748 ; la Compagnie universelle du canal maritime de Suez de 1859 ; et la Compagnie universelle du canal interocéanique de Panama de 1880. La Colonie du Massachussetts a reçu sa charte de corporation commerciale en tant que Massachusetts Bay Company en 1624. Elle fut révoquée par Charles II en 1684, mais reprit son statut privé en 1689, pour devenir une province en 1691.

77. L'un des traits de la bureaucratie d'État était aussi d'associer les élites intellectuelles et militaires, souvent d'origine modeste mais formées par ses écoles, à un consensus économico-politique présenté comme rationnel, les dissociant des couches inférieures de la société. N'ayant pas à craindre la concurrence du marché ni la contraction des besoins, la bureaucratie d'État pouvait s'attacher ses agents qui

formaient une classe de fonctionnaires publics à l'abri du chômage, bénéficiant en outre de possibilités réelles d'ascension sociale. Les professions judiciaires assuraient le lien entre bureaucratie privée et bureaucratie publique, agrégeant de manière encore plus intime la bourgeoisie au système ainsi formé.

78. Voir (Ferro).

79. Mussolini découvrit plus tard qu'il pouvait agir de même avec sa propre personne, concentration quintessentielle de l'italianité, rendant les élections inutiles ou contre-productives.

80. Il s'agissait aussi pour eux, au plan de l'imaginaire, de retourner avec vengeance, sur les contre-révolutionnaires, les méthodes répressives qu'ils avaient employées sur la Commune de Paris (et que les Versaillais avaient eux-même considérées comme une réponse pleinement légitime aux assassinats et pillages menés par les Communards). Le principe clausewitzien de montée aux extrêmes s'appliquait aussi bien aux guerres civiles. Bien après la consolidation militaire du régime soviétique, la « Grande Terreur » de 1937 exécutait en une année 750 000 citoyens soviétiques et en déportait 800 000 au Goulag.

81. « Nous n'avons pas défendu des intérêts antisocialistes voire pro-capitalistes. Notre lutte contre le Bolchevisme n'est pas un combat contre mais en faveur du Socialisme [...]. Un Socialisme véritable et authentique peut seulement se réaliser une fois éliminée sa forme la plus vile et abortive, le Bolchevisme juif [...en faveur d'une structure] adéquate aux valeurs dynamiques et aux standards du XXe siècle : une structure socialiste sous une forme nationale. Les classes moyennes bourgeoises de toutes les Nations se sont avérées impuissantes à traiter le Bolchevisme et sont inadaptées au combat contre lui [...]. Le Bolchevisme ne fait pas de compromis [...] il n'hésite pas à couper la gorge à ceux qui l'ont aidé à obtenir le pouvoir une fois qu'il l'a atteint. Voilà qui n'est pas une perspective très réjouissante pour ces politiciens bourgeois de quelques États d'Europe de l'Ouest qui croient toujours que le dard du Bolchevisme peut lui être ôté par un Front Populaire plus modéré [...]. Les forces les plus dignes d'une Nation doivent se mobiliser pour l'exterminer, car il est l'organisation de tout ce qu'on peut appeler les forces antiraciales du peuple. [...] Il dispose de ressources financières qui sont illimitées car les dictateurs

bolcheviques affament sans aucun scrupule la population russe tout entière [...]. Les partis communistes en dehors de Russie ne sont que des légions étrangères du Kominterm [...]. Son chemin est jalonné de montagnes de squelettes [...] qu'il réussisse, comme en Russie, ou qu'il échoue et soit éliminé, comme en Hongrie, Bavière, le District de la Ruhr et Berlin, ou qu'il se batte encore pour le pouvoir comme dans le cas de l'Espagne aujourd'hui » (Goebbels, Discours).

82. « Chez nous, la conception de l'État monolithique implique que tout soit dirigé depuis le centre. La logique extrême de cette attitude serait que le plus modeste des fonctionnaires aurait finalement plus d'importance que le maire d'Essen. Les Anglais en Inde font exactement l'inverse. Cent quarante-cinq mille hommes en gouvernent cent cinquante millions. À leur place nous aurions besoin de millions de fonctionnaires ! Les Français n'ont aucune autonomie administrative. Pour nous, ils sont le pire exemple possible [...]. Nos fonctionnaires sont entraînés à ne prendre aucune initiative, à rendre compte de tout, et à faire couvrir tout ce qu'ils font par un supérieur hiérarchique. Pour Berlin, voilà le type idéal du fonctionnaire ! Nous devons couper à la hache durement dans ce genre de choses. Nous pouvons facilement nous en débarrasser des deux tiers » (Hitler, Libres propos sur la guerre et la paix recueillis sur l'ordre de Martin Bormann), 16 novembre 1941. « Si nous laissons les bureaucrates continuer d'agir comme ils le font, dans quelques années nous découvrirons que la Nation a perdu confiance dans son administration. Des hommes efficaces avec les deux pieds plantés fermement sur terre ne toléreront pas que le travail qu'ils ont préparé, comme par exemple les maires, pendant de longues années d'effort soigneux soit rejeté ou détruit par quelque misérable petit rond de cuir à Berlin » (Hitler, *Libres propos sur la guerre et la paix recueillis sur l'ordre de Martin Bormann*), 3 mai 1942. « On pourrait arriver à la situation paradoxale suivante : une administration composée de crétins, et des entreprises privées capables de rassembler des cerveaux. Alors, pour préserver leur rôle, les fonctionnaires, par manque d'intelligence, n'auront que le pouvoir obtenu par leurs fonctions » (Hitler, *ibid.*), 2 novembre 1941. Particulièrement surprenante est son idée d'une politique culturelle entièrement décentralisée qui ne fasse pas une place spéciale à

Berlin, et soit soumise à une limitation volontaire de la croissance des grandes villes.

83. A. Hitler, Discours au Club de l'Industrie de Düsseldorf, 27 janvier 1932 (Domarus).

84. « Il n'y a rien d'étonnant à ce que le Communisme ait eu son bastion le plus solide en Saxe, ou qu'il nous ait fallu du temps pour gagner à notre cause les ouvriers saxons. Pas étonnant non plus qu'ils comptent à présent parmi nos soutiens les plus loyaux. La bourgeoisie saxonne était d'une étroitesse d'esprit incroyable. Ces gens insistaient pour dire que nous n'étions que de vulgaires Communistes ! Quiconque proclame le droit à l'égalité sociale pour les masses est un Bolchevique ! Leur manière d'exploiter leurs ouvriers était inimaginable. C'est un véritable crime d'avoir transformé les ouvriers saxons en prolétaires. Il y avait là-bas le règne d'une ploutocratie comparable à ce qui existe aujourd'hui en Angleterre [...]. Je ne blâme pas les petits d'être devenus Communistes ; mais je blâme les intellectuels qui n'ont rien fait d'autre qu'exploiter la pauvreté des autres à d'autres fins [...]. En eux-mêmes, je trouve nos Communistes mille fois plus sympathiques que, disons, Starhemberg [ancien nazi devenu nationaliste autrichien]. Ils étaient de solides gaillards C'est dommage qu'ils ne soient pas restés plus longtemps en Russie. Ils en seraient revenus complétement guéris » (Hitler, *Libres propos sur la guerre et la paix recueillis sur l'ordre de Martin Bormann*), 2 août 1941.

85. « Les bourgeois avec lesquels nous avons dû flirter au temps de notre lutte étaient de simples esthètes. Mais ce dont j'avais besoin étaient des partisans qui se donnent corps et âme » (Hitler, *ibid.*), 2 novembre 1941.

86. « Un fait significatif qui ressort est que les parties de l'Inde qui ont été le plus longtemps placées sous gouvernement britannique sont aujourd'hui les plus pauvres. Assurément, on pourrait dresser quelque courbe qui montre l'étroite connexion entre la longueur du gouvernement britannique et l'augmentation progressive de la pauvreté » (Nehru). La question des bénéfices du Raj étant un enjeu toujours actuel de la politique intérieure indienne, sa discussion scientifique est entachée de biais idéologiques. Il est vraisemblable que l'Inde n'a pas été appauvrie par le règne britannique, mais que sa croissance a été

extraordinairement faible : à en croire un des principaux défenseurs de la colonisation britannique, le revenu par tête de l'Inde aurait été supérieur de 20 % en 1915 à ce qu'il était au début de… l'ère chrétienne. Voir (Lal). L'empire nazi, lui, engendra une décroissance drastique des territoires conquis, à l'exception de l'Autriche.

87. Voir (Aly), *passim*.

Chapitre VI
L'antagonisme

1. La personne de Staline constitue une illustration vivante d'un antagonisme paroxystique. Sa carrière est susceptible d'être intégralement décrite comme la série des groupes qu'il s'agit pour lui d'éliminer. Le but affiché, « l'édification du socialisme », ne requiert de sa part aucune description ou méthode autre que la destruction de ceux dont la simple existence lui paraît un obstacle. Tout individu devient par principe une menace, même s'il fait partie des fidèles ou des hommes de main, et doit en conséquence être à son tour supprimé le jour venu. L'historicisme justifie seul cette succession indéfinie des sacrifices humains, aucune vie ne pesant d'un poids quelconque face au principe supérieur dont Staline s'affirme l'incarnation et qu'il n'éprouve aucun besoin d'expliciter. Tandis que Hitler adopte un antagonisme ciblé, qu'il pousse à son intensité maximale, Staline exerce un antagonisme sériel, virtuellement illimité. C'est la raison pour laquelle les anéantissements extensifs dont le second est responsable finissent par être démographiquement plus vastes encore que les anéantissements plus intensifs du premier. C'est aussi la raison pour laquelle les craintes de Staline sont autoréalisatrices, ses proches n'étant pas les moins déterminés à l'assassiner.

2. La lutte contre les actes est, en pratique, très différente de la lutte contre ceux qui les commettent, et plus différente encore de la lutte contre des groupes mal déterminés supposés inclure ceux qui les commettent. L'indistinction peut conduire à négliger les actes incriminés pour s'en prendre à des innocents, et, s'il s'agit d'un coupable, à

appréhender principalement sa conduite à partir de son appartenance à un groupe. Il en va autant de l'efficacité que de la justice, car la lutte contre les actes incriminés s'affaiblit quand les coupables sont étrangers aux groupes visés, et s'accompagne de méprises sur les motivations du crime. Il est fréquent de confondre de cette manière un « atavisme ethnique » avec une situation sociale, ou une tenue vestimentaire avec une menace. Échappent au contraire à la surveillance des personnes dangereuses qui n'émettent aucun signe d'appartenance aux groupes sur lesquels l'antagonisme est fixé. À l'inverse, une pratique non antagoniste n'implique pas d'indulgence particulière.

3. Les antagonismes religieux, le suprémacisme sexuel, en sont d'autres formes (non limitativement).

4. Le concept de « modèle du monde » est à distinguer de ce que la langue allemande appelle la *Weltanschauung* (vision du monde). Cette dernière est un état de la représentation, tandis que le premier est un processus produisant les représentations, au moyen de classifications et d'évaluations. Le modèle du monde est l'instrument par lequel toute réalité est construite à partir d'informations qui ne prennent leur sens qu'en fonction de lui. Une « idéologie » est un schème collectif de représentation de la société humaine, se spécifiant de manière individuelle en s'intégrant aux modèles des personnes concernées.

5. Ce qu'il « convient de faire » n'est pas l'équivalent de ce que je « devrais faire » en vertu d'un code moral. Le devoir correspond à une fonction parmi d'autres à l'intérieur du modèle qui conduit à la décision. Il est fréquent que le modèle indique qu'il convient de faire le contraire de son devoir, en vue de préserver un intérêt évalué comme vital. L'idée socratique d'après laquelle « nul ne fait le mal volontairement » (*Gorgias*) est trop rudimentaire. Le modèle peut imposer des comportements qu'il reconnaît comme moralement mauvais, en vertu d'autres considérations auxquelles il accorde temporairement une priorité : celui qui sauvegarde sa propre vie en parlant sous la torture sait pertinement qu'il est mal de trahir ses amis et d'entraîner la mort de nombreuses autres personnes, au moment où il le fait. Il est conscient de ce que le bien auquel il s'arrête est de rang moral inférieur à celui qu'il écarte sous l'effet de la crainte ou de la souffrance.

6. Un résumé succinct de la théorie de la spécularité, peut être le suivant : le modèle du monde que chacun se construit est une représentation des modèles du monde des autres ; et nous n'interprétons la réalité (y compris ce que nous sommes) que par ce moyen. Bien que nous soyons incapables de nous décrire introspectivement à nous-mêmes avec exactitude le contenu de notre propre modèle du monde, et *a fortiori* d'en communiquer la description transparente aux autres, nous en émettons des indices par nos comportements et nos discours. Les modèles des différentes personnes finissent par s'ajuster entre eux de manière à assurer une coordination au moins minimale, qu'il s'agisse de coopération ou même d'opposition. Ce mécanisme très puissant produit aussi bien la science et l'idéologie, les langues et les arts, la vérité et l'erreur, l'opinion ou la guerre, en un mot la culture humaine tout entière et la part non-biologique de la psychologie des individus. Voir (Vullierme).

7. La thèse du « Hitler fou » est soutenue notamment par l'historien François Delpla (Delpla), alors que toutes les approches de type psychologique, psychiatrique ou psychanalytique, conduites précocémement par les puissances ennemies (Staline ayant par exemple commandité une enquête personnelle), puis surtout très nombreuses après-guerre, ont échoué tant sur la personnalité de Hitler que sur le nazisme en général. Hitler souffrait de troubles anxieux aggravés par le traitement inadapté de douleurs digestives chroniques (au moyen d'amphétamines). Il avait traversé durant la Grande Guerre un épisode de stress post-traumatique, consécutif aux gaz de combat, qui s'est révélé de courte durée et que la médecine d'alors ne diagnostiquait pas correctement. Il n'était atteint d'aucun désordre durable qui soit pertinent pour la psychiatrie d'aujourd'hui. Ses performances sociales n'étaient pas altérées, ce qui est désormais une condition des psychopathologies, se montrant au contraire d'une grande habileté politique et diplomatique. Même quand il s'exprimait avec véhemence, ses propos reposaient sur une argumentation ; et les analyses qu'il proposait pouvaient être de bonne tenue intellectuelle (voir par ex ch. 4.3.1). Le diagnostic de « folie » (terme devenu étranger à la médecine) repose, en réalité, sur sa seule idéologie. Il est incompréhensible à certains de nos contemporains d'accuser un peuple entier d'être un bioagresseur,

au même titre qu'un virus, et en conclure qu'il doit être exterminé. Ce n'était pas le cas à une époque dans laquelle le racialisme, représenté par des universitaires reconnus, avait divisé le genre humain en espèces dont la compétition justifie des réponses parasitologiques. Un projet exterminateur pouvait ainsi être envisagé sur des bases rationnelles, en faisant seulement fi des « préjugés moraux » que plus d'un entendaient alors placer derrière des « impératifs politiques ». Un second argument en faveur de la « folie » de Hitler est qu'il était persuadé d'avoir été choisi par la Providence. Hormis la caractère banal de cette expression le plus souvent métaphorique, elle se justifie par une correspondance supposée entre le choix de la personne du leader et le sens de l'Histoire. Les hommes « providentiels » et convaincus de l'être sont ainsi très nombreux, cette conviction pouvant être ou non religieuse. Aucun de ces traits ne relève de la nomenclature psychopathologique ni n'est unique à Hitler.

8. Cette machine est représentable en principe comme une « machine de Turing », en l'occurrence comme la mise en œuvre en dernière analyse biochimique d'un code complexe, évolutif, autoréférentiel et en interaction permanente avec les modèles des autres machines homologues.

Chapitre VII
Thérapies cognitives

1. Il semblerait possible de faire remonter aux croisades l'exacerbation de l'antagonisme exterminateur, dès la première (1096-1099). S'y fusionne la défense du christianisme et l'hostilité militaire envers des monarques seldjoukides pratiquant eux-mêmes une version très agressive de l'islam. Les valeurs évangéliques sont désormais inversées, selon la combinaison suivante : 1) une idéologie suprémaciste à l'égard des turcs (« un peuple aussi méprisé, aussi dégradé, esclave des démons », dit Urbain II) perçus comme des barbares sans Dieu dans le cadre d'une hiérarchie graduée qui inclut juifs et arméniens, mais reste distincte de la simple hostilité envers les grecs ; 2) Une visée

colonialiste, très nette dans le cas de la noblesse normande ; 3) Des pratiques aciviles, terroristes, anempathiques et exterminatrices n'épargnant ni femmes ni enfants (« les nôtres, rapporte Raoul de Caen, faisaient bouillir des païens adultes dans des marmites et fixaient des enfants sur des broches et les dévoraient grillés »), qui sont différentes des usages de la guerre entre catholiques (« ceux-là qui jusqu'ici s'adonnaient à des guerres privées et abusives, au grand dam des fidèles », précise le Pape); 4) Un militarisme autoritaire ; 5) Un embryon de visée historiciste par l'édification d'une Jérusalem terrestre permettant une rédemption graduelle ; 6) un propagandisme religieux massif ; 7) Des éléments de populisme (en particulier la croisade de Pierre l'Ermite, répondant à l'appel à « tous, à quelque classe de la société qu'ils appartiennent, chevaliers ou piétons, riches ou pauvres »); 8) Des éléments de jeunisme, s'accentuant lors de la croisade dite « des Enfants » de 1212 ; 9) L'esclavagisme, les Génois, en particulier, poursuivant la traite avec les musulmans ; 10) La judéophobie (« dans la mosquée Al-Aqsa, ils massacrèrent 60 000 personnes. Ils réunirent et enfermèrent les Juifs dans leur synagogue et les y brûlèrent vifs », dit un chroniqueur musulman). Il ne manque à la nébuleuse que ses composantes strictement modernes : nationalisme, positivisme juridique, antisémitisme industriel, suprémacisme racial scientifique et bureaucratisme. Jusqu'alors, les grands massacres européens avaient été presque exclusivement des représailles militaires ou des événements localisés. Si la déportation de masse était une pratique antique, c'est l'entrée pas à pas dans l'ère de la colonisation qui marqua l'arrivée d'une ingénierie de l'anéantissement combinée à l'esclavage. Il est possible que la volonté d'exterminer l'autre en tant que tel, ait d'abord été liée à la transformation du christianisme même en « arme absolue » à partir des invasions vikings : plutôt que combattre les normands, les rois et empereurs européens avaient en effet choisi de les installer chez eux en échange de leur christianisation, pensée en condition nécessaire et suffisante de toute coexistence pacifique. Cette stratégie avait alors fonctionné plus efficacement encore qu'avec les germains qui, pour certains d'entre eux, avaient continué de combattre Rome après leur conversion. Puisque les terribles vikings s'étaient, contre toute attente, soumis à l'arme idéologique suprême que devenait le christianisme, tout groupe résistant désormais à cet armement spitituel, comme le faisaient sans fléchir les turcs du Proche-Orient, passerait pour définitivement irréductible, n'offrant d'autre voie de préservation que leur anéantissement. À supposer que cette hypothèse relative aux racines religieuses de l'antagonisme en Europe soit correcte, il reste que loin de disparaître au moment de la déchristianisation, l'antagonisme se diffusa encore plus largement, se retournant au passage contre le christianisme, et devenant le mode ordinaire du regard sur l'autre.

2. Vingt ans avant la Terreur, Joseph-Marie Amiot, missionnaire jésuite en Chine, publiait *L'Art militaire des Chinois, ou Recueil d'anciens traités sur la guerre, composés avant l'ère chrétienne, par différents généraux chinois. Ouvrages sur lesquels les aspirants aux grades militaires sont obligés de subir des examens. On y a joint dix préceptes adressés aux troupes par l'empereur Yong-tcheng père de l'empereur régnant. Et des planches gravées pour l'intelligence des exercices, des évolutions, des habillements, des armes, & des instruments militaires des Chinois* (Amiot). Ces traités, surtout connus aujourd'hui par celui de Sun Tsu, sont encore enseignés dans les écoles de guerre et de management, pour les stratagèmes qu'ils décrivent, non pour leur philosophie (Tchang Kai-chek qui les révérait, a lui-même conduit des guerres à l'occidentale). Ils contiennent, parmi d'autres éléments, un exposé des principes de la guerre humaniste qui n'est donc pas un oxymore. Roger Caillois, en a donné un commentaire (Caillois). Il s'agit non de lois de la guerre, mais d'éthique de la guerre, une entreprise d'autant plus méritoire qu'elle n'exige pas la réciprocité. Beaucoup des règles demeurent applicables, indépendamment de la taille et de la forme des armées. Cette éthique, qui n'exclut pas les ruses cyniques, et n'est pas nécessairement un modèle aux autres points de vue, ne peut être réduite ni à une utopie ni à une hypocrisie. Elle formait alors la doctrine officielle imposée aux généraux. Distincte du code d'honneur aristocratique qui est également décrit, elle conçoit la guerre comme une calamité à éviter avant tout, et dont il faut à tout le moins minimiser l'ampleur, la durée, l'acivilisme et l'anempathie. Les méthodes de terreur sont proscrites. Les secours aux victimes sont obligatoires, et doivent être étendus aux armées ennemies quand elles souffrent de calamités. On ne doit ni poursuivre les fuyards ni humilier celui qui s'est rendu. Il

faut manifester respect et dignité envers les subalternes, et devenir un modèle pour l'ennemi dans la façon de conduire les opérations. La seule justification des stratagèmes est d'éviter de faire couler le sang. Si l'on ne peut combattre en suivant ces principes, il faut se retirer. Dans le cas d'un adversaire qui prend l'initiative de l'attaque et n'en respecte lui-même aucun, on doit encore les appliquer, seul le code de courtoisie étant suspendu à son égard. On notera que ces règles n'ont pas empêché la Révolte d'An Lushan et sa répression, au VIIIe siècle, d'avoir entraîné 30 millions de morts d'après les registres censitaires. Nous ignorons si un effondrement démographique d'une telle ampleur correspond à un redécoupage administratif, ou si l'éthique de la guerre était inappliquée dans le cas des guerres sociales.

3. Sur le contexte complexe de la déclaration Balfour du 2 novembre 1917, voir (Durkin). Le langage de cette très courte déclaration avait été pesé avec soin pendant plusieurs mois. Il était d'une ambiguïté calculée, parlant de « l'établissement *en* Palestine d'*un foyer* national *pour* le peuple Juif », et non de la transformation de la Palestine en État Juif. Le Cabinet britannique avait alors à l'esprit une fédération de nationalités, placée au moins initialement sous son contrôle, dans laquelle la « nationalité juive » assurerait plus particulièrement la permanence des intérêts de Londres dans une région cruciale pour le passage vers les Indes et les approvisionnements pétroliers. La déclaration avait été accelérée par la situation militaire de 1917. Weizmann avait fait promettre que le texte déclencherait l'enthousiasme des communautés juives américaine et russe, cette dernière offrant un appui auprès des bolcheviques qui menacaient de prendre le pouvoir à Saint-Pétersbourg de façon imminente (la révolution dite d'Octobre intervient 4 jours plus tard). En réalité, les communautés juives partout dans le monde étaient pour le moins divisées sur la question sioniste, les États-Unis, dont le gouvernement comportait peu de juifs, étaient déjà entrés en guerre le 2 avril et les bolcheviques n'étaient pas sionistes.

4. Voir (Johnson).

5. On se mit à voir dans la pensée moderne, celle de la Renaissance colonialiste, des Lumières de la révolution thermidorienne, puis de l'industrie, l'expression d'une volonté de puissance sur la nature

physique et sociale, et une entreprise de soumission et d'ordonnancement, s'autorisant une violence d'autant moins limitée, dans ses objets comme dans sa forme, qu'elle se justifiait de l'idéologie universelle de la Raison. Voir par exemple (Horkheimer & Adorno)

6. Michel Foucault avait appelé « microphysique du pouvoir » l'excavation des mécanismes à peine visibles de contrôle « rationnel » exercé par la société libérale, y compris sur le corps des individus, par l'entremise des institutions modernes, notamment médicales et pénitentiaires. Pour les conséquences sur l'analyse du nazisme, voir (Traverso, *L'histoire comme champ de bataille – Interpréter les violences du XXe siècle*), ch. 6.

7. Si la majeure partie de la critique post-moderne a été effectuée par des auteurs qui se sont finalement ralliés au principe humaniste de garanties des personnes contre les exactions, notamment Foucault, certains en sont venus à légitimer la violence à l'encontre de la société occidentale en tant que telle. Ce fut le cas des intellectuels philo-terroristes soutenant le groupe Baader en Allemagne ou les Brigades Rouges en Italie. Ce fut le cas d'Alain Badiou qui n'a jamais que « regretté » ses jugements laudateurs à l'égard de la politique des Khmers Rouges, justifiant leurs régime au nom de la « pensée progressiste et communiste » qui vise à obtenir la victoire contre le « capitalisme », notion antagoniste floue ne faisant aucune place à une distinction entre les modalités opposées du libéralisme ni entre les personnes.

8. Le non-antagonisme de Gandhi (qu'il expose notamment dans deux lettres à Hitler) semble toutefois ne jamais s'être démenti, lui qui concevait son nationalisme comme une opération de décolonisation non-violente. Mais son nationalisme était d'autant plus ferme qu'il n'y voyait pas d'alternative.

9. « Ce que la honte découvre, c'est l'être qui *se découvre* » (Lévinas). La honte est le sentiment de ne pouvoir être différent de ce que l'on est, s'étant découvert différent de ce que l'on croyait être. Les participants à une puissance dominante veulent pouvoir se regarder différemment de la manière dont ils regardent les autres. Découvrir qu'ils sont les mêmes qu'eux est ce qui leur fait honte.

10. La notion de compassion, qui provient du bouddhisme, s'est introduite dans la pensée occidentale au terme des trois siècles de présence grecque en Inde, se répandant par le canal du christianisme. À l'ère préchrétienne le judaïsme connaît cependant déjà le précepte d'amour du prochain.

11. Nommer les choses humaines est, au bout du compte, une affaire cognitive de vie ou de mort, qui ne se traite pas en atténuant seulement la connotation péjorative des mots ; ni en acceptant toutes les identités réclamées au moment où elles se présentent. Un raciste peut bien appeler « black » celui qu'il appelait un « nègre », sans réduire l'hostilité éprouvée. Une personne peut se revendiquer de l'une des innombrables catégories relevant de l'ensemble LGBT+, sans susciter ni compréhension ni respect de la part de ceux qui en adoptent le vocabulaire. Ce qui importe est qu'une personne soit en premier lieu une « personne », que ses attributs ne dérivent pas d'un classement antagoniste, et que la description de ses traits, habitus et comportements, n'intervienne que de manière pertinente au regard des circonstances. Un médecin ne devient « hispanique », et un mathématicien ne devient « scandinave », que dans la problématique liée à leur environnement culturel. Le porteur d'un phénotype masculin peut être appelé un « homme », sans considération pour ses désirs ou ses mœurs, sauf lorsque désirs et moeurs sont l'objet de la discussion. Être « politiquement correct » devient incorrect lorsque la formulation rapproche un tant soit peu du risque de mort ou éloigne de l'universalité de la personne.

12. Sur la permanence du nationalisme dans l'historiographie française, voir (Detienne). Un premier mouvement encourageant vers une histoire non nationale de l'Europe médiévale est toutefois à signaler (Wichham et Norman Davies, *Europe : A History*, Pimlico, Londres, 1997, ou Wim Blockmans & Peter Hoppenbrouwers *Introduction to Medieval Europe, 300-1500*, 2nd ed. Routledge, New-York Oxon, 2014). D'autres travaux sont parus depuis qui, sans encore écarter le cadre géographique national, s'efforcent de le contextualiser et de montrer ses porosités. Par exemple : (Boucheron).

13. Certains ont considéré que ces négociations dissimulaient seulement une déroute en rase campagne du gouvernement. Or, s'il

est vrai que celui-ci se voyait acculé à passer la main, il n'est non moins vrai qu'il n'a ni encouragé ni autorisé les résistances terroristes au changement. Le simple fait que ni le chaos ni la vengeance n'ont régné dans un contexte qui leur était pourtant si propice, montre la nature des négociations ainsi conduites.

14. Le grec Αγών (*Agôn)* désigne une lutte avec soi-même s'effectuant en compétition avec des partenaires. On nomme ainsi Ἀγῶνες (*agônes)* les jeux sportifs à finalité religieuse, dont les Jeux olympiques (Ὀλυμπιακοὶ Ἀγῶνες). Agôn, à la différence de Πολεμος (Polemos), l'esprit de la bataille et de la guerre civile, ne prend pas l'autre comme objet de la lutte. Son contraire est Ἔρις (*Eris*), la discorde. Agôn désigne aussi le débat tragique, ou dramatique en général, qui expose un dilemme : Aristophane, dans la *Paix (*Ειρήνη, *Eïrene)*, « expose » *Polemos* par un *agôn*. L'*agôn* est irénique, Polemos est antagoniste, et c'est pourquoi Héraclite dit de Polemos qu'il a divisé les hommes en libres et en esclaves, qu'il est le roi dont l'autorité pèse sur les choses. Socrate, visant toujours une résolution, conduit sa démonstration comme un *agôn*, avec des interlocuteurs, non en polémique avec eux, car la polémique – spécialité des sophistes – conduit à l'aporie. L'agonie est aussi un combat du corps pour sa survie, non un combat contre quiconque. En biologie, on appelle agonistes les molécules qui coopèrent à un même processus. Elie Bernard-Weil a développé une pensée originale sur la base des stratégies paradoxales en médecine, qu'il appelle « ago-antagonistes » et qui combinent dans le même traitement les molécules agonistes et antagonistes (Bernard-Weil).

Chapitre VIII
Constructions mythiques, perspectives concrètes

1. Elle s'exprime d'abord par le renversement de la Déclaration Balfour au profit du Livre blanc. Son motif était le rôle clé de la région dans la préservation de l'Empire (du fait de la présence du canal de Suez comme des gisements d'hydrocarbures) et l'impossibilité

d'y stationner des troupes assez nombreuses pour maintenir l'ordre en cas de rébellion arabe, la révolte de 1936-1939 ayant requis la présence de deux divisions désormais indispensables aux autres fronts.

2. Un peu moins de 300 000 juifs européens, principalement des rescapés des camps, immigrèrent en Palestine jusqu'aux années 1950, y constituant alors un peu moins de la moitié de la population israélienne.

3. Ces habitants du Maghreb ou du Machrek étaient en pratique expulsés sous l'effet des nouveaux nationalismes. Les gouvernements concernés luttaient contre Israël en accroissant inopinément sa population.

4. Ce fut le cas jusqu'aux années 1980.

5. Le représentant soviétique à l'ONU déclarait, en octobre 1947, en langage diplomatique : « Les souffrances subies par les Juifs au cours de la dernière guerre doivent constituer un élément important dans la décision de l'Assemblée. Les Juifs luttent pour un État qui leur soit propre, et il serait injuste de leur refuser le droit d'atteindre cet objectif ».

6. Le sionisme en *Eretz Israël* se vivait comme un nationalisme pur et simple. Il se revendiquait comme tel, à la manière des autres nationalismes européens. Sa particularité était de se fonder sur une identification religieuse laïcisée, le rite formant le seul lien ethnique, complété par le sentiment d'une expérience commune à l'égard des persécuteurs depuis l'Antiquité. Il avait effectué la projection historique rétroactive opérée par toute Nation, et ne se présentait pas comme dépendant d'événements récents, fussent-ils de très grande ampleur. Israël se poserait, comme toute Nation, en opposition aux autres Nations, donc à la Grande-Bretagne autant qu'à l'Allemagne. L'exigence d'homogénéité nationale conduisait l'histoire spécifique des communautés séfarades ou orientales (les *mizrahim*) à passer peu à peu au second plan de la mémoire, bien que les non-ashkénazes eussent d'abord représenté un cinquième des populations juives, puis une proportion beaucoup plus grande après l'extermination. Nombre de dirigeants s'estimaient même autorisés à intégrer à leur nationalisme un sentiment de supériorité à l'égard de victimes diasporiques dont la

passivité leur paraissait honteuse. Voir à ce sujet (Bensoussan, *Entre la Honte et le Devoir : la Mémoire sans Voix des Rescapés.*)

7. Les *Einsatzgruppen* et unités auxiliaires à eux seuls firent au moins deux millions de victimes, d'après les estimations d'Eichmann (RG 263, *Records of the CIA*, déclassifiés en 2006), Auschwitz-Birkenau (dont 90 % des victimes étaient d'origine juive) étant à présent crédité de 1,1 millions de morts sur un total de morts en abattoirs de 4 millions d'après Eichmann. Himmler considérait le total réel très supérieur à 6 millions (Breitman R & Goda N).

8. Le négationnisme, qui s'appuie sur les résultats du programme d'effacement réalisé par Himmler, et entend rester dans l'ignorance de la documentation massive, des aveux des exécutants et de la permanence des charniers, constitue une des formes les plus aiguës d'antagonisme à l'encontre de toute cible bénéficiant de sympathie quelconque eu égard aux exactions exceptionnelles qu'elle a subies.

9. 38 millions de civils européens (URSS orientale incluse) moururent durant la Seconde Guerre mondiale, dont au moins 30 millions du fait de l'activité nazie. Il est impossible de déterminer précisément parmi celles-ci le nombre des victimes raciales ou ethniques, qui semble toutefois supérieur à la moitié si l'on intègre toutes les nationalités expressément visées, notamment en Europe centrale et orientale, même après déduction des victimes collatérales des bombardements et des opérations de guerre. Les victimes non-raciales et non-combattantes comprennent pour leur part des cibles politiques, eugéniques et sexuelles. Il faut y ajouter les survivants des camps et des asservissements.

10. On a souvent fait observer que le point de vue « palestino-centriste » dominant à l'intérieur du *Yishouv* avait conduit à méconnaître le danger hitlérien puis l'ampleur de la dévastation. Pourtant, les nazis avaient bien l'intention de détruire le Yishouv. Heydrich avait confié à Walter Rauff la préparation de l'Einsatzgruppe Ägypten destiné à rejoindre en temps utile l'Afrika Korps pour opérer l'extermination en Palestine.

11. La présence juive en Palestine, avant les pogroms russes était de quelques milliers de personnes, souvent de culture arabe. Elle comprenait des séfarades ayant quitté l'Espagne au moment des

explusions ibériques ; des religieux appartenant à diverses communautés messianiques, venues à différentes périodes depuis le Moyen Âge ; mais aussi un nombre extrêmement réduit de descendants de galiléens et judéens ayant appartenu avant la Diaspora à la « Maison d'Israël » (donc à l'exclusion, entre autres, des Samaritains, présents en plus grand nombre), et dont la lignée avait échappé aux dispersions sans se convertir au christianisme ou à l'islam au cours du temps.

12. Voir (Lowe, *L'Europe barbare 1945-1950* [trad. fr.]).

13. Dans les deux cas, le mariage mixte était prohibé. Les motivations et les conséquences étaient souvent inverses : Hitler s'était efforcé d'être moins strict avec les épouses allemandes, accordant à la paternité autant de poids que la *halakha* n'en donne à la maternité.

14. Un critère confessionnel s'y ajouta ultérieurement, afin de filter l'arrivée de prêtres chrétiens d'origine juive. En 2018, le gouvernement israélien décida de mettre en cause l'exception initiale pour faire d'Israël un pur « État-Nation ».

15. Nationalisme ethnique, militarisme, positivisme juridique, jeunisme et anempathisme étaient revendiqués d'une façon ou de l'autre. Il en allait différemment du colonialisme. Le sionisme, dans sa version majoritaire, assumait sans difficulté le nationalisme, mais ne se pensait pas colonialiste, estimant que les juifs se réinstallaient simplement sur des terres possédées par les Hébreux il y a des milliers d'années. Ce sionisme ne se confondait pas avec le colonialisme des « révisionnistes » (Vladimir Jabotinsky était mort en 1940) qui, eux, étendaient leur revendication à un « Grand Israël », théologiquement « promis » mais jamais occupé. Toutefois le thème de la *terra nullius* (« une terre sans peuple pour un peuple sans terre », selon la formule de Hertzl), désertique et sous-peuplée, récurrent dans les colonialismes, était évoqué par l'ensemble des courants. La Palestine était assurément une région très arriérée et sous-équipée, donc relativement peu peuplée, mais elle n'était pas vierge.

16. L'esclavagisme est à peu près la seule des composantes à avoir été partout bannie de l'idéologie dominante, même s'il perdure de fait à plusieurs endroits.

17. Un grief communément adressé aux juifs non-sionistes ou non-nationalistes par certains sionistes était de souffrir de « haine de

soi », un reproche qui suppose l'existence d'une tare atavique susceptible d'affecter la « personnalité juive » pensée comme une substance. L'antagonisme interne était tel qu'il arriva, après la guerre, que les rescapés des camps, à la « lâcheté » desquels était opposée la vertu des sabras, soient traités de « savons » (*sic*) en terre d'Israël, cf. (Jablonka). Voir note suivante. Ce mépris perdura au moins jusqu'au procès d'Eichmann. Les imputations xénophobes n'ont en outre pas été absentes du regard porté de l'intérieur d'Israël sur les minorités séfarades, orientales ou éthiopiennes. L'antagonisme y devenait autophage, selon sa pente constante dans les nationalismes.

18. Une part des autorités, alors désireuses de stimuler une mythologie héroïque, en vinrent à porter aux victimes le reproche, qui devint récurrent, de s'être « laissées conduire à l'abattoir comme des moutons » en vertu d'une « culture du ghetto », comme s'il était inhabituel pour des civils désarmés de se soumettre aux ordres d'une troupe invincible par eux. Une historiographie de la faiblessse et de la passivité, « contraire à la loi de Dieu », se fit entendre pendant des décennies en Israel, divisant le rabbinat dont une minorité donnait le pas à la « sanctification de la vie ». Bruno Bettelheim, dans un singulier mouvement d'anempathie rétrospective, s'en prit à tout ceux qui s'étaient laissé tuer sans résistance, et même à ceux qui, comme les parents d'Anne Frank, s'étaient cachés en famille au lieu de fuir ou se disperser. Or, si le 7 octobre 1944, à la différence des onze autres groupes qui les avaient précédés, les membres des *Sonderkommandos* des crématoires d'Auschwitz Birkenau se soulevèrent, faisant 70 morts parmi les SS, la raison en était, non qu'ils fussent soudain devenus plus courageux que d'autres, mais qu'ils disposaient enfin d'une petite quantité d'armes automatiques introduites par la résistance locale, et qu'ils pouvaient ainsi donner les premiers un sens à leur suicide. Les victimes civiles du nazisme, quelle que soit leur culture ou leur nationalité, ne bénéficiaient pas en général au moment de leur persécution d'une capacité matérielle de résistance. Toute révolte déclenchait un processus répressif très dissuasif, sans fournir le moindre espoir. Rares étaient les zones de repli pour une résistance, tandis que les otages exposés étaient nombreux. Certains tentèrent, cependant, de faire honte aux victimes de ne s'être pas révoltées partout par dignité, et

de n'avoir pas multiplié les insurrections suicidaires sur le modèle du ghetto de Varsovie (avril 1943), plutôt que d'accepter l'avilissement auquel leur soumission contribuait. C'était faire peu de cas de l'épuisement physique et moral de quiconque subit de semblables traitements, comme du désir légitime de retarder un destin fatal pour soi-même ou les siens, ne serait-ce que d'un instant. S'il est louable qu'une personne seule fasse preuve d'un héroïsme aristocratique face à la torture ou la mort, renonçant à « sauver sa peau » pour sauver ses principes, il est moins justifiable d'y entraîner, sans leur consentement, d'autres que soi, quand même on les saurait condamnés. Sur les *Judenräte,* voir ch. 4.1, note 12.

19. L'*Aliyah*, l'immigration en Israël, n'est pas en général considérée comme une prescription religieuse (*mitzva*).

20. Le sionisme originel ne faisait généralement pas l'objet d'une hostilité de la part des antisémites. Ils pouvaient au contraire s'y montrer favorables, en espérant obtenir par cette voie le confinement des Juifs hors d'Europe. Les acteurs de l'antisionisme étaient, parmi bien d'autres mouvements juifs, le Bund (l'Union générale des travailleurs juifs) et l'Alliance israélite universelle (qui modifia sa position après la Seconde Guerre mondiale), les religieux fondamentalistes, les organisations rabbiniques en Allemagne, Autriche et aux États-Unis, et plus généralement les assimilationnistes, ensemble alors prépondérant parmi les élites libérales juives. Les sionistes étaient eux-mêmes fortement divisés entre un puissant courant « culturaliste » représenté par Ahad Ha'am (Asher Ginsberg), préconisant uniquement l'installation en Palestine d'un foyer culturel étroitement limité (« quelque chose comme Monaco, avec une université au lieu d'un casino » dit encore Weizmann en janvier 1915), agissant comme un modèle spirituel en dialogue avec les autres communautés (sur la recommandation de Martin Buber), et un courant longtemps minoritaire préconisant une véritable colonie de peuplement. L'antisionisme devint de manière tardive une forme de judéophobie. L'alliance du leader nationaliste Mohammed Amin al-Husseini avec le nazisme fusionna, pour la première fois, antisionisme et antisémitisme (Hitler isolément n'ayant pas d'abord été antisioniste, comme le prouve l'accord, déjà évoqué, de la *haavara*, le 25 aout 1933, qui

lui permettait d'évacuer 60.000 juifs et d'encaisser des devises). La cause nationaliste arabe, comprise comme lutte anticoloniale, ouvrit ensuite à l'antisonisme un second public issu de l'anticolonialisme. Ce nouvel antisionisme, qui se défendait vocalement de toute judéophobie, n'était pas pour autant toujours insensible à une version modifiée de la théorie du complot, dans laquelle le judaïsme est remplacé par un « capitalisme » souffrant de défauts analogues à ceux que l'antisémitisme imputait aux Juifs, et faisant d'Israël sa tête de pont. Même quand il n'adopte pas cette thématique, l'antisionisme contemporain, d'une manière générale, ne propose pas de solution permettant de garantir la préservation de la population juive dans l'hypothèse où elle aurait perdu son État, ni, dans l'hypothèse d'un bouleversement démographique lié à l'arrivée massive de populations palestiniennes, de garantir la préservation de la culture singulière qui s'est développée dans le pays depuis l'indépendance. Dans ses figures radicales, cette absence de solution est imputée à la faute des habitants juifs d'Israël. Tout ceci impose à l'observateur de distinguer nettement entre, d'une part, l'antisionisme et, d'autre part, l'opposition aux politiques nationalistes et expansionnistes de gouvernements israéliens. Le premier, qui menace dans son existence même un établissement juif devenu majeur, est judéophobe dans sa construction ; tandis que la seconde, qui combat l'expansionnisme et préconise le retrait des territoires occupés comme la cohabitation de deux États, et qui provoqua en réaction nationaliste l'assassinat d'Yitzhak Rabin, ne l'est pas. La critique des politiques expansionnistes ou nationalistes peut être au contraire conduite par des personnes attachées à la préservation d'Israël, ce qui est le cas de la majorité de l'intelligentsia du pays, ainsi que de la totalité des dirigeants du *Shin Bet* (service de la Sécurité interieure) depuis les années 1980. Voir les témoignages directs de ces derniers dans le documentaire de D. Moreh *The Gatekeepers* (2012).

21. Le nationalisme arabe remontait au début du siècle. Il se déployait selon deux directions peu conciliables en toute logique mais qui se cumulaient : le panarabisme et le nationalisme des États locaux. Le nationalisme atteignait au Proche-Orient sa phase virulente au moment où il venait d'épuiser ses forces les plus bellicistes en Europe.

22. Voir (Mallman & Cüppers).

23. Voir (Fromkin).

24. Il s'agit de 75 % des Palestiniens de ces territoires, soit environ 700 000 personnes dont les descendants sont à présent environ 4 millions. L'interprétation de ces événements (fuite des populations devant les combats ou expulsion intentionnelle) et leur dénomination (*al-Naqba* en arabe signifie catastrophe, et est donc un synonyme/négation de *Shoah*), sont l'objet des plus vives controverses sur l'histoire d'Israël. Leur récit constitue actuellement un points majeur de la fixation locale de l'antagonisme.

25. Les gouvernements israéliens s'étaient placés dans une contradiction : alors que le seul usage rationnel de l'arme atomique est dans l'exhibition de sa menace, jamais dans son emploi, ils s'interdisaient soigneusement toute gesticulation et toute parade, au contraire de ce que faisait l'ensemble des détenteurs officiels de tels engins. L'imagination en déduisit qu'il y aurait emploi, puisqu'il n'y avait pas menace, alors que ce mystère tirait plus banalement sa source de l'intention de ne pas justifier une prolifération régionale.

26. La charte du Hamas (1988) est à peu près contemporaine de la chute du rideau de fer (1989).

27. Il est à noter que le vocabulaire de cet antisionisme avait été introduit en 1929 par le Komintern qui avait purgé les cellules communistes de Palestine, alors largement composées de militants juifs, en faveur de militants arabes. Il s'agissait de convertir la lutte religieuse, animée par le « Grand Mufti » (un titre en partie inventé par l'administration britannique) en relation étroite avec le Parti nazi, en un mouvement nationaliste arabe laïcisé qui serait soutenu par l'Union soviétique et entrerait dans son orbite.

28. Ces mythes affirment qu'Israël est né du nazisme, l'un dans le but d'imputer la responsabilité entière du conflit du Proche-Orient aux puissances occidentales, en négligeant les antagonismes locaux, l'autre pour justifier une exception en faveur d'Israël. Mais l'extermination avait tristement réduit la nécessité démographique d'une terre d'accueil, au lieu de l'augmenter. Une chose reste néanmoins certaine : sans l'antisémitisme et l'ampleur qu'il avait prise dans le monde avant, pendant et après le nazisme, Israël n'aurait pas eu de

raison politique impérieuse de s'établir. Sans l'antisémitisme européen, l'intégration et l'assimilation se seraient poursuivies. Sans la politique fermée de visas, qui laissait la Palestine comme seule issue concrète aux réfugiés, une proportion très significative des victimes juives aurait pu échapper à l'extermination et finir ses jours en Amérique du Nord ou dans l'Empire britannique. La moitié d'entre elles n'auraient représenté que 2 % de la population des États-Unis. L'appétence vers la Palestine n'était pas universelle. Certains réfugiés (les *yordim*) préférèrent revenir dans les camps américains en Allemagne occupée, plutôt que de demeurer sur une terre où ils se sentaient inadaptés. Les juifs soviétiques qui transitaient par la Vienne, auraient pour beaucoup souhaité eux aussi, émigrer vers les États-Unis ou le Canada, se tournant souvent vers Israël par défaut, pour obtenir un visa. Sans la prolifération du nationalisme au Proche-Orient, l'État d'Israël n'aurait pas été militairement attaqué à plusieurs reprises, et n'aurait pas acquis à cette occasion de territoires nouveaux. Sans nationalisme, les gouvernements israéliens n'auraient pas songé à occuper durablement, à un coût diplomatique et militaire très élevé, des zones dont la population dense, très majoritairement palestinienne, ne peut être intégrée par Israël sans une dilution démographique entièrement incompatible avec la notion d'État juif démocratique.

29. La charte du Hamas, en son article 32, se réfère expressément aux *Protocoles des Sages de Sion.*

30. Il n'est légitime de parler de l'islam que comme d'un groupe religieux diversifié, au même titre que le christianisme.

31. L'islam du Sud-est asiatique n'a pas développé des caractères idéologiques essentiellement distincts.

32. À l'époque de l'émergence islamique, la division définitive entre judaïsme et christianisme n'est pas consommée. Des formes intermédiaires, dites « nazaréennes », continuent de prospérer. Byzance a converti les Éthiopiens au christianisme, mais l'Arabie Heureuse, que nous appelons le Yémen, s'est largement judaïsée avec l'encouragement de la Perse qui cherche à contenir l'influence romaine. L'islam se construit en religion biblique incorporant les mœurs des bédouins qui n'étaient pas encore alignés sur les deux blocs. Mahomet, rejeté par les habitants de la Mecque, est accueilli et soutenu par les juifs

de Médine qui en font l'arbitre de leurs querelles. L'islam acquiert son statut de religion autonome après son retour à la Mecque. Il n'est alors ni plus ni moins occidental ou oriental que le christianisme et le judaïsme auxquels il est théologiquement apparenté de façon très étroite : si Mahomet est le « sceau de prophètes » bibliques, Jésus (Issa) est le Messie de l'islam.

33. La littérature philosophique gréco-romaine durant le Moyen Âge a été en partie préservée par ses commentateurs de religion islamique, comme Averroès.

34. Des pactes formels furent proposés. Comme le rappelle le texte placé en exergue de ce chapitre, les empereurs mongols étant souvent enclins au christianisme sous l'influence des missionnaires nestoriens. Mais les Francs étaient terrorisés à la perspective d'un allié capable de leur offrir en cadeau vingt fois plus de chevaux qu'ils ne disposaient eux-mêmes de chevaliers. Les mongols, pour leur part, se défièrent rapidement des croisés, peu disposés à respecter leur parole et bien plus « primitifs » que les musulmans qui venaient d'être écrasés. L'islam disposait en effet alors de la plus grande avance culturelle, technique et commerciale, à l'intérieur de ce qui était aux yeux des mongols le monde occidental. Les chrétiens évincés du Proche-Orient assistèrent au départ des mongols qui, devant le pitoyable spectacle moral et culturel donné par les croisés, avaient quant à eux définitivement renoncé à devenir chrétiens. Ils convertirent, à l'exception de leurs possessions chinoises, la totalité de leur empire à l'islam, non sans avoir anéanti les puissances arabes qui ne commencèrent de se rétablir qu'au XXe siècle, à l'instigation des européens. Les chrétiens avaient soudain manqué, du fait de la perception de leur barbarie par leurs anciens alliés, une conquète culturelle pacifique de l'Eurasie tout entière. Le retour très tardif de monarchies arabes au centre de la politique musulmane fut principalement le fruit de décisions prises par la Grande-Bretagne pendant l'entre-deux guerres, et particulièrement en 1922 par Winston Churchill, alors ministre des Colonies. Churchill avait eu initialement l'intention de démanteler le moins possible l'Empire ottoman afin d'en faire un allié contre l'Union soviétique, contrairement aux visées de Lloyd George (lui-même ancien avocat à Londres de

Théodore Herzl et du mouvement sioniste) qui étaient de favoriser le nationalisme arabe. La rivalité franco-britannique dans la région ayant rendu ce projet non-viable, Churchill plaça divers membres de la famille des Sheriffs de la Mecque, les Hachémites, à la tête de pays découpés de manière artificielle, comme l'Iraq et la Jordanie, tandis qu'il laissait leur rival, Ibn Saoud, s'emparer progressivement de la Péninsule arabique. Il suivait sur ce point les recommandations de Lawrence d'Arabie, officier devenu personnage médiatique lié à une entreprise de spectacle new-yorkaise, et de Gertrude Bell, aventurière proche de celui-ci, car les positions contradictoires des administrateurs et officiers britanniques s'étaient neutralisées entre elles (Fromkin).

35. Ce caractère a permis à l'islamisme de recueillir une partie de l'héritage idéologique soviétique, en tant que doctrine anticapitaliste. Cet aspect est relégué dans l'ombre par les familles régnantes.

36. L'islam était certes né avec une marque ethnique, le Prophète ayant unifié les tribus bédouines ou sédentaires de la péninsule arabique, qui avaient jusque-là davantage échappé que les populations voisines à la christianisation ou la judaïsation (si on excepte le Yémen). Le critère ethnique fut cependant abandonné pour plusieurs raisons. La première est que l'impérialisme musulman adopta le modèle romain. De même que devenaient romains tous ceux qui adoptaient des mœurs romaines, sans considération d'origine (la dynastie des Sévère était elle-même d'ascendance « arabo-syrienne »), devenaient musulmans tous ceux qui se déclaraient musulmans et pratiquaient le rite. La conversion était encouragée par la taxe sur les Infidèles. La seconde raison est que les princes arabes reproduisirent un système, utilisé tant à Byzance qu'en Chine, de délégation du pouvoir à des esclaves étrangers, souvent eunuques, majoritairement européens ou turco-mongols, qui ne pouvaient devenir leurs rivaux. Les Mamelouks, souvent d'origine balkanique ou du caucase, parmi eux, créèrent pourtant une royauté militaire en Égypte. Saladin était kurde. Barberousse était issu d'un père albanais et d'une mère catalane de religion grecque orthodoxe. Son mausolée fut dessiné par le Grand architecte impérial Sinan qui était d'origine arménienne.

Nombre d'empereurs musulmans venaient de Perse, d'Asie centrale, ou d'Inde.

37. Le terrorisme semblait pouvoir se réclamer des précédents de la résistance européenne au nazisme et du sionisme lui-même. C'était confondre les attentats contre des cibles militaires et paramilitaires, qu'avaient effectivement pratiqué les mouvements de la résistance et que les autorités nazies avaient qualifié de terrorisme à des fins de propagande, avec les attentats ayant pour cible des civils. Les attentats sionistes antérieurs à la création de l'État d'Israël ont principalement visé les troupes britanniques d'occupation, ce qui en fait des opérations de résistance militaire. Mais les actions de l'Irgoun d'avril 1936 à juillet 1939 ne s'y limitèrent pas, faisant environ 250 victimes civiles arabes.

38. Il en va de même lorsque sont évoqués les « musulmans » à propos d'une observance, sans préciser quel groupe est concerné, puisque n'existe presque aucune interprétation consensuelle sur la plupart des sujets. Ceci vaut de la notion de *djihad* dont sont attestées diverses déclinaisons non-antagonistes.

39. Une fois écartées les notions de peuple et de race, « ethnie » est le moins mauvais terme disponible pour désigner une population s'identifiant par de forts habitus communs. Dans la mesure où l'origine commune qu'il connote généralement est imaginaire, il s'agit principalement d'une « notion-objet » reflétant le sentiment des agents. Les groupes ethniques ne sont pas constitués par leurs filiations biologiques, bien que les cohabitations qu'ils entraînent produisent à leur tour des apparentements biologiques. Plutôt que reproductive, leur finalité primaire est économique et sécuritaire, et c'est dans ce but qu'ils tendent à l'autonomie politique comme à s'attirer de nouveaux membres. Lorsqu'un groupe est en phase historique ascendante, il bénéficie d'alliances matrimoniales et d'incorporations volontaires. Plus un groupe remporte de succès plus donc il est composite, qu'il cherche ou non à effacer les traces de sa diversité. Les nouveaux venus adoptent ses habitus caractéristiques, tout en lui instillant des traits secondaires nouveaux. Anciens et nouveaux membres participent au mythe d'une filiation commune qui efface plus ou moins complètement les différences réelles d'origine. Lorsque le groupe entre en

décadence, se divise et se désagrège, la mémoire de l'identité acquise et des habitus qui s'y rattachent peut encore perdurer sur de longues périodes. Les processus d'ethnogenèse ne sont pas essentiellement territoriaux. Ils concernent aussi bien les groupes nomadiques qui se déplacent au gré de leurs victoires ou défaites comme de leurs résultats économiques, que les groupes sédentaires et « civilisés ». Les hordes ayant parcouru les steppes à partir de l'Altaï ou de la mer Baltique à la fin de l'Antiquité en sont des illustrations. Il n'y a pas identité biologique significative des « Germains », formés de groupements se faisant et se défaisant avec le temps, incorporant groupes alliés ou conquis, se divisant par moment, se fusionnant partiellement avec leurs voisins ou leurs commanditaires, changeant de territoire, et modifiant parfois aussi leur langue et leurs habitus à mesure de ces évolutions. Car les habitus eux-mêmes (institutions, valeurs, culture matérielle, culture artistique ou religieuse, ou même la langue) sont transitoires et d'importance variable, seul l'ensemble qu'ils forment au moment considéré les rendant significatifs. Par nature, les groupements territorialisés acquièrent une plus grande unité biologique, mais les ensembles politiques auxquels ils s'intègrent varient néanmoins eux aussi, modifiant leurs habitus. Ainsi, les ethnies apparaissent et disparaissent, tandis que les populations demeurent en évoluant. Nulle population n'échappe à cette règle, qu'elle se vive comme un peuple, une race ou une nation.

40. L'URSS, qui avait pratiqué avec méthode la sape nationaliste de ses adversaires, tout en restant la plus vaste « prison des peuples » qui existât encore, et restant convaincue de s'étendre un jour au reste du monde, finit par éclater à son tour par application du principe. Les pays périphériques ayant acquis la forme étatique, antérieurement ou par ses décisions, devinrent indépendants. L'explosion conservait néanmoins à la Russie une majorité des territoires situés à l'est de l'Oural, dont Catherine II, impératrice allemande, avait commencé de s'emparer sans exterminer leurs populations mais en en faisant des « âmes mortes ». La Russie post-soviétique devint, quant à elle, un adversaire du principe des nationalités et un partisan convaincu du statu quo géographique mondial, sauf dans le cas des irrédentismes russes.

41. C'est ainsi que, par exemple, la France des patois et des accents prononcés est oubliée. Est négligée aussi la part prépondérante de la population française issue des migrations, mais non considérée comme immigrée du fait d'une nationalité acquise depuis plusieurs générations.

42. L'affirmation d'une identité est, en principe, de nature antagoniste lorsqu'elle vise à s'imposer en opposition aux codes de l'autre, mais ne l'est pas quand elle vise seulement à se signaler. La différence entre les deux postures est généralement perçue sans difficulté par les protagonistes.

Conclusion
Regarder l'Ouest en face

1. Le nominalisme subordonne les abstractions aux realités concrètes et individuelles qu'il considère comme seules existantes. Il n'est pas necessaire d'adopter cette position métaphysique pour reconnaitre aux personnes humaines une valeur superieure à celle des groupements résultant de leur classification.

2. Par exemple (Mommsen)

3. Par exemple (Goldhagen)

4. Par exemple (Aly)

5. Par exemple (Mosse)

6. Par exemple (Hillgruber)

7. Par exemple (Nolte)

8. Il faut saluer particulièrement les travaux des historiens offrant une approche équilibrée des différents angles, notamment ceux d'Ian Kershaw, ou ceux qui abordent l'idéologie nazie en matrice des comportements, comme Johann Chapoutot.

9. Voir notamment (Traverso, *Le totalitarisme – Le XXe siècle en débat (textes choisis)*), (Bauman), (Rousso & alii) et leurs bibliographies respectives.

10. Je n'ai pas davantage recouru à la notion de « violence » qui renvoie à une réalité anthropologique universelle et peu déterminée

historiquement. Certains auteurs ont cru pouvoir discerner une « violence de l'Occident », expression de sa « volonté de puissance », mais cette qualification non spécifique n'est pas éclairante. La culture occidentale, qui s'autorise d'extrêmes violences, ne les préconise que rarement, même s'il existe chez elle un culte esthétique de la violence qui a trouvé dans le fascisme son apogée.

11. (Montesquieu), XIV, 13.

Remerciements

Sans Natacha Carron-Vullierme, ma femme, et mon fils Henri Vullierme, leurs encouragements et leur passion de connaître, cet ouvrage n'aurait pas vu le jour.

Jacqueline Frydman a achevé de me convaincre de le rendre public.

Jean-François Pradeau, Roselyne Durand-Ruel, René Sève, Dominique Terré-Bertolus, Aude Langlois-Meurinne-Charquet, Chris Ranaldi, ont effectué des relectures auxquelles la forme finale doit beaucoup.

Les dialogues avec Edgar Morin, en cette occasion comme tant d'autres depuis près de 40 ans, ont conduit à des approfondissements essentiels.

Elie Barnavi et Gaëtan Pégny ont formulé des remarques très pertinentes dont j'ai pu tenir compte. Je dois à Jean-Yves Pranchère une grande richesse d'observations philosophiques m'ayant conduit à de nécessaires précisions, et qui promettent un dialogue fructueux.

Capucine Motte, Robert Littell, Marie-Anne Frison-Roche, Yves Cochet, Jean-Pierre Dupuy, Malcy Ozannat, Vanessa van Zuylen-Menesguen, Judith Housez-Aubry, Seungduk Kim et Frank Gautherot m'ont très amicalement accompagné sur le chemin de l'édition.

Damien Serieyx, éditeur intrépide, a fait preuve d'une rare ouverture d'esprit.

Que tous soient remerciés, étant précisé qu'aucune des personnes ayant contribué, parfois de manière décisive, à la parution de ce livre ne porte une responsabilité quelconque relative aux erreurs et faiblesses des thèses exposées.

Bibliographie

Ouvrages cités

Abel-Rémusat, Jean-Pierre. *Mémoires sur les Relations politiques des Princes Chrétiens et particulièrement des Rois de France avec les Empereurs Mongols*. Paris : Imprimerie Royale, 1824.

Agamben, Giorgio. *Le temps qui reste : Un commentaire de l'Epître aux Romains (trad. fr.)*. Paris : Rivages, 2004.

Aly, Götz. *Comment Hitler a acheté les Allemands (trad. fr.)*. Paris : Flammarion, 2005.

Amiot, Joseph-Marie. *Art militaire des Chinois*. Paris : Hachette BNF, 1772.

Anderson, Benedict. *L'imaginaire national (trad. fr.)*. Paris : La Découverte, 2002.

Arendt, Hannah. *Eichmann à Jerusalem (trad. fr.)*. Paris : Gallimard, 1966-2002.

Aronson, Shlomo. « L'OSS X-2 et les tentatives de sauvetage pendant la Shoah ». Bankier, David. *Les Services secrets et la Shoa (trad. fr.)*. Paris : Nouveau Monde, 2007. 97 *sq*.

Banks, Russel. *Amérique, notre histoire (trad. fr.)*. Paris : Actes Sud, 2006.

Baron, Dennis. *The English-Only Question : An Official Language for Americans ?*. Yale Univ Press, 1990. < http://www pbs org/speak/seatosea/officialamerican/englishonly/#baron >

Bartoletti, Susan Campbell. *Black Potatoes*. New York : Houghton Mifflin, 2001.

Bauer, Yehuda. *Juifs à vendre ? Les négociations entre nazis et Juifs 1933-1945 (trad. fr)*. Paris : Liana Levi, 1996.

—, *Repenser l'holocauste (trad. fr.)*. Paris : Autrement, 2002.

Bauman, Zygmunt. *Modernité et Holocauste (trad. fr.)*. Paris : Éditions Complexe, 2008.

Bell, David A. *The cult of the nation in France : inventing nationalism 1680-1800*. Harvard University press, 2001.

Bensoussan, Georges. « Entre la Honte et le Devoir : la Mémoire sans Voix des Rescapés » *Revue d'Histoire de la Shoah*. Janvier-Juin 2005.

—, *Europe. Une passion génocidaire*. Paris : Mille et Une Nuits, 2006.

Bernard-Weil, Elie. *Stratégies paradoxales en biomédecine et sciences humaines*. Paris : L'Harmattan, 2002.

Bernays, Edward. *Propaganda*. New York : Horace Liveright, 1928.

Bettelheim, Bruno. *Individual and Mass Behavior in Extreme Situations*. Ardent Media, 1943.

Black, Edwin. *IBM et l'Holocauste (trad. fr.)*. Paris : Robert Laffont, 2001.

—, *War against the Weak. Eugenics and America's Campaign to Create a Master Race*. New-York Londres, 2003.

Blanckaert, Claude. *Les Politiques de l'anthropologie*. Paris, 2001.

Bley, Helmut. *Namibia under German Rule (trad. angl)*. Berlin : Lit Verlag, 1971.

Blockmans, Wim & Hoppenbrouwers. *Peter Introduction to Mediaveal europe, 300-1500.* 2nd ed Routlmedge, New-York Oxon, 2014.

Bodin, Jean. *Les Six Livres de la République*. Paris, 1568.

Bonaparte, Louis-Napoléon. *Extinction du paupérisme*. Paris : Pagnerre, 1844.

Boucheron, Patrick. (ed.) *Histoire mondiale de la France*. Paris : Seuil, 2017.

Bourdrel, Philippe. *L'Epuration sauvage*. Paris : Perrin, 2008.

Breitman R & alii. *US Intelligence and the Nazis*. Cambridge : Cambridge UP, 2005.

Breitman R & Goda N. « Hitlers'Shadow – Nazi Criminals, Us Intelligence, and the Cold War » 2010. *US National Archives and Records Administration.* < http://www archives gov/iwg/reports/hitlers-shadow pdf >

Breitman, Richard. *Himmler et la Solution finale (trad. fr)*. Paris : Calmann-Lévy, 1991.

—, « Hitler and gengis Khan ». *Journal of Contemporary History*. 1 Jan 1990 : 337 *sq*.

Browning, Christopher. *Des hommes ordinaires (trad. fr.)*. Paris : Tallandier, 2007.

Caillois, Roger. *Bellone ou La pente de la guerre*. Paris : fata morgana, 1962.

Carr, Steven. *Hollywood & Antisemitism – A Cultural History up to World War II*. New-York, 2001.

Casement, Roger. *Congo Report and 1903 Diary*. Dublin : Univ College Dublin, 2003.

Chamberlain, Houston Stewart. *La Genèse du XIXe siècle (1912) (trad. fr)*. Paris : Éditions de l'Homme Libre, 1996.

Chapoutot, Johann. *La Loi du sang. Penser et agir en nazi*, Paris : Gallimard, 2014.

Chomsky, Noam & alii. *La fabrication du consentement : De la propagande médiatique en démocratie (trad. fr.)*. Paris : Agone, 2008.

Colley, Linda. *Britons Forging the Nation 1707-1837*. New Haven & London : Yale UP, 2009.

Connan Doyle, Arthur. *The Crime of the Congo*. Londres : Hutchinson & Co, 1909.

Constant, Benjamin. *De la Liberté des Anciens comparée à celle des Modernes*. Paris : Mille et une nuits, 2010.

Cumin, David. *Carl Schmitt : Biographie politique et intellectuelle*. Paris : Cerf, 2005. d'Almeida, Fabrice. *Ressoures humaines : les gardiens de camp de concentration et leurs loisirs 1933-1945*. Paris : Fayard, 2011.

Davies, John. *A History of Wales*. Londres : Penguin, 2007.

Davies, Norman. *Europe at War 1939-1945 No simple Victory*. Londres : Pan Books, 2006.

de Gaulle, Charles. *Vers l'Armée de Métier*. Paris : Berger-Levrault, 1934.

Delpla, François. *Hitler*. Paris : Grasset, 1999.

Detienne, Marcel. *L'identité nationale, une énigme*. Paris : Gallimard, 2010.

Devine, T M. *Scotland's Empire 1600-1815*. Londres : Penguin, 2004.

Diderot et d'Alembert. *Encyclopédie*. Neuchatel, 1765-1766. Domarus, Mac. *Hitler. Reden und Proklamationen 1932-1945*. Würzburg : Verlagsservice Henninger, 1962-1987.

Donoso Cortès, Juan. *Essai sur le Catholiscisme, le Libéralisme et le Socialisme*. Bruxelles : J-B de Mortier, 1851.

Drechsler, Horst. *Le sud-ouest africain sous la domination coloniale allemande. La lutte des Hereros et des Namas contre l'impérialisme allemand (1884-1915)*. Berlin, 1986.

Dufourq, Albert. *Le régime jacobin en Italie – étude sur la République romaine (1798-1799)*. Paris : Perrin, 1900.

Dumont, Louis. *Homo Hierarchicus*. Paris : Gallimard, 1967.

Dunajewski, Henryk. « Le lend-lease américain pour l'Union soviétique ». *Revue d'études comprative Est-Ouest – Volume 15, n° 3* 1984 : 21-89.

Dunlop, D M. *The History of the Jewish Khazars*. New York : Schoken, 1967.

Durkin, Kathy. *The Ambiguity of the Balfour Declaration*. Luxembourg : Createspace, 2013.

Earl, Hilary. « Avouer ses crimes ». Bankier, David. *Les services secrets et la Shoah (trad. fr.)*. Paris : Nouveau Monde, 2007. 384 *sq*.

Eisenhower, Dwight D. *Mandate for change*. Garden City : Doubleday, 1963.

Emerson, Ralph Waldo. « Letter to President Van Buren ». s d *RWE.org*. < http://www rwe org/complete/complete-works/xi-miscellanies/i-xv/iii-letter-to-president-van-buren html >

Evola, Julius. *Essais politiques (trad. fr)*. Puiseaux : Pardès, 1988.

Fendrick, Raymond. « "Heinrich" Ford idol of Bavaria Fascisti chief (March 8) ». *Chicago Daily Tribune*. (1923) : 2.

Ferro, Marc. *Des soviets au communisme bureaucratique*. Paris : Gallimard, 1980.

Fichte, Johann Gottieb. *Discours à la nation allemande (trad. fr.)*. Paris : Imprimerie Nationale, 1992.

Ford Motor Company Archive. *Research Findings about Ford-Werke under the Nazi Regime*. Dearborn MI : Ford Motor Company, 2001.

Ford, Henry. *The International Jew*. Eastford CT : Martino Publishing, 2010 (1920).

Forster, Michael. « Johann Gottfried von Herder ». 2008. *The Stanford Encyclopedia of Philosophy*. < http://plato stanford edu/entries/herder/#His >

Friedlander, Saul. « The 'Final Solution' : On the Unease in Historical Interpretation ». *History and Memory*. Fall Winter 1 2 1989.

Fromkin, David. *A Peace to End All Peace : The Fall of the Ottoman Empire and the Creation of the Modern Middle East*. New York : Henry Holt, 2009.

Gallagher, Thomas. *Paddy's Lament*. Orlando : Harcourt Brace, 1982.

Galton, Francis. *Hereditary Genius (1892)*. Charleston SC : BiblioBazaar, 2009.

Gauché, Général. *Le deuxième Bureau au travail*. Paris : Amiot Dumont, 1954.

Gauchet, Marcel. *L'avènement de la Démocratie*. Paris : Gallimard, 2007-2010.

Geary, Patrick J. *Quand les nations refont l'histoire (trad. fr.)*. Paris : Flammarion, 2004.

Gil, Moshe. « Did the Khazars convert to Judaism ». *Revue des études juives* juillet-decembre 2011 : 429 *sq*.

Giolitto, Pierre. *Histoire de la Milice*. Paris : Perrin, 1997.

Gobineau, Arthur de. *Essai sur l'inégalité des races humaines (1855)*. Charleston SC : Nabu Press, 2010.

Goebbels, Joseph. « Discours » Nuremberg, 10 septembre 1936.

—, *Journal 1923-1933 (trad. fr)*. Paris : Tallandier, 2006.

—, *Journal 1933-1939 (trad. fr)*. Paris : Tallandier, 2007.

—, *Journal 1939-1942 (trad. fr)*. Paris : Tallandier, 2009.

—, *Journal 1943-1945 (trad. fr)*. Paris : Tallandier, 2005.

Golden, Peter B. (ed) *The World of the Khazars*. Leiden : Brill, 2007.

Goldensohn, Léon. *Les entretiens de Nuremberg (trad. fr.)*. Paris : Flammarion, 2005.

Goldhagen, Daniel Jonah. *Hitler's willing executioners*. New York : Vintage Books, 1997.

Golovinski, Mathieu. « Les Protocoles des Sages de Sion ». 1903. <http://fr wikisource org/wiki/Les_Protocoles_des_Sages_de_Sion >

Grant, Madison. *The Passing of the Great Race (1916)*. Bulington IA : Ostara Publivcations, 2011.

Gray, Peter. *The Irish Famine* Londres : Thames & Hudson, 1995.

Great Britain Parliament. *Parliamentary Debates, Fifth Series, Volume 365. House of Commons Official Report Eleventh Volume of Session*. Londres : His Majesty's Stationery Office, 1940.

Greenfeld, Liah. *Nationalism*. Bosron : Harvard Univeristy Press, 1993.

Groffier, Ethel. *Le stratège des lumières*. Paris : Honoré Champion, 2005.

Guibert, Comte de. *Stratégiques*. Paris : L'Herne, 1977.

Haffner, Sebastian. *Allemagne, 1918 Une révolution trahie (trad. fr.)*. Paris : Éditions Complexe, 2001.

Hanson, Victor Davis. *Carnage et culture (trad. fr)*. Paris : Flammarion, 2002.

Harvie, Christopher. *Scotland and Nationalism : Scottish Society and Politics 1707 to the present*. Abingdon : Routledge, 2004.

Hechter, Michael. *Containing Nationalism*. Oxford : Oxford UP, 2000.

Hegel, G W F. *Principes de la philosophie du droit (trad. fr.)*. Paris : PUF, 2003.

Hegel, G W F. *La philosophie de l'histoire (trad. fr)*. Paris : Le Livre de Poche, 2009.

Heidegger, Martin. *Être et temps (trad. fr.)*. Paris : Édition numérique hors commerce, 1985.

Herder, Johann Gottfried von. *Idées sur la philosophie de l'histoire de l'humanité (trad. fr.)*. Paris : Presses Pocket, 1991.

—, *Traité de l'origine du langage (trad. fr.)*. Paris : PUF, 1992.

—, *Une autre philosophie de l'histoire (trad. fr.)*. Paris : Aubier-Montaigne, 1964.

Hermet, Guy. *Histoire des nations et du nationalisme en Europe*. Paris : Seuil, 1996.

Hilberg, Raul. *La Destruction des Juifs d'Europe (trad. fr)*. Paris : Gallimard, 2006.

Hillgruber, Andreas. *Hitlers Strategie : Politik und Kriegführung, 1940-1941*. Bonn : Bernard und Graefe, 1965.

Himmler, Heinrich. *Discours secrets*. Paris : Gallimard, 1978.

—, « Heinrich Himmler's Speech at Poznan (Posen) ». 23 Mars 2004. *http://www.holocaust-history.org*. <http://www holocaust-history org/himmler-poznan/himmler-poznansmall mov>

Hitler, Adolf. *Hitler parle à ses Généraux (trad. fr.)*. Paris : Albin Michel, 1964.

—, *Hitlers zweites Buch (G. L. Weinberg, ed)*. Stuttgart : Deutsche Verlags-Anstalt, 1961.

—, *Libres propos sur la guerre et la paix recueillis sur l'ordre de Martin Bormann*. Paris : Flammarion, 1952.

—, « Mein Kampf (trad. fr.) » s d. *La bibliothèque éléctronique du Quebec*. <http://www scribd com/doc/27347827/Hitler-Combat-1>

Hobbes, Thomas. *A Dialogue Between a Philosopher and a Student of the Common Laws of England*. Chicago : University of Chicago Press, 1997.

Horkheimer Max & Adorno, Theodor. *La dialectique de la raison (1944) (trad. fr.)*. Paris : Gallimard, 1983.

House of Commons Library. « Inflation : the Value of the Pound 1750-1998 ». 23 Fevrier 1999. *http://www.parliament.uk*. <http://www parliament uk/documents/commons/lib/research/rp99/rp99-020 pdf>

House of the Lords. *Report on the Natives of South West Africa and their Treatment by Germany* London, 1918

Hughes, Robert. *The Fatal Shore*. New York : Vintage Books, 1988.

Hunt, Linda. *Secret Agenda : The United States Government, Nazi Scientists, and Project Paperclip, 1945 to 1990*. New-York : St Martin's Press, 1991.

Husson, Edouard. *Une culpabilité ordinaire ? Hitler, les Allemends et la Shoah*. Paris : François-Xavier de Guibert, 1997.

Ingrao, Christian. *Les Chasseurs noirs – La brigade Dirlewanger*. Paris : Perrin, 2008.

Jablonka, Hannah. « Les rescapés de la Shoah et les Israéliens » *Revue d'histoire de la Shoah*. janvier-juin 2005 : 234 *sq*.

Jaurès, Jean. *L'Armée Nouvelle – L'organisation Socialiste de la France*. Paris, 1910.

Johnson, Ian. *Une Mosquée à Munich* (trad. fr). Paris : Lattès, 2011.

Johnston, Otto W. *The Myth of a Nation : Literature and Politics in Prussia under Napoleon*. Drawer S C : Camden House, 1989.

Joly, Maurice. « Dialogue aux enfers entre Machiavel et Montesquieu, ou la politique de Machiavel au XIXe siècle par un contemporain ». 1864. < http://fr wikisource org/wiki/Dialogue_aux_enfers_entre_Machiavel_et_Montesquieu >

Juanjan, Olivier. *Justifier l'injustifiable. L'ordre du discours juridique nazi*. Paris : PUF, 2001.

KaKel III, Carroll P. *The American West and the Nazi East*. Londres : Palgrave Macmillan, 2011.

Kelsen, Hans. *Théorie générale du droit et de l'Etat (trad. fr.)*. Paris : LGDJ, 1997. –, *Wesen und Wert der Demokratie*. Tübingen : Mohr, 1929.

Kenny, Kevin. « Ireland and the British Empire : An Introduction ». Kenny, K (ed). *Ireland and the Bristish Empire*. Oxford : Oxford UP, 2004.

Kerautret, Michel. *Histoire de la Prusse*. Paris : Seuil, 2005.

Kershaw, Ian. *Qu'est-ce que le nazisme ? Problèmes et perspectives d'interprétation (trad. fr.)*. Paris : Gallimard, 1997.

Krebs, Christopher B. *A Most Dangerous Book : Tacitus's Germania from the Roman Empire to the Third Reich*. New York : W W Norton & Company, 2012.

Kühl, Stefan. *The Nazi Connection*. New-York Londres : OUP USA, 1994.

Lal, Deepak. *In Praise of Empires*. Londres : Palgrave Macmillan, 2004.

Le Bon, Gustave. *Psychologie des Foules (1895)*. Paris : PUF, 2003.

Lemay, Benoit. *Erich von Manstein : le stratège de Hitler*. Paris : Perrin, 2006.

Lestringant, Frank. *Le Cannibale*. Paris : Perrin, 1994.

Lévinas, Emmanuel. *De l'évasion*. Montpellier : Fata Morgana, 1982.

Long, Breckinridge. *War Diary (ed. Fred L. Israel)*. Lincoln NE : University of Nebraska Press, 1966.

Louis-Philippe. *Journal de mon voyage d'Amérique (1797)*. Paris : Flammarion, 1992.

Lowe, Keith. *L'Europe barbare 1945-1950 (trad. fr.)*. Paris : Perrin, 2012.

Maistre, Joseph de. *Des origines de la souveraineté (1794-1796)*. Cressé : Éditions des régionalismes, 2010.

Mallman & Cüppers. *Halbmond und Harkenkreuz*. Darmstadt : WBG, 2005.

Maoz, Asher. « Historical Adjudication : Courts of Law, Commissions of Inquiry, and "Historical Truth" ». *Law and History Review. Vol. 18, N.3*. Septembre 2000 : 559 *sq*.

Margolin, Jean-Louis. *Violences et crimes du japon en guerre 1937-1942*. Paris : Hachette, 2007.

Marx, Karl. *Critique de la Philosophie du Droit de Hegel (1843) (trad. fr.)*. Paris : Aubier Montaigne, 1992.

Marzover, Mark. *Hitler's Empire*. Londres : Penguin Books, 2008.

McNeill, William H. « The Introduction of the Potato into Ireland ». *The Journal of Modern History Vol. 21 No. 3*. (1949) : 218-222.

Medoff, Rafael. *Blowing the Whistle on Genocide : Josiah E. Dubois, Jr. and the Struggle for a U.S. Response to the Holocaust*. West Lafayette IN : Purdue University Press, 2008.

Moczarski, Kazimierz. *Entretiens avec le bourreau (trad. fr.)*. Paris : Gallimard, 1979.

Molinié-Fioravanti, Antoinette. « Sanglantes et fertiles frontières » *Journal de la Société des Américanistes*. T 74 1988.

Mommsen, Hans. *Le National-socialisme et la société allemande : Dix essais d'histoire sociale et politique (trad. fr.)*. Paris : Maison des Sciences de l'Homme, 1997.

Monod, Jean-Claude. *Penser l'ennemi, affronter l'exception*. Pari : éd. De la Découverte, 2007.

Montesquieu, Charles-Louis de Secondat de. *De l'Esprit des Lois*. Paris : Gallimard, 1995.

Morin, Edgar. De *la Nature de l'URSS*. Paris : Fayard, 1983.

Morse, Arthur. *Pendant que six millions de juifs mouraient (trad. fr.)*. Paris : Robert Laffont, 1969.

Mosse, George L. *Les racines intellectuelles du Troisième Reich : La crise de l'idéologie allemande (trad. fr.)*. Paris : Seuil, 2008.

Murphy, Orville T. *Charles Gravier Comte de Vergennes*. New-York : State University of New York Press, 1982.

Nally, David P. *Human Encumbrances : Political Violence and the Great Irish Famine*. Notre Dame : University of Notre Dame Press, 2011.

Nehru, Jawaharial. *The Discovery of India (1944)*. New Delhi : OUP India, 1989.

Neitzel, Sönke. (ed) *Abgehört : Deutsche Generäle in britischer Gefangenschaft 1942-1945*. Berlin : Ullstein Taschenbuchvlg, 2005.

New York Times. « December 20 » *New York Times*. (1922) : 2.

Nolte, Ernst. *La guerre civile européenne : National-socialisme et bolchevisme 1917-1945 (trad. fr.)*. Paris : Perrin, 2011.

O'Sullivan, John L. « The Great Nation of Futurity » 1839. *The Univeristy of Tennesee Knoxville*. < http://web utk edu/ ~mfitzge1/docs/374/GNF1839 pdf >

Paillole, Paul. Notre espion chez Hitler : Paris : Nouveau Monde, 2013.

Ponsonby, Arthur. *Falsehood in War-Time (1928)*. Whitefish MT : Kessinger Publishing, 2010.

Pool, James. *Who Financed Hitler*. New-York : Pocket Books, 1977.

Porter, Anna. *Kasztner's Train*. Londres : Constable & Robinson, 2007.

Preston, Paul. *The Spanish Holocauste*. New York Londres : Norton, 2012.

Proudhon, Pierre-Joseph. *La Guerre et la Paix (1861)*. Charleston SC : BiblioBazaar, 2009.

Pufendorf, Samuel von. *Du droit de la nature et des gens (1672)*. Whitefish, MT : Kessinger Publishing, 2010.

Rabaut, Jean-Paul. *Projet d'Education Nationale*. Paris : Convention Nationale, 1792.

Rabinowitz, Louis. *Jewish Merchant Adventurers : a study of the Radanites*. Londres : Eward Goldston, 1948.

Rauschning, Hermann. *Hitler m'a dit (trad. fr.)*. Paris : Hachette, 1979.

Renan, Ernest. *Qu'est-ce qu'une nation ?*. Paris : Éditions Mille et une nuits, 1997.

Reynaud Paligot, Carole. *La République raciale*. Paris : PUF, 2007.

Richard Breitman & alii. *U.S. Intelligence and the Nazis*. Cambridge : Cambridge University Press, 2005.

Rigg, Bryan M. *La Tragédie des Soldats Juifs d'Hitler (trad. fr.)*. Paris : Éditions De Fallois, 2003.

Riordan, James. « The Match of Death : Kiev, August 9 1942 ». *Soccer and Society (Vol. 4.1)* 2003.

Rivet, Louis. *Carnets du chef des services secrets 1936-1944*. Paris : Nouveau Monde, 2010.

Robinson, William J. *Eugenics, Marriage and Birth Control (Practical Eugenics)*. New-York : The Critic and Guide Company, 1917.

Rousseau, Jean-Jacques. *Du Contrat Social ou Principes du droit politique (1762)*. Paris : Le Livre de Poche, 1996.

Rousso & alii, Henry. *Stalinisme et nazisme*. Paris : Éditions Complexe, 1999.

Ryback, Timothy W. *Dans la bibilothèque privée de Hitler (trad. fr.)*. Paris : Le Livre de Poche, 2008.

Sagnes, Jean. *Les racines du socialisme de Louis-Napoléon Bonaparte*. Toulouse : Privat, 2006.

Schmitt, Carl. *Parlementarisme et démocratie (trad. fr)*. Paris : Seuil, 1988.

Sénac, Philippe. *Le monde carolingien et l'Islam*. Paris : L'Harmattan, 2006.

Sieyes, Abbé. *Quest-ce que le Tiers-Etat ?*. Paris : PUF, 1982.

Sikka, Sonia. *Herder on Humanity and Cultural Difference – Enlighted Relativism*. Cambridge : Cambridge University Press, 2011.

Sledkine, Yuri. *The Jewish Century*. Princeton : Princeton UP, 2004.

Sombart, Werner. *Die Juden und das Wirtschaftsleben*. Leipzig : Duncker und Humblot, 1911.

Sorel, Georges. *Réflexions sur la violence*. Paris : Marcel Rivière, 1907.

Speer, Albert. *Au cœur du Troisième Reich (trad. fr)*. Paris : Fayard, 2011.

Spengler, Oswald. *Prussianité et socialisme (trad. fr.)*. Arles : Actes Sud, 1986.

Spiro, Jonathan Peter. *Defending the Master Race*. Lebanon NH : University of Vermont Press, 2009.

Steinhouse, Carl L. *Barred*. Bloomington IN : AuthorHouse, 2007.

Swift, Jonathan. *Modeste proposition et autres textes (Trad. Emile Pons)*. Paris : Folio, (1729) 2012.

Taguieff, Pierre-André. *La Foire aux illuminés : Esotérisme, théorie du complot, extrémisme*. Paris, Mille et Une nuits, 2005.

—, *L'imaginaire du complot mondial : aspects d'un mythe moderne*. Paris, Mille et Une nuits, 2006.

The Fog of War. Réal Errol Morris 2003.

Thiesse, Anne-Marie. *La création des identités nationales*. Paris : Seuil, 2001.

Thornton, Russell. *American Indian holocaust and survival : a population history since 1492*. University of Oklahoma Press, 1987.

Totten & alii, Samuel. *Century of Genocide*. New-York Oxon : Routledge, 1997.

Traverso, Enzo. *Le totalitarisme – Le XXe siècle en débat (textes choisis)*. Paris : Seuil, 2001.

—, *L'histoire comme champ de bataille – Interpréter les violences du XXe siècle*. Paris : La Découverte, 2012.

Valensise, Marina. *Le Droit royal à l'époque absolutiste. La légitimation des bâtards de Louis XIV et leur habilitation à succéder à la couronne*. Paris : EHESS (Thèse), 1991.

Vargas Llosa, Mario. *Le rêve du Celte (trad. fr)*. Paris : Folio, 2013.

Vaugelade, Daniel. *La question américaine au XVIIIe siècle*. Paris : Publibook, 2005.

Vercors. *Le Silence de la mer*. Paris : Minuit, 1942.

Villey, Michel. *La formation de la pensée juridique moderne*. Paris : PUF, 2003.

Vullierme, Jean-Louis. *Le concept de Système politique*. Paris : PUF, 1989.

Wallace, Max. *The American Axis*. New-York : St Martin's Griffin, 2003.

Walters, Guy. *Hunting Evil*. Londres : Bantam, 2009.

Wasserstein, Bernard. *Britain and the Jews of Europe 1939-1945*. Oxford : Oxford UP, 1988.

—, *On the Eve. The Jews of Europe before the Second World War*. New york, Londres : Simon & Chuster, 2012.

Weber, Max. *Economie et société : Tome 2, l'organisation et les puissances de la société dans leur rapport de l'économie (trad. fr).* Paris : Pocket, 2003.

Weisenborn, Günther. *Une Allemagne contre Hitler (trad. fr).* Paris : Éditions du Félin, 1992.

Weissberg, Alex. *L'Histoire de Joël Brand (trad. fr.).* Paris : Seuil, 1957.

Welch, Richard E. « American Atrocities in the Philippines ». *Pacific Historical review.* 1974 : 233 *sq.*

West, Elliot. *The Contested Plains, Indians, Goldseekers, and the Rush to Colorado.* University Press of Kansas, 2000.

Wichham, Chris. *Framing the early middle ages.* Oxford : Oxford UP, 2005.

Wikipedia. « List of Axis personnel indicted for war crimes ». 3 novembre 2010. *en.wikipedia.org.* < http://en wikipedia org/wiki/List_of_Axis_personnel_indicted_for_war_crimes >

—, *Y-chromosomal Aaron.* 16 janvier 2012. < http://en wikipedia org/wiki/Y-chromosomal_Aaron >

Williams, John Alexander. *Turning to Nature in Germany.* Stanford : Stanford University Press, 2007.

Wichham et Davies, Norman. *Europe : A History,* Pimlico. Londres, 1997.

Wittvogel, Karl. *Le Despotisme Oriental (trad. fr.).* Paris : Minuit, 1964.

Index

Table

SECONDE PARTIE
Sortir de l'idéologie de l'extermination

Achevé d'imprimer par Corlet Numéric, Z.A. Charles Tellier, 14110 Condé-en-Normandie
N° d'Imprimeur : 149420 - Dépôt légal : octobre 2018 - *Imprimé en France*